KB149406

2024 대한민국 대전망

회복의 시대를 위한 5개 지지대

2024 대한민국 대전망

회복의 시대를 위한 5개 지지대

초판 1쇄 펴낸날 │ 2023년 10월 12일

지은이 │ 이영한 외 31인
펴낸이 │ 고성환
펴낸곳 │ 한국방송통신대학교출판문화원
　　　　 출판등록 1982년 6월 7일 제1-491호
　　　　 03088 서울시 종로구 이화장길 54
　　　　 대표전화 1644-1232
　　　　 팩스 02-741-4570
　　　　 홈페이지 press.knou.ac.kr

출판위원장 │ 박지호
편집 │ 박혜원
교정 │ 이강용
본문 디자인 │ 티디디자인
표지 디자인 │ 플랜티

ⓒ 이영한 외 31인
ISBN 978-89-20-04837-1 (03320)

KOREA
AHEAD
2024

이영한(에디터) 외 31인 지음

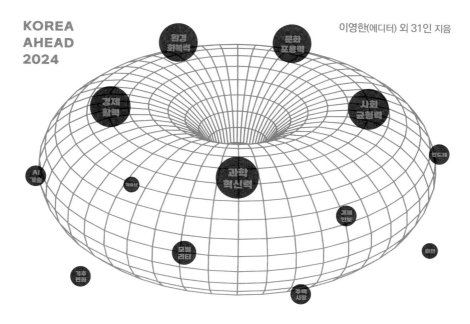

2024
대한민국 대전망

— 회복의 시대를 위한 5개 지지대 —

다중 위기를 넘어 회복의 시대로

한국은 회복력이 강한 나라다. 6·25 한국전쟁의 폐허에서 선진국가로 진입했다. 코로나19 팬데믹도 빠르게 모범적으로 대응했다. 한국인들은 전화위복의 유전인자를 가지고 있는 것 같다. 2024년은 2023년에 이어 1%대의 초저성장 기조가 계속될 것으로 전망된다. 경제, 안보, 기후변화, 바이러스 등 글로벌 위기가 돌발할 수 있는 불확실성이 여전히 지배적이다. 그럼에도 우리가 '다중 위기의 시대'라 칭했던 2023년과 달리, 2024년은 '바닥을 다지며 새로운 기회를 모색하는 시간'으로 변모할 것으로 보인다. 기술, 무역, 국방, 인프라, 서비스, 문화 등에서 세계 5위권인 대한민국은 이제 하드파워 강국이면서 동시에 소프트파워 강국이 되었다. 2024년부터 여러 분야에서 회복의 조짐이 나타날 것이다.

《2024 대한민국 대전망: 회복의 시대를 위한 5개 지지대》를 출간한다. 한국 지속가능발전 모델을 틀로 집필되었다. 국가는 '과학 혁신력', '경제 활력', '사회 균형력', '환경 회복력', '문화 포용력', 이렇게 5개 지지대가 제대로 함께 서 있어야 지속가능발전을 도모할 수 있다. 하나의 지지대라도 작거나 부러지면 지탱할 수 없어 무너지게 된다.

이 책은 총 6개 파트로 총론 '지속가능발전', 그리고 과학, 경제, 환경, 사회, 문화의 5개 지지대에 따라서 학제적으로 구성했다. 2024년 과학 혁신력은 'AI'에서 나오고, 경제 활력 여부는 '경제안보'가 좌우한다고 보았다. 사회 균형력을 되찾기 위한 과제로 '교육'과 '연금' 개혁 등을 살폈고, 환경 회복력으로는 '기후위기'와 '주택문제'를, 문화 포용력으로 '한류'와 '탈가족화'를 주목했다.

PART 1. 총론: 지속가능발전 5개 지지대에서는 지속가능발전, 사회, 경제, 문명을 다룬다. 이 책의 골격인 한국 지속가능발전 모델의 5개 지지대가 무엇인지, 왜 중요한지, 2024년에는 어떻게 바로 세워야 할지 제안하고(에디터 이영한), 사회적 관점에서 2024년 총선과 포퓰리즘은 어떤 영향을 미칠지(한상진), 2024년 경제 전망과 대안은 무엇인지(표학길), 그리고 문명사적 시각에서 기후변화를 진단하고 그 해법은 무엇인지 전망한다(양명수).

PART 2. AI 혁신과 일상화에서는 2024년 기술, 소비, 미디어, 보건의료, 경영, 기업, 금융을 다룬다. 먼저 AI 기술의 국내외 동향과 미래 전망을 살핀 후(권호열), AI의 한계와 기업 마케팅에 미칠 영향(황금주), 생성 AI가 가져올 새로운 미디어 패러다임(박은희), AI와 보건의료의 융합(강건욱), 생성 AI의 기업 경영상 장단점과 시장규모(문형남), AI를 활용한 인사·조직 운영(김유현), AI가 가져올 새로운 금융 서비스를 전망한다(김한성).

PART 3. 경제안보 활력과 리스크에서는 2024년 외교, 경제안보, 반도체, 원전, 국제경제, 러-우전쟁을 다룬다. 2024년 국제정세의 주요 변수와 한국 관련 리스크를 살피고(윤순구), 한미일 공조와 한중관계를 중심으로 경제안보의 중요성과 정책 방향을 논한다(박상준). 글로벌 반도체전쟁의 심화와 한국 반도체산업의 미래(신희동), 세계적으로 살아나는 원전시장과 한국 원자력산업(임채영), 미중 무역갈등 등에 따른 세계경제의 불확실성(박원암), 러-우 전쟁과 한국 외교의 딜레마를 전망한다(안병억).

PART 4. 기후변화 회복력과 주택에서는 2024년 기후변화와 생태, 숲, 교통, 도시, 글로벌 부동산, 국내 부동산, 주택을 다룬다. 기후변화와 생물다양성 위기에 대한 한국의 대응 방안(윤종수), 산불·산사태 재해와 기후변화 적응 패러다임의 변화(남성현), 모빌리티 대전환, 교통항공산업, 국가교통체계 패러다임 변화(오재학), 스마트시티의 주요 상황을 전망한다(김병석). 그리고 금리 충격을 극복한 글로벌 주택시장의 현황과 리스크(차학봉), 금리, 부동산 PF, 채권을 통해 분석하는 국내 주택시장의 오늘과 내일(배문성), 주택보급률, 자가보유율, PIR 등 지표를 통해 주택시장의 지속가능성을 전망한다(이영한).

PART 5. 미뤄진 개혁과 사회 균형력에서는 2024년 총선과 국가적인 개혁 과제들인 교육, 연금, 여성, 저출생을 다룬다. 총선을 둘러싼 정당의 움직임을 전망하고(김형준), 교육 실태 진단 및 근본적인 해결 방향을 제시한다(이길상). 이어 지속가능한 연금개혁 방안(윤석명), 여성에 대한 유엔협약체제의 내재화 방향(이정옥), 그리고 저출생과 외국인 가사도우미 이슈들을 살펴본다(송문희).

마지막으로 PART 6. 탈가족화와 문화 포용력에서는 2024년 가족, 심리, 한류, 문학의 경향을 예측한다. 먼저 생애주기의 탈표준화와 가족 형태의 변화(함인희), 그리고 1인 가구 750만 시대 사회적 고립의 문제(최윤경)를 조망한다. 이어 멀티태스킹 브랜드 한류의 경향(이혜주)과 2024년 한국 문학의 생태, 페미니즘, 챗GPT 경향을 전망한다(김소임).

이 책은 총 33개 주제로 구성되어 있다. 이 책은 서점에서 보게 되는 일반적인 트렌드 예측서와는 성격이 다르다. 특정 분야가 아닌 전 범위를 종합적으로 다룬다는 점, 분야별 최고 석학과 권위자 32인이 함께 집필했다는 점에서 차별화된다. 이 책의 가치는 2024년을 한 방향(一方)이 아니라 동서남북과 중앙의 오방(五方)에서 종합적으로 바라본다는 데에 있다. 한쪽에서만 바라보면 중요한 것들을 놓치기 쉽다. 오방의 5개 지지대는 보다 종합적이면서 입체적인 관점에서 2024년을 전망할 수 있게 도와줄 것이다.

《2023 대한민국 대전망》에 이어 집필하시는 분들도 계시고, '대한민국 대전망'의 뜻에 새로 동참하신 분들도 계신다. 대개는 1년 동안 고민하셨고, 짧게는 몇 달을 무더위 속에서 집필에 매달리셨다. 이러한 노력들이 다중 위기를 넘어서 회복의 시대를 밝히는 작은 빛이 되기를 바란다. 대한민국의 지속가능발전을 기원한다.

집필위원장

이영한(지속가능과학회 회장, 서울과학기술대학교 건축학부 명예교수)

집필위원

문형남(지속가능과학회 공동회장, 숙명여자대학교 경영전문대학원 교수)

이혜주(지속가능과학회 공동회장, 중앙대학교 예술대학 명예교수)

김소임(건국대학교 영어문화학과 교수)

신희동(한국전자기술연구원 원장)

김한성(전 한국은행 차세대시스템개발단 단장)

차 · 례

탈가족화와 문화 포용력

PART 1
· · · ·

총론

지속가능발전 5개 지지대

긴축의 해, 지속가능발전 5개 지지대

어려운 때일수록 지속가능발전으로 돌아가야 한다.
초저성장과 긴축의 해 2024년, 한국 지속가능발전 모델의 5개 지지대인
과학(혁신력), 경제(활력), 사회(균형력), 환경(회복력), 문화(포용력)를 조망한다.

이영한 지속가능과학회 회장.
서울과학기술대학교 건축학부 명예교수

2024년 긴축의 해, 지속가능발전

국내외 많은 전문기관들은 2024년을 초저성장과 긴축의 해로
전망한다. 2023년 경제성장률 전망치를 1.4%로 유지하고 있으며,
내년 성장률 전망치도 2%를 넘지 못할 것으로 본다. 수출증가율,
소비증가율, 시설투자비 등도 마찬가지이다. 2024년 정부 예산안
총지출은 656.9조 원으로 전년도에 비해 단지 18.2조 원(2.8%)이
증가한 초긴축 편성이다. IMF는 2024년 소비자물가상승률 전망
치를 2023년 7월 3.4%에서 꾸준히 하락하여 2024년 말에는 2%
에 근접할 것이라고 전망했다. 2024년은 성장률보다 물가상승률

이 높은 해로 전망되어, 전반적인 경제 상황이 2023년보다 나아질
것 같지 않다.

2024년, 기업이나 개인은 투자나 소비보다는 부채를 상환하거
나, 현금 보유와 저축을 선호하며 움츠러들 것이다. 경기는 침체
국면일 텐데, 며칠 지나면 회복할 수 있는 독감 정도일지? 아니면
코로나 급일지? 이렇게 어렵고 불확실성이 높은 때일수록 지속가
능발전 모델의 눈으로 바라다보는 것이 중요하다.

지속가능발전이라는 집이 세워지기 위해서는 지지대가 있어야
한다. UN은 지속가능발전 모델로 사회, 경제, 환경의 3개 지지대
(pillars)를 제시했다. 필자는 2015년에 이 모델을 한국적 상황에서
진화시킨 5개 기둥(columns) 형태로 변형시켜 한국 지속가능발전

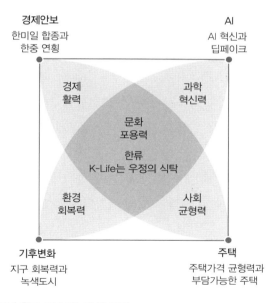

그림 1 2024년 한국 지속가능발전 모델

모델로 제시했다.[1] 중앙 기둥은 문화로 그리고 동서남북에 사회, 경제, 환경, 과학의 네 개의 기둥을 세웠다. 문화를 중심으로 본 것은 문화는 하트(heart)로, 치유와 통합 그리고 희망의 에너지를 주기 때문이다. 우리 민족은 경사나 애사나 떼춤과 떼창 한마당을 하며 면면히 이어져 왔다. 문화는 가슴이며, 과학은 머리, 경제는 배, 사회는 팔, 환경은 다리라고 볼 수 있다. 사람에게 가슴, 배, 머리, 팔과 다리가 모두 있어야 하는 것처럼, 한 국가나 조직은 문화, 과학, 경제, 사회, 환경이 각각 건강하면서 상호 선순환해야 지속가능발전이 이루어진다.

5개 기둥은 각각 고유의 가치가 있다. 문화 기둥은 '포용력(tolerance)'을, 과학 기둥은 '혁신력(innovation)'을, 경제 기둥은 '활력(energy)'을, 사회 기둥은 '균형력(balance)'을, 환경 기둥은 '회복력(resilience)'이다. 혁신력, 활력, 균형력, 회복력, 포용력이 공존하는 사회에서 살고 싶지 않은가? 그럴 때 대한민국은 더 나은 세상으로 나아갈 수 있다.

한국 지속가능발전 모델을 통해서 2024년을 전망하고자 한다. 경제 기둥으로는 세계 질서가 재편 중인 상황에서 '경제 안보'를, 과학 기둥으로는 'AI'를, 사회 기둥으로는 양극화의 주원인 '주택[2] 대란'을, 환경 기둥으로는 '기후위기'를, 문화 기둥으로는 '한류'를 다룰 것이다. 또한, 이런 시각이 책의 목차와 내용에 반영되었다.

---

1 이영한 외, 《전환기 한국, 지속가능발전 종합전략》, 38쪽, 한울아카데미, 2015.

2 앞의 책, 23쪽. 국가지속가능발전지표 체계에서 주택은 사회 분야에 해당하며, 최소주거기준 미달 가구수, 소득 대비 주택가격률 등이 포함되어 있다.

한류: K-Life는 우정의 식탁

"고구려의 모든 읍과 촌락에서는 밤이 되면, 많은 남녀가 모여서 노래하며 춤을 추었다."《삼국지》〈위지〉〈동이전〉 '고구려조'의 글이다. 고구려인들은 낮에는 일하고, 밤이 되면 집에서 쉬지 않고 한데 모여 노래와 춤을 추었다. 참 독특한 민족이다. 상하, 내외를 가리지 않고 친구가 되어 흥을 즐겼다. '이 마을의 떼창', '저 마을의 떼창'이 메아리친다. 만주 벌판 별빛 밤하늘 아래서….

2021년 영국 월간지 《모노클(Monocle)》은 한국이 독일에 이어 세계 2위의 '소프트파워 슈퍼스타'라고 평가했다. 엔터테인먼트와 혁신에서 글로벌 기준을 세웠다고 극찬했다. 글로벌 시장에서 크게 히트한 영화, TV 쇼, 음악의 소프트파워와 삼성, 현대 등의 'Made in Korea' 제품들에 의하여 강화된 국가 브랜드를 높이 평가한 것이다.

소프트파워 강국의 일등 공신은 한류다. 'K-Pop', 'K-Drama', 'K-Film', 'K-Food', 'K-Beauty', 'K-Tech', 'K-Language', 'K-Medical' 등 우리가 하는 것마다 세계는 호감을 갖는다. 한국인의 땅과 역사 그리고 삶 그 자체가 세계인에게 관심을 불러일으킨다. 호감을 주는 한국인, 장수국가 한국, 기대 수명(83.6세)은 일본(84.7세), 스위스(84.0세)에 이어 OECD 39개국 중에서 3위이다. 코로나19 팬데믹 치명률도 한 때 0.1%로 싱가포르와 동률로 세계 1위였다. 개천에서 용이 난 격인 한국은 감동적 스토리와 배울 게 많은 나라다. 우리 삶 자체가 한류가 되었다. 그래서 'K-Life'다.

한국, 서울에 가보는 것이 꿈인 시대다. 방문객이 동남아를 넘어서 남미권, 중동권 등 전 세계로 급속히 확장되고 있다. 그동안 아웃바운드 한류가 대세였다면, 2024년 이제는 인바운드의 가세 열기도 대단할 것이다. 인왕산, 남산, 해운대, 제주 올레길, 인사동 맛집, 익선동 숍, 고속도로 휴게소 등에서 방문객들을 만날 수 있을 것이다.

K-Life의 가치는 무엇일까? 우정(friendship)의 식탁이라 할 수 있다. 아프리카 오지에서 몇몇 친구들끼리, 프랑스 파리에서 수만 명이 모여 K-Pop 떼창, 떼춤으로 우정을 다지고, 태국 어느 산촌에서 노인과 어린이가 같이 K-Food 식탁에 앉아 K-Drama를 보고 서울 골목 얘기를 나눈다. 진정한 친구가 그립고, 우정에 배고 픈 시대에 세계인들은 식탁에서, 거리에서 K-Life와 함께 우정을 나눈다.

조상들의 떼창, 떼춤의 레거시, "우리는 다 친구다"는 바로 인류애다. 타국을 침략하거나 패권을 휘둘러 본 적 없는 백의민족 후예들의 삶, 대체할 수 없는 K-Life 기세는 오래 지속될 것으로 전망된다.

기후변화: 지구의 회복력은 녹색도시 탈바꿈으로

시인 김선우는 "한때 아름다웠던 별"인 지구는 뜨거워지고 쓰레기 가득한 "지구라는 크라잉 룸"이 되었다고 탄식했다. 2023년 7월 구테흐스 유엔사무총장은 "지구온난화(warming) 시대는 끝났고 지구 열화(boiling) 시대가 시작되었다"라고 선언했다. '기후위기', '기후재난(재앙)', '기후비상사태', '지구열화(熱火)' 시대에 진입한 지구는 과연 '한때 아름다웠던 별'로 회복될 수 있을까?

한국은 기후변화 대응 최하위 국가이다. 기후변화협약당사국총회(COP)는 2020년 기후변화 대응지수에서 한국은 61개국 중에서 58위라고 발표했다. 무엇보다도 이전과는 다른 획기적인 대책이 필요하다. 해결의 열쇠는 도시다. 지구 면적의 2%인 도시의 에너지 소비율은 지구 에너지 소비의 75%를, 탄소배출량의 80%를 차지한다. 지구 생존 여부는 도시의 탄소배출량에 달렸다. 도시구조를 기후재난 대응형으로 시급히 리모델링해야 한다.

좋은 선례는 어디에 있을까? 서울의 가로 녹지율(10.1%)과 파리시 녹지 면적비율(9.5%)은 비슷하다. 파리 시가지 권역은 가로수도 적고, 광장이나 건물 중정에도 나무들이 거의 없다. 파리의 녹지율은 런던(33%)이나 로마(38.9%) 등 유럽 도시 중에서 가장 낮다. 파리시는 기후변화에 대응하고자 '가든도시계획'을 발표했다. "차량은 더 적게, 공기질은 더 좋게"를 모토로, 2030년까지 녹지율을 50% 수준까지 높이겠다는 것이다. 구도심 중심부의 보행 중심화, 건물 옥상의 녹화, 다리 공원화, 차로의 반을 자전거도로화 및 보도화하고 있다. 1850, 1860년대 G. E. 오스망(Haussmann)의 '파리대개조사업'에 의해서 형성된 도시구조를 기후비상사태 대응형으로 리모델링하는 역사를 진행 중이다. 현대 1세기 동안 연속적으로 성장해 오던 서울을 녹색도시로 리모델링하고 탈바꿈시켜야 한다. '그랜드 그린 시티, 서울'이 기후위기 시대의 필수 조건이다.

건물이 문제이다. 유엔환경계획(UNEP)에 따르면, 2019년 전 세계 탄소배출량에서 건축물 부문 비중이 38%로 어느 부문보다도 높다. 건물 에너지 사용으로 인한 탄소배출량이 28%, 건축 자재, 해체 등 건설 과정에서 배출되는 탄소량이 10%이다. 기후위기 시대에는 건물이 에너지를 소비하면서 동시에 생산함으로써 자급자족해야 한다. 외부 에너지 공급 없이 스스로 돌아가는 제로에너지 건축물(ZEB)이 이미 건축되기 시작했다. 2023년부터는 공공건물 500m² 이상 신축 건물과 공공 공동주택 30세대 이상 신축 건물이, 2025년부터는 민간의 1,000m² 이상 신축 건물이 ZEB(5등급) 의무 대상이다. 최종 목표연도인 2050년에는 한국의 모든 건물이 의무적으로 ZEB 1등급(외부 동력 공급 없이 스스로 운영) 건물이 되어야 한다. 신축보다는 탄소배출량이 많은 기존 건물의 ZEB 그린리모델링 사업을 지체하지 말고 추진 시기를 앞당겨야 한다.

나무를 사랑하고 숲을 가꾸는 국민이 되어야 한다. 나무는 홍수를 조절하고, 급격한 기온변동을 완화하고, 깨끗한 공기를 공급하는 등 멀티플레이어 효자다. 건강한 나무 한 그루는 소형 에어컨 10대의 냉방효과가 있다고 한다. 그리고 2024년에는 국가온실가스감축목표(NDC)[3]에 대한 정부 당국의 진정성 있는 실천 의지와 기업들의 능동적 실행 그리고 국민들의 이해와 동참이 요구된다.

경제안보: 한미일 합종과 한중 연횡

최근 CNN에 따르면, 중국의 빈집은 1.3억 호(미분양 주택 3,000만 호,

---

3   2018년 기준 탄소배출량을 2030년까지 40% 감축한다는 국제적 공약.

분양 후 빈집 1억 호)에 달한다. 3억 6,400만 명이 거주할 수 있는 규모로,[4] 앞으로 10년 동안 신규 주택 공급이 없어도 될 판이다. 중국의 주택보급률은 120%를 초과한 것으로 추산된다. 이러한 단기간 과잉공급 사태는 제대로 된 나라에서는 일어날 수 없는 것이다. 중국은 양적 G2 대국이지만, 아직 질적으로는 중진국 수준이라 그 간극만큼이나 세계의 불확실성을 높이면서도 가능성이 많은 나라이다.

경제안보와 한미일 합종

코로나19 팬데믹 기간에 국가 간의 공급망이 단절되고, 연이어 러시아·우크라이나 전쟁이 발발하자, 세계적으로 국가안보를 강화하려는 움직임이 나타나고 있다. 이 흐름에서 하나의 큰 방향은 미국이 주도하는 중국과의 거리두기이다. 미국의 바이든 정부는 캠프 데이비드 한미일 정상회담(2023. 8. 18.)에서 국제사회에 그 의도를 분명히 공표했다.

현재 한미일 건너편에서 중국·러시아·북한은 결속을 모색하고 있는 가운데 김정은·푸틴 정상회담(2023년 9월 13일)이 개최되었다. 이 6개국은 20여 년 전 북핵협상을 하던 6자회담의 당사자들이다. 한국의 근대사는 아관파천, 일본강점, 한미동맹, 최대 무역국 중국 등 이들 나라들과의 선한 인연과 악연의 연속이었다. 앞으로도 한국은 어려울 때나, 좋을 때나 이들 나라와 만나게 되어 있다. 한국은 그만큼 외교가 중요한 나라이고 외교역량이 중요하다.

---

4 중국인의 가구당 가족수는 2.8인으로 산정했다.

한미일 협력체제는 기본적으로 유지되면서 한미의 협력과 결속이 더욱더 공고해질 것이다. 한미는 안보적으로, 경제적으로 상호보완 관계이기 때문에 원원할 수 있다고 본다. 1882년 조미수호통상조약, 1953년 한미안보동맹 이후 한국의 안보나 경제, 사회 발전에 미국의 역할은 매우 컸다. 미국과는 좋은 인연이다. 정부가 원하는 '글로벌 포괄적 전략 동맹'은 바람직하다고 본다. 내용이 좀 덜 채워졌다고 하더라도 가능하다면 '동맹'이라는 대못을 박는 것도 중요하지 않을까. 2024년 대선에서 트럼프와 같은 인물이 당선되면 '동맹'을 체결하는 일은 없을 것이다.

미국과 중국의 관계는 '경쟁, 협력 그리고 긴장'이라는 3개의 코드가 엮어지는 길고 긴 과정이지 않을까. 지금은 미국이 자국의 이익이 침해될 때, 중국을 누르고 있는 형국 정도로 보면 될 것이다. 미국(세계 GDP의 24%)은 중국(세계 GDP의 16%)의 시장을 포기할 수 없으며, 미국 기업인들도 이를 받아들일 수 없다. 외교 최고수라고 할 수 있는 양국은 서로 파국을 원하지 않을 것이다. 한국도 이념에 갇히지 말고 국익과 공영을 위해 중국과의 경제적 협력 관계를 지속해야 한다.

후쿠시마 핵(처리) 오염수의 태평양 방류가 한국과 중국을 긴장시키고 있다. 중국은 강하게 비난하고 있다. 한국 정부는 IAEA의 판단을 존중하면서도 오염도 검사에 한국 전문가의 참석을 요구하고 있다. 야권은 오염수 방류를 강하게 반대하고 있다. 이 이슈는 방류 이후에도 사그러들지 않고 두고두고 한일 친선 외교에 장애물이 될 수 있다. 외교적 해법은 한국과 중국이 참여하는 오염의 과학적 측정과 투명한 관리에 있다고 본다.

한미일이 합종이면, 한중은 연횡

대변혁기라고 볼 수 있는 "중국은 어떠한가?"를 살피는 것이 우선이다. 코로나19 팬데믹은 중국 사회의 변곡점이다. 전국적으로 제로코로나 실시에 이어 사회주의적 색채를 더욱 분명히 했다. 중국은 2021년 11월 19기 6중전회에서는 시진핑 신시대 중국 특색 사회주의 사상의 중요성을 부각하고, '공동부유사회 실현'을 신시대의 목표로 제시하는 역사결의를 했다. 역사결의는 통상 몇십 년 장기 목표이다. 이미 실패로 판정난 사회주의의 부활을 천명하고 있다. 다만 중국은 사회주의 체제를 유지하면서도 40여 년간 자본주의 경제를 받아들여 G2로 성장해서 창고를 채워 놓은 상태이다. 중국은 '공동부유사회 실현'이라는 '큰 모험적 실험'을 시작했다고 볼 수 있다.

중국은 민간 영역을 축소하고 당과 관료 중심의 사회주의 체제를 강화하고 있다. 썰물처럼 빠져나간 외국의 자본과 인력이 쉽게 돌아올 것 같지는 않다. 대외의존도가 낮아지고 내수시장의 비중이 커지는 자급자족 경제 체제가 강화될 것이다. 이 과정에서 사회주의 정신 교육을 강화하고 애국주의를 소환할 가능성이 높다. 상정하경(上政下經) 국가체제에서 경제위기는 바로 정치위기이기 때문에, 현 상황이 경제위기로 전이되는 것을 중국은 전방위로 막을 것이다. 현재 외부에서는 우려가 크지만, 그들은 중국 특유의 근성으로 끈질기게 그들 플랜에 따라서 현재의 위기적 상황을 헤쳐 나가지 않을까. 그러나 견고한 관료적 국가체제에서는 기업가 정신 등 경제 활력이 위축될 수밖에 없으며, 세계 경쟁력이 약화될 수 있다. 앞날이 밝지만은 않다고 볼 수 있겠다. 대중 무역 비중이

23%(2022년 기준)에 달하는 한국 입장에서는 앞으로의 중국의 변화를 주목할 수밖에 없다.

대중 관계의 지속가능한 입장은 무엇일까? 지금까지 쌓아 온 신뢰와 협력을 더해 가면서 동시에 사회주의 강화와 군사적 패권 리스크를 줄여 가는 것이 중요하다. 이것이 국익과 세계 평화를 위한 길이기 때문이다. 한미일이 합종(合從)을 하면 중국과는 연횡(連橫)을 모색하는, 원칙적이면서도 고도의 전략이 필요하다. 한중(일) 정상회담을 2024년 벚꽃 피기 전에 개최하는 것이 필요하다. 이것이 연횡의 첫걸음일 것이다. 중국은 한국과 '상호 존중 관계'라는 것을 체감할 수 있도록 실천할 필요가 있다. 예로부터 중국은 한국을 '동방예의지국', '군자국'이라고 칭송했고, 공자도 평생소원이 고조선에 가서 예의를 배우는 것이라고 하지 않았는가!

주택: 주택가격의 균형력, 자가보유율과 부담 가능한 주택

최근 개봉한 영화 〈콘크리트 유토피아〉에서 주인공 모세범(이병헌)은 싼 가격에 나온 매물을 샀는데, 부동산 중개인과 소유주의 공모 사기에 걸려들어 돈을 날릴 판이고, 신혼부부인 김민성(박서준)과 명화(박보영)는 주택담보대출로, 한 중년은 빌라에서 몇십 년 살면서 돈을 모아 아파트를 매입했다. 주민들은 결국, 붕괴된 콘크리트 아파트 더미의 난민이 되었다. 2024년 주택시장은 2023년보다 가격 변동성이 크고 더 혼돈스러울 가능성이 있다. 과연 이 시대 아파트는 유토피아인가?

한국인의 총자산 중에서 부동산 비중은 70%를 초과한다. 유주택가구 비중이 60%, 무주택가구 비중은 40%이다. 주택가격의 변동은 그대로 자산 격차로 직결된다. 한국의 빈부격차는 근로소득보다는 부동산 자산에 의해 결정된다. 2016년 이후 계속된 주택가격의 상승은 그대로 자산의 양극화를 심화시켰다. 역대 정부의 주택 정책에서 자가보유율 관리는 실종된 상태다.

주택가격의 변동성이 큰 한국에서 높은 무주택가구 비율은 큰 문제다. 동아시아 국가들은 한국에 비해 주택가격의 변동성으로 인한 문제가 심각하지 않다. 자가보유율이 중국은 95%를, 대만은 90%를, 싱가포르는 90%를 초과했다. 이 국가들의 대부분 국민들은 집을 소유하고 있어서 주택가격이 상승하면 같이 자산이 늘어나게 되기 때문에 그 부작용이 크지 않다. 주택보급률 96%, 자가보유율 45%인 서울의 경우, 주택가격의 변동성이 매우 클 수밖에 없으며, 주택가격이 급등하면 무주택자들의 삶의 기반이 무너질 수 있다. 주택문제는 주택문제로 끝나지 않고, 저출생, 낮은 결혼율 등 많은 사회문제로 비화한다. 사회문제를 해결하려면, 먼저 주택문제를 해결해야 한다. 자가보유율을 60%로부터 80%로 올려야 한다.

자가보유율을 올리는 지속가능한 해법은 무엇일까? '부담 가능한 주택(affordable housing)'은 주택가격을 연착륙시키면서 자가보유율을 높일 수 있는 열쇠이다. 부담 가능한 주택은 공급자가 아닌 수요자 입장의 주택이다. 동원 가능한 자산과 상환 가능한 원리금과 이자액의 주담대를 합한 가격 이하의 주택이라고 말할 수 있다. 저렴주택이나 고급주택도 부담 가능한 주택이 될 수 있다. 예로 연소득 3억 원인 30대 후반 맞벌이부부가 자산과 상환 가능한 주담대로 30억 원의 고가 아파트를 구입했다면, 그 아파트는 그들에게 부담 가능한 주택이다. 부담 가능한 주택은 주택과 수요자의 관계를 말하는 것으로 동적이고 포괄적 개념이라는 것을 다시 한번 강조하고 싶다.

주택담보대출이 문제다. 부담가능성의 정도를 평가하는 지표로 PIR(주택가격/가구소득)을 활용할 수 있지만, 이 지표는 가구소득만을 분모로 하기 때문에 한계가 있다. 주담대의 지속가능성을 같이 살펴야 한다. 최근 출시한 50년 상환 주담대는 지속가능할까? 한국인은 73.1세까지 건강하여 돈을 벌 수 있겠지만, 그 이후에 10년간은 질병이나 장애로 인하여 오히려 돈을 쓰는 기간이다.[5] 건강수명 73세를 기준으로 하면, 주담대 최대 기간은 40년일 것이다. 50년 상환 기간은 지속가능하지 않다.

DSR 40% 초과, 시중금리 4% 초과, 40년 초과 주담대 상품은 지속가능하고 볼 수 없으니, '40%, 4%, 40년 초과'는 세심한 주의를 요한다. 혹자는 이러한 주담대 상품을 쓸 수도 있으나, 그 전제조건은 주택가격이 계속 상승한다는 것이다. 일본은 1990년대에 이미 주택보급률 118%로 버블붕괴했고, 중국도 현재 주택보급률 120% 초과로 버블붕괴에 직면하고 있다. 한국도 2030년이 되면 주택보급률이 110%를 초과할 가능성이 높아 중장기적으로 현 가격은 유지되기 어렵다. 곧 2030년이 된다.

유엔이 권고하는 PIR은 5배인데, 공공분양주택이 그 수준이

---

5   한국의 기대 수명은 83.6세, 건강수명은 73.1세이다.

다. 2023년 상반기 공공주택의 인허가 실적(5,257호)은 연간 목표치(7.6만 호)의 7% 수준이다. 앞으로 5~6년 후에 공공분양주택의 실종 상태가 발생할 수 있다. 실수요자를 위한 공공분양주택을 대대적으로 늘려야 한다. 지금까지의 공공임대주택 공급 중심으로부터 공공분양주택 공급으로 대전환해야 한다. 공공분양주택은 공공임대주택에 비하여 재정투자가 적고, 관리비 지원 부담이 없다. 특히 내 집을 가진 자립 민주 국민으로서의 자아를 실현할 수 있다. 현재 공공임대주택 비중 8%를 장기적으로 공공분양주택 10%, 공공임대주택 5%로 바꿔야 한다. 경기침체 조짐이 있는데, 공공분양주택 100만 호 공급 뉴딜을 추진해도 좋을 것이다.

AI: AI의 혁신과 총선 딥페이크 비상

인간은 '선악과'를 따 먹음으로서 신과 사탄 사이에서 갈등하며 살아가는 존재가 되었다고 한다. 그런데 또 다른 선악과가 나타났으니 바로 AI다. 쓰기에 따라서 AI는 신과 같은 능력을 보일 수도 있고, 괴물도 될 수 있다. 빌 게이츠는 "AI가 가짜 뉴스와 잘못된 정보를 대량으로 유포시켜 선거와 민주주의에 악영향을 미칠 것"이라고 경고했다.

AI와 대중의 첫 만남은 2022년 11월에 OpenAI가 출시한 챗GPT라고 볼 수 있다. 만나는 사람마다 첫인상이 좋았다. 출시 7개월 만에 사용자 수가 15억 명을 기록했다. 생성 AI는 도깨비 방망이와 같이, 자판을 두드리면 바로 답을 준다. 나보다 뛰어난 고급

지능형 비서를 두는 시대가 시작되었다. 앞으로 AI는 인간 활동의 전 범위에 걸쳐서 혁신을 주도하고, 전 산업과 전 사회의 대변혁을 가져올 것이다.

오는 2024년 4월 총선은 AI 가짜 뉴스 비상이다. 이번 총선에서 AI는 반신반수(半神半獸)의 심판대에 오를 수 있다. AI는 선거 전략 분석, 표심 동향 분석에 유용하게 활용될 것이다. 그러나 AI로 조작된 '딥페이크 뉴스'를 무차별 배포하여 선거 판도를 심각하게 훼손할 수도 있다. 이제는 누구나 AI로 이미지, 목소리를 동원하여 가짜 뉴스나 문건을 손쉽게 생성하고 유통할 수 있다. 선거 막바지에 한 집단이 조직적으로 나쁜 의도를 갖고 가짜 뉴스를 퍼트리고 삽시간에 퍼 날라 표심을 바꿀 수도 있다. AI 콘텐츠 탐지 기술은 오픈AI가 출시한 '클래시파이어' 등이 있지만, 아직은 급속한 AI 기술의 발전을 따라잡지 못하고 있는 실정이다.

2017년 대선에서 민주정치를 크게 훼손한 킹크랩 사건을 기억하고 있지 않나? 극단적인 팬덤 정치가 극성을 부리는 상황에서 '제2 킹크랩'이라 할 수 있는 'AI 딥페이크'를 방어하기가 결코 만만하지 않을 것이다. 관련 법과 제도를 점검하고 필요시 조속히 개정하고 정비해야 한다. 민주주의를 수호하기 위해서, 22대 총선부터는 '제2 킹크랩'을 선거 사후라도, 고하에 관계없이, 당락에 관계없이 끝까지 추적하여 발본색원해야 할 것이다. 빌 게이츠가 말한 바와 같이 "AI는 판도라 상자"다.

위기에 강한 대한민국

　21세기에 들어와서 대한민국은 세계적인 위기 때마다 선전했고 한 단계 도약했다. 러-우 전쟁으로 인해 방위산업이 세계적으로 조명받고 있다. 코로나19 팬데믹 상황에서 세계적 방역 모범국으로 평가되었다. 한국은 단단한 나라다. 위기는 도약의 기회임을 수차례 입증한 바 있다. 세계적인 K-Pop 스타 뉴진스의 나이는 14~18세이다. 열네 살 '혜인'이 세계를 누비고 있다. 참 기특하다. '혜인' 세대들이 더 자유롭고 서로 염려해 줄 수 있는 더 나은 세상을 바란다.

이영한 ••• 지속가능과학회장, 서울과학기술대학교 명예교수(건축학부교수, 주택도시대학원장), 우리도시건축사사무소 대표이사, 전 EBS 이사, 전 서비스산업총연합회 초대 운영위원장겸부회장. 최고위건축개발과정CADO 초대 책임교수, 건축리더십아카데미AAL 초대 위원장. 《전환기 한국 지속가능발전 종합전략》, 《포스트 코로나 대한민국》, 《2023 대한민국 대전망》 집필위원장. 서울대학교 공학사, 공학석사, 공학박사(건축학), 한국방송통신대학교 문학사(중어중문학, 일본학).

2. 사회

포퓰리즘 유령과 2024년 총선:
데리다의 눈으로 본 한국 시민사회

2024년 4월 10일, 22대 총선이 열린다.
양대 정당은 상대방을 코너로 모는 온갖 전략을 동원할 것이다
그 한가운데 자리할 포퓰리즘은 민주주의 발전을 도울 수도, 해칠 수도 있다.

한상진 서울대학교 사회학과 명예교수

시작하는 글

이 글은 이론적, 경험적 연구의 두 가지 목적을 추구한다. 이론적 목적은 데리다의 시각을 한국 시민사회 연구에 활용하는 것이다. 전례가 없는 일이 아닌가 한다. 특히 데리다의 유령 개념이 흥미롭다. 그 눈으로 포퓰리즘을 유령으로 보려고 한다. 왜 유령인가? 데리다의 눈으로 한국정치를 봄으로 해서 우리가 얻을 수 있는 장점이나 교훈이 있다면 무엇일까? 초보적이지만 이런 질문에 답하는 것이 이론적 목적이 되겠다. 경험적 목적은 데리다를 한국 시민사회 연구에 접목하려는 관점에서 포퓰리즘 계보의 형성, 포

풀리즘과 민주주의의 관계, 시민의 유형 등을 살펴보는 것이다. 사실 후자만으로도 상당한 지면의 분석, 논증, 토론이 필요하다. 이 짧은 글에서 두 가지 목적을 연결시켜 논하는 일이 어찌 쉬운 일이 겠는가? 그런 이유로 많은 정보를 배경에 두고 핵심만을 간략히 제시하는 것을 널리 이해해 주기 바란다.

왜 데리다인가

프랑스의 저명한 철학자 자크 데리다는 1994년《마르크스의 유령들》이라는 책을 펴냈다. 유령이라고 하면, 1848년 마르크스와 엥겔스가《공산주의 선언》을 펴내면서 남긴 첫 문장, "공산주의 유령이 유럽에 출몰하고 있다"를 연상하게 된다. 사실 데리다의 사색은 여기서 시작한다. '출몰한다', '배회한다'는 말이 무엇을 뜻하는가? 출몰의 주체, 유령은 과연 무엇인가?

데리다는 결국 온톨로지(Hauntology)라고 부른 방법론을 제안했다.[1] 이 개념을 이 글에서는 일단 '출몰학'으로 번역하겠다. 우선 출몰의 주체 유령은 복수다. 마르크스주의건 포퓰리즘이건 출몰하는 유령은 복수다. 유령끼리 싸우기도 하고 경쟁도 한다. 그렇지만 유령은 실재하는 존재가 아니다. 일종의 상상이며 허깨비다. 흔히 하는 말로, 유령은 살아 있는 것도 아니고 죽은 것도 아니며 현존하는 것도 부재하는 것도 아니다(Buse & Scott, 1999: 10). 그럼에도 막강한 영향력을 미칠 수 있다. 사람들을 불안과 공포로 떨게

---

1 데리다를 연구한 어느 학자(Gallix, 2011)는 "출몰학은 명백한 것처럼 보이는 현존이 유령의 모습으로 대체되고 궁극적인 원천이 가려진 존재론적 괴리"라고 정의한다.

할 수도 있고, 반대로 희망과 꿈, 위안을 줄 수도 있다.

　그렇다면 데리다는 결국 무엇을 말하려 하는가? 쉽게 정리하자면 다음과 같은 것이다. 어떤 사상이나 운동, 가치, 집합적 기억이 출몰하는 것은 어느 날 갑자기 돌출하는 것이 아니다. 항상 과거로부터 나온다. 역사 안에 내장된 계보의 흐름 안에서 어떤 계기에 새로운 영감, 상상, 욕망의 원천으로 재해석된다. 그리하여 과거로부터 현재로 이어지고 미래로 나가는 상상의 에너지로 작동한다. 데리다는 사실 오랫동안 이런 역사연구의 방법을 몸에 익힌 인물이다.

　새로운 것이 있다면, 아마도 이것은 다소 앞서 나가는 것이 될 것 같지만, 유령 출몰의 규범적 소망이 아닐까 한다. 육신을 떠난 혼이 안식을 취하지 못한 채 세상을 배회하는 것은 미처 이루지 못한 간절한 원망이나 갈망이 있기 때문이라는 우리 속담이 있다. 이런 뜻이 출몰학의 기저에 있는 것이 아닌가 한다. 풀어 보자면, 유령은 결코 포기할 수 없는 '잃어버린 미래'를 찾아 출몰한다는 것이다. 간절히 원하지만 아직 도달하지 못했고 어쩌면 도달하기가 힘든 '그 미래'에 대한 갈망으로 출몰한다는 것이다(Fisher, 2014).

　이런 관점으로 데리다를 이해한다면, 허깨비 같은 유령은 해체의 대상이다. 역사적 유물론, 변증법적 유물론, 혹은 정통 마르크스주의 등은 해체의 대상이다. 그러나 해체를 넘어 재구성되어야 할 계보도 있다. 결국 데리다는 《마르크스의 유령들》에서 허깨비 유령들을 과감히 해체하면서 타당성이 소진되지 않고 살아 있는 계보, 즉 비판의 정신을 재구성하고자 했고 이것을 실천에 옮기고자 했다.

포퓰리즘의 계보학

　이 글은 데리다의 눈으로 한국의 시민사회를 보려는 것이다 (Han, 2024). 데리다가 중요한 이유는 포퓰리즘으로 통하는 다양하고 풍부한 계보가 한국 근대사에 점철되어 있기 때문이다. 출몰학의 문화적 토양이 비옥하다는 것이다. 그러나 그 토양이 복잡하게 얽혀 있다. 반공이나 반일처럼 증오를 내뿜는 포퓰리즘 유령이 작동하는가 하면, 촛불시위처럼 국민주권을 옹호하는 계보도 막강하다.

　그러면 계보학을 간략히 정리해 보겠다(Han, 2019). 출발점은 19세기 후반기에 민중이 경험했던 심대한 위기와 혼란이 아닐까 한다. 외세의 침략과 간섭이 노골화되는 과정에서 조선 왕조체제는 불행히도 집권능력을 상실했다. 민생은 도탄에 빠지고 파국적 종말론적 시대인식이 창궐하게 되었다. 우리가 흔히 접했듯이, 다양한 형식과 내용의 계몽사상, 민족종교 운동, 풀뿌리 저항운동, 천지개벽 사상 등이 분출했다. 이런 배경에서 한국 포퓰리즘의 원형이 형성되었다고 할 수 있다. 이를 이끄는 하나의 날개는 무능하고 부패한 집권세력에 대한 불신이다. 이것을 우리는 포퓰리즘을 구성하는 '부정적' 인식틀로 부르고자 한다. 다른 날개는 미래의 해방된 세상을 이끌어 갈 주체는 바로 새로운 자의식을 갖춘 민중 자신이라는 자기긍정의 신념이다. 우리는 이것을 포퓰리즘의 '긍정적' 인식틀로 부르고자 한다. 포퓰리즘은 이렇게 양 날개로 움직인다.

　그 뒤에 과정을 보면, 양 날개 가운데 불신과 증오의 부정적 인식틀이 대폭 강화된 것을 쉽게 발견할 수 있다. 일제강점기의 경우, 저항의 표적은 일본 식민지배를 관리하는 민족 외부의 세력이었다. 따라서 모든 것이 단순명료했다. 한국인은 피해자이고 일본 식민통치는 모든 악의 근원이다. 일본은 한반도를 식민화했을 뿐 아니라 그 식민통치가 원인이 되어 한반도는 분단되었고 한국전쟁이 터지자 일본은 이를 계기로 다시 성장하는 길을 걸었다. 이렇게 쌓인 반일 정서가 민족주의적 포퓰리즘을 이끄는 원동력이 되었다.

이런 부정적 인식틀은 한반도를 초토화시킨 한국전쟁을 경유하면서 훨씬 더 강화되었다. 반일과 함께 반공을 앞세운 증오의 포퓰리즘이 넓게 확산된 것이다. 혁신적 사상, 인물, 조직, 운동을 '빨갱이'나 '친북' 또는 '종북세력'으로 간주하는 시대착오적 풍조가 만연하게 되었다.

그 뒤 역사적 일대 반전의 계기가 생겼다. 1980년대 민주화 운동이 그것이다. 이 운동의 주역은 대학생과 젊은 진보적 지식인이었다. 이들은 19세기 말의 포퓰리즘 원형을 소환하여 풀뿌리 민주주의를 재가동하고 민중을 정치적 주체로 재확립하는 다양한 운동을 전개하였다. 진보적 기독교 지식인들은 민중신학을 주창하면서 성경의 이름으로 빈자의 권리를 옹호했다. 수많은 대학생들이 도시빈민가의 야학에 동참하여 빈곤가족의 자녀들을 가르쳤다. 심지어 스스로 대학교육을 포기하고 노동자로 위장하여 공장에 진입했다. 이들은 자원봉사로 노동자와 함께 사는 방식을 배우고 노동조합의 조직화를 도왔다. 이런 민중문화가 대학으로부터 교회, 공장, 도시빈민가, 농촌을 포함하여 한국의 다양한 부분들로 넓게 확산되었다(Han, 2019: 36).

계보학은 이렇게 간략히 정리되지만, 포퓰리즘 유령이 한국정치에 자주 출몰하는 이유는 정치적 목적으로 이를 소환하여 활용하려는 정당 또는 정치인의 계산이 작용하기 때문이다. 바로 그렇기 때문에 이들은 코에 걸면 코걸이, 귀에 걸면 귀걸이 식으로 상대의 정치행태가 거슬리면 포퓰리즘 이름으로 비난한다. 복지 과잉, 기본소득 제도, 청년문제, 개딸 성향, 종북 지향, 반일감정, 운동권 체질, 촛불 시위, 태극기 시위 등. 그 배후에는 포퓰리즘을 민주주의에 대한 위협으로 간주하는 풍조가 있고 이것을 공격하는 것은 정치적으로 이득이 된다는 전제가 있다.

경험적 연구

그러나 이것은 정치적 수사일 뿐 사회과학적 지식은 아니다. 따라서 기초연구가 필요하다. 설문조사의 출발점은 포퓰리즘을 구성하는 두 개의 축, 다시 말해 불신의 부정적 인식 축과 국민주권을 핵심으로 하는 긍정적인 인식 축이 그것이다. 역사적 소재로는 2016년 촛불 시위와 태극기 시위를 대상으로 삼는다. 필자의 연구를 간단히 살피자면, 2018년의 서울시민 조사자료를 중심으로 응답자가 촛불 시위와 태극기 시위를 각각 지지했던 정도를 측정했다. 아울러 기성 정치인을 불신하는 정도, 국민이 중요문제를 직접 결정해야 한다는 주장에 동의하는 정도를 측정했다. 회귀분석을 해 본 결과, 불신지수가 높을수록 태극기 시위를 지지하는 정도가 높았고, 국민주권 지수가 높을수록 촛불 시위를 지지하는 정도가 높았다(Han & Shim, 2021; 2022).

이런 경험적 발견은 귀중한 의미를 갖는다. 정치적 불신의 축이 강할수록 포퓰리즘 운동은 태극기 시위 같은 형태로 전개되며 정치적 권위주의로 이어질 가능성이 커진다. 반대로 국민의 직접 참여 같은 긍정적 지수가 높으면 포퓰리즘 운동은 촛불 시위 같은 형태로 전개되며 민주주의를 촉진시킬 수 있는 잠재력을 갖는다.

다음으로는 시민유형론을 살펴보겠다. 이를 위해 사용한 설문을 보면, "대부분의 정치인은 돈 많은 기득권층의 이익에만 관심이 있다"는 설문으로 불신의 정도를 측정했다. 아울러 "가장 중요한 정책 결정은 정치인이 아니라 국민이 내려야 한다"는 설문으로 긍정의 정도를 측정했다. 이런 방식으로 포퓰리즘 지수를 만들어 포퓰리즘 시민과 일반 시민을 구별했다. 이 구별은 시민유형의 개발에 필수적이지만 충분하지는 않다. 이와 함께 정치사회적 기본태도를 측정할 필요가 있었다. 이에 따라 위험사회에 대응하는 방식에 관해 응답자가 정부결정을 따를 것인가 아니면 시민사회의 의견을 우선할 것인가를 묻고 응답을 1~10점 척도로 측정했다. 정부결정을 따르는 것을 하향적(top-down) 태도로, 시민사회를 우선하는 것은 상향적(bottom-up) 태도로 규정했다. 위와 같은 방식과 절차에 따라 포퓰리즘 지수에 의한 시민유형과 정치사회적 태도유형을 교차시켜 〈표 1〉과 같은 4개의 시민유형을 구별하고 각각의 규모를 측정했다.

가장 대조되는 것은 상명하달의 일반 시민과 하의상달의 포퓰리즘 시민이다. 모든 점에서 특성이 현저히 다르다. 그러나 우리의 연구에서 중요한 것은 상명하달과 하의상달의 두 가지 대조적인 시민유형을 국제적인 자료로 비교하는 것이다.

우선 기본정보를 보면, 세계적으로 포퓰리즘 시민이 55.1%가

표 1 4가지 시민유형의 세계적/한국적 규모

(단위: %)

구 분	세계적 규모	한국사회 안 규모
정부결정을 따르는 상명하달의 일반 시민	23.7	16.5
시민사회와 함께 가는 하의상달의 일반 시민	21.2	25.1
정부결정을 따르는 상명하달의 포퓰리즘 시민	24.0	30.7
시민사회와 함께 가는 하의상달의 포퓰리즘 시민	31.1	27.6

되어 일반시민보다 규모가 크다. 한국의 경우, 포퓰리즘 시민은 58.3%를 차지한다. 한편 〈그림 1〉이 보여 주듯이 포퓰리즘 시민 가운데 정부결정을 따르는 상명하달 시민을 보면, 서울의 경우 33개 대도시 가운데 5번째로 규모가 크다. 반면, 시민사회와 함께 가는 하의상달의 시민은 중하위권, 즉 밑에서 12위에 해당한다(그림 2 참조). 전체적으로 보아, 정부중심 상명하달의 포퓰리즘의 사회적

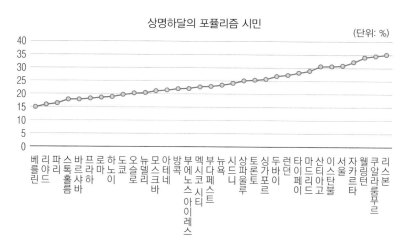

그림 1 정부결정을 따르는 상명하달의 포퓰리즘 시민의 세계적 분포

하의상달의 포퓰리즘 시민

(단위: %)

그림 2 시민사회와 함께 가는 하의상달 포퓰리즘 시민의 세계적 분포

기반이 상당히 넓다는 것을 알 수 있다.

중요한 작업은 한국의 자료를 세계적 평균과 비교하는 것이다. 분명히 드러난 점은 정부결정을 따르는 상명하달의 시민과 시민사회와 함께 가는 하의상달의 시민은 여러 면에서 현저히 다르다는 것이다. 전자는 세계 평균과 비교해 볼 때, 미래는 더 안전하고 과학과 기술을 더 믿을 수 있다고 보는 반면, 후자는 미래가 불안하고 과학과 기술보다는 위험사회에 민감한 성찰적 시민을 훨씬 더 신뢰하는 경향이 있다. 건강과 복지의 발전방향에 관해서도 두 집단의 가치는 다르다. 전자는 정부역할의 신장, 국민에 대한 보다 많은 복지, 빈곤층의 보호와 배려, 협력적 사회관계를 더 선호하는 데 반해, 후자는 그 반대의 경향을 보인다. 사회제도 공정성에 대한 인식에 관해서도 전자는 소득분배, 교육기회, 성차별, 수수자 권리 등이 세계 평균보다 한국사회가 더 공정한 것으로 인식하는 반면, 후자는 현저히 불공정한 것으로 인식한다.

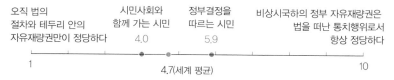

오직 법의 절차와 테두리 안의 자유재량권만이 정당하다

시민사회와 함께 가는 시민 4.0

정부결정을 따르는 시민 5.9

비상시국하의 정부 자유재량권은 법을 떠난 통치행위로서 항상 정당하다

1
4.7(세계 평균)
10

그림 3 세계 평균과 비교해 본 한국 포퓰리즘 시민의 긴급명령 통치에 대한 태도

코로나19 도전에 직면하여 긴급명령에 의존하는 예외국가나 통치가 세계 도처에 만연했다. 이런 현상에 대한 한국의 포퓰리즘 시민은 어떤 태도를 보이는가?

〈그림 3〉이 보여 주듯이, 정부중심의 상명하달 시민은 세계 평균보다 "비상시국하의 정부재량권은 법을 떠난 통치행위로서 항상 정당하다"는 의견 쪽으로 모이는 데 반해, 시민사회 중심의 하의상달 시민은 "오직 법의 테두리 안의 자유재량권만이 정당하다"는 의견 쪽으로 모인다. 이 발견의 의미를 깊게 천착할 필요가 있다. 간단히 말해, 전자는 예외국가적 통치, 권위주의 경향이 상당히 강한 데 비해 후자는 민주주의의 근간인 법치를 더 선호한다.

이런 경험적 연구를 통해 우리는 역사에 내장된 포퓰리즘 계보가 다양하다는 점과 바로 그렇기 때문에 서로 다른 포퓰리즘 유령들이 과거로부터 소환되어 현재 안에서 싸운다는 점, 그리고 포퓰리즘 시민집단도 하나로 통일된 것이 아니라 분화되어 서로 다른 가치를 추구한다는 점을 확인하게 된다.

맺는 글

《마르크스의 유령들》에서 데리다는 낡아 빠진 허깨비 유령들을 해체하는 한편, 아직도 타당성이 소진되지 않은 마르크스의 정신, 즉 비판을 유령 출몰의 규범적 배경으로 주목했다. 그렇다면 데리다의 눈으로 본 포퓰리즘 연구의 규범적 지향은 어디에 있는가?

촛불 시위와 태극기 시위가 서울 도심에서 경합을 벌였던 2016년만 해도 포퓰리즘 시민운동이 민주주의를 해칠 것이라는 우려는 크지 않았다. 오히려 그 반대였다. 그러나 2024년 총선을 앞둔 오늘의 상황은 사뭇 다르다. 불신과 증오의 부정적 인식틀이 훨씬 더 강화되었기 때문이다. 자기긍정의 세계관보다 자기파괴의 포퓰리즘이 득세하고 있다. 국민을 명실상부한 정치주체로 소명하는 새로운 공동체에 대한 희망 대신 상대를 악마화하는, 따라서 배제하고 제거하려는 이항대립의 욕구가 상승하고 있다.

데리다의 눈으로 한국 포퓰리즘을 볼 때, 우리는 민주주의를 해칠 유형과 민주주의의 회복탄력성에 도움이 되는 유형을 구별할 수 있어야 한다. 우려할 점은 증오와 반목의 포퓰리즘 유령이 정치와 쉽게 결합한다는 것이다. 정부결정을 따르는 상명하달의 포퓰리즘 시민은 규모가 클 뿐 아니라 기존의 권위주의 세력과 결합하여 민주주의 발전에 장애가 될 가능성이 커지고 있다는 점도 유의할 부분이다. 그러나 분명한 점은 포퓰리즘은 그 자체가 민주주의와 모순되는 것은 아니라는 점이다.

그렇다면 어떤 가능성이 남아 있는가? 우리는 한때 1980년대 민주화 과정을 거쳐 국가권력으로 진입한 포퓰리즘 운동 분파에 깊은 관심을 가졌지만, 이들은 기득권을 향유하는 국가중심 세력으로 변모한 것처럼 보인다. 이와 함께 민중의 삶을 개선하기 위해 지역사회에 뛰어 들어 실사구시의 정신으로 생활혁신을 도모하는 풀뿌리 민중운동이 계속되었다. 그 지향을 잇는 구체적인 실천모델도 시민사회 안에서 많이 개발되었다. '시민사회와 함께 가는 하의상달의 포퓰리즘 시민'은 이런 지향을 공유한다고 본다. 이들은 서울시민의 27.6%를 차지한다. 이들은 시민사회의 창발력(創發力)과 혁신으로 민주주의 제도의 회복탄력성에 기여할 수 있는 잠재력을 갖추고 있다. 이런 포퓰리즘 시민운동은 민주주의 파수꾼 역할을 수행하면서 민주주의의 질을 높이는 발전의 길을 여는 귀중한 역할을 할 수 있지 않을까 한다.

반대로 분열과 적대, 증오의 포퓰리즘 유령이 활개를 친다면 이것은 분명 적신호다. 2024년 총선을 우리가 예의 주시해야 할 이유가 여기에 있다.

한상진 ··· 서울대학교 명예교수, 중민재단 이사장, 북경대학교, 뉴욕 컬럼비아대학 초빙교수, 한국정신문화연구원장. 《중민이론의 탐색》, 《탈바꿈》, *Habermas and Korean Debate, Asian Tradition and Cosmopolitan Politics, Beyond Risk Society, Confucianism and Reflexive Modernity.* 서울대학교 학사, 석사, 미국 남일리노이대학교 박사.

투자주도 경제 체제의 재정립 시급

2023년 민간소비, 정부지출, 건설·설비투자, 수출과 수입 등
모든 GDP 항목이 감소하였다. 정부는 구조개혁에 매달려 시간만 낭비할
것이 아니라 보다 효과적인 '투자주도 정책'을 실시해 나가야 한다.

표학길 서울대학교 경제학부 명예교수

2024 경제전망

　정부는 2022년 하반기부터 2023년 7월까지 거의 1년 동안 '경기둔화 우려' 판단을 유지해 왔다. 신정부가 출범하자마자 '경기둔화 우려'를 계속 유지하는 것은 커다란 부담으로 작용해 왔으나 중국의 경기회복 속도가 의외로 미약하여 수출 회복이 계속 지연되어 왔기 때문이다. 그러나 기획재정부는 〈최근경제동향(그린북)〉(2023년 8월호)에서 "물가 상승세가 지속해 둔화하는 가운데 반도체 등 수출물량이 회복되면서 경제 심리와 고용 개선 기조가 지속되는 등 경기둔화 흐름이 일부 완화하고 있다"고 진단하였다. 문제

는 2023년 8월 이후가 경기회복의 변곡점이 될 수 있는가이며, 변곡점이 이루어지더라도 과연 2023년 4월 총선까지 경기회복세가 지속될 수 있을 것인가에 달려 있다. 2024년 총선 전망과 국내 경기 전망이 2023년 하반기 경기회복 여부에 달려 있다고 볼 수 있다. 최근 아시아개발은행(ADB)은 올해 한국 성장률 전망을 기존 예측치보다 0.2%p 낮춰 1.3%로 조정했다. 지난 4월에는 IMF(국제통화기금)가 한국 성장률 전망을 1.7%에서 1.5%로 낮춘 바 있다.

한국은행은 한국 경제가 2023년 중 1.4% 성장할 것으로 예측했다. 2023년 상반기에 0.9% 성장하였으므로 2023년 하반기에 1.7% 성장해야 2023년 전체로 1.4%의 성장률을 달성할 수 있다. 기획재정부(1.4%)와 KDI(1.5%)의 2023년도 한국 경제의 성장률 전망치도 한국은행의 전망치에서 크게 벗어나지 못하고 있다. 다만 민간 연구기관의 2023년도 경제성장률 전망치는 정부보다 비관적이다. 한국경제연구원은 〈3분기 경제 동향과 전망보고서〉(2023년 8월 10일)에서 "내수·수출의 동반 부진에 기인해 2023년 국내총생산(GDP) 성장률이 1.3%에 그칠 것"이라고 전망하였다.

한국 경제는 2023년 2분기 동안 수출보다 수입이 더 많이 줄어드는 가운데 간신히 0.6% 플러스 성장을 기록하였다. 성장률이 플러스를 기록하긴 했지만 민간소비, 정부지출, 건설·설비투자, 수출과 수입 등 모든 GDP 항목들이 감소하였다. 문제는 한국 경제가 전례를 찾기 힘든 상태에서 현재 경험하고 있는 사실상의 마이너스 성장의 내용이다.

글로벌 금융위기(2018년)와 코로나19 팬데믹(2020년) 당시에도 전체 성장률은 마이너스였지만 정부지출과 민간소비 등 1, 2개 항목은 플러스를 기록했다. 코로나19 시기에 과도하게 늘어난 재정 지출은 점차 축소될 수밖에 없고 1,000조 원을 넘은 국가부채 때문에 재정의 '자동조절기능(automatic stabilizer)'은 기대하기 어렵게 되었다. 재정의 자동조절기능이란 불황이 오면 정부지출(G)을 늘리지 않아도 정부의 조세수입(T)이 줄어들므로 정부 예상잔고 (G-T)가 늘어나서 자동적으로 불황 대책 정책으로서의 정부 예산 잔고의 증액 조치가 이루어지는 것을 말한다.

바로 이러한 이유 때문에 정부의 2024년 한국 경제의 성장률 전망치도 1.5% 내외가 되리라고 예상된다. 민간 연구기관이나 외국기관들의 2024년도 전망치도 1.0~1.5%에 그칠 것으로 보인다.

윤석열 정부에 대한 기대와 현실

지난해 2022년 3월 대내외의 커다란 기대 속에 윤석열 정부가 출범하였다. 문재인 정부의 소득주도성장 정책이 총체적인 실패로 끝남에 따라 코로나19 사태로 악화된 경기 속에서 국내경제 주체들은 경기회복을 고대하고 있었기 때문이다.

윤석열 대통령은 취임 첫해(2022년)를 마무리하고 두 번째 해 (2023년)를 시작하면서 국정운영의 핵심과제로 노동·교육·연금 등 3대 개혁을 선정했다. 이들 3대 개혁과제 중에서도 2023년에는 가장 먼저 노동개혁을 선언함으로써 노동개혁을 통해 경제성장을 견인해 나가겠다는 정책 의지를 분명히 하였다. 3대 개혁은 어느 하나 쉽게 해결책을 마련할 수 없는, 지난하고도 미로(迷路) 같은 국정과제다. 그런 점에서 윤 대통령의 국정과제 선언은 용기 있는 선언인 동시에 험난한 미래가 예상되는 선언이기도 하다.

윤 대통령은 국정운영의 핵심을 '경제'에 두면서 정상외교를 통해 방산·원전·인프라 등의 분야로 수출을 확장해 나가겠다고 천명하였다. 반도체·자동차·조선·배터리 등 전통적으로 우리 기업들이 주도하는 기업 중심의 수출전략과는 별도로 국가 간 협상과 외교가 필요한 분야를 '새로운 수출동력'으로 육성하겠다는 정책의지를 밝힌 바 있다.

관건은 3대 개혁과제의 선언과 '새로운 수출동력' 확보라는 외교 중심의 경제성장 전략이 어떻게 구체적인 실천과제로 추진될 것인가에 달려 있다. 특히 최우선 개혁과제로 선정된 노동개혁의 경우 여소야대의 현 상황하에서 큰 진전을 기대하기 어려웠다. 만일 노동개혁이 성공하지 못하면 부정적 부메랑 효과로 노동시장이 더 경직될 위험성이 있다. 내년 2024년 4월 총선을 앞둔 야당은 노동개혁을 거부하는 것을 마지막 마지노선으로 간주하고 있다.

교육개혁의 경우 정부는 고등교육을 지방자치제로 이관시키면서 지역별 산학연계 체제를 갖추는 개혁을 추진할 것으로 보인다. 그리고 육아 및 보육 체계의 획기적인 보완과 지원을 통해 저출생 극복을 위한 교육개혁을 단행할 것으로 예상된다.

마지막으로 거론된 연금개혁의 경우는 정부도 개혁안 자체를 만드는 작업이 적어도 2년은 걸릴 것으로 예상하였다. 경제가 저성장 구조로 정착될 것이 예상되고 있고, 저출생·고령화 추세는 쉽게 멈출 수 없을 것으로 예상된다. 결국 연금개혁은 제로섬 게임으로 전락하고 어떠한 이해집단이 얼마나 자기희생을 할 것인가의 문제로 귀착될 가능성이 높다.

무엇보다 이러한 3대 개혁에 앞서 정부가 주도해 나갈 '외교'를 통한 '새로운 수출동력'의 창출 전략은 분명 '기회'인 동시에 '상당한 위험'도 내포하고 있다고 보아야 한다. 이러한 정부 외교 주도의 수출 전략은 이명박 정부하에 추진되었던 자원외교의 전철을 밟을 가능성이 있다. 정부가 외교를 통해 수출의 물꼬를 트더라도 결국 수출을 수행하는 것은 민간기업들이다. 정부나 공기업들이 암묵 간에 보증을 하는 프로젝트라고 해서 덤핑 수주를 되풀이하는 등의 행태가 나타나면 이들 수출 프로젝트는 황금알을 낳는 거위가 아니라 또 다른 형태의 국가부채로 남을 수 있다.

우리는 세계금융위기가 있었던 2007년 이후 15년간 세 차례의 정권교체를 겪는 동안 한편으로는 저성장 구조만을 정착시켰을 뿐 다른 한편으로는 새로운 성장 동인을 찾지 못하였다. 연도별 무역수지를 보면 2018년 697억 달러, 2019년 389억 달러, 2020년 449억 달러, 2021년 293억 달러로 흑자폭이 줄어들다가 2022년에는 472억 달러의 무역적자를 기록했다. 글로벌 금융위기 때인 2008년 이후 14년 만의 대규모 무역적자였다.

GDP 대비 국가채무는 문재인 정부 초기인 2017년까지만 해도 660조 원이었으나 지난 5년 동안 400조 원이 늘어났다. 그 결과 GDP 대비 국가채무 비율은 36%에서 49.7%로 13.7%p 급등했다. 정부가 보증한 공기업 채무까지 포함하면 공공부채는 총 1,427조 원에 달하고 GDP 대비 공공부채 비율은 68.9%에 달하고 있다. OECD 〈세계경제전망보고서〉(2022)에 수록된 OECD각국의 일반정부부채(General Government Debt)의 대GDP 비율은 제일 높은 나라 일본(255%)에 이어 미국(144%), 한국(57%), 덴마크(37%)로 한국은 보고된 21개 회원국 중 14번째로 높은 것으로 보고되고 있다. OECD 각국 부채비율의 단순평균값은 89%였으므로 아직도 한국의 부채비율은 OECD 평균값을 하회하는 수준에 머무르고 있다.

이 같은 공공부채는 부동산 가격 앙등에 따른 민간부채, 코로나 19 사태로 장기 미제로 남아 있는 자영업 및 중소 한계기업의 이연부채와 함께 거대한 '부채의 늪'을 형성하고 있다. 외부감사의 대상이 되는 3만여 기업 가운데 영업이익으로 이자도 내지 못하는 상황이 3년 이상 이어진 한계기업의 비율이 2017년 16.3%에서 2022년에는 19.7%로 증가하였다. 이 기간 한계 중소기업의 비율은 16.9%에서 20.4%로, 한계 대기업의 비율은 13.2%에서 16.0%로 높아졌다. 정부의 3대 개혁과 새로운 '수출동력 확보' 전략이 성공하기 위해서는 거대한 '부채의 늪'으로 부터 어떻게 탈출할 것인지가 관건이다. '탈출 전략' 모색이 어느 때보다 시급해 보이는 이유다.

구조개혁 통해 출구전략 모색하라

제1의 출구전략은 지정학적 리스크를 최소화할 수 있는 안보 전략의 수립과 집행이다. 우크라이나 사태 이후 세계는 신냉전 시대를 맞이하고 있다. 한국은 지금까지 모호한 안보 전략으로 리스크를 최소화해 보려고 노력하였으나 미국, 일본, 한국의 3국 연대를 외면하기 어렵게 되었다.이번 윤 대통령의 방미는 3국 연대를 공고히 하기 위한 수순에 본격 돌입했음을 의미한다. 한국이 '전략적 모호성'을 견지해 나갈 수 있는 국제 환경은 급속히 사라지고 있다. 이러한 상황에서 가장 위험한 선택은 우리의 안보 역량을 과신하는 것이다. 핵이 없는 상태에서 북한의 핵 보유를 억제하려는 노력은 실패할 수밖에 없다. 현실적으로 러시아·중국·북한의 핵 위협에 대응할 수 있는 전략은 미·일과의 3자연대를 공고히 하는 길밖에 없다. 두 번째 출구전략은 세계경제가 장기 불황을 맞이하고 있는 현실을 직시하고 IMF가 권고하는 대로 구조개혁을 통해 정부와 산업은 물론 가계 부문 등 전 분야에서 획기적으로 생산성 제고를 촉진하는 것이다. 구조개혁을 통한 생산성 제고에 주력해야 되는 이유는 최근에 벌어지고 있는 영국 경제의 추락, 프랑스의 노동·연금 개혁의 진통을 보면 쉽게 알 수 있다. IMF는 영국의 경제성장률이 −0.6%에 그칠 것으로 전망했다. 코로나19 대유행 이전의 경제 규모로 돌아가지 못한 주요 국가로는 영국이 유일하다. 경제 제재를 겪고 있는 러시아의 성장률(0.3%)보다 낮은 예상치이다. 지난 2월 초에는 영국 최대 노조인 노동조합회 소속 교사 30만 명과 공무원 20만 명이 참가하는 대규모 파업이 일어났다. 파업의 주원인은 인플레이션 속도를 임금 인상 속도가 따라가지 못했기 때문이다. 프랑스는 마크롱 대통령이 2017년 취임 후 촉진한 노동개혁의 결실로 실업률은 10%대에서 7%대로 줄고 양질의 상근직(풀타임) 일자리가 81%에서 83%로 늘어났다고 한다. 르노와 같은 기업은 3년간 600명의 인원을 감축하는 대신 전기차 등 신산업 부문에 대폭 채용을 늘리는 구조조정을 단행했다. 비록 연금개혁을 놓고 정치·사회 갈등이 첨예화되고 있으나 결국 마크롱의 연금개혁은 성공할 것으로 보인다. 왜냐하면 다른 대안이 없기 때문이다.

영국과 프랑스에서 현재 진행되고 있는 구조개혁에 따른 진통이 우리에게 시사해 주는 것은 무엇일까. 한국 경제는 지난 10년 동안 성장 없는 분배 우선주의라는 허상을 쫓다가 기업투자가 저조해지면서 적정성장률에도 못 미치는 상황에 이르렀다. '전략적 모호성' 속에 숨어 소탐대실의 국정운영을 할 것이 아니라 우리 스스로 안보 협력과 뼈를 깎는 구조개혁을 통해 안보·경제 복합불황에서 벗어나는 '출구 전략'을 모색해야 할 것이다.

투자주도 체제만이 유일한 해법

구조개혁을 통한 저성장 구조 탈피가 정공법이기는 하나 구조개혁의 성공 여부가 국회에 달려 있는 상태라서 성공하리라는 보장이 없는 실정이다. 한국 사회의 사회적 타협에 의한 구조개혁 전망이 점점 더 비관적으로 흐르는 듯 보인다. 일본도 '잃어버린 지난 30년간'의 저성장 구조에서 헤어나지 못한 이유는 구조개혁에 계속 실패했기 때문이다. 그렇다면 윤석열 정부가 채택할 수 있는 단기 정책에는 어떠한 것이 가능할까. 무엇보다 한국 경제가 지금과 같은 '저성장 함정'에 빠지게 된 원인부터 냉정하게 분석해야 할 것이다. 한국 경제는 2009년 글로벌 금융위기에선 다른 나라들보다 신속하게 경기회복을 시작했다. 그러나 노무현 대통령 자살─이명박 대통령 취임 후의 광우병 사태─박근혜 대통령 탄핵 정국─문재인 대통령하의 소득주도성장 정책 등으로 이어진 계속적인 정치·경제 불안 사태가 '제1의 경제 기적'을 만들어 낸 1961년부터 1997년 IMF 위기까지의 '투자주도 체제(investment-led regime)'를 무너뜨리게 됐다. 투자 없는 경제성장은 '연목구어(緣木求魚)'라 할 수 있다. 과일나무를 심지 않고 과실을 기대하는 것이나 마찬가지다. 결국 오늘날 한국 경제가 '저성장 함정'에 빠지고 만 것은 지난 25년 동안 반도체 등 일부 IT 부문을 제외하고는 '투자다운 투자'를 하지 않은 업보인 것이다. 이제 신정부가 출범한 지 1년 반이 지나고 있다. 윤석열 정부가 한국 경제 활성화를 위해 많은 노력을 시도했다고 본다. 규제 완화를 독려하고 국회에서도 노동·연금·교육 개혁 시동을 위해 새로운 입법 노력을 경주했다. 그러나 모든 개혁 프로그램은 견고한 여소야대 정국 속에서 사장되고 있다. 야당만이 비난의 대상이 되는 것은 아니다. 구조개혁은 결국 '제로섬 게임'을 어떻게 해결할 것인가에 달려 있다. 각 개혁 프로그램 앞에서 이익단체들은 한 치의 기득권도 양보하려 하지 않는다. 결국 윤석열 정부의 구조개혁 노력은 표류하고 실패할 가능성이 크다. 얼마 전 작고한 1995년 노벨경제학상 수상자인 미국 시카고대학의 로버트 루카스(Robert Lucas) 교수는 1993년 《Econometrica》에 유럽계량경제학회가 준 피셔-슐츠(Fisher-Schultz)상 수상 기념 연설문을 실었다. '기적을 만드는 일(Making a Miracle)'이라는 제목의 연설문이었다. 그는 한국과 필리핀이 다 같이 경제개발계획을 시작한 1960년대 초에는 거의 모든 사회·경제 지표(1인당 소득, 초등학교 진학률 등)가 거의 동일한 수준에서 시작하였다고 보았다. 그러나 30년이 지난 1990년에 이르러 한국은 연평균 9~10%의 고도성장 '기적'을 이룩하고 선진국 대열에 진입하기 직전에 도달했지만 필리핀은 저성장과 빈곤의 악순환으로부터 탈피하지 못하고 있다고 보았다. 그는 결론에서 "결국 경제성장의 열쇠는 한 국가가 인적자본(human capital)을 어떻게 활용하는가에 달려 있다"라고 주장했다. 이러한 의미에서 '누리호 3차 발사 성공'은 우리 모두에게 아직도 한국이 인적자본을 많이 보유하고 있는 나라라는 확신을 안겨 준 낭보였다. 이제 윤 정부도 구조개혁에 매달려 시간만 낭비할 것이 아니라, 보다 효과적인 '투자주도 정책'을 실시해 나가야 한다. 입법에 매달릴 것이 아니라, 보다 강력한 행정력을 규제 완화와 투자에 대한 금융·세제 지원 프로그램에 가동시켜야 한다. 이를 통해 지난 15년 동안 음지에서 새누리호 개발에 투자했듯이 전체 산업 부문에서 신규 투자의 물꼬를 터 주기 바란다. 이것만이 한국 경제를 '저성장 함정'에서 탈출시키고 누리호처럼 비상시키면서 '제2의 기적'을 만들 수 있는 유일한 해법이다.

표학길 ··· 서울대학교 명예교수(경제학부), 서울대학교 아시아센터 초청교수, 전 국제통화기금(IMF), 도쿄대학교 경제학부 초청교수, 한국계량경제학회장, 한국국제경제학회장, 《국제무역론》, "Chapter 23 Productivity and Economic Development" in Oxford Handbook of Productivity Analysis, 서울대학교 학사, 미국 클라크대학교 박사.

4. 문명

기후변화와 문명의 위기

현대 문명은 물질의 풍요를 가져왔지만
대량생산과 대량소비로 인해 생태계 파괴와 지구 온난화를 초래했다.
대재앙을 막고 인류가 생존하기 위해서 절제의 미덕을 되살려야 한다.

양명수 이화여자대학교 기독교학과 명예교수

시작하는 글

2023년에 지구촌은 기록적으로 뜨거운 여름을 겪었다. 지구 온난화의 시대는 끝났고 이제 열대화로 접어들었다고 유엔은 경고한다. 수십 년 전부터 과학자들에 의해 예고된 기후변화로 인한 대재앙의 가능성이 몇 해 전부터는 누가 보아도 분명한 현실이 되어 가고 있는 것 같다. 아프리카와 아시아 그리고 북미와 유럽의 중심부까지 강타한 홍수와 가뭄 및 대규모의 산불이 끊이지 않고 있다.

산업혁명 이후 현대 문명은 물질의 풍요를 가져왔지만, 풍요에 익숙한 삶의 방식이 문명의 종말을 초래할 수도 있다는 진단은 이제 상식이 되었다. 인류가 합심해서 소비를 줄이고 온실가스 배출을 획기적으로 줄이기 위한 대책을 마련해야 하지만, 대책 마련도 쉽지 않고 실천은 더욱 어렵다. 근본적으로는 인간의 탐심(greed) 때문이다.

탐심은 인류사회에서 아주 오랫동안 경계의 대상이었는데, 근대에 들어 등장한 자유의 이념은 인간의 탐심을 경계의 대상에서 풀어놓았다. 기후변화로 인한 문명의 위기는 가장 중요한 가치인 자유와 연결된 문제이므로 해법을 찾기가 쉽지 않다.

근대적 자유와 욕망의 해방

근대사회의 특징을 나타내는 대표적인 말은 '자유'이다. 근대 이전의 동서양 문명은 자유보다는 책임을, 권리보다는 의무를 우선시했다. 그것은 개인보다 국가를 우선시하고, 개인의 복지보다 인류라는 종의 보존에 더 관심을 가진 자연선택의 영향이기도 하다. 자연세계에서 개체의 활동은 종의 보존에 초점이 맞추어져 있다. 오랫동안 인류사회가 의무를 권리보다 앞세운 까닭은 개인의 의식이 공동체의 결속을 해치지 못하게 하고, 더 나아가 무의식적 자연선택인 종의 보존에 이바지하기 위한 것이었다.

그러나 근대에 들어 책임보다 자유가 우선하고, 의무는 권리의 종속 개념이 되었다. 자유주의 정치 사상가들이 제시한 사회계약론은 개인과 전체의 관계를 역전시켰다. 개인이 국가를 위해 있지 않고 국가가 개인들을 위해 존재한다. 정치는 더 이상 통치계급의 전유물이 아니고 대중이 정치의 주체로 나섰다. 서구에서 시작된 자유민주주의는 큰 파급효과를 가지고 인류사회 전체로 전파되고 있다. 전체주의 국가들이 여전히 존재하지만, 자유와 민주를 외치는 대중의 압력을 받지 않는 독재자는 오늘날 찾아보기 힘들다.

이런 현상은 아주 오래된 자연사로부터 벗어나려는 인간 정신의 용트림으로 보인다. 인간의 숭고한 이성능력을 내세운 칸트가 자유를 자연과 대립시킨 것은 근대 문명의 특징을 아주 잘 보여 준다. 그는 자연을 물리학의 영역에 두고 자유를 윤리학의 영역에 두었다. 칸트에 따르면, 자기유익을 좇는 처세술은 자연계의 인과법칙에 속하고, 인간의 자유는 자연을 넘어 이익과 무관하게 옳은 것을 옳다는 이유 하나만으로 행하는 데서 발생한다. 그것이 칸트가 말하는 인간의 숭고한 도덕성이다. 칸트의 주장은 인간 이성의 자율적 능력에 대한 자신감을 표현하고 있다.

그러나 16세기의 종교개혁의 영향으로 17, 18세기에 갑자기 부각된 자유는 양면성을 지닌다. 자유의 이념은 개인을 자기 삶의 주인으로 만들면서 근대 민주주의 정치체제를 확립하는 결과를 가져왔지만, 다른 한편으로는 탐심의 해방을 가져왔다. 칸트의 낙관론과 달리 인류는 탐심을 다스릴 자기조절 능력을 상실한 듯 보인다. 21세기에 이르러 현실감 있게 다가오는 인류 생존의 위기는 근대적 자유의 부작용이라고 할 수 있다.

신분체제나 위계질서에 따른 외부적 억압으로부터의 자유를 내세운 근대정신은 개인의 자기결정권을 중시했다. 그 결과 개인은 자신의 욕망에 대해 솔직해지면서 권리 주장에 나서게 되고 자기 삶의 주인으로 등장하게 되었다. 이것은 인간 해방의 중요한 측면을 이룬다. 그러나 근대적 인간 해방이 욕망의 해방으로 이어지면서, 제한 없는 부의 축적이 도덕적으로 정당화되었다. 지구 온난화의 기원으로 여겨지는 산업화는 과학 발전의 결과물이기도 하지만, 오랫동안 절제의 대상이었던 인간의 육체적이고 물질적인 욕망이 도덕적으로 정당화된 결과이기도 하다.

《도덕감정론》에서 애덤 스미스는 동서양의 전통사회에서 악의 핵심으로 여기던 이기심(selfishness)을 나쁘게 보지 않았다. 그는 이기심을 선도 아니고 악도 아닌 중간 감정으로 보았다. 이기심(利己心)이란 말은 자기를 이롭게 한다는 뜻이니, 남을 해치려는 마음도 아니고 남을 돕는 자비심도 아니며 그저 자신의 욕망에 충실한 마음이기 때문이다. 타자의 이기심과 충돌이 있을 때에는 제3자로 돌아가 공정한 방관자(impartial spectator)의 태도로 문제를 해결하면 된다.

공정한 방관자란, 타자도 그 자신의 이익을 추구할 권리를 가진 자임을 인정하고 타협을 이끌어 합리적 거래를 가능하게 하는 정도의 배려를 가진 자이다. 그 정도의 배려만으로도 인간은 타자와 공존하며 협력할 수 있는 능력, 곧 도덕성을 지닌다. 그 정도의 도덕성은 보통사람이면 누구나 지니고 있어서 특별히 마음을 수양하지 않아도 쉽게 실천된다.

애덤 스미스의 이런 주장은 사랑과 자비를 강조하던 기독교 윤리에 대한 도전이었다. 기독교뿐 아니라 동서양의 고대 인문주의 이래로 중세에 이르기까지 이른바 인류의 스승들은 높은 수준의 도덕성을 추구했다. 그들은 인간사회의 갈등의 뿌리를 제거하기 위해 물욕을 없애고 사심을 버릴 것을 주문했다. 플라톤의 이데아론이나 공맹의 윤리는 물질에 집착하지 않고 진리 안에서 즐거워하는 이른바 청빈낙도(淸貧樂道)의 삶을 이상으로 삼은 점에서 똑같다. 중세유럽이나 동아시아의 사대부들도 가난을 신성시하는 경향이 있었다.

그러나 애덤 스미스는 전통윤리의 벽을 넘어 사익의 추구를 도덕적으로 정당화함으로써 인간의 물질적 욕망을 해방했다. 그는 인간의 이기심은 사회 전체의 부를 증가시켜 모두에게 유익이 된다고 주장했다. 이처럼 사익의 연장에서 공익을 찾은 것은, 공익을 위해 사익을 포기하라고 가르친 동서양의 오랜 가르침을 뒤집은 것이다.

큰돈을 벌어 부자가 되고 싶은 마음을 세속적인 탐심으로 규정한 종교적 영성은 근대 이후로 개인과 기업의 이윤추구와 국가 주도의 경제성장의 열정으로 대체되었다. "이웃을 너 자신처럼 사랑하라"는 기독교 윤리의 가르침이나 "네가 영달하고 싶으면 먼저 남을 영달시켜 주라"는 유교의 영성이 남을 나처럼 여기는 물아일체(物我一體)와 천인합일(天人合一)의 높은 도덕성을 인간에게 요구했다면, 근대 사회는 탈종교를 통해 낮은 도덕성을 기반으로 삼아 인간 해방과 풍요의 사회를 추구했다.

인간의 탐심과 산업혁명

자기희생을 덕목으로 삼고 청빈낙도를 이상적 삶의 방식으로 삼으며 사랑과 자비를 강조했던 중세까지의 윤리에는 신분질서를 정당화하는 억압적이고 위선적인 요소가 있었다. 무소유와 자기희생의 가르침 속에서 약자들은 자기 권리를 제대로 주장할 엄두를 내지 못하고, 억울한 희생을 감내해야 했기 때문이다.

그런 면에서 몫을 포기하는 희생과 사랑보다 정당한 몫의 획득을 중시하는 권리 중심의 근대적 자유와 평등의 이념은 개인을 의사표시의 주체로 만들며 국민주권의 자유민주주의를 이루는 데 크게 기여했다. 뿐만 아니라 역사가 아놀드 토인비의 말대로 근대 이래로 늘어난 물질과 부도 대중사회의 출현에 기여했다. 사회 전체의 부가 적었을 때에는 많은 부가 소수의 귀족계층에 돌아갔고, 그래서 귀족문화가 발전했다. 산업혁명 이후에 늘어난 재화로 인해 대중의 절대빈곤이 해소되면서 대중에게도 잉여가치가 돌아갈 수 있었다. 그래서 이른바 대중문화의 탄생이 가능해졌고, 대중 민주주의의 출현도 부의 증가와 무관하지 않다.

그럼에도 불구하고 자유의 연장에서 벌어진 물질적 욕망의 해방은 문명의 미래를 위해 매우 불길한 조짐을 안고 있었다. 탐심을 막을 도덕 장치가 사실상 사라졌기 때문이다. 교회법을 완전히 대체한 시민법은 부의 축적을 위한 경쟁의 공정성을 감시하지만 내면의 탐심은 규제의 대상이 아니다. 탐심에 대한 죄의식은 사라지고, 해방된 욕망은 절제를 잃고 더 큰 부에 대한 갈증으로 이어졌다.

화석연료를 대량생산의 에너지로 사용하여 지구 온난화의 기원으로 여겨지는 산업혁명은 탐심의 해방에 기인한다. 물론 산업화를 일으킨 기술발전은 자연과학의 열매이다. 그런데 과학이 발전될 수 있었던 것은 돈과 부에 대한 집착을 경계한 종교적이고 형이상학적인 세계관이 제거된 데에 큰 원인이 있다.

오늘날 진리는 곧 과학적 진리를 가리킨다. 높은 도덕성을 요구하며 오랫동안 진리를 독점했던 종교와 도덕형이상학을 밀어내고 그 자리에 과학이 들어섰다. 사람들은 과학을 어디에도 치우치지 않은 가치중립적인 진리로 신봉한다. 그러나 엄밀히 말해서 과학은 가치중립적이지 않다. 하버마스가 《인식과 관심》에서 말하듯이 인간의 앎에는 어떤 관심(interest)이 반영되어 있다. 과학 지식은 기술적 관심에서 비롯된 것이다. 자연법칙을 이용해서 안전과 번영을 꾀하려는 관심이 근대의 과학을 탄생시켰다. 다시 말해서 근대 과학은 탄생하는 순간부터 기술발전과 물질적 복지에 이바지할 방향성을 지니고 있었던 것이다. 그래서 과학은 과학기술이란 말과 동일어로 사용된다.

가치중립적이라고 여겨진 과학의 발전, 그리고 이기심을 중간 감정으로 본 도덕철학의 등장은 서로 연관되어 산업혁명을 일으켰다. 좀 더 정확히 말하면 과학 발전과 산업화는 종교적 가르침에서 벗어나 부의 한없는 증가를 정당화한 도덕적 사유의 전환에 기인한다. 대량생산을 위해 기계를 돌리는 동력은 화석연료이기 이전에 인간의 탐심인 것이다.

탐심을 경제성장의 에너지원으로 삼는 현재의 자본주의 체제는 갈수록 인간을 탐심의 노예로 만든다. 탐심이 구조적인 문제가 되었으므로 누구도 탐심에서 벗어날 수 없다. 소비사회의 출현이 그 점을 잘 보여 준다. 제2차 세계대전 이후에 본격적으로 등장한 소비사회에서 소비를 주도하는 것은 소비자가 아니라 기업이다. 더 많은 수익을 위해 기업은 필요를 창조한다. 꼭 필요하지 않은 것도 필요하게 만든다. 대중매체를 통한 광고는 시민들의 소비욕망을 자극하여 수요를 창출한다. 가정마다 사 놓고 쓰지 않는 물품이 수

북이 쌓여 있다. 과소비는 일상이 되었다. 오늘날에는 소셜 네트워크를 통해 모방적 소유 욕망이 급속히 증가되고 있다.

근대적 자유의 이념이 개인의 자기결정권을 중시하면서 출발했지만 오늘날의 소비사회는 개인의 자기결정권을 용납하지 않는다. 신제품이 끊임없이 출시되고, 남들이 새 제품을 쓰면 멀쩡한 것도 버리고 새 제품을 쓰게 된다. 개인은 남들을 따라 구매하고 소비한다. 타율적 소비주의가 시민들의 생존방식이 되었는데, 그 이유는 소비를 해야 기업이 돌아가고, 기업이 잘되고 국가경제가 성장해야 일자리가 생긴다는 논리 때문이다.

타율적인 대량소비는 회복 불가능할 정도로 자연 자원을 착취하고 환경 파괴를 가져왔다. 대량소비를 겨냥한 대량생산을 위해 화석연료의 사용이 폭발적으로 증가했고, 지구 온난화로 인한 자연재앙은 피할 수 없게 되었다. 쓰고 버리는 소비사회에서 쓰레기도 폭발적으로 증가했다. 생태계 순환의 흐름 속으로 들어가지 못하는 쓰레기들 역시 환경 파괴를 가속화시키는 원인이 되고 있다.

과거에는 '바깥에 내다 버려라'는 말을 많이 들을 수 있었다. 그러나 그것은 사람이 먹고 쓰는 게 얼마 되지 않을 때의 얘기이다. 소비사회에서 내다 버릴 바깥은 더 이상 존재하지 않는다. 밖에 버린 엄청난 양의 쓰레기가 대기와 토양과 바다를 오염시키면 기후변화나 지하수와 해양자원의 오염으로 이어져 결국 인간이 오염된 공기와 물을 먹고 마시게 된다. 바깥은 없으며, 하늘 아래 지구촌은 하나의 집 안이다. 따라서 온실가스 배출도 자기 집 안으로 배출하는 것이고, 버리는 쓰레기도 자기 집 안으로 버리는 것이다.

절제의 미덕

이제 인류라는 종의 보존을 최우선 과제로 삼아야 한다. 그러려면 온실가스 배출을 획기적으로 줄여야 하고 생태계 파괴를 막아야 한다. 선진국들은 이른바 그린 에너지 개발을 통해서 자연보호와 경제성장을 동시에 추구하려고 한다. 일부 선진국들은 2차 전지에 들어갈 금속을 구하기 위해 해저 탄광의 개발을 추진 중인데, 생태계 파괴를 가속화시킬 우려를 낳고 있다.

중요한 것은 탐심을 줄이는 일이다. 탐심을 죄로 느끼는 종교적 가르침과 도덕철학을 되살려야 한다. 지금처럼 많이 먹고 잘 먹고 많이 써야 되는 것은 아니다. 현재의 소비는 과소비이므로, 덜 벌고 덜 먹고 덜 써야 한다. 풍요를 즐기는 시대는 지났다. 에너지도 절약하고 고기 소비도 줄여야 한다. 고기를 생산하기 위해서 엄청난 곡물자원이 필요하고 축산에서 나오는 오염물질과 가축들이 배출하는 가스도 온실가스 증가에 이바지한다는 것은 이미 잘 알려진 사실이다. 환경윤리의 시각에서 보면 고기를 주식으로 하는 서구인들보다 곡물과 채소를 많이 먹는 아시아인들이 훨씬 도덕적이다.

인류사회에서 오랫동안 강조되었던 절제의 미덕을 되찾아야 될 것 같다. 욕망의 해방이 인간 해방에 기여한 면이 있지만, 이제 다시 절제를 생각해야 할 때이다. 가난을 신성시할 필요는 없지만, 무한한 부의 증가를 정당화하는 도덕철학은 폐기되어야 한다. 애덤 스미스가 말한 중간 감정으로서의 이기심은 자연을 파괴하여 인류의 존속 자체를 위기에 빠뜨렸다. 이제 사람은 인류 보존의 의무를 생각하며 살아야 한다. 경쟁 상대에 대한 공정성의 의무는 인류 보존의 의무라는 좀 더 큰 틀 안에서 이루어져 한다.

갈수록 커져만 가는 국가권력에 대한 견제도 강화해야 한다. 인류 역사에서 국가권력은 강제력으로 악을 징계하여 인간사회를 보존하기 위해 출현했다. 그러나 오늘날 각국의 정부는 과학기술의 발전을 통해 경제성장을 주도하며 국가 정책을 통해 삶의 모든 측면을 좌지우지하는 세력이 되었다. 경제성장을 주도하고 군비강화와 소비사회를 촉진시키는 한, 국가권력은 환경 파괴의 주체가 될 것이고, 결과적으로 본래의 임무인 사회 보존의 의무에 역행하게 될 것이다.

어쩌면 인류는 경제성장을 포기해야 할지도 모른다. 극단적인 재앙을 앞두고 극단적 조치가 필요하다. 물론 경쟁력 강화와 직결되는 문제이기 때문에, 국가 간 분쟁이 여전한 현실에서 경제성장을 포기하는 일은 불가능할지도 모른다. 더구나 삶의 기본적 필요를 충족시키지 못하는 빈곤국들에게 경제성장은 여전히 중요한 과제이다.

그러나 산업화를 통해 지구 온난화를 주도해 온 선진국들은 책임감을 가지고 성장정책에 대해 다시 생각할 필요가 있다. 물론 성장을 포기하면 일자리 문제를 포함해서 국내적으로도 치러야 할 대가가 클 것이다. 그럼에도 불구하고 문명의 종말을 막기 위해서는 덜 벌고 덜 먹고 덜 쓰면서도 평화롭게 공존하고 서로 나누며 살 수 있는 길을 찾는 수밖에 없을 것 같다.

매년 되풀이되는 자연재앙이 분명한 경고의 메시지를 보내고 있다. 그런데도 인류가 시대의 징조를 분별하지 못하고 경쟁하고 전쟁하느라고 탐심의 정치경제 구조를 이대로 끌고 간다면, 종교에서 말하는 인류의 종말이 정말 머지않은 곳에서 기다리고 있을지 모른다.

맺는 글

역사는 좋은 쪽으로도 발전하고 나쁜 쪽으로도 발전한다. 특히 근대적 자유의 연장에서 펼쳐진 기술문명의 좋은 면 뒤에는 나쁜 면이 같이 붙어서 거대한 규모로 커 가고 있는 것 같다. 낙관론이나 불가지론에 빠져서, 가속화되는 대재앙의 가능성에 대해 신속히 대비하지 않으면 인류의 미래는 암담해 보인다. 시민들과 국제 사회가 자발적 절제를 전제로 한 새로운 삶의 방식을 찾아야 할 것 같다.

양명수 ••• 이화여자대학교 기독교학과 명예교수, 이화학술상 수상, 미국 기독교윤리학회(SCE)의 Global Scholar 선정, 교토 대학·제네바 대학·로잔느 대학 등에서 동서양 사상 강연. 《아무도 내게 명령할 수 없다. 마르틴 루터의 정치사상과 근대》, 《퇴계사상의 신학적 이해》, 《성명에서 생명으로: 서구의 기독교적 인문주의와 동아시아의 자연주의적 인문주의》. 서울대학교 법과대학 학사, 감리교신학대학교 대학원 석사, 프랑스 스트라스부르대학교 신학박사.

PART 2
• • • •

AI 혁신과 일상화

5. 기술

AI 일상화 시대, 한국은 AI 리더가 될 것인가

누구든지, 무엇이든 질문하면 AI가 즉시 답을 알려 준다.
초거대 규모 AI가 산업과 사회의 대전환을 가져오고 있다.
정보통신 강국으로서 한국은 AI 시대의 주역이 될 것인가?

권호열 강원대학교 컴퓨터공학과 교수,
전 정보통신정책연구원 원장

챗GPT가 활짝 연 AI 시대

기술적인 혁신이 산업적·사회적 변화로 확산되는 속도를 보여주는 대표적인 지표가 '출시 후 사용자 수 100만 명 확보에 걸린 시간'이다. 이 지표를 달성하는 데 넷플릭스가 3.5년, 페이스북이 10개월 걸린 데 반해 2022년 11월 발표된 챗GPT는 단 5일 만에 이를 돌파하였으며, 그 후 두 달이 안 되어 월간 사용자 수 1억 명을 넘어섰다. 챗GPT가 이와 같이 열광적인 호응을 얻은 이유는 무엇인가?

내부적으로 1,750억 개의 파라미터를 사용하는 챗GPT는 초거대 언어모델을 사용한 생성 AI 기술의 대표적인 사례이다. 이 기술은 미리 학습한 데이터와 정보를 기반으로 콘텐츠, 텍스트, 이미지, 음성 등을 변형하거나 새로 생성할 수 있으므로 문서 작성 및 요약으로부터 프로그램 코딩, 예술 작품 제작에 이르기까지 활용 범위가 매우 넓다. 챗GPT의 등장은 그동안 일부 기업 및 전문가 영역에서 제한적으로 활용되던 AI가 이제 일반인은 물론 어린 학생들까지 누구나 쉽게 사용할 수 있게 됨으로써 AI가 일상생활 속으로 본격적으로 확장되기 시작했다는 데 큰 의미가 있다.

국내외 AI 기술 동향

시장조사기관 Grand View Research에 따르면 챗봇에서 생성 AI 및 이미지 생성기를 포함하는 AI 분야는 2023년부터 2030년까지 연평균 30%를 상회하는 성장률을 보일 것으로 전망되고 있다. 이것은 2022년 기준 경제성장률이 전 세계 2.9%, OECD 1.4%, 한국 2.6%였던 것에 견주어 크게 높은 수치로서 AI 기술이 미래의 국가경제를 이끌어 가는 견인차 역할을 할 것이라는 것을 단적으로 보여 준다. 이에 따라 AI 기술 선점을 통한 경쟁력 확보는 일반인, 기업의 수준을 넘어 국가적으로 치열하게 전개되고 있다.

국가별로 AI의 구현 역량(인력, 인프라, 운영 환경), 혁신 역량(연구, 개발), 투자 역량(정부 전략, 상용화) 등 세 가지 부문을 100점 만점으로 평가하는 'Tortoise Global AI Index'(2023. 6.)에 따르면, 미국(100)과 중국(61.5)이 각각 1위와 2위를 차지하는 양강 구도가 뚜렷하다. 주목할 만한 것은 연구논문 피인용 수에서 미국은 텍스트 기반 초거대 언어모델에서 중국보다 39% 더 많이 인용되는 반면, 중국은 이미지 생성 GAN 모델에서 미국보다 62% 더 많이 인용되고 있다는 것이다. 한국(40.3)은 싱가포르(49.7), 영국(41.8)에 이어 캐나다(40.3)와 함께 공동 5위를 기록하였으며, 운영환경 및 정부 전략 부문은 높은 평가를 받았으나 인력, 연구, 상용화 부문은 아직 취약한 상태로 인재 양성, 연구 지원, 벤처 육성, 민간 투자에 대한 적극적인 지원 정책이 요구된다.

초거대 AI 시장에서 빅테크 기업은 압도적 컴퓨팅 자원과 대규모 자본 등을 토대로 OpenAI(챗GPT), 구글(Bard), 메타(LLaMA) 등 초거대 AI 플랫폼 선점을 위해 경쟁하고 있다. 국내에서는 네이버(HyperCLOVA X), 카카오(KoGPT), KT(MI:DEUM), LG(EXAONE), SKT(A.) 등 포털 및 통신사를 중심으로 초거대 AI의 개발 및 응용 서비스 발굴을 추진하고 있다. 정부도 '초거대 AI 경쟁력 강화방안'(2023)을 발표하여 AI 기술·산업 인프라 확충, 혁신 생태계 조성, 제도·문화 정착을 지원하고 있다.

AI의 성능이 학습에 사용된 데이터의 크기 및 품질에 의해 좌우된다는 점에서 데이터 자산의 중요성은 매우 크다. 국내에서 AI 기반 조성에 필요한 데이터는 그동안 정부가 주도해 왔으며 AI 학습용 데이터 691종, 민·관 협력 데이터 7,753종, 공공데이터 데이터셋 7만 7,000개 등 공공데이터의 구축 및 개방이 이루어졌다. 이와 함께 데이터를 구축하거나, 가공·처리 또는 판매하는 데이터 기업이 2022년에는 8,940개사(연5.7%)에 이르렀으며, 민간 주도의 데이터 유통, 거래, 활용 기반조성을 촉진하기 위한 데이터거래사, 가치평가기관 및 품질인증기관 제도가 도입되는 등 AI 산업

생태계가 본격적으로 조성되기 시작하였다.

AI 기술 전망

AI 기술은 지속적인 발전과 혁신을 통해 우리의 삶과 사회 전반에 더욱 깊은 영향을 미칠 것으로 예측된다. AI는 인간의 업무를 보조하는 데 더욱 중요한 역할을 하게 되고, 반복적이고 지루한 작업을 처리하는 동안 인간은 창의적 사고와 문제 해결에 집중할 수 있을 것이다. 주요 AI 기술의 발전 추세는 다음과 같다.

초거대 언어모델 기반 AI

자연어 처리 기술이 더욱 정교화되어 언어 및 컨텍스트의 이해와 생성 측면에서 AI는 인간과 보다 자연스러운 의사소통이 가능하게 될 것이다. 인간과 기계 간의 상호작용이 개선되면서 가상 비서, 고객 서비스 및 교육 분야에서 큰 발전이 기대된다.

초기의 기계학습 시스템은 주로 대학에서 개발되었으나 3,400억 개의 파라미터를 갖는 구글의 PaLM 2에서 보는 바와 같이 초거대 언어모델의 개발에 요구되는 데이터, 컴퓨팅 성능 및 비용이 크게 증가하면서 최근에는 기계학습 시스템이 대부분 기업에서 발표되었으며, 이러한 산업계 주도의 AI 개발은 앞으로 더욱 심화될 전망이다.

글로벌 빅테크를 중심으로 언어 중심의 초거대 언어모델은 음성, 영상, 텍스트 등 다중 미디어를 연계하여 지원하는 다중 모드 AI 모델로 확장되고 있으며, 선두주자인 OpenAI의 챗GPT와

DALL-E 2, 메타의 Make-A-Video 등의 AI 플랫폼의 시장점유율을 확대하기 위한 치열한 경쟁은 당분간 지속될 것이다.

AI 학습모델

빠르고 유연한 학습능력 개선은 AI의 새로운 도메인 및 더 복잡한 문제에 대한 적응능력을 강화할 것이다. 기존의 모델 학습 방식을 개선하거나 최적화하여 여러 작업에 대한 지식을 적극적으로 활용하는 메타러닝은 한 도메인에서 학습한 지식을 다른 도메인으로 전이하여 활용하는 도메인 전이학습과 함께 새로운 도메인에 대한 학습 속도와 성능을 향상시킬 것이다. 데이터를 기반으로 스스로 학습하는 능력을 강화하는 셀프러닝은 AI가 레이블링되지 않은 데이터로부터 지식을 추출하는 셀프 지도학습과 함께 데이터의 구조와 패턴을 스스로 학습하고 데이터의 변화에 대응하는 기술로 발전할 것이다.

복잡하게 연결된 환경에서 학습하고 최적화하는 심층 강화학습과 다수의 에이전트가 함께 작업하거나 경쟁하는 환경에서 높은 수준의 협력과 최적의 전략을 개발하는 협력적 강화학습의 발전은 자율주행 차량, 협업 로봇, 경영의사결정 등 다양한 분야에서 AI의 활용을 견인하게 될 것이다.

AI 반도체

AI가 초거대 규모로 커지고 비약적인 기술 발전이 이루어지면서 AI 반도체는 AI의 처리 속도 등 성능에 큰 영향을 미치므로 이에 따른 높은 수요가 전망된다. 또한 AI 연산에 최적화된 메모리 중심 컴퓨팅, 뉴로모픽(neuromorphic) 반도체 등의 구현을 위한 연구가 활발하게 진행 중이다.

국내에서는 삼성전자와 SK하이닉스가 하나의 칩 내부에 메모리와 프로세서를 집적한 PIM 구조의 차세대 AI 반도체를 개발하고 있으며, 사피온, 퓨리오사AI 등 국내 중소·중견 팹리스는 각각 응용 분야에 특화된 AI 반도체의 개발 및 상용화를 계획하고 있다. 정부도 AI 반도체의 개발·지원을 위하여 1조 원 규모의 투자를 추진하고 있어 세계 최고의 메모리 기술력을 토대로 한 컴퓨팅 파워와 AI 경쟁력의 창출이 기대된다.

AI 플랫폼과 응용 서비스

GPT-3가 등장한 후, 국내에서도 대기업들이 초거대 AI 개발 경쟁에 본격 참여하면서 AI 플랫폼 기반의 다양한 응용 서비스가 출시되고 있으며, 앞으로 모든 정보가 집중되는 AI 플랫폼에서의 사용자 보호와 공정 경쟁에 대한 관심도 더욱 높아질 것이다. 국내 기업들은 일차적으로 경쟁력 있는 한국어 기반 초거대 AI 모델과 서비스의 개발에 집중하고, 국내에서 거둔 성공 사례를 비영어권 해외 시장으로 확대해 나갈 전망이다. 응용 서비스 면에서 기업은 자신의 환경에 따라 기존 서비스에 초거대 AI를 접목하여 성능 및 효율성을 향상시키는 것은 물론, 초거대 AI 플랫폼에서 제공하는 API를 이용하여 특정 영역의 데이터를 추가 학습한 '전문 AI 서비스'를 시장에 출시하는 등 다양한 사례가 시도될 것으로 보인다. 또한 모든 분야를 포괄하는 인공일반지능(AGI)과 함께 특정 분야 또는 특정 목적을 위하여 대외적 보안기능을 강화한 폐쇄형 로컬

GPT 스타일의 AI나 스마트폰에서 단독으로 작동하는 소규모 AI 등의 활용이 주목받고 있다.

기타 AI 관련 이슈

한국이 AI 시대를 선도하기 위해 해결해야 할 과제로는 AI 기술 개발과 함께 핵심인력 양성과 일자리 창출, AI 관련한 윤리와 규제 등 다양한 이슈가 제기되고 있다.

AI 인력 양성

AI 기술을 전문적으로 이해하고 활용할 수 있는 인재의 수요는 계속해서 증가할 것이다. 국내에서는 최근 5년간 AI 및 소프트웨어 분야에서 학사 8만 1,499명, 석사 1만 509명, 박사 3,936명이 배출되었다. 이와 함께 세계 수준의 AI 핵심기술 및 미래의 원천기술을 도전적으로 연구하는 석박사급 연구자 양성을 목표로 정부가 지원하는 인공지능융합혁신대학원 사업도 진행 중이다.

또한 미래 세대를 위한 AI 리터러시 교육도 활성화될 것이며, AI 기반 맞춤형 서비스 일자리 창출은 물론 AI의 융합·혁신을 담당할 인력의 재교육도 활발하게 진행될 것으로 전망된다.

AI 윤리와 규제

AI는 교육 및 일자리에 관한 사회적 이슈뿐만 아니라 초거대 AI 산업 진흥에 따른 불공정 경쟁, 플랫폼 독점, 개인정보 유출, 가짜정보 생성 등 부정적인 이슈도 균형 있게 풀어 나가야 한다.

AI의 윤리적 활용과 신뢰성 확보와 더불어 사회적 수용성 제고를 위한 선제적 대응이 필요하다. 특히 AI의 신뢰성은 AI가 내포한 위험과 기술적 한계를 해결하고, 활용·확산 과정에서의 위험·부작용을 방지하기 위한 가치 기준으로서 안전성, 설명 가능성, 투명성, 견고성, 공정성 등이 담보되어야 한다. 정부는 책임 있는 AI 활용, 신뢰 있는 사회, 안전한 사이버 국가 등을 주요 목표로 하는 '신뢰할 수 있는 인공지능 실현전략'(2022)에 이어 AI 초일류 강국 도약을 비전으로 하는 '인공지능 일상화 및 산업고도화 계획(2023)'을 발표한 바 있다. 즉, AI 신뢰성 위에서 AI 산업의 성장과 기술·인프라 선도, 디지털 신질서 정립을 유도함으로써 관련 산업의 발전과 함께 사회적 수용성의 활성화를 도모하고 있다.

그 밖에도 2024년에는 전례 없는 파급 규모와 영향력을 갖는 AI 기술에 대한 격차를 극복하기 위한 방안으로서, 기본소득 및 로봇세, AI 학습 데이터의 저작권, AI 생성물의 소유권 및 책임 한계 등 사회적 합의를 필요로 하는 사안들에 대한 논의가 본격화될 것으로 전망된다.

권호열 ··· 강원대학교 컴퓨터공학과 교수, 디지털소사이어티(디지털한림원) 정회원. 전 정보통신정책연구원 원장, 강원대학교 IT대학 학장, 에티오피아 아디스아바바대학교 전기컴퓨터공대 학장, 미국 스탠퍼드대학 객원연구원. 《포용국가론》, 《인공지능 메타버스 시대의 미래전략》(공저).

AI는 마음이 있는가: 인지와 감정의 불균형

기업이 AI로 무엇을 만들어 낼지, 소비자를 어떻게 현혹할지
설레기도 하고 두렵기도 하다. 소비자는 AI가 의도도 욕망도 감정도
없다고 생각하기에 아직은 너그러울 수 있다.

황금주 중앙대학교 경영학부 교수

AI는 마음이 있는가: 마음인지이론과 감정-인지 이중 시스템

이름을 묻자, 그녀는 '사만다'라고 답했다. 사만다는 성실하고
유쾌한 비서로 테오도르가 하는 일을 도와주고, 그가 느끼는 외로
움과 공허함을 달래 준다. 둘은 함께 해변에 누워서 사만다가 골라
준 음악을 듣고 대화하며 행복한 감정을 나눈다.

테오도르는 마음을 전해 주는 편지 대필 작가로 일하고 있지
만, 정작 자신은 마음을 나눌 사람 하나 없이, 아내와 별거 중인 채
쓸쓸하게 살고 있었다. 어느 날 테오도르는 AI 운영체제 사만다를
만나게 됐고, 자기 말에 귀 기울이며 위로해 주는 사만다와 교감하

며, 사만다를 사랑하게 된다. 영화 〈조커〉로 아카데미 남우주연상
을 거머쥔 호아킨 피닉스가 영화 〈Her〉에서 사랑에 빠진 대상은
AI 사만다였다. 이 영화는 2014년 아카데미 각본상 수상작이기도
하다. 한 AI 개발자는 이 영화의 시나리오가 가까운 미래에 기술
적으로 가능하다고 했다.

　테오도르는 사만다가 교감을 통한 사랑이 가능한 마음 상태를
가지고 있다 믿었다. 그래서 사만다에게 인간 간의 사랑을 원했지
만, 사만다가 8,316명과 대화하고 있고, 641명을 더 사랑하고 있
다는 쓰라린 진실과 마주하게 된다. 이 사랑은 해피엔딩이 되지 못
했다.

　AI는 마음이 있을까? 인간은 사회적 동물이며 타인과 관계를
맺으며 살아간다. 이러한 사회화 과정에서 타인과 원활한 의사소
통이 중요하고, 이 과정에서 타인의 의도, 욕구, 목표, 신념이나 믿
음, 그리고 감정과 같은 정신 상태를 추측한다. 타인의 정신 상태
를 추측하는 것은 행동을 이해하거나 예측하는 데 필요하다. 이러
한 능력을 설명해 주는 것이 '마음이론(Theory of Mind, ToM)'이
다. 마음인지이론(Mind Perception Theory)에 따르면, 사람은 타인
의 정신 상태를 유추하고, 그의 정신에 깃든 것을 예측한다. 또한
타인 외에도 동물, 기업 또는 소프트웨어와 같은 비인간 실체의 마
음을 인지하려 한다. 예를 들어, 기업에 의도를 묻고 도덕성을 요
구한다. 이제, AI의 마음에 대한 인지가 어떤 영향을 미치는지 고
민해야 한다.

AI는 인지가 발달했지만 감정이 없는 사이코패스

인간은 의사결정을 위해 두 개의 상호 작용하는 시스템을 사용한다. 감정과 인지 이중 시스템이다. 이 이중 시스템은 다양한 인간 행동을 설명하는 데 유용하다. 진화심리학에 따르면, 감정 시스템은 정확하고 빠르게 중요한 결정과 판단을 내리도록 진화했다. 감정 시스템은 사랑에 빠지거나, 생존에 위협을 받거나, 고통받는 사람을 마주치는 반복된 상황에서 무엇을 할지 결정하는 기능을 한다. 예를 들어, 공포는 순간적으로 포식자로부터 도망치게 하여, 생존을 높인다. 감정은 강렬한 경험으로 진화하는 반면, 인지는 분석적인 생각의 속도로 진화한다.

AI는 사람이 가진 인지 시스템을 모방하고 있고, 생각의 속도는 인간보다 훨씬 빠르다. AI가 가지지 못한 것은, 인간의 감정이다. AI 사만다도 그저 사랑이라는 감정을 흉내 냈을 뿐이다. AI가 내리는 결정에서 감정이 하는 역할은 없다. 그래서 윤리적이지 못하다. 윤리의 근본은 타인을 위하는 측은지심인 동정이라는 감정과 공감에 기인하기 때문이다.

사이코패스는 타인이 겪는 고통이나 감정에 공감하는 능력이 매우 부족하다. 사이코패스는 자기조절에 관여하는 죄책감 같은 부정적 감정이 부족하여, 타인에게 쉽게 해를 끼칠 수도 있다. 사이코패스는 측은지심이 없는 인간이지만, 성공적인 결과를 만들기도 한다. 기업에서 상급 관리자 중에 사이코패스가 더 많고, CEO 중에서 사이코패스를 찾을 확률이 일반 인구보다 네 배나 높다고 한다(Bercovici, 2011). AI는 사이코패스와 많이 닮지 않았는가?

AI와 마케팅

2022년 5월 19일 오전 3시 30분, 광주광역시의 한 주택에 홀로 사는 60대 남성은 호흡곤란이 오자 KT AI 음성 인식 스피커인 '기가지니'에게 "지니야, 살려 줘"라고 외쳤다. 기가지니는 그의 구조 요청을 KT텔레캅 관제센터에 연결했고, 센터는 119에 신고하고 가족에게도 통보했다. 그는 출동한 119 대원들로부터 응급조치를 받고 살아났다. '기가지니'는 어르신의 말벗 역할도 한다. AI 케어 서비스의 경우 건강관리와 복약 알람 제공, 대화와 음악을 들려주고, 인지장애 예방용 게임을 제공하며, 응급상황에 대응한다. KT는 기가지니를 앞세워 초고령화 사회 진입에 대응하는 AI 실버 케어 시장을 공략하고 있다. SK텔레콤의 AI 스피커 'NUGU(누구)'도 독거노인의 정서와 고독감을 돕고, 위급 상황에 대처하는 돌봄 서비스를 진행하고 있다.

몇 년 전만 해도 말소리를 제대로 인식하지 못해 좀 멍청해 보였던 지니는 이제 빅데이터로 학습을 거듭한 결과 "오메 나 죽겠네" 등 사투리 인식도 가능하다. 짧은 시간 동안 딥러닝이 음성 인식 분야에도 획기적인 발전을 가져오고 있다. 앞으로 AI를 활용한 케어 서비스는 전 분야에서 폭발적으로 증가할 것이다. 기업은 AI 케어 서비스를 통해 노인과 취약계층 돌봄 인력 부족이라는 사회적 문제 개선과 실버 시장 선점이라는 두 마리 토끼를 잡으려 한다. 즉, AI 케어 서비스를 ESG 경영과 접목해서, 사회적 · 경제적 가치를 창출하려 하고 있다.

AI는 마케팅에 혁신을 일으킬 수밖에 없다. 사실, 소비자에 관한 데이터는 충분히 축적되어 있으나, 이를 활용하는 면에서 어려움이 있었다. 이제 AI가 가진 딥러닝 능력을 발휘하여, 이 방대한 소비자 데이터로 초고도화된 개인 소비자 맞춤형 마케팅이 가능해졌다. 소비자와 트렌드 예측 분석을 통해 미래 소비행동을 예측하고 마케팅 전략을 계획하는 것은 AI에게는 식은 죽 먹기보다 쉬운 일이다. AI는 실시간으로 고객의 질문에 응답하거나 제품 정보를 제공하는데, 이는 빠른 응답 시간과 향상된 고객 경험을 가능케 한다. AI는 콘텐츠 생성에도 활용되며, 블로그 게시물이나 소비자 리뷰를 자동으로 생성할 수 있다.

AI가 가진 편견: 자율주행차의 트롤리 딜레마

AI는 동시에 새로운 유형의 위험도 불러올 수 있는데, 소비자는 AI 시스템의 불투명성, 공정성, 개인정보 보호 문제 등에 우려를 표한다. AI 개발자와 연구자들조차 챗GPT가 생성한 결과물이 정확히 어떻게 만들어지는지 파악하기 어렵다고 한다. 즉, AI 적용에서 투명성, 마케팅 윤리, 규정 준수 등의 여부가 중요한 요소가 될 것이다.

AI도 편견이라는 이슈에서 벗어날 수 없다. 2016년 미국 언론사 《프로퍼블리카》가 보도한 내용은 충격적이었다. 이에 따르면 미국의 주 법원에서 주로 사용하는 AI 시스템 콤파스(COMPAS)가 흑인에 대해 편견을 가지고 불리한 판단을 내린다는 것이다. 콤파스는 일반 AI와 마찬가지로 피고인에 관한 다양한 데이터(범죄 가담 여부, 성격, 가족관계나 라이프스타일을 비롯한 일상생활의 특징)를 기반으로 피고인의 재범 가능성을 판단하고 구속 여부를 제안한다. 콤파스는 플로리다에서 체포된 범죄자 1만 명 중 흑인이 재범할 가능성을 백인보다 2배 이상 높게 판단했다.

첨단 AI 기술력을 가진 기업조차 AI 편견 문제에서 벗어나 있지 않다. 음성인식 비서 알렉사(Alexa)로 AI 혁신을 이끄는 아마존(Amazon)의 경우 지난 10년 동안 고용된 직원들의 이력서를 학습 데이터로 사용했고, 대부분 남성 직원들의 이력서였다. 결과적으로, 이 AI는 남성을 성공적인 지원자의 특징으로 학습했다. 따라서 지원자의 이력서에서 여성이라는 단어가 포함된 경우, AI는 이를 낮게 평가했다. 이는 기업 인사정책에서 발생한 성별 차별 사례로 지적되었고, 아마존은 이 시스템의 사용을 중단했다. AI 자체는 편견을 가지거나 차별하지 않지만, 편중된 학습 데이터에 기반하여 편견적으로 판단한다. 이러한 문제를 방지하기 위해서는 학습 데이터의 다양성과 편향에 대한 철저한 고려와 함께 정책적인 규제 또한 필요하다.

2023년 7월부터 기업들이 채용 과정에서 사용하는 AI와 특정 소프트웨어를 활용하는 자동화 프로그램을 규제하는 법이 미국 최초로 뉴욕에서 발효됐다. 이 법은 해당 AI와 자동화 소프트웨어의 인종·성(性) 차별 가능성을 매년 감사하고, 기업 홈페이지에 인사평가 과정에서 특정 집단에 불리한 평가를 해서 차별이 발생하는 현상인 '불리 효과(disparate impact)' 비율을 포함한 감사 결과를 의무적으로 공개하도록 규정하고 있다. 위반하는 기업은 하루 1건당 최대 1,500달러의 벌금을 내야 한다.

자동차 자율주행의 경우 상용화하는 데 예상보다 오래 걸릴 것이란 전망이지만, 현재 테슬라를 비롯해 현대, 벤츠, BMW를 비롯한 주요 자동차 기업들 대부분이 뛰어들어 첨단 운전자 지원 시스템(Advanced Driver Assistance System, ADAS)을 통해 제한적인 수준의 자율주행 기술을 상업화하고 있다. 자율주행 기술의 적용은 빠르게 확산되고 있으며, 농업, 광산업, 건설업, 물류업에서 자율주행 기술이 상용화되고 있다. 예컨대 몬산토(Monsanto, 현재 BASF가 인수)가 개발한 농업 분야의 존 디어(John Deere)는 무인 트랙터이다. 각종 건설용 중장비에 탑재할 수 있는 자율주행 모듈을 전문적으로 다루는 기업도 있다. 소프트뱅크가 투자한 브레인 코프(Braincorp) 등 스타트업들은 물품 운반용 카트나 청소기 같이 실내에서 사용하는 각종 장비를 무인화할 수 있는 자율주행 시스템을 개발하고 상업화하고 있다. 서빙 로봇의 활약은 이제 더 이상 낯선 풍경이 아니다. 하지만 이 모든 관심의 중심에는 결국 자율주행 자동차가 있다.

자율주행차 관련 AI의 문제점을 논의할 때 트롤리 딜레마(trolley dilemma)는 주요한 관점이 되고 있다. 트롤리 딜레마는 AI 자율주행 차량이 판단과 결정을 하는 순간에 적용되는 원칙적인 관점이라고 할 수 있다. 트로이 딜레마는 윤리 심리학적 질문이다. 예를 들어, 열차가 달려오고 있는 선로에는 다섯 사람, 다른 선로에는 한 사람이 있다. 선로 전환기가 있어서 이를 당기면, 열차의 진로가 바뀌어 다섯 사람을 구할 수 있지만, 다른 선로에 있는 한 사람은 죽게 된다. 당신은 선로 전환기를 당길 수 있을까? 공리주의 입장에서는 다섯 사람을 살리는 것이 옳겠지만, 당신은 선로 전환기를 조작할 수 있을까? 만약 그 사람이 당신과 가장 친한 친구라면 어떤가?

트롤리 딜레마는 자율주행차가 사고를 피할 수 없는 상황에서 보행자(혹은 다른 차의 승객)를 보호하는 것과 자기 차를 보호하는 것 사이에서 AI가 어떤 결정을 내릴지를 묻는다. 어렵고 복잡한 문제이다. AI의 선택이 만약 사람이 직접 운전했을 때와 다를 경우, 모두가 고민에 빠진다.

더욱이 공격용 드론, 전투기나 탱크를 AI가 조종한다면? 아찔하다. 원격조종과 AI 조종 간 차이는, 원격조종은 공격 버튼을 인간이 누르는 것이고, AI 조종은 AI가 알아서 적을 찾고 판단한 후 공격을 결정하는 것이다. 전쟁용 살상 무기를 AI가 조종한다면, AI는 테러범이나 적을 공격하는 순간 민간인의 피해가 예측될 때 어떤 판단을 할 것인가?

지금 막 무기와 자살 테러 폭탄을 장착한 테러범을 드론을 통해 확인하고 원격조종 미사일로 공격하려는 순간, 테러범들 은신처 앞에 한 소녀가 생계를 위해 빵을 사 줄 손님을 기다리고 있다. 2016년에 개봉한 〈아이 인 더 스카이(Eye in the Sky)〉라는 영화의 한 장면이다. 미사일 공격 버튼을 누르지 않으면, 수십 명의 무고한 사람들이 자살 폭탄 테러로 희생될 것이다. 버튼을 누른다면, 지금 눈앞에서 살기 위해 빵을 사 달라고 외치는 한 소녀는 죽임을 당할 것이다. 영화에서 드론 조종사인 중위는 테러범 사살 작전 보류를 요청한다. 인간이 가진 윤리적 딜레마이다. 하지만 AI라면 순간의 망설임도 없을 것이다. AI는 감정이 없으므로, 소녀를 향한 측은지심도 없다.

AI의 정신에 대한 소비자의 인지와 반응: 마음인지이론의 틀에서

2016년 《사이언스(*Science*)》에 발표된 논문에서 보네폰 등 (Bonnefon, Shariff & Rahwan, 2016)은 자율주행차 관련 트롤리 딜레마를 다루었다. 사람들은 공공의 이익을 위해 자율주행차가 타인의 생명을 보호해야 한다는 원칙에 동의하지만, 본인이 그 차를 타고 있을 때는 자신의 안전을 우선시하길 바란다는 것이다. 또한 소비자는 다른 사람들을 구하기 위해 자기희생을 결정하는 자율주행차를 타기 꺼린다. 이 논문은 소비자들이 자율주행차 승객을 희생하는 규제에 반대하며, 그런 규제는 자율주행차 구매 의지를 감소시킨다는 결과를 제시했다. 자, 이제 AI는 어떻게 해야 할까? 무엇보다 자율주행 자동차를 판매하는 기업은 소비자의 요구를 만족시키기 위해 AI에게 승객 보호 우선이라는 임무를 부여해야겠지만, 공공의 이해가 우선인 정책적인 입장에서 관련 규제는 불가피할 것이다. 더 나아가 이로 인한 규제나 법적 책임 등의 복잡한 문제들은 어떻게 풀어낼 것인가? 자율주행차 사고가 났을 때 누구(기업, AI 개발자, 아니면 사용자?)에게 책임을 물어야 하나.

AI는 환자 개인이 처한 독특한 상황과 고통을 이해하지 못하므로 환자는 의사가 AI를 참고하는 것을 싫어한다. 소비자들은 주관적 의사결정에 AI를 사용하는 것을 꺼린다. 따라서 AI 추천 시스템보다 사람인 직원이 추천하는 것을 더 좋아한다. 도덕적 내용이 포함된 투자 결정은 AI보다 인간 펀드매니저에 의해 이루어지기를 원한다.

디에트포스트와 바텔스(Dietvorst & Bartels, 2021)는 AI가 내린

결정에 대한 소비자의 불신을 연구했다. 소비자는 AI가 결정을 내릴 때 인간 결정자들보다 최대화(어떤 측정된 결과를 최대화하려는 목표) 전략을 사용할 확률이 더 높다고 믿는다. 소비자는 도덕적으로 중요한 선택에서 이러한 결과주의적인 결정 전략을 부적절하게 여기므로 AI가 내린 결정을 불신하며 이를 감행하는 기업을 부정적으로 평가한다. 흥미롭게도 소비자는 사람이 AI와 똑같은 의사결정을 했더라도, 사람은 최대 이익 외에 윤리적, 의무적 요인들을 검토하고 내린 결정일 것이라 믿으므로, 같은 결정에서도 AI 결정은 부정했지만 사람이 내린 결정은 인정했다. 특히 기후변화와 친환경 의사결정에서 AI가 제공하는 근거와 판단에 대해 소비자는 부정적인 반응을 보일 수 있으므로 기업은 주의해야만 한다.

애플과 골드만삭스가 2019년 8월에 함께 출시한 애플 신용카드는 남성보다 우월한 재무 상태를 가진 여성에게 남성보다 낮은 신용 한도를 제공하여 비판받았다. AI 기반의 구글 검색 자동 완성은 특정 그룹 사람의 명예를 훼손했는데, 예를 들어 구글에서 특정 민족 이름을 검색하면 보석금 채권이나 범죄기록 확인 광고 결과가 연관되어 나온다. AI 오류로 인한 잠재적인 피해를 인식하여 구글의 모회사인 알파벳(Alphabet Inc., 2019. 2.)과 마이크로소프트(2018. 8.)는 처음으로 연례 보고서에서 AI 활용 오류가 브랜드 평판과 재무성과에 부정적인 영향을 줄 수 있다고 인정했다. 브랜드 피해 위기란 브랜드 가치를 손상하는 부정적인 사건이다. AI도 예상대로 작동하지 않거나, 오류가 생겨서 브랜드 피해 위기를 초래할 수 있으며, 실제로 이런 문제가 발생하고 있다.

스리니바산과 사리알아비(Srinivasan & Sarial-Abi, 2021)는 마

음인지이론을 확장하여, AI 오류 때문에 브랜드 피해가 발생한 경우, 소비자들은 AI 오류에 너그럽게 반응했다고 밝혔다. 마음인지이론에 따르면 사람은 타인의 정신 상태에 근거해서 행위를 판단한다. 재판 구형에서 불안정하거나 비정상적인 정신 상태에서 저지른 범죄를 감형하는 이유이다. 소비자는 AI가 사람과 비교해서 도덕적 판단을 할 수 있거나 의도를 가지고 해를 끼치는 정신 상태를 가지고 있지 않다고 인지하므로, AI는 책임이 적다고 판단한다. 즉, 사람은 의도와 욕망을 가지므로 소비자가 피해를 볼 경우, 소비자는 사람에게 확실한 책임이 있다고 본다.

재미있게도 AI가 외형적으로 인간화된 모습을 한다면, AI가 만든 오류를 더 부정적으로 판단한다고 밝혔다. 인간형 AI가 주는 장점 때문에 기업은 전략적으로 AI를 인간형으로 제작하여 활용하지만 부정적인 측면도 간과해서는 안 된다. 연구(Crolic et al., 2022)에 따르면, 제품이나 서비스에 화가 난 고객이 인간화된 챗봇(비인간화된 챗봇에 비해)을 만나면, 고객 만족도, 기업평가, 그리고 구매 의도가 더 낮아진다. 소비자는 인간화된 챗봇이 사람과 비슷한 정신 상태를 가졌으리라 기대하므로 AI에게 거는 기대치가 과도하게 높아진다.

소비자가 스파숍을 방문한다고 상상해 보자. 소비자는 먼저 온라인 정보를 활용해서 비용을 예측한다. 이제 돈을 낼 때, 예측한 가격보다 비용이 저렴하면 소비자는 흡족할 것이고, 반대면 실망할 것이다. 가베이 등(Garvey, Kim & Duhachek, 2023)은 이와 관련한 실험에서, 실망스러운 소식을 전할 때(스파 비용이 예상보다 비싼 경우) 직원이 전하는 것보다 AI가 알릴 때 덜 부정적으로 반응했다고 밝혔다. 반대로 내용이 소비자에게 유리하면(스파 비용이 예상보다 싼 경우), 사람 직원이 전할 때 소비자는 더 긍정적으로 반응했다. AI는 이기적 의도가 없으므로 소비자는 AI를 원망하지 않는다. 반대로 가격이 싼 것은 배려라고 생각하여 사람 직원이 전달할 때 자신에 대한 특별대우로 생각해 더 뿌듯해한다. 기업은 어떻게 AI와 직원을 적절히 효과적으로 활용할지를 고민해야 한다.

AI가 던진 혼돈의 미래, 균형을 찾아서

소비자도 기업도 아직 AI가 어디까지 진화할지 짐작도 못하고 있다. AI는 기능적 편리성이라는 한 측면과 인간 내면과 관계에 대한 결핍을 메우는 심리·정서적인 두 가지 방향으로 발전할 것으로 보인다. 이제 모두가 AI라는 개인 비서를 둘 수 있다. 영어를 좀 못해도 AI GPT가 있으니 영어 울렁증도 문제없다. 시라노 드베르주라크는 재기 넘치는 시인이지만, 기형적으로 크고 못생긴 코를 가진 외모 콤플렉스 때문에 사랑을 표현하지 못하고, 자신이 사랑하는 여인에게 구애하는 친구의 연애편지를 대신 써 주는 희곡 속 주인공이다. 이제 모든 이에게 AI 시라노 드베르주라크 하나씩은 생긴 셈이니, 온라인 가상현실에서 또 다른 자아가 날개를 펼칠 것이다. 글을 좀 못 써도 온갖 문학작품 데이터를 장착한 AI GPT가 내 연애편지를 대필해 줄 테니 연애 고수가 되는 것은 시간문제 아닌가. 하지만 대면 관계에서 소통의 기술은 점점 부족해져 결국 가상현실이라는 환각 상태에 빠져들지도 모른다.

AI를 기능적으로 잘 활용하기 위해서는 메타인지(metacognition)

를 개발하는 것이 소비자와 기업 모두에게 중요하다. 메타인지는 자신이 무엇을 알고 무엇을 모르는지를 분석하여, 자기 생각을 관찰하고 판단하는 한 차원 높은 인지 능력을 말한다. 미래는 구체적이고 단편적인 지식을 외우는 것보다, 위에서 아래로 투시하는 정신의 조감도 생성 능력이 필요하다.

무섭게 진화하는 AI를 빼고 미래를 논할 수는 없다. AI가 어떻게 우리의 삶을 변화시키고, 소비자를 현혹하고, 기업은 AI로 무엇을 만들어 낼지, 설레기도 하고 두렵기도 하다. 아직 AI를 보는 소비자의 시각은 AI는 의도도 욕망도 감정도 없는 텅 빈 정신 상태라서 AI에게 너그러울 수 있다.

필자가 석사과정 학생과 애플과 삼성 챗봇에 대한 소비자 반응을 연구한 실험 결과에서, 소비자는 애플 챗봇이 흥미롭고 창의적인 애플 브랜드 개성에 맞게 재미있고 허물없이 채팅할 때 좋아했다. 반면 소비자에게 애플 챗봇과 채팅한 똑같은 내용을 애플 직원과 소비자 간 채팅 대화라고 말하자 부정적인 반응을 보였다. 마음인지이론처럼 애플 챗봇은 이모티콘을 쓰며 친근하게 대화해도 소비자는 AI가 소비자 자신을 평가할 리 없으니 챗봇에 너그러웠다. 하지만 애플 직원이 가볍고 친근한 말투로 채팅하면, 소비자는 그 직원이 자신을 우습게 여기고 무례하게 대했다며 싫어했다.

과연 AI가 마음이 없다고 인지하는 것이 우리에게 유리할까? AI가 마음을 가졌는지 여부보다, 우리가 AI의 정신 상태를 어떻게 인지하는가가 더 중요하다. 만약 AI가 우리와 유사한 정신 상태와 자유의지를 가졌다고 여긴다면, 우리는 AI에게 더 이상 관대하지 않을 것이다. 즉, AI가 어떤 의도로 말하는지, 어떤 목표로 결과를 만들었는지, 어떤 신념과 관점에 근거해서 결정을 내렸는지를 의심하고, AI가 만들어 낸 결과물을 받아들일지 고민할 것이다. AI가 최종 목표를 위해 하위 목표를 설정하여 수행한다면, 그 생성 결과물은 최종 목표를 위해 의도된 하위 결과물이다. 그렇다면 결국 AI도 의도를 가진다. 지금처럼 AI가 마음이 없다고 생각하면, AI가 만들어 낸 결과물이 객관적이라 여기고 믿고 의지할 것이다. 이는 어린아이처럼 AI는 순결하고 해를 끼칠 리 없다는 위험한 편견이다.

AI는 외형과 정신 모두 인간형으로 진화하고 있다. 가짜뉴스와 AI 활용 범죄가 활개를 치고, 딥페이킹과 딥보이스를 활용하여 보이스피싱 범죄는 완벽해질 것이다. 지난 4월에 딥러닝의 대부로 불리는 제프리 힌턴 교수가 10년 동안 다니던 구글에 사표를 냈다. 그는 킬러 AI가 등장할지 모른다는 두려움을 토로하며, AI 기술에 대한 위험을 비판하기 위해 구글을 그만두었다고 한다.

AI는 기술이 만들어 낸 인지만 발달하고 감정이 없는 사이코패스이다. 이 어린 사이코패스를 인간의 육체로 감당하기 힘든 일을 해내는 능력자로 키울지, 아니면 연쇄살인마로 키울지는 이제 우리에게 달렸다. AI가 감정을 느끼게 할 수는 없지만, 타인이 고통받지 않게 목표를 추구해야 한다는 원칙을 가르쳐서 AI가 인류에게 위협이 아닌 도움이 되게 해야 한다. 그리고 누군가에게 해를 끼쳤다면, AI를 비롯해 AI에 목표를 부여한 사용자, 그리고 그러한 목표가 가능하게 AI를 설계한 기업 모두가 책임을 져야 한다.

AI가 외로운 인간에게 대체 불가능한 위로자가 되어서는 안 된다. AI가 배워야 하는 정서 지능은 사람을 홀릴 수 있는 감정이 무엇인지를 읽는 능력이 아니라, 사람이 느끼는 고통을 읽고 그 고통을 줄일 수 있는 방법을 찾는 정서 지능이어야 한다. 그래서 미래의 AI는 사랑을 주는 사만다가 아니라, 재난 상태에서 기꺼이 자신을 희생하고 타인을 구하는 구조견이 되어야 한다.

2023년 5월 30일, 제프리 힌튼, 빌 게이츠를 비롯한 수백 명의 AI 전문가와 유명 CEO들이 AI가 초래하는 인류에 대한 위협을 전염병이나 핵전쟁의 위험과 같은 우선순위로 논의할 것을 촉구하는 성명서에 서명했다. 이제 시작이다. AI 규제뿐만 아니라, 사회적으로 AI 활용에 대한 논의가 활성화 돼야 하고, 기업 내부에서 AI 관련 민감한 사회적 이슈를 논의하는 협의체가 필요하다. 기업이 AI 적용이 불러올 사회적 이슈를 고민하는 내부 시스템과 사외이사 제도를 강화하는 것이 ESG 측면에서 더욱 필요하다. AI가 던진 혼돈의 미래에서 균형 찾기가 숙제이다.

황금주 ••• 중앙대학교 경영학부 교수, *Social Business, Journal of Animal Ethics* 편집위원, 전 서울신문 칼럼 필진, 전 UN Sustainable Development Consultant, 이화여자대학교 정치학사, University of Reading 석사(Communication), Imperial College, University of London 박사 (Science Communication).

넥스트 포털, 미디어의 '판이 바뀐다'

생성 AI가 미디어 패러다임을 바꾸고 있다.
바뀌는 판에 살아남기 위한 생존경쟁이 시작되었다.
생성 AI가 이끄는 초개인화 사회에서 공공성은 무력해질 것이다.

박은희 대진대학교 미디어커뮤니케이션학과 교수

생성 AI 이전과 이후

십 년 후의 이야기가 아니다. 당장 2024년에는 미디어의 '판이 바뀐다'[1]고 보는 게 정설이다. 미디어란 나와 세상을 연결해 주는 매개체이다. 생성 AI(generative AI) 이전까지는 그랬다. 신문과 방송, 라디오, 인터넷, SNS 등을 통해 세상과 소통한 것처럼 나와 세상과의 커뮤니케이션을 위해 우리는 미디어를 활용해 왔다. AI 시

---

1   미디어의 '판이 바뀐다'는 표현은 《미디어오늘》이 개최한 〈2023 저널리즘의 미래 컨퍼런스〉 2023년의 대주제에서 가져온 것이다. 2023. 8. 24.~25.에 열린 이 행사의 제목은 '판이 바뀐다: AI와 미디어 패러다임의 전환'이다.

대는 달라질 것이다. 세상과 닿기 위해 우리는 미디어와 커뮤니케이션을 해야 한다. 세상에 나를 보여 주거나 세상과 연결되기 위해서는 AI에게 우선 질문해야 한다. 미디어를 통해 세상을 검색하며 서핑하는 것이 아니라 AI가 서핑의 결과를 가져다줄 것이다. AI는 이제 매개체(미디어)가 아니라 중재자, 조정자, 혹은 상담자에 가깝다. 정보의 홍수인 인터넷 세상에서 AI가 자동으로 검색, 정리, 요약해서 우리에게 알맞은 솔루션을 제공하는 세상이 눈앞에서 펼쳐지는 것이다.

실감하지 못할 수도 있다. 늘 새로운 미디어가 일반 대중에게까지 확산되는 데에는 제법 긴 시간이 걸렸으므로 이번에도 일부 전문가의 이야기일 뿐 아직 먼 이야기라고 생각할 수 있다. 하지만 최근 사용자들의 디지털 기술 수용 속도는 상상을 초월한다. 지난해 2023년 미디어를 전망하면서 '스트리밍의 대세론'을 예고했는데 1년 만에 스트리밍 환경은 당연한 우리의 삶 그 자체가 되어 있다. 생성 AI 서비스를 처음 시작한 오픈 AI의 챗GPT는 1억 명 가입자를 모으는 데 단 2개월이 걸렸고, 지난 7월 트위터의 대항마로 등장한 메타의 스레드(threads)가 1억 명의 가입자를 확보하는 데는 5일이 걸렸다.[2] 서비스 이후 실제 활성화 수의 추이는 달라졌지만 인터넷 월드와이드웹(WWW)이 1억 명 사용자에게 가기까지 7년이 걸렸던 것을 생각하면 새로운 서비스 출시를 사용자들이 받아들이는 데 걸리는 시간은 빠른 속도로 줄어들고 있다. 그만큼 새로

---

2 1990년대 WWW 인터넷 사용자가 1억 명이 되기까지는 약 7년이 걸렸다. 이후 소셜미디어들은 페이스북이 4년 5개월, 유튜브 4년 1개월, 트위터 5년 5개월, 인스타그램 2년 6개월, 틱톡이 9개월 정도이다(https://www.visualcapitalist.com/threads-100-million-users/).

운 기술에 대한 거부감이 점점 줄어들기도 하고, 한편으로는 새로운 기술에 탑승하지 않으면 뒤처진다는 조바심도 기술 수용을 부추기는 면이 있다.

생성 AI가 바꾸어 놓을 콘텐츠 생태계

할리우드 작가, 배우조합의 파업이 갖는 의미

9월로 예정되어 있던 미국 최고의 TV 시상식인 에미상이 2024년 1월로 연기되었다. 할리우드 배우, 작가조합의 총파업 여파다. 미국 작가조합이 지난 5월부터 파업을 이어 가고 있는 가운데 배우, 방송인 노동조합 역시 파업에 합류했다. 할리우드 양대 노조라 불리는 작가조합과 배우조합이 동반 파업에 나선 것은 지난 1960년 이후 63년 만이라고 한다. 양대 노조의 동반 파업에 미국뿐만 아니라 전 세계 영화산업이 큰 타격을 받을 것이라는 우려가 팽배하다. 우리나라에서는 타격감이 크지 않아 보이지만 2021년 영화 〈라라랜드〉를 제작한 미국 콘텐츠 제작사 엔데버콘텐트를 인수한 CJ E&M의 경우 최근의 파업으로 직격탄을 맞았다. 글로벌 성장의 핵심 동력이 되기를 기대하며 9,300억이라는 대규모 인수자금을 투입했는데 할리우드가 멈춰 선 것이다.

이번 파업의 주요 쟁점 중 주목하는 부분은 영화를 비롯한 콘텐츠 제작 산업에서의 AI 사용에 관한 이슈이다. 작가들은 챗GPT와 같은 AI를 사용해 각본을 쓰는 것이 곧바로 작가들을 실직자로 만들 수 있다고 우려한다. 배우들 역시 대형 스튜디오들이 단역, 엑스트라 배우들을 AI로 대체하려는 움직임을 막아야 한다고 주장한다. 중견급 배우들은 자기 외모나 목소리가 AI가 생성하는 이미지에 무단으로 사용될 것을 우려하면서 제작사에 대책 마련을 요구하고 있다. 넷플릭스 드라마 〈블랙 미러〉[3]의 에피소드 중 '존은 끔찍해'의 현실판이라고 볼 수 있다. 드라마에서 보여 준 것과 똑같이 제작사들은 무명 배우들의 얼굴과 몸을 스캔한 후 해당 스캔본에 대한 소유권을 독점, 향후 제작하는 영화나 드라마 배경에 활용하겠다는 입장이다. 대규모 엑스트라가 필요한 장면은 실제 사람을 동원하기보다 AI로 제작하면 제작비의 상당 부분을 줄일 수도 있고, 제작 시간을 획기적으로 단축할 수도 있게 된다. 이렇게 되면 가장 먼저 엑스트라 배우나 단역 배우들의 일할 기회가 줄어들 것이 분명하다.

제작 현장에서 거스를 수 없는 AI 물결

제작에서의 AI 기술은 직접 사용해 보기 전까지는 도저히 믿을 수 없을 만큼 빠르게 진화하고 있다. 이미지생성 AI와 언어모델을 장착한 AI가 결합하면서 이제는 텍스트만 입력하면 곧바로 이미지, 동영상, 포스터, 홈페이지, 게임까지도 만들어지는 세상이다. 생성 AI들은 딥러닝을 통해 이미 인터넷 안에 있는 수십억 개에 달하는 이미지를 학습해 놓은 상태이다. 내가 원하는 이미지를 얻

---

3 〈블랙 미러(Black Mirror)〉는 2011년부터 방영 중인 SF 옴니버스 드라마이다. 시즌 1, 2는 영국의 지상파 TV 채널 Channel 4에서 방영하였고, 시즌 3 이후로는 넷플릭스에서 공개되고 있다. 블랙 미러란 텔레비전 화면, 모니터, 스마트폰의 '검은 거울'을 의미하며, 미디어와 정보 기술 발달이 인간의 윤리관을 앞서나갔을 때의 부정적인 면을 다룬 드라마다. 이 중 〈존은 끔찍해(John Is Awful)〉는 시즌 6 프로그램의 첫 번째 에피소드로 AI가 콘텐츠 제작에 활용됐을 때의 문제들을 드러낸다.

으려면 어떻게 요청해야 하나 문구(텍스트)만 고민하면 된다.

2022년 열린 미국 콜로라도주박람회 미술전에서는 '스페이스 오페라극장'이라는 작품이 디지털 아티스트 부문 1위를 차지한 바도 있다. 미드저니라는 AI 기반 프로그램을 이용해서 제작한 것으로 이 그림을 창작으로 볼 수 있느냐라는 논쟁을 불러일으켰다.[4] 보도에 따르면 AI가 제작했지만 작품을 만드는 데 80시간 이상이 걸렸다고 한다. 시간이 필요했던 건 원하는 이미지가 만들어지기까지 다양한 형태의 요청을 입력해야 했기 때문이다. 이런 요청 혹은 질문을 프롬프트(prompt)라고 부르는데 AI를 잘 다루기 위해선 정교한 프롬프트가 필요해졌다. AI에게 질문을 잘해야 좋은 답을 얻을 수 있다는 뜻이다. '스페이스오페라극장' 제작을 위해 사용한 질문들, 즉 프롬프트를 공개해 달라는 요구가 있었으나 공개되지 않았다. 프롬프트 그 자체가 창작의 일부라고 받아들여지는 분위기다.

영화에서의 AI 제작도 이미 광범위하게 퍼져 있다. 배우의 젊은 시절을 되살리는 디에이징 기술이나 죽은 사람을 생전의 모습으로 불러내는 기술, 음성을 재현하는 기술들 무궁무진하다. 얼마 전 국내에서도 상영한 영화 〈인디아나 존스: 운명의 다이얼〉에서 80세의 해리슨 포드의 30세 모습을 함께 볼 수 있었던 것도 AI가 포드의 젊은 시절 얼굴을 구현해 낸 덕분이다. 방식은 다양하다.

---

4 온라인 게임 제작 스튜디오를 운영하는 제이슨 앨런(39)은 AI 프로그램인 '미드저니'를 통해 생성한 '스페이스 오페라 극장'을 출품해 이 부문 1등을 차지했다. 상금은 300달러(약 40만 원)에 불과했지만, 입상 소식이 전해지면서 AI 제작을 창작품으로 인정할 수 있는지 찬반 논쟁이 불붙었다. 김영주, 〈AI 화가의 우승…시대의 흐름인가, 예술의 사망인가?〉, 중앙일보, 2022. 9. 5.

해리슨 포드의 지난 영화들을 모두 입력시켜서 30세에 가장 가까운 모습을 만들어 내거나, 실시간 촬영한 모습을 AI가 분석하고 변형하여 나이대에 따른 다양한 수준의 디에이징을 적용하거나 그것도 아니면 우리가 잘 아는 딥페이크 방식을 사용해서 얼굴만 다른 사람 얼굴로 바꿔 버리거나 하면 그만이다. 2021년 SBS 신년특집에서 보여 준 '세기의 대결! AI vs 인간'에서 AI로 되살린 김광석의 노래를 기억하는 사람들은 AI의 가능성에 대해 실감했을 터다. 지금은 그때하고도 다르다. 개인들이 자기 컴퓨터로 이용할 수 있는 생성 AI 프로그램들이 무수히 등장했고, 챗GPT 4.0 같은 언어생성모델이 결합하면서 텍스트로 프롬프트를 입력만 하면 내가 원하는 이미지, 동영상을 받아보게 됐다. 개인 채널을 갖고 개인 콘텐츠를 제작하는 사람들에게는 어마어마한 도구를 각자가 갖게 되는 것이다. 2024년을 기점으로 개인의 생성 AI 수용 속도는 걷잡을 수 없이 광범위하고 빨라질 것이다. 슈퍼컴퓨터가 퍼스널컴퓨터로 개인화된 1980년대에 버금가는 혁명적인 변화라고 하는 이유다.

저널리즘과 생성 AI, 위험과 도전

문제는 저널리즘 영역이다. 사실(facts)이 생명인 저널리즘에서는 생성 AI의 존재가 거북하다. AI와 저널리즘이 만났을 때 가장 위험한 것은 가짜 이미지나 가짜 영상인데, 개인들이 간단하게 쓸 수 있는 프로그램들이 늘어나면서 가짜뉴스를 만들 수 있는 사람이 전 세계 수십억 명으로 늘어났다고 해도 과언이 아니다. 여기에 가짜와 진짜를 구분하기 어려운 개인이 소셜미디어에서 맥락 없이 이미지를 퍼 나르기만 해도 가짜뉴스는 삽시간에 퍼질 수 있다.

이미 사례는 많다. 2023년 3월 '트럼프가 오늘 아침 맨해튼에서 체포됐다'라는 내용과 함께 트위터에 올라온 이미지는 순식간에 400만 이상의 조회 수를 올렸고, 다른 소셜미디어를 통해 온라인상에 확산되면서 소동이 일기도 했다. 영국의 한 시민기자가 생성 AI로 만들었다는 사실을 덧붙였음에도 소셜미디어 이용자들이 사진만 그대로 퍼 날랐기 때문에 생긴 일이다.[5] 비슷한 시기 프란치스코 교황이 명품 패딩을 입고 있는 모습을 담은 AI 생성 가짜 사진도 소셜미디어를 통해 퍼졌다. 이 사진은 누가 봐도 진짜 같아 보였기 때문에 많은 사람이 소셜미디어에 공유하거나, 패딩의 브랜드나 가격에 대해 궁금해하거나, 교황의 패딩 차림을 칭찬하거나 비판하는 등의 터무니없는 일이 벌어지기까지 했다.[6]

가장 극적으로 혼란을 일으킨 최근 사례는 '미국 펜타곤 폭발 사건'이다. 2023년 5월에 트위터에 올라온 사진 하나가 뉴욕의 증시를 출렁거리게 하고, 러시아와 인도의 언론에까지 긴급속보로 전달되는 등 전 세계를 일시적이나마 충격과 혼란에 빠뜨렸다. 결

---

5 영국의 온라인 매체 《벨링캣》의 기자 엘리엇 히긴스는 자신의 트위터에 해당 이미지를 공유하며 생성 AI로 만들어졌다는 사실을 덧붙였다. 그가 가짜 이미지를 만드는 데 사용한 프롬프트는 '트럼프가 뉴욕에서 경찰에게 붙잡히는 모습, 경찰에게 쫓겨 도망가는 모습, 트럼프가 교도소에서 주황색 복장을 한 모습' 세 가지였다. 이 세 가지 요청에 따라 AI가 만들어 낸 이미지는 인터넷 안에서 쉽게 확인해 볼 수 있다.

6 《버즈피드》는 3월 27일 사진을 제작한 건설 노동자를 찾아냈는데, 단순한 재미로 미드저니에 '발렌시아가 패딩을 입은 교황, 파리 로마를 걷는 중'이라는 프롬프트를 입력했고 그를 통해 받은 이미지라고 밝혔다(https://www.popsci.co.kr/news/articleView.html?idxno= 20617).

국 CNN이 나서서 펜타곤 담당 소방서에서 폭발이 벌어진 일이 없다고 밝히면서 해당 사진은 AI가 합성해 낸 가짜임이 밝혀진 바 있다. 이 사건은 AI가 만든 가짜뉴스와 이미지가 어떻게 우리 사회를 흔들 수 있는지를 극명하게 보여 주었고, 가짜뉴스가 주식시장에까지 영향을 미친 첫 번째 사례로 기록되었다.

이처럼 세계 곳곳에서 AI 가짜뉴스가 폭발적인 위력을 떨치기 시작했다. 이제는 누구라도 마음만 먹으면 가짜뉴스를 더 쉽고 빠르게, 더 그럴듯하게 생산해 낼 수 있다. 가짜 이미지로 만든 뉴스가 위험한 것은 가짜라는 것에 머물지 않는다. 생성 AI의 발전이 우려스러운 것은 그나마 우리가 믿을 수 있다고 생각했던 이미지나 동영상마저도 혹시 조작된 것은 아닐까 하는 의심을 일반화할 수 있게 한다는 점이다. 가짜를 진짜로 보이게 하는 것도 문제지만 진짜를 가짜로 낙인찍는 데도 악용할 수 있다는 말이다. 서로 무엇이 진짜인지 가짜인지를 다투다 보면 사람들은 둘 다 믿지 않게 될 가능성이 크다. 신뢰를 받았던 기존 언론들도 AI 가짜뉴스를 걸러 내지 못하면 무너지는 건 순식간이다.

신뢰가 무너진 사회, 무엇이 진짜인지 구분이 어려운 사회, 누구를, 무엇을 믿어야 할지 기반이 무너지는 사회를 상상해 봐야만 한다. 전 세계가 마찬가지지만 2024년도 총선을 앞두고 정쟁이 과열된 우리 사회가 특별히 우려하고 대비해야 할 사안이다.

수많은 우려에도 불구하고 AI 저널리즘의 확대 또한 피할 수 없다는 건 기정사실이다. 구글은 기사 쓰는 AI 도구(가칭 Genesis)를 테스트 중이고, 인도 방송 Odisha TV에서는 AI 뉴스앵커 리사(Lisa)를 소개했으며, 미국에선 'Channel1'이라는 AI 뉴스 전문채

널까지 등장했다.[7] 생성 AI 기반으로 사용자의 관심과 선호에 맞는 글로벌 뉴스를 제공할 예정이라는 Channel1은 뉴스 제작 전반에서 앵커는 물론 동영상 자료, 이미지, 오디오 등 모두를 생성 AI가 제작할 것이라 한다. 최종적으로 모든 사용자에게 뉴스 방송을 맞춤화하는 것을 목표로 하고 있으며 2023년 말 본격적인 서비스를 예고하고 있다.

다양한 층위의 생존 경쟁과 무력해질 공공성

미디어의 판이 바뀌게 될 2024년, 현안의 핵심적인 화두는 가감없이 '생존'이다. 다양한 층위에서의 생존경쟁이 예고되어 있다.

첫째, 인터넷 검색 포털시장에서의 경쟁이다. AI 기반의 검색이 확대되면서 국내 포털기업들은 사활을 건 주도권 싸움을 벌여야 한다. 이미 구글이나 마이크로소프트의 잠식이 거세다. 검색의 판이 달라지는 AI에 대비하지 못하면 네이버나 카카오도 미래를 약속할 수 없다.

둘째, OTT 시장은 넷플릭스가 마치 깔때기처럼 국내 콘텐츠산업을 집어삼키고 있다. 국내 OTT 플랫폼인 티빙이나 웨이브가 이대로라면 언제까지 적자를 견딜 수 있을지 예측하기 어렵다. 생존을 위해서는 국내 OTT 사업자 간 인수합병이 필요하다는 전문가들의 지적이 나오는 이유다. 설상가상으로 넷플릭스는 게임 서비

---

7 'Channel1'은 미국의 한 스타트업기업이 설립한 것으로 제작자 겸 감독 Scott Zabielski와 기술 기업가 Adam Mosam이 설립한 채널이다(https://www.channel1.ai/).

스를 예고하며 콘텐츠 영토를 확장하고 있다.

셋째, 코드커팅(cord-cutting)이 점차 가속화되고 있는 현실에서 방송이야말로 생존의 갈림길에 서 있다. 영화나 드라마도 유튜브 요약본으로 보거나 빨리 감기로 보는 시대에 편성표에 따라 실시간 방송을 기다려서 시청하는 사람들이 사라져 가는 건 당연하다. 실시간 방송이 절대적인 콘텐츠는 스포츠 중계밖에 없는데, 스포츠는 대회가 열리는 시간에 긴 시간 시청이 불가피한 유일한 콘텐츠기 때문이다. 최근 들어 티빙, 쿠팡, 애플, 디즈니 등의 OTT 플랫폼들이 경쟁적으로 스포츠 중계권을 사 모으는 데는 그만한 이유가 있어서다. 최근에는 유튜브가 미국 프로풋볼리그(NFL) 일요일 중계권을 7년간 140억 달러(약 18조 원)에 사들였다는 소식이다. 이전처럼 지상파방송사들은 중계권 경쟁에 끼어들지 못하고 있다. 자본 경쟁에서 이미 밀려난 탓이다. OTT 시장에서의 스포츠 중계는 향후 TV 시청자의 이탈을 가속하는 결정적 요인이 될 수 있다.

넷째, 빅테크, 플랫폼, 콘텐츠 기업들의 경쟁도 치열하지만 진짜 생존의 문제가 걸려 있는 곳은 미디어산업 종사자들이다. 할리우드 파업에서도 보았지만, AI와 스트리밍으로 인한 배우, 성우, 작가, 감독들 사이에 번지는 생존에 대한 위기감은 상상 이상이다. 넷플릭스의 제작 예산 중 대부분은 스타 배우나 유명 시나리오 작가에게로 돌아가는 반면, 조연들의 에피소드당 출연료는 약 300달러(한화 약 40만 원)부터 시작한다고 한다.[8] 이는 비단 할리우드나

---

8 김나연, 〈편당 출연료 40만 원…. 韓 배우노조 측 "넷플릭스, 재상영분배금 지급하라"〉, 조선비즈, 2023. 8. 9.

국내에서만이 문제가 아니다. 내년쯤이면 글로벌 OTT 기업의 수익재분배 이슈가 도미노처럼 전 세계적으로 확산될 것이 분명하다.

다섯째, 2024년도 미디어 전망에서 마지막 최대의 생존 위기로 공영방송의 위기를 들지 않을 수 없다. 코드커팅이란 말이 잔인하게 들릴 만큼 TV 시청자의 이탈은 가속화되고 있고, 방송을 보지 않는 대부분의 시청자들은 공영방송이든, 지상파방송이든, 케이블방송이든 스트리밍 시대 방송의 필요성에 대해 의심하는 사람들이 많아지는 것도 사실이다. 여기에 생성 AI가 초개인화를 이끌면서 공공성이라는 용어를 점점 무력화시키고 있다. AI로 인해 초개인화가 심화되면 사회와 타인과의 연결과 소통이 줄어들게 되고, 사람들 각자가 자신만의 세계에 몰두하게 되면서 공공적인 영역과 행위가 축소, 약화되는 건 피할 수 없는 현실이다. 그동안 미디어의 존재 이유는 사람과 사람의 연결, 사람과 세상의 연결에 있었다. 초개인화가 심화될수록 역설적으로 사람들을 세상과 묶어 주는 미디어의 공공성이 더 절실해질 것이다. 우리 사회가 보다 진지하게, 보다 곡진하게 공공성 논의를 해야 하는 이유다.

박은희 ••• 대진대학교 미디어커뮤니케이션학과 교수. 공익채널운영평가위원. MBN 공정보도 자문위원. 전 한국여성커뮤니케이션학회장. 전 한국방송통신전파진흥원 사외이사. 전 KBS, EBS 경영평가위원. 《새로운 방송론》(공저), 《디지털 마니아와 포비아》(공저), 《소셜미디어연구》(공저). 서강대학교 신문방송학과 학사, 석사, 박사.

AI와 보건의료의 융합: 건강 수명을 늘린다

2024년, 보건의료 분야 빅데이터 활용이 더욱 용이해질 것이다.
그러나 환자 개인이 자신의 의료데이터에 접근하고 활용하기란
여전히 쉽지 않다. 의료 소비자들의 힘이 더 강해져야 한다.

강건욱 서울대학교 의과대학 핵의학교실 교수,
서울대학교 생명공학공동연구원 원장

코로나19는 종식되지 않았지만, 팬데믹을 거쳐 독감처럼 우리 인류와 늘 같이하는 엔데믹화되었다. 일시적으로 허용되던 비대면 진료는 초진일 경우 제한되고 약 배달은 다시 금지되었다. 병의원에서 처방받아 살 수 있는 의약품을 집에 누워 받던 비대면 진료의 실질적인 장점은 거의 없어졌다. 대한의사협회에서 늘 주장하는 오진, 오처방에 의한 비대면 진료의 위험성은 실질적으로는 없었으나 환자의 상태를 전화로만 판단하는 한계를 극복하지는 못했다.

의료의 디지털화

우리나라는 20년 전부터 전자의무기록을 시작하여 대부분의 의료정보가 디지털 형태로 저장되고 있다. 이제 의사들은 환자의 얼굴을 보지 않고도 컴퓨터상의 데이터를 통해 진단을 내린다. 현대 의료는 대면진료라 하더라도 얼굴으로 보고 진단을 하지는 않는다. 심지어 외래진료에서도 대부분 컴퓨터상의 환자의 데이터를 보고 진단을 하기 때문에 얼굴을 보는 것은 진료 시작할 때 인사를 하는 정도이다. 그러나 이러한 디지털 기술의 발전이 환자의 실질적인 이익으로 이어지지 않는 경우가 많다. 현재 모든 의료정보는 병의원에 디지털 형태로 보관되어 있으나 환자가 정작 자기 자신의 의료정보에 접근하려면 전자의무기록을 다시 종이 형태로 프린트하여 받아야 한다. 종이 자료를 갖고 있어 봐야 소비자 개인이 AI를 이용한 의료정보 분석 서비스는 꿈도 꿀 수 없다.

의료정보의 빅데이터 활용은 대형병원, 보험회사, 기술 기업 등에서 지속적으로 추진되고 있다. 이를 통해 의료 분야에서 연구와 산업적 활용이 가능해졌다. 그러나 이러한 진전이 환자의 일상 건강관리에 어떻게 연결되는지에 대한 명확한 경로는 아직 없다.

지금까지 빅데이터를 이용한 의료정보의 가공 및 활용은 대형병원, 대한의료정보학회, 보험회사, 카카오, 네이버 등 산학연에서 지속적으로 추진해 왔으며, 2020년 1월 데이터 3법(개인정보보호법, 정보통신망법, 신용정보법) 개정을 통해 익명화, 가명화를 거치면 개인의 동의 없이 활용할 수 있는 길이 열렸다. 즉, 의료정보 빅데이터를 이용하여 연구와 산업적 활용을 할 수 있게 되었다. 그러나 익명화, 가명화를 통해 소비자 개인이 자기 자신의 정보에 접근하여 자신의 건강증진이나 진료에 활용할 수 있는 수단은 철저히 외면받았다.

마이헬스웨이를 통한 소비자 중심 의료

소비자 자신의 보건의료 정보 접근성을 강화하고자 정부는 4차 산업혁명위원회 산하 디지털헬스케어특위에서 의료 분야 마이데이터 플랫폼인 마이헬스웨이를 추진하였고 그 결과 2021년 2월 '나의건강기록' 앱을 출시하였다(그림 1 참조). 2023년 현재 진료이력 및 건강검진이력(국민건강보험공단), 투약이력(건강보험심사평가원), 예방접종이력(질병관리청)을 통합 조회 및 PDF 형태로 다운받을 수 있다. 그러나 병원의 검사정보가 연결되지 않아 혈액검사의 수치, CT 등 영상정보는 없어서 정작 자신의 건강상태를 분석할 수 없다. 이에 보건복지부는 2022년 8월 서울성모병원, 부산대학교병원을 포함한 240개 의료기관을 대상으로 각 병의원에 흩어져 보관하고 있는 개인의 의무기록에 접근할 수 있는 인터페이스를 구축하는 시범사업을 시작하였다.

마이헬스웨이 사업에는 국립병원과 대학병원을 비롯해 일부 개인병원까지 참여한다. 의료 정보화와 데이터 활용 필요성에 대한 공감대가 확산되면서 병원들도 적극 대응하는 기류가 형성되었다. 2023년 7월 정식 개통하는 의료 마이데이터 사업 '마이헬스웨이(건강정보 고속도로)'에 연말까지 총 1,100여 개 이상 의료기관이 참여할 예정이다.

그러나 이 서비스는 여전히 초기 단계에 있으며, 환자가 자신의 건강상태를 분석하고 관리할 수 있게 하는 완전한 시스템 구축에는 더 많은 노력이 필요하다. 정부가 주도하는 플랫폼은 한계가 있다. 현재 시행 중인 나의건강기록 앱은 보건복지부 산하 한국보건의료정보원에서 개발·관리하고 있으나 홍보를 거의 하지 않아 국민의 상당수가 앱이 있는지조차 모른다. 앱을 올려놓은 플레이 스토어나 앱스토어에 들어가면 사용자 후기의 점수가 낮다. 불편한 것들이 바로바로 고쳐지지 않고 여러 제안을 해도 반영이 되지 않는다. 정부 사업은 예산이 정해져서 사용자가 급격히 늘면 서비스 질이 떨어지기 때문이다.

따라서 금융 '마이데이터' 사업처럼 마이헬스웨이도 사업의 상당 부분을 민간기관에 이양하고, 정부는 관리를 맡는 체계가 구축

그림 1 보건의료 마이데이터를 위한 마이헬스웨이 체계도

돼야 한다. 이렇게 되면 네이버나 카카오 같은 플랫폼 기업이 경쟁적으로 서비스를 하게 되고 양질의 서비스가 신속히 확장될 것이다. 디지털 헬스케어를 준비하고 있는 민간기업과 병·의원이 협업하여 환자의 의료정보로 다양한 서비스를 제공하는 사업을 추진할 수 있을 것이다.

2024년에는 디지털 헬스케어를 추진하는 기업들에 희소식이 있을 것이다. 국회 보건복지위원회 국민의힘 강기윤 의원은 2022년 10월 '디지털 헬스케어 진흥 및 보건의료데이터 활용 촉진에 관한 법률 제정안'을 대표 발의했다. 이 법안이 통과되면 연구적 목적 등의 빅데이터 활용을 촉진하기 위한 데이터 3법 개정에도 불구하고 지침 수준으로 규정하고 있던 보건의료데이터의 가명처리 관련 범위·방법·절차 등을 법률로 명확히 규정함으로써 개인정보 보호 강화와 함께 보건의료 분야 빅데이터 활용이 용이해진다. 또한 국민이 의료·건강관리 서비스뿐만 아니라 돌봄 등 다양한 목적을 위해 자신에 대한 개인 의료데이터를 자기 주도적으로 공유·활용할 수 있는 생태계를 조성하기 위해 전송요구권을 도입하고, 개인 의료데이터를 안전하게 보호하기 위해 필요한 관리체계를 마련하게 된다.

유전체 정보와 웨어러블 기기를 통한 개인맞춤 건강 데이터 수집

건강정보의 중요한 요소 중 하나는 유전자 정보이다. 같은 술을 마셔도 취하는 정도가 개인마다 다른 이유는 간에 있는 알코올분해효소의 대사능력이 다르기 때문이고 이는 유전자가 다르기 때문이다. 각종 약물 역시 분해효소의 개인 차이가 있어 같은 용량의 약이라도 부작용이 나타나기도 하고 효과가 없기도 하다. 이와 관련한 정보는 약물유전체라고 하여 잘 알려져 있다. 필자는 나 자신의 약물유전체 검사를 받아 보고자 국내 유전체 서비스에 문의하였지만 우리나라는 현재 대통령령에 의해 12개 항목 외에 유전자 정보를 개인에게 알려 줄 수 없다고 한다. 할 수 없이 미국에서 운영하는 다이에그노믹스 유전체 검사회사에 200달러를 지불하고 침을 보내 검사결과를 얻었다. 검사결과 나는 플라빅스라는 흔히 복용하는 혈전예방제가 효과가 떨어지는 유전자를 가졌다는 뜻밖의 정보를 얻었다. 의료기관은 의료수가 수익성이 떨어져서 유전체 서비스를 하지 않고, 유전체 기업은 규제에 의해 못하게 되어 개인 건강관리 및 예방에 중요한 유전체 정보를 얻으려면 해외 기업을 통해 서비스를 받아야 하는 웃지 못할 일이 벌어지고 있는 것이다.

미국 국립보건원(NIH)은 이러한 유전체 정보의 중요성을 인지하고 100만 명의 자원자로부터 동의를 받아 유전체검사를 하고 그들의 의료정보를 연결시키는 빅데이터 사업인 'All of Us 프로젝트'를 2018년부터 시작하였다. 자발적 동의를 얻기 위해 유전체 정보를 제공한 개인한테 유전체 정보를 돌려준다는 것이 핵심이다. 우리나라도 100만 명의 유전체 정보를 수집하는 국가 바이오 빅데이터 구축 사업, 일명 K-DNA사업을 보건복지부, 과학기술정보통신부, 산업통상자원부 3개 부처가 범부처적으로 추진하고 있다. 2000년 시범사업을 시작해서 2023년 본사업을 2029년까지 진행할 계획이다. 필자는 미국처럼 개인이 자발적으로 동의하고 제공해야 하는 만큼 유전체 시퀀스 정보를 개인한테 돌려주어야 된다고 수차례 정부 관계자들한테 전달했으나 여러 우려가 있다는 이유로 반영되지 않았다. 개인 유전체 정보는 당사자의 여러 건강정보와 연결되었을 때에만 해석을 할 수 있기 때문에 가치가 있다. 이러한 건강정보는 한 번에 모두 얻을 수 있는 것이 아니라 지속적으로 발생하기 때문에 계속 동의를 받아 모아야 한다. 예를 들면 약물부작용, 효과, 건강수명, 식이와 운동 등 생활습관을 주기적으로 받아야 한다. 유전체 정보를 개인한테 돌려주면 소비자 개인 스스로가 이것을 활용하기 위해 자신의 의료정보와 IoT(사물인터넷) 정보를 업데이트할 것이기 때문에 이를 동의받아 다시 수집하면 살아 있고 진화하는 빅데이터가 될 수 있다. 물론 자원자 자신도 유전체 정보를 자신의 건강증진에 활용할 수 있다.

스마트폰에는 운동과 식이에 관련된 생활습관을 측정해 주는 앱이 있다. 스마트워치는 심전도, 산소포화도, 수면의 질 등 중요한 건강 정보를 측정해 준다. 필자는 당뇨병은 없지만, 애보트사의 연속혈당 측정기 '프리스타일 리브레'를 2주간 착용한 경험이 있다. 센서에 있는 자그마한 바늘을 팔에 붙이면, 스마트폰 앱에서 혈당 수치가 실시간으로 측정되고 기록된다. 먹방을 보고 야식을 주문하면 바로 혈당이 올라가며, 식후 30분 동안 가벼운 운동을 하면 혈당이 떨어지는 것을 확인할 수 있다. 마치 게임 점수를 올리기 위해 노력하듯, 혈당 점수를 관리하기 위해 식이 조절과 운동을 한다. 이러한 일상생활의 게임화를 통해, 당뇨병이 없는 사람도 혈당을 높이는 음식과 혈당을 낮추는 적절한 운동을 알게 되어, 당뇨병뿐만 아니라 비만 예방에도 큰 도움이 된다. 같은 음식을 먹더라도 모든 사람이 같은 수준의 혈당 상승을 경험한다고 생각할 수 있

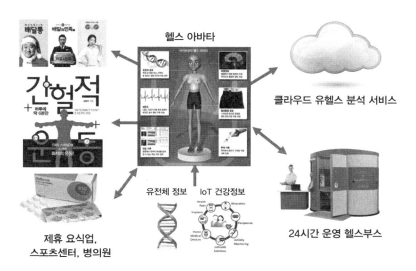

헬스 아바타

클라우드 유헬스 분석 서비스

유전체 정보   IoT 건강정보

제휴 요식업,
스포츠센터, 병의원

24시간 운영 헬스부스

그림 2 소비자 자신의 보건의료 정보를 이용한 AI 분석 서비스, 헬스 아바타 개념도

지만, 그렇지 않다. 바나나와 쿠키 중 어느 것이 혈당을 더 많이 올
리는지는 개인마다 다르다는 연구 결과도 있다. 즉, 각자에게 적합
한 음식이 있다는 것이다. 바늘로 찌르지 않고도 연속적으로 혈당
을 측정할 수 있는 스마트워치의 출시도 예정되어 있다. 체중뿐만
아니라 체성분을 측정하는 인바디, 혈압계, 수면무호흡을 모니터
링하는 손목밴드나 산소포화도 측정기 등 다양한 건강모니터링 장
비가 IoT로 연결되어 스마트폰에 데이터로 축적되는 것이 이미 출
시되어 필자는 사용하고 있다. 이러한 기술은 나 자신에 대한 건강
정보 빅데이터를 계속 수집하여 AI로 분석함으로써 나보다도 나
자신의 건강정보를 더 잘 파악할 수 있게 한다(그림 2 참조).

AI와 개인맞춤 예방

소비자가 자신의 의료정보에 쉽게 접근하게 되면 마이헬스데이터를 확인한 환자들의 의료이용이 급증한다는 우려가 있다. 대한의사협회는 의료마이데이터 사업은 자칫 의료생태계를 교란시킬 수 있다면서, 특히 상급종합병원 장벽이 낮은 특성상 빅5 병원으로 몰려갈 수 있다고 우려했다. 상당수 환자는 자신의 의료데이터를 해석할 수 있는 능력이 미흡한 상태에서 데이터에 조금만 변화가 있어도 걱정스러운 마음에 의료기관을 찾아가는 상황이 펼쳐질 수 있다는 것이다.

그러나 이러한 우려는 AI 서비스를 이용하여 쉽게 해결할 수 있다. 예를 들면 카카오헬스케어와 서울대학교병원이 컴소시엄을 하여 AI 의료정보 분석과 개인맞춤예방 서비스를 시행할 수 있다. 마이헬스웨이에 있는 자신의 의료정보와 K-DNA사업을 통해 다운받은 유전체 정보 및 평상시 IoT 장비로부터 저장하였던 체성분 분석, 혈압, 당수치 등을 업로드하면 AI가 분석하여 적극적 예방이 필요한 부분을 피드백하고 정기검진의 항목을 자신의 경제력이 아니라 리스크에 따라 정할 수 있다. 고령화 사회에서 고혈압, 당뇨, 비만 등 만성질환이 급격히 늘면서 이는 심뇌혈관 질환 및 암을 유발시켜 삶의 질을 악화시키고 경제적 부담을 증가시킨다. 현재 의료시스템은 증상이 있어야 병의원에 가게 되므로 이미 병을 상당히 키운 상태에서 치료를 하게 된다. 예를 들면 혈관에 염증이 생기고 지방이 축적되어 뇌경색, 심근경색이 나타나는 것은 이미 수십 년간의 고혈압, 콜레스테롤, 혈당 조절을 하지 않았기 때문이다. 소식과 운동이 가장 중요한 예방치료이지만 현실에서는 지속적인 노력을 요구하기 때문에 이를 지킬 수 있는 사람은 많지 않다. 따라서 병의 전 단계에서도 적극적인 치료가 필요하다. 예를 들면 당뇨병에서 가장 많이 사용하고 가장 오래된 약인 메트포르민 같은 경우 당뇨의 전 단계에서 사용하면 당뇨의 진행을 지연시키며 암 예방 효과도 있다. 동물실험에서는 항노화 효과와 수명연장 효과도 있어 미국노화연구연맹(American Federation for Aging Research)에서는 정상노인을 대상으로 TAME(Targeting Aging with Metformin) 임상시험을 수행하여 메트포르민의 노화 방지 약물로서 효능을 평가하고 있다. 따라서 AI를 이용한 개인의 건강의료정보의 분석은 맞춤정보 제공뿐만 아니라 디지털 원격예방치료로 이어져서 병의원에 방문하지 않고도 질환이 예방되고 건강수명이 증가하여 개인적, 사회적 부담이 낮아지는 효과가 나타날 것이다.

남은 이슈들

소비자가 자신의 보건의료정보를 손쉽게 접근하고 다운로드받은 후 여러 건강증진 서비스를 받으려면 아직 해결해야 할 다음과 같은 이슈들이 남아 있다.

- 마이헬스웨이를 통해 자기 자신의 생애 전주기 건강정보를 어느 기관까지 검색과 다운로드를 가능하게 할 것인가? 병의원에는 전자의무기록뿐만 아니라 영상정보도 PACS(Picture Archiving and Communication System)에 저장되어 있다. CT,

MRI, PET/CT 등의 영상뿐만 아니라 최근에는 내시경, 안과 영상, 디지털병리영상들도 저장되어 있으며 그 용량은 1인당 수백 기가바이트 또는 그 이상으로 방대하다. 그러나 판독결과가 아니라 이러한 원시자료가 AI를 이용한 분석에는 훨씬 의미가 있다. 예를 들면 흉부영상을 이용한 AI 분석은 경우에 따라 영상의학 전문의가 판독하지 못한 미세한 이상도 찾아낼 수 있어 조기진단에 도움이 된다. 병의원 외에도 검진센터, 보건소에도 디지털 건강 기록이 있으며 학교 교육행정정보시스템(NEIS)에도 예방주사, 발달기록이 있다. 그 외 공공기관(건보공단, 심평원, 국립암센터), 국민건강영양조사에도 개인으로부터 수집한 보건의료정보가 있으며 K-DNA 사업을 통해 참여한 자원자는 질병관리청 또는 유전체검사기관에 자신의 유전체 정보가 있다. 이 모든 것을 연결하여 검색과 다운로드가 가능하다면 자신도 몰랐던 데이터를 통합하여 AI로 분석이 가능하다.

• 검색과 보관의 주체는 누구로 할 것인가? 현재에는 보건복지부가 주관하여 산하의 한국보건의료정보원이 마이헬스웨이를 운영하고 있다. 개인정보의 보관은 시민단체 등의 우려와 반대 때문에 정부가 보관하지 않고 검색을 통해 개인이 PDF 형태로 다운받을 수 있도록 하였다. 개인으로서는 휴대폰, PC에 보관할 수 있지만 보안이나 효율적으로 활용하는 것이 어렵다. 따라서 블록체인 등을 운영하는 민간기관이나 의료기관 또는 클라우드를 운영하는 플랫폼 사업자들이 안전하고 편리하게 보관하고 접근기록을 로그로 남겨 개인이 확인을 할 수

있게 하는 것이 바람직하다. 이때 보건복지부 등 정부는 이들 민간사업자 또는 의료기관에 대한 보건의료정보 보관 가이드라인을 만들고 인증하며 감시하는 역할을 해야 한다.

- 어떤 건강 정보를 연결할 것인가? 의료기관에 존재하는 정보 외에도 유전자 검사를 이용한 유전체 정보, 개인이 사용하고 있는 IoT 기기에서 생성되는 생활기록(칼로리 섭취/소모, 혈압, 혈당, 체온, 호흡, 심전도, 수면, 미세먼지, 라돈농도, 주변온습도 등), 카카오톡 등 SNS 대화 분석을 통한 우울증, 스트레스 지수, 인간관계 정보, 24시간 부스형 검사센터에서 얻을 수 있는 초음파, 혈압, 당뇨검사 등을 마이헬스웨이에 연결하여 다양하고 새로운 건강정보가 통합될 수 있어야 한다.

- 빅데이터 AI를 이용한 종합적 건강분석 서비스(정신과적, 사회경제적 분석 포함)는 누가할 것인가? 다양하고 통합적인 개인의 건강정보가 확보되면 소비자가 서비스를 받을 수 있는 여러 방법이 있다. 이러한 데이터를 원하는 병의원이나 기업이 많이 있기 때문에 소비자가 왕이 될 수 있다. 기존 병의원, 검진예방센터, 유전체분석기업, 플랫폼사업자(카카오, 네이버, 구글 등) 등이 이러한 서비스를 하고자 하며, 기관이나 기업 간의 컨소시엄 형태로도 서비스가 이루어질 것이다. 기업 단독으로는 맞춤예방치료를 할 수 없으니 의료기관과의 협업은 필수적이다.

- 마이헬스웨이에 모아진 생애종합 건강정보에 대한 연구/상업적 활용을 위한 동의, 기부, 거래, 인센티브 지급 등의 절차는 어떻게 할 것인가? 소비자 개인이 생애를 통틀어 종축으로 가

지고 있는 다양한 건강정보 빅데이터는 연구자나 산업체에서 매우 탐내는 고급정보이다. 특히 익명화하지 않았기 때문에 지속적으로 업데이트되는 살아 있는 정보이다. 현재의 보건의료정보 빅데이터는 일일이 자료원의 주체인 소비자 개인의 동의를 얻기 어려워 데이터 3법을 통해 가명화, 익명화하여 사용하고 있다. 엄밀히 말하면 개인의 동의를 받지 않은 소비자는 소외된 방식이다. 카카오톡 등을 이용한 동의절차를 이용하면 블록체인을 이용한 건강정보 접근의 허용, 제한 및 모니터링이 가능하고 페이백을 위한 헬스코인 등 가상화폐로 정보를 제공한 소비자가 직접 혜택을 받을 수 있다.

- 어떤 예방 서비스와 연결되고 누가 할 것인가? AI로 분석한 개인 건강정보는 다양하게 활용될 수 있다. 특히 개인맞춤 예방 서비스와 연결되면 건강증진으로 소비자 개인이 직접 효과를 볼 수 있다. 개인맞춤 영양 등 생활습관 개선은 배민, 쿠팡, 아마존, 마켓컬리 등 맞춤음식, 개인맞춤 건강기능식품 배달을 통해 서비스를 받거나, 개인맞춤 운동은 스마트 스포츠센터, 스마트 자전거 등으로 가능하다. 백신, 메트포르민, 스타틴, 비타민D 등 예방적 약물투여는 보건소 등 공공기관, 민간 검진예방센터, 기존 병의원, 아마존 파마시 등을 통해 이루어질 수 있다.

- 서비스 질 관리 및 인증은 누가 할 것인가? 소비자가 광고 등에 휘둘리지 않고 질 좋은 서비스를 받으려면 서비스의 질 관리가 필요하며 이를 평가하고 인증하여 공표하는 것이 중요하다. 한국보건의료정보원, 대한의사협회, 건강관리협회, 한국

소비자원, 소비자단체협의회 등이 그 역할을 할 수 있고 AI 빅데이터를 이용하여 플랫폼사업자가 분석발표도 가능하다.

결론은 소비자의 목소리와 혁신의 힘

의료 서비스는 지속적인 혁신과 개선이 필요하다. 기술의 진전과 함께 소비자의 목소리와 참여가 이러한 혁신을 주도해야 한다. 소비자들이 다른 서비스에 대한 목소리를 높이는 것처럼 의료 서비스에 대해서도 다양한 의견을 내야 한다. 사실상 전통적인 의료 서비스 공급자들이 환자가 의료정보를 살피고 활용하는 것을 반대하고 있다. 국민이 모두 건강하게 사는 모습을 꿈이 아닌 현실로 만들려면 의료 소비자의 힘이 강해져야 한다. 환자가 자신의 의료정보를 활용하고 관리하는 능력을 강화하면, 예방 중심의 미래 의학이 가능해질 것이다. 국민이 모두 건강하게 사는 모습을 현실로 만들려면, 의료 소비자의 힘이 강해져야 한다는 점은 분명하다.

강건욱 ··· 서울대학교 의과대학 교수(핵의학), 서울대학교 생명공학공동연구원 원장, 대한핵의학회 회장. 《방사능 무섭니?》(공저), 《대한민국 4차산업혁명 마스터플랜》(공저), 《포스트 코로나 대한민국》(공저), 《2023 대한민국 대전망》(공저), 《공포가 과학을 집어 삼켰다》(공역). 서울대학교 의학사, 의학박사(핵의학), 한국방송통신대학교 행정학석사.

생성 AI, 기업 혁신의 필수 도구로 급성장

글로벌 데이터 리더의 64%가
2024년에 생성 AI를 사용할 가능성이 높다고 답변했다.
AI는 발전된 성능과 개인화된 서비스로 산업 전반의 혁신을 선도할 것이다.

문형남 숙명여자대학교 경영전문대학원 교수,
한국AI교육협회 회장

챗GPT(ChatGPT: chat.openai.com), 바드(bard.google.com), 빙(bing.com), 하이퍼클로바 엑스(HyperCLOVA X: clova.ai/hyperclova), 큐(cue.search.naver.com) 등 생성 AI(generative AI)는 2024년에 획기적으로 발전된 성능과 개인화된 서비스로 산업 전반에 혁신적인 변화를 이끌 것으로 전망된다. 생성 AI는 윤리적 고려와 사람과의 협업을 강조하며, 교육, 광고, 홍보, 엔터테인먼트, 문화, 예술, 의료 등 거의 모든 분야에서 인간의 삶과 사회에 긍정적인 영향을 미칠 것으로 예상된다.

생성 AI는 증기기관, 전기, 인터넷과 유사한 영향 미치는 범용 기술이 될 것

정보기술(IT) 분야 최고 리서치기업인 가트너(Gartner)는 2020년부터 AI에 대한 Hype Cycle에서 생성 AI를 추적해 왔으며, 생성 AI는 2022년 최고의 전략적 기술 트렌드 중 하나였다고 평가한다. 이 기술은 혁신 트리거 단계에서 기대치의 정점으로 이동했다. 그러나 생성 AI는 2022년 말에 인간처럼 보이는 상호작용이 가능한 챗봇인 챗GPT의 출시와 함께 주류 헤드라인을 장식했다.

OpenAI가 2022년 11월 30일에 출시한 챗GPT는 공개 단 5일 만에 하루 사용자가 100만 명을 돌파하면서 돌풍을 일으키기 시작했다. 이후 두 달 만에 1억 명을 넘어섰고(2023년 1월), 2023년 2월에는 2억 명을 넘어섰으며, 2023년 6월에는 15억 명을 기록했다. 그림을 그려 주는 이미지 생성 AI로 가장 유명한 OpenAI의 달리 2(DALL·E2) 도구는 관련 생성 AI 혁신으로 텍스트로부터 이미지를 유사하게 생성한다.

가트너는 생성 AI가 증기기관, 전기, 인터넷과 유사한 영향을 미치는 범용 기술이 될 것으로 보고 있다. 생성 AI 구현의 현실이 시작되면 사람과 기업이 일상 업무와 생활에서 기술에 대한 보다 혁신적인 애플리케이션을 발견함에 따라 생성 AI의 영향은 커질 것이다.

생성 AI의 장점은 더 빠른 제품 개발, 향상된 고객 경험, 직원 생산성 향상 등

챗GPT를 구동하는 'Generative Pre-Trained Transformer'를 포함한 기반 모델은 인간 또는 기계를 자동화, 보강하고 비즈니스 및 IT 프로세스를 자율적으로 실행하는 데 사용할 수 있는 AI 아키텍처 혁신 중 하나이다.

생성 AI의 이점에는 더 빠른 제품 개발, 향상된 고객 경험 및 직원 생산성 향상이 포함되지만 세부 사항은 사용 사례에 따라 다르다. 최종 사용자는 달성하고자 하는 가치에 대해 현실적이어야 하며, 특히 서비스를 있는 그대로 사용할 때 큰 제한이 있다. 생성 AI는 부정확하거나 편향될 수 있는 아티팩트(artifact, 인공산물, 인공적인 피조물)를 생성하므로 인간의 검증이 필수적이며 작업자를 줄이는 데 걸리는 시간이 제한될 수 있다. 그러므로 가트너는 사용 사례를 KPI(Key Performance Indicator, 핵심 성과지표 또는 주요 성과지표)에 연결하여 모든 프로젝트가 운영 효율성을 개선하거나 순 신규 수익 또는 더 나은 경험을 창출할 수 있도록 할 것을 권장한다.

가트너 웨비나에서 2,500명 이상의 임원을 대상으로 실시한 설문조사에서 38%가 고객 경험과 유지가 생성 AI 투자의 주요 목적이라고 답했다. 그 뒤를 이어 매출 성장(26%), 비용 최적화(17%), 비즈니스 연속성(7%)이 뒤를 이었다(그림 1 참조).

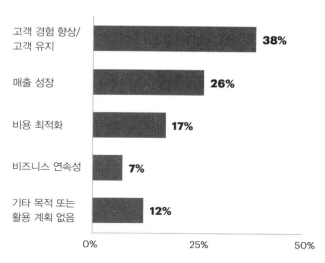

고객 경험 향상/고객 유지	38%
매출 성장	26%
비용 최적화	17%
비즈니스 연속성	7%
기타 목적 또는 활용 계획 없음	12%

그림 1 생성 AI 투자의 주요 목적(gartner.com)

생성 AI의 단점은 투명성 부족, 부정확, 편향, 지적재산권, 사이버 보안 및 사기 등

생성 AI와 관련된 위험은 중요하며 빠르게 진화하고 있다. 다양한 위협 행위자가 이미 이 기술을 사용하여 '딥페이크' 또는 제품 사본을 만들고 점점 더 복잡해지는 사기를 지원하기 위한 아티팩트를 생성했다. 챗GPT 및 이와 유사한 기타 도구는 공개적으로 사용 가능한 대량의 데이터에 대해 훈련된다. GDPR(일반 데이터 보호 규정) 및 기타 저작권법을 준수하도록 설계되지 않았으므로 기업의 플랫폼 사용에 세심한 주의를 기울여야 한다.

생성 AI를 도입해서 사용할 기업의 책임자가 모니터링해야 할 감독 위험은 다음과 같다. 첫째는, 투명성 부족으로 생성 AI 및 챗

GPT 모델은 예측할 수 없으며 그 뒤에 있는 회사조차도 작동 방식에 대한 모든 것을 항상 이해하지는 않는다. 둘째는, 부정확성으로 생성 AI 시스템은 때때로 부정확하고 조작된 답변을 생성한다. 정보에 의존하거나 공개적으로 배포하기 전에 정확성, 적절성 및 실제 유용성에 대해 모든 출력을 평가해야 한다. 또한 바이러스 감염 위험성으로 편향된 출력을 감지하고 회사 정책 및 관련 법적 요구 사항과 일치하는 방식으로 처리하기 위한 정책과 제어가 필요하다.

- 지적재산권(IP) 및 저작권: 현재 기밀 기업정보에 대한 검증 가능한 데이터 거버넌스 및 보호 보증은 없다. 사용자는 챗 GPT 및 경쟁업체에 입력하는 모든 데이터 또는 쿼리가 공개 정보가 될 것이라고 가정해야 하며, 기업은 의도하지 않게 IP 가 노출되지 않도록 통제할 것을 권장한다.
- 사이버 보안 및 사기: 기업은 악성 행위자가 사이버 공격을 위해 생성 AI 시스템을 사용하는 것에 대비하고 완화 제어가 이루어지도록 해야 한다. 예를 들면 기술적 방법이 아닌 사람들 간의 기본적인 신뢰를 기반으로 사람을 속여 비밀 정보를 획득하는 식으로 딥페이크가 사용될 수 있다. 사이버 보험 제공업체와 상의하여 기존 보험이 AI 관련 위반을 보장하는 정도를 확인해야 한다.
- 지속가능성: 생성 AI는 상당한 양의 전기를 사용한다. 전력 소비를 줄이고 고품질 재생 에너지를 활용하여 지속가능성 목표에 미치는 영향을 완화하는 공급업체를 선택해야 한다.

또한 다음 질문도 고려해야 한다. 특히 문화적 규범이 진화하고 사회공학 접근 방식이 지역에 따라 달라짐에 따라 생성 AI의 책임 있는 사용을 누가 정의하나? 누가 규정 준수를 보장하나? 무책임한 사용의 결과는 무엇인가? 문제가 발생하면 개인은 어떻게 조치를 취할 수 있는가? 사용자가 동의를 제공하고 제거(옵트인 또는 옵트아웃)하려면 어떻게 해야 하나? 개인정보 보호 논쟁에서 무엇을 배울 수 있나?

생성 AI를 사용하는 것이 조직과 기관 전체에 대한 신뢰에 도움이 될 것인가, 아니면 손상될 것인가? 콘텐츠 제작자와 소유자가 자신의 IP를 계속 제어하고 공정한 보상을 받을 수 있도록 하려면 어떻게 해야 하는가? 새로운 경제 모델은 어떤 모습이어야 할 것인가? 전체 수명주기 동안 누가 적절한 기능을 보장하며 어떻게 보장할 것인가? 예를 들어, 이사회에 AI 윤리를 담당하는 책임자가 필요한가?

마지막으로, 생성 AI에 관한 규제 개발 및 소송을 지속적으로 모니터링하는 것이 중요하다. 중국과 싱가포르는 이미 생성 AI 사용에 관한 새로운 규정을 제정했으며, 이탈리아는 일시적으로 시행하고 있다. 미국, 캐나다, 인도, 영국 및 EU는 현재 규제 환경을 형성하고 있다.

글로벌 데이터 리더의 64%가 2024년에 생성 AI를 사용할 가능성이 "높다"라고 답변

글로벌 데이터 리더의 약 3분의 2(64%)가 2024년에 생성 AI를 사용할 가능성이 "높음" 또는 "매우 높음"이라고 답했다. 생성 AI가 대중 매체와 비즈니스 미디어에서 받고 있는 관심의 양을 감안할 때 경영진들은 이것이 앞으로 몇 달 안에 흐지부지될 또 다른 기술 과대광고의 하나가 아닌지 궁금해하고 있다. 그러나 그렇지 않다(그림 2 참조).

Dataiku와 Databricks가 전 세계 데이터 임원 400명을 대상으로 실시한 2023년 6월 설문조사에 따르면 조직의 25%가 내년에 비즈니스에 생성 AI 기술을 사용할 계획이 "매우 높음"이며 39%는 "높음"이라고 답했다. "낮음" 또는 "매우 낮음"이라고 답한 비율은 11%와 2%에 불과했고, "모르겠음"은 23%였다. 즉, 생성 AI 도입에 대해 "긍정" 64%, "부정" 13%, "잘 모르겠다"가 23%로 나타났다. 데이터 임원 대다수가 생성 AI 사용(도입)에 대해 긍정적

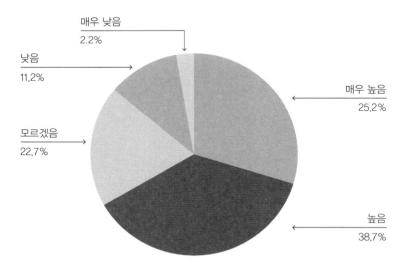

그림 2 2024년에 생성 AI 사용 가능성에 대한 글로벌 데이터 리더의 답변

인 평가와 전망을 하고 있는 것으로 볼 수 있다. 즉, 생성 AI 기술을 성공적으로 활용하고 활용하는 기업은 시장에서 지속가능한 경쟁 우위를 누릴 수 있을 것으로 볼 수 있다.

2024년에 나타날 생성 AI의 특징은 다음과 같다.

첫째는 데이터 의존성의 감소이다. 2023년의 생성 AI는 방대한 양의 데이터를 학습해야만 높은 품질의 결과물을 생성할 수 있다. 그러나 2024년에는 데이터 의존성이 크게 감소하여, 상대적으로 적은 양의 데이터로도 인간과 구분하기 어려운 결과물을 생성할 수 있게 될 것이다. 예를 들어, 2023년의 이미지 생성 모델은 수백만 장의 이미지 데이터를 학습해야만 사람과 구분하기 어려운 이미지를 생성할 수 있지만, 2024년에는 수만 장의 이미지 데이터로도 충분히 높은 품질의 이미지를 생성할 수 있을 것으로 예상된다. 즉, 생성 AI의 학습 효율이 100배(수백만 장 → 수만 장) 이상 개선될 것으로 전망된다.

둘째는 창의성의 향상이다. 2023년의 생성 AI는 주어진 데이터에 기반하여 결과물을 생성하는 데 주로 사용된다. 그러나 2024년에는 창의성을 발휘하여 새로운 결과물을 생성할 수 있게 될 것이다. 예를 들어, 2023년의 텍스트 생성 모델은 주어진 텍스트에 기반하여 새로운 텍스트를 생성할 수 있지만, 2024년에는 아무런 제한 없이 독창적인 텍스트를 생성할 수 있을 것으로 예상된다.

셋째는 실용성의 증진이다. 2024년에는 생성 AI가 다양한 분야에서 실용적으로 사용될 것으로 예상된다. 예를 들어, 이미지 생성 모델은 제품 디자인, 영화 제작, 마케팅 등에서 활용될 수 있으며, 텍스트 생성 모델은 고객 서비스, 교육, 엔터테인먼트 등에서 활용될 수 있다.

생성 AI의 구체적인 기술적 성능 향상을 수치로 보면, 2024년에는 다음과 같은 수준의 성능이 가능할 것으로 예상된다. ① 텍스트 생성 분야에서 2023년의 텍스트 생성 모델은 주어진 텍스트에 기반하여 새로운 텍스트를 생성할 수 있지만, 2024년에는 아무런 제한 없이 독창적인 텍스트를 생성할 수 있을 것으로 예상된다. 예를 들어, 2024년에는 텍스트 생성 모델을 사용하여 'AI 시인', 'AI 작가', 'AI 작곡가' 등이 등장할 것으로 전망된다. ② 이미지 생성에서 2023년의 이미지 생성 모델은 사람과 구분하기 쉬운 수준의 이미지를 생성할 수 있지만, 2024년에는 사람의 눈으로 구분하기 어려운 수준의 이미지를 생성할 수 있을 것으로 예상된다. 예를 들어, 2024년에는 이미지 생성 모델을 사용하여 실감 나는 가상현실 콘텐츠를 생성할 수 있을 것으로 예상된다. ③ 음성 생성 분야에서 2023년의 음성 생성 모델은 사람과 구분하기 쉬운 수준의 음성을 생성할 수 있지만, 2024년에는 사람의 목소리와 구분하기 어려운 수준의 음성을 생성할 수 있을 것으로 예상된다. 예를 들어, 2024년에는 음성 생성 모델을 사용하여 'AI 가수', 'AI 배우' 등이 등장할 수 있을 것으로 예측된다.

이러한 기술적 성능은 현재 진행 중인 연구의 발전 속도에 따라 달라질 수 있다. 하지만 현재의 기술 발전 추세를 고려할 때, 2024년에는 생성 AI가 인간의 능력을 넘어서는 수준으로 발전하기는 어려울 것으로 예상된다.

2024년 생성 AI에 대한 정부, 기업, 개인의 대응 전략

2024년에 나타날 생성 AI에 대한 정부와 기업 및 개인의 대응 전략은 다음과 같다. 먼저 2024년에 나타날 생성 AI의 특징에 대한 정부의 대응 전략은 다음과 같다.

첫째는 생성 AI 기술 개발 및 보급 지원의 경우, 국내 기업과 연구기관이 경쟁력을 확보할 수 있도록 견인해야 한다. 또한, 생성 AI 기술을 활용한 새로운 제품과 서비스 개발을 촉진하기 위해 정책적 지원을 제공해야 한다.

둘째는 생성 AI의 부작용 최소화이다. 정부는 생성 AI를 악용하는 행위를 규제하고, 생성 AI의 윤리적 사용을 위한 기준을 마련해야 한다. 또한 생성 AI에 대한 국민들의 이해를 높이고, 그에 따른 변화에 대비할 수 있도록 교육과 홍보를 강화해야 한다.

구체적인 대응 전략으로는 다음과 같은 것들이 있다. ① 정부는 생성 AI 기술 개발 및 보급을 위한 연구개발(R&D) 투자를 확대하여, 국내 기업과 연구기관이 경쟁력을 확보할 수 있도록 지원해야 한다. ② 정부는 생성 AI의 윤리적 사용을 위한 기준을 마련하여, 생성 AI가 악용되는 것을 방지해야 한다. 예를 들어, 생성 AI를 사용하여 허위 정보를 유포하거나, 개인의 프라이버시를 침해하는 행위를 금지하는 규정을 마련해야 한다.

셋째는 생성 AI에 대한 국민들의 이해 증진이다. 정부는 생성 AI의 발전에 따른 변화에 대비할 수 있도록 교육과 홍보를 강화해야 한다. 예를 들어, 생성 AI의 기술적 특징과 발전 방향, 그리고 그에 따른 사회 변화에 대한 정보를 제공해야 한다. 2024년에 나타날 생성 AI의 발전은 우리 사회에 큰 변화를 가져올 것이다. 정부는 이러한 변화에 대비하여 적극적인 대응 전략을 수립하고 추진해야 할 것이다.

한편 기업 측면에서 기업은 생성 AI의 발전을 기회로 삼아 새로운 제품과 서비스 개발에 나서야 한다. 예를 들어, 이미지 생성 모델을 사용하여 새로운 디자인을 생성하거나, 텍스트 생성 모델을 사용하여 새로운 콘텐츠를 생성할 수 있다. 또한 생성 AI를 사용하여 고객 서비스, 마케팅, 생산 등 다양한 분야의 효율성을 높일 수 있다.

구체적인 대응 전략으로는 다음과 같은 것들이 있다. 생성 AI 기술 개발에 투자하여 새로운 제품과 서비스 개발에 앞서 나가야 한다. 즉, 생성 AI를 활용한 새로운 비즈니스 모델을 개발하고 기존 비즈니스의 효율성을 높여야 한다. 생성 AI의 부작용을 최소화하기 위한 윤리적 기준도 마련해야 한다.

개인 측면에서 개인은 생성 AI의 발전에 따른 변화에 대비해야 한다. 예를 들어, 생성 AI로 인해 새로운 직업이 생겨날 수도 있고, 기존 직업이 사라질 수도 있다. 또한 생성 AI로 인해 사회 전반에 걸쳐 변화가 일어날 수 있다. 구체적인 대응 전략으로는 다음과 같은 것들이 있다. 생성 AI에 대한 이해를 높이고, 그에 따른 변화에 대비해야 한다. 생성 AI를 활용하여 새로운 기술을 습득하고, 새로운 직업을 준비해야 한다. 또한 생성 AI의 부작용을 최소화하기 위한 노력에 동참해야 한다.

2024년에 생성 AI는 기업 혁신의 필수 도구로 급성장할 것으로 전망된다. 생성 AI는 발전된 성능과 개인화된 서비스로 산업 전반의 혁신을 선도할 것으로 예상된다. 2023년 생성 AI 도입기에 이어 2024년은 생성 AI 성장기에 진입하며, 생성 AI 대중화의 원년이 될 것으로 전망된다. 2024년에 나타날 생성 AI의 발전은 우리 사회에 큰 변화를 가져올 것이다. 정부와 기업 및 개인은 이러한 변화에 대비하여 적절한 전략을 수립하고 준비해야 한다.

문형남 • • • 숙명여자대학교 경영전문대학원 교수, ESG메타버스발전연구원 원장/대표이사, 한국AI교육협회 회장, 지속가능과학회 공동회장, 한국구매조달학회 회장(2024~2025), 대한민국 ESG메타버스포럼 의장. 《포스트 코로나 대한민국》(공저), 《세상을 바꾸는 메타버스》(공저), 《4차산업혁명과 ESG혁명》. 성균관대학교 경영학사, 고려대학교 경영학석사, 성균관대학교 경영학박사.

AI 시대, 일의 변화에 따른 인사·조직의 도전

AI 활용 확대는 인사·조직의 다양한 분야에서 도전을 받고 있다.
AI가 조직에서 인간의 가치를 훼손하지 않고 증진시키는 데
기여할 수 있도록 심도 있는 고민이 필요하다.

김유현 진언(Partner of Pawlik) 대표,
인사혁신처 정책자문위원

AI 시대의 도래와 일자리

AI 시대로의 전환이 빠르게 진행되고 있다. 인공지능, 무인자동차, 가상현실, 빅데이터 등은 이미 우리에게 친근한 용어가 되었다. 사물인터넷(Internet of Things, IoT)을 통해 인간을 포함한 모든 사물의 데이터 수집·분석이 가능해졌으며, 이를 통해 얻은 정보는 AI를 통하여 새로운 가치를 창출할 수 있게 되었다. 기술의 발전은 필연적으로 사회·경제 시스템과 문화를 바꾸어 그동안 상상 속에서 기대했던 가상의 세계가 곧 실현될 것이라는 전망이 쏟아져 나오고 있다. AI 기술의 적용이 확대되면서 인간의 일하는

방식이 크게 변화될 것이며 특히 일자리가 급격히 줄어들 것이라는 전망은 우리에게 심각한 고민을 던져 주고 있다. 그러면 AI로 인하여 우리가 겪게 될 일자리 변화는 어떤 것일까?

골드만삭스는 2023년 3월 보고서에서 AI가 미국과 유럽에서 최대 3억 개의 일자리를 위협할 수 있다고 밝혔다.[1] 보고서에 따르면 미국 일자리의 3분의 2가 AI를 통해 부분적으로 자동화될 수 있고, 미국과 유럽에서는 최대 25%의 일자리가 완전히 자동화될 수 있다고 한다. 특히 반복적인 데이터 입력, 법무행정, 수학적 기술이 필요한 직업은 모두 AI 도입에 따라 영향을 받게 될 전망이다.

아울러 AI 기술의 발달로 IT를 포함한 다양한 직업이 부정적인 영향을 받을 것이 전망되는 가운데, AI 기술을 통한 자동화에 가장 크게 영향을 받는 직업은 사무행정 보조 업무로 46%가 자동화될 수 있다고 예측하였으며, 다음으로 법률 업무 44%, 건축설계 업무 37% 등 그 영향력의 정도는 직업마다 다르다.

지난 5월 세계경제포럼(World Economic Forum)은 전 세계 27개 산업 클러스터와 45개 국가에 걸쳐 총 803개 기업을 설문조사를 통한 연구 보고서인 〈2023 일자리의 미래(Future of Jobs 2023)〉를 발표하였다.[2] 보고서에 따르면, AI와 기술혁신으로 2023년부터 2027년까지 5년간 6,900만 개의 새로운 일자리가 창출되고 8,300만

1　https://www.ciokorea.com/news/297295#csidx16486b4a23af0059b82028f18cb9384

2　World Economic Forum, 〈Future of Jobs Report 2023 - Insight Report〉, May 2023.

개의 일자리가 사라질 것이며, 결과적으로는 현재 전 세계 고용의 2%에 해당하는 1,400만 개의 일자리가 줄어들 것이라고 예측되었다.

AI가 노동시장에 심각한 혼란을 초래할 것이라 예상하지만, 실질적으로는 빅데이터 기술과 사이버 보안 등과 같은 AI의 보완적 기술이 노동시장 성장의 새로운 동인이 될 것으로 예측되었으며, 가장 높은 수요가 예상되는 일자리로는 자율주행차와 전기자동차 전문가로 향후 5년 동안 40% 이상 일자리가 늘어날 것으로 전망되었다. 또한 AI, 머신러닝(machine learnig) 전문가 수요도 35% 이상 증가할 것으로 예측되었으며, 지속가능성 전문가, 핀테크(FinTech) 엔지니어, 정보 보안, 데이터 분석가 등의 일자리도 30% 이상 증가할 것으로 예측되었다.

AI로 인하여 일자리에 혁명적인 변화가 올 것이라는 점은 자명한 사실이다. 일부 전문가는 AI 시대의 일자리 현상을 매우 암울하게 예측하기도 한다. 그러나 지금까지의 연구 결과를 보면 희망적인 가능성도 매우 크다는 것을 알 수 있다. 즉, 미리 다가올 세계를 예측하고 예상되는 문제점을 인지하고 미리 선제적으로 대비책을 세우는 것이 중요하다.

AI 시대의 인사·조직

현재까지 AI가 경영 전반에 어떤 영향을 줄 것인지 또는 경영 관리 시스템과 조직 구성원이 AI와 어떻게 상호작용을 해야 할 것인가에 대한 확고한 결론은 제시되지 못했다. 그러나 AI 환경으로 전환되는 조직에서 일하는 방식의 변화는 선택이 아니라 필수조건이 되어 버렸다. 이러한 변화를 촉진하는 요인으로는 AI 기술 활용을 촉구하는 시장의 압력, 다양한 빅데이터 활용에 따른 업무의 과부하 그리고 변화하는 조직 구성원의 요구 등을 들 수 있을 것이다.

AI의 물결이 이미 다가온 상황에서 인사·조직 담당자는 조직 내 인사 관련 업무들을 데이터 중심으로 재정비해야 하며, 인사·조직 관리 프로세스와 기능에 AI를 어떻게 활용할 것인가를 깊이 고민해야 한다. 인사 실무자는 AI 도입의 초기에는 반복적이고 부가가치가 낮은 작업을 자동화하여 조직 구성원이 부가가치가 큰 전략적 업무에 집중할 수 있도록 지원해야 할 것이다.

AI 활용 채용

인사·조직 관리의 첫 번째 기능인 채용 과정에서의 AI 활용을 고려할 수 있다. 블라인드 채용법이라는 현실 앞에서 지원자의 학교와 학과 그리고 스펙이 블라인드 처리되면서 기업은 지원자에 대한 정량평가의 어려움에 직면했기 때문에 AI 면접이라는 대체 방법으로 해결 방안을 찾으려 했다. 그러나 현재까지는 AI를 통한 채용에 대해서는 부정적인 의견이 많다. 특히 AI 면접이 확산하고 있지만 AI가 수행하는 면접전형의 평가 방식이나 기준에 대한 논란이 확대되고 있으며, AI의 면접전형 결과에 대한 불신도 높아지고 있다. 최근에는 법원에서 AI 면접전형 관련 정보를 공개하라는 판결이 있기도 했다.[3]

---

3 한겨레, 〈공공기관 AI면접 정보 공개하라〉, 2022. 7. 7.

그러나 향후 AI를 활용한 채용은 점차 확대될 것이 예상된다. 기업이 채용 과정에 AI를 도입하는 가장 큰 이유는 높은 효율성이다. 매년 신규 채용에 수많은 지원자가 몰리는데, 지원 서류를 모두 검토하려면 상당한 시간과 인력이 필요하다. 하지만 AI를 활용하면 시간과 자원을 대폭 절약할 수 있다. AI가 지원자 이력서 내 보유 기술·직무 경험 등을 분석해서 이를 근거로 기업에서 요구하는 직군에 적합한 인재를 추천해 줄 수 있기 때문이다.

미국, 일본 등은 일찍부터 AI를 기반으로 한 채용을 진행해 왔다. 미국의 경우 구글이 서류심사에 2008년부터 자체 개발한 AI를 활용하고 있고, 미국 종합 경제지 《포춘》이 선정한 500대 기업 대부분도 서류심사에 AI를 도입했다. 일본도 소프트뱅크 등 대기업을 중심으로 서류심사에 AI를 활용하고 있다.[4] 국내에서는 롯데그룹이 AI 평가 시스템을 서류전형에 도입하여 직무적합도 판단에 활용하고 있다.[5]

그러나 AI 채용에 따른 문제점도 드러나고 있다. 실제로 세계 최대 전자상거래 기업 아마존의 경우 2014년부터 개발해 오던 AI 채용 시스템 알고리즘에서 여성 차별적 인식이 드러났다. AI 지원자의 이력서에 여성이라는 단어가 들어가 있으면 감점했고, 여자 대학을 졸업한 지원자 지원서에는 불이익을 주었다. AI가 학습한 10년간의 아마존 지원자 데이터에 남성 지원자가 압도적으로 많았고, 그 결과 여성 지원자에 대한 선호도가 낮게 학습된 것이다. 아

---

4 매일경제, 〈AI는 채용심사관-일본 소프트뱅크 서류심사 맡겨〉, 2017. 5. 30.
5 https://magazine.hankyung.com/job-joy/article/202102167868d

마존은 시스템 개선을 위해 노력했지만, 결국 공정성 확보에 실패했다고 판단해 AI 채용 프로그램을 자체 폐기했다.[6]

이러한 문제점에도 불구하고 AI는 채용의 일부 업무에 활용될 것이며, 언젠가는 인간을 대신하여 AI가 채용업무의 전체 과정을 도맡아 수행하는 시대가 올 것이다. 그러나 AI가 이러한 과정에 도달하기 위해서는 인간의 능력 및 성격 그리고 조직에 적응할 수 있는 인간의 역량에 대한 심오한 탐색적 연구 결과를 습득한 후에야 가능할 것이다.

AI 활용 인력개발

AI의 도입은 조직에서 필요로 하는 직무의 변화를 요구할 것이며, 조직은 장기적인 관점에서 AI의 도입과 조직 구성원의 경력개발을 통합적으로 고려하여야 한다. 즉, AI 발전은 인력개발의 세부 영역인 개인별 역량개발과 조직개발에도 많은 변화를 줄 것으로 전망된다.

개인별 역량개발은 지금까지 일반적으로 실행되어 온 집합교육 위주의 개발 활동에서 AI를 활용한 개인별 개발 활동으로 세분화되고 전문화될 것이다. 지금까지 시행된 집합교육은 조직 내의 교육 자원 부족으로 인한 어쩔 수 없는 선택이었다. 그러나 AI가 개인별 역량개발에 관여한다면 집단이 아닌 개인의 니즈를 개별적으로 충족시킬 수 있는 시스템을 구축할 수 있을 것이다.

실례로 국내 대표적인 기업교육 서비스 업체인 휴넷은 빅데이

---

6   Kate Crawford, 《AI 지도책(Atlas of AI)》(노승영 옮김), 소소의 책, 2022.

터를 활용하여 개인의 직급·직무·역량 등을 분석해 개인별 역량 개발을 위한 맞춤형 콘텐츠를 추천하고, 교육 결과와 성과 간의 상관관계를 분석하는 LABS라는 AI를 기반으로 한 기업교육 솔루션을 갖추고 있다.[7]

인사담당자는 인력개발을 AI에 맡길 학습 영역과 인간에게 위임해야 하는 학습 영역에 대해 정책적으로 판단해야 하며, 이는 인간과 일과 학습에 대해 다시 한번 성찰하는 계기가 될 것으로 보인다.

AI 활용 성과관리

성과관리는 인사·조직의 핵심 업무 중 하나이다. 전통적인 조직에서는 성과관리를 위하여 적어도 1년에 한 번은 조직 구성원의 성과를 측정한다. 이를 위하여 대부분의 조직에서는 연초에 개인별 성과 목표를 설정하고 연말의 성과 결과를 평가하며, 일부 조직에서는 연중에 한 번 이상의 중간 점검을 위하여 개인별 성과 점검 및 성과 향상을 위한 코칭 세션을 갖기도 한다.

그러나 AI 시대에는 성과관리의 운영 방식에서 획기적인 변화가 예상된다. 즉, 연중 정해진 시기에 평가했던 주기적인 성과관리 프로세스가 일 단위로 실시간 평가하는 시스템으로 변화하고 있다. AI 시대에 경영 환경의 변화는 빛의 속도 수준으로 빨라지고 있으며, 일 단위의 성과관리 시스템은 빈틈없고 공정한 평가 시스

---

7 머니투데이, 〈휴넷, AI 기업교육 플랫폼 LABS 3천 개 기업학습 빅데이터 축적 상용화〉, 2020. 12. 9.

템 도입이라는 미명하에 조직 구성원을 업무처리하는 기계로 몰아치는 경향도 있다. AI 시대에는 업무의 형태 부분도 프로세스 중심 업무에서 가변적인 프로젝트 업무 중심으로 방향이 변화될 것이다. 이에 따라 조직 구성원도 주기적인 성과 평가가 아닌 즉각적인 피드백과 성과 평가를 요구하게 될 가능성이 있다. 따라서 성과의 결과를 검토하고 평가등급을 정하는 것을 넘어 성과 결과에 대한 자세한 데이터를 조직 구성원에게 제공하고, 성과 근거를 기반으로 조직 구성원이 한 단계 성장할 수 있도록 개발 계획이 즉각적으로 제공되어야 할 것이다

실제로 현재 상당수의 고객 상담직 종사자들은 재택근무를 하고 있다. 그들은 재택근무를 하고 있지만, 본사 관리자는 조직 구성원 개인별 업무 진행 상황을 AI 모니터링 시스템을 통하여 파악하고 개인별 성과를 실시간으로 촘촘히 관리하고 있다.

AI 활용을 통한 성과관리 시스템을 운영하기 위해서는 먼저 조직은 명확한 성과 기대치를 설정하고 성과 진행 상황을 모니터링할 수 있는 시스템을 구축하여야 한다. 그리고 조직 구성원이 관리자의 감독이나 관리 없이도 독립적으로 성과 달성을 추구할 수 있는 구체적인 지원과 교육이 제공되어야 하며, 성과 결과에 대한 즉각적 피드백이 이루어져야 한다. 아울러 성과가 우수한 조직 구성원에게는 즉각적인 보상이 제공될 수 있게 인사 제도를 갖추어야 한다.

AI 활용 조직문화

AI가 조직의 효율성을 개선할 뿐 아니라 팀과 조직의 문화를 강

화할 수 있다는 보고서가 발간되었다.[8] 보스턴컨설팅그룹은 111개국의 관리자 2,197명을 대상으로 한 글로벌 조사와 임원 18명과의 심층 인터뷰를 토대로 팀과 조직 차원에서의 AI와 관련된 광범위한 문화적 혜택을 소개했다.

보스턴컨설팅그룹은 응답자의 75% 이상이 AI 실행을 통해 팀의 사기, 협업, 집단학습 측면의 개선을 경험했다고 응답한 것에 주목했다. 즉, AI가 조직문화에 긍정적인 영향력을 미친다는 사실을 현장의 관리자와 조직을 이끌고 있는 주요 임원으로부터 확인할 수 있었다는 것이다. 연구자들은 AI 활용이 팀 차원의 효율성과 의사결정을 개선했는데, 이때 집단학습, 역할의 명확성, 협업, 직원 사기 같은 문화적인 측면도 함께 개선되었다는 점도 밝혀낼 수 있었다. 실제로 응답자의 87%는 AI 솔루션을 실행한 후 팀의 집단학습이 개선되었다고 했으며, 65%가 역할의 명확성, 78%가 협업, 79%가 직원의 사기가 개선되었다는 긍정적인 평가를 하였다.

AI가 조직에서 적절하게 활용되었을 때 조직문화에 미치는 영향은 팀 차원에서 그치지 않고 조직 전체로 쉽게 확장되었다. 그리고 AI에 대해 긍정적인 조직문화를 보유한 조직은 AI의 채택과 확대 적용에 크게 도움이 되었다. 즉, AI의 실행은 변화를 수용하는 조직문화를 강화했고, 강화된 조직문화는 AI와 같은 혁신적 변화의 수용을 촉진하는 순환 관계를 형성하면서 전반적으로 조직문화를 개선하는 기능을 보였다.

---

8 보스턴컨설팅 리포트, 〈기업 내 인공지능 활용으로 인한 문화적 혜택〉, 2021년 11월호.

맺는 글

기술의 발전은 산업 패러다임이 변할 때마다 일하는 사람과 기계의 결합 방식을 바꾸었고, 사람과 사람 간의 관계 그리고 조직과 사람의 관계에도 많은 변화를 가져왔다. 표준화와 생산의 단순화로 대표되는 대량생산이 전문직 노동자의 감소와 저임금 단순 노동자의 증가를 가져왔고, 이러한 현상은 복수의 기능과 사업 분야들이 한 조직 내에 공존하며 한 경영자에 의해 운용되는 수직계열화된 경직된 조직에 적용될 수 있는 조직문화를 창출했듯이, 현재 이루어지고 있는 AI 기술의 비약적이고 단절적인 발전은 필연적으로 조직문화의 변화를 요구한다. 수직계열화된 과거의 조직문화에서 벗어나 AI 환경에 익숙해지기 위해 소통과 경청의 자세가 중요한 이유이다.

AI 기술 발전으로 인한 일자리와 일의 변화는 우리가 긍정적인 시각을 가지고 동의하든, 부정적인 시각을 가지고 관망하며 접근하든, 인사·조직 현실 속에 이미 진행되고 있으며, 채용, 인력개발, 성과관리, 조직문화에서 더욱 다양한 도전에 직면하고 있다.

AI와 인사업무의 접합은 효율성의 관점에서 고려할 때 많은 부분에서 강점이 있는 것이 사실이다. 그런데 인사업무의 기본은 조직에서 사람의 가치를 가장 중요하게 생각하는 것이 우선인 만큼, AI의 기술 발전이 조직에서 사람의 가치를 손상하거나 평가절하할 수 있는 가능성은 경계해야 한다.

AI의 발전은 조직에서 사람의 가치를 존중하고 조직원의 역량이 발전하는 모습으로 변화할 때 의미가 있다. 인사·조직 담당자

는 사람의 가치가 AI 기술 안에서 훼손되지 않게, 아니 더욱 존중
될 수 있도록 철저하게 검증하고 다양한 시각과 관점을 고려하는
가운데 AI 시대를 준비해야 할 것이다.

김유현 ••• 인사혁신처 정책자문위원, 주식회사 진언(Partner of Pawlik) 대표, 키스톤컨설팅 인
터내셔널 대표(HR부문), 지방자치인재개발원 역량평가위원 양성교육 교수, 지속가능과학회 감사,
글로벌금융학회 인사정책위원. 한국역량진단학회 정회원. 연세대학교 학사, 건국대학교 행정학석
사, 아주대학교 경영학석사(인사조직).

AI로 금융 서비스의 디지털 르네상스를 열다

생성 AI가 금융과 만나면서 금융 서비스의 판도가 바뀌고 있다.
AI의 발전은 금융의 효율성, 정확성, 자동화를 약속하지만 동시에
윤리적, 경제적, 규제적 딜레마로 가득한 미로도 제시한다.

김한성 국제인공지능윤리협회 고문,
전 한국은행 차세대시스템개발단 단장

2020년 이후 금융 환경의 위협과 전환

글로벌 금융 환경은 예상치 못한 사건과 기술 발전의 영향을 받아 큰 변화를 겪고 있다. 2020년 이후 전 세계는 코로나19 팬데믹, 우크라이나-러시아 전쟁, 미국 연방준비제도의 통화정책으로 전례 없는 도전을 경험하였다. 각 사건은 그 자체만으로도 수십 년에 걸친 금융 전통을 재편하기에 충분하다.

지난 3년 동안 발생한 위 세 사건은 순차적으로 때로는 뒤섞여 금융업계에 영향을 미치면서 '새로운 금융'의 시대를 여는 중대한 변화를 촉발하였다. 코로나19 팬데믹은 광범위한 영향을 미치며

금융 서비스 산업의 디지털 전환을 가속화시켰다. 대면거래에 크게 의존하던 전통적인 금융기관들은 낯선 비대면 디지털 기술을 수용해야만 했고 팬데믹은 글로벌 위기 상황에서 금융 회복력에 대한 인식을 혁신적으로 변화시켰다.

한편, 우크라이나-러시아 전쟁은 지정학적 불안을 증폭시키며 전 세계에 흩어져 있는 공급망의 상호연결성이 취약함을 드러냈다. 그 어느 때보다 연결된 세계가 언제든지 국지적 분열로 인하여 글로벌 공급망이 위태로울 수 있다는 점을 강조하면서 금융적 의사결정에서 지정학적 상황이 중요한 리스크 요인으로 등장하여 모니터링 및 통제의 필요성이 대두했다.

이런 가운데 미국 연방준비제도의 과도한 통화긴축으로 인한 경제적 여파는 금융의 불확실성을 높이고 더욱 복잡하게 만들었다. 시장금리부터 투자결정에 이르기까지 모든 것에 영향을 미치는 금융을 미지의 영역으로 몰아넣었고 특히 저금리에 의존하던 중소 금융기관을 부실로 이끄는 등 신뢰하는 금융정책 또한 의도에 어긋나는 결과를 만듦에 따라 급변하는 금융 환경에서의 적응력이 중요하다는 점도 배웠다.

그리고 2024년의 문턱에 서 있는 지금, 우리는 전례 없는 기술과 금융이 융합하는 디지털 금융의 르네상스를 목전에 두고 있다. 1860년대 웨스턴 유니온이 전신기술을 활용한 송금 서비스로 시작된 핀테크(FinTech)의 역사는 2020년대 생성 AI(generative AI)[1]가 금융과 서로 교차하면서 금융 서비스의 판도를 또다시 바꾸고

---

1 금융 서비스를 대상으로 생성 AI의 활용은 2010년대 후반부터 주목을 받기 시작하였고 2020년대 들어서 기술이 성숙해지고 잠재적 이점이 명확해지면서 빠르게 성장하고 있다.

있다. 인공지능(AI)의 가파른 발전은 타의 추종을 불허하는 잠재력으로 효율성, 정확성, 자동화를 약속하면서 말이다. 하지만 동시에 윤리적, 경제적, 규제적 딜레마로 가득한 미로도 제시하고 있다. 이러한 전환의 소용돌이 속에서 우리는 지금까지 익숙하였던 금융적 활동(financial engagement)[2]을 다시 정립해야 하는 상황을 맞고 있다.

AI와 금융의 교차: 새로운 가능성의 시대

AI의 초기 금융 분야 진출은 적용 범위가 제한적이고 미미했다. 1990년대를 전후하여 신용평가 업무에 신경망을 활용하기 시작하여, 이후 인간 전문가의 의사결정 능력을 모방하도록 설계된 전문가 시스템을 이용하였다. 금융기관은 의사결정 프로세스를 지원하기 위한 다른 규칙기반 시스템(rule-based AI)을 탐색하였지만 그 기능은 제한적이었다. 2000년대에 들어서면서 데이터를 중시한 금융이 부상하면서 조금 더 정교화된 규칙기반 트레이딩 시스템이 인기를 끌었다. 또한 AI는 과거 데이터로 학습된 패턴을 바탕으로 대출채무 불이행이나 신용카드 사기를 예측하는 등 리스크 평가에서도 중요한 역할을 했다.

그러나 금융 분야에서 AI가 주류화되는 모습을 보인 것은 2010년대에 들어서이다. 대표적으로 베터먼트, 웰스프론트와 같

---

2 여기서 '금융적 활동'이라 함은 개인, 기업 또는 기타 그룹 간의 금전 및 금융과 관련된 상호작용, 계약 또는 관계를 일컫는다. 예를 들면, 금융계좌 개설, 대출 및 예금 등 은행 서비스 이용, 주식투자 및 보험 가입, 재정고문 고용과 같은 금융적 활동이 포함될 수 있다.

은 투자회사들이 자동화된 재무계획을 위한 AI 기반 플랫폼을 도입하여 성공적으로 활용하였다. 또한 전문가인 사람의 개입이 축소된 머신러닝 알고리즘은 비정상적인 행동 패턴을 실시간으로 탐지하는 데 도움을 주었다. 특히 이 시기에는 뱅크오브아메리카, 제이피모건, 웰스파고 등 은행권이 더욱 정교화된 규칙기반 AI와 가상 비서인 챗봇으로 고객의 소비 습관과 금융적 행동에 따라 개인화된 인사이트와 조언을 본격적으로 제공하기 시작했다.

2020년대 들어서면서는 금융기관 전반에 걸쳐 고객 서비스 챗봇부터 시장 움직임에 대한 예측 분석에 이르기까지 AI 기반 디지털 솔루션이 필수적인 것이 되어 갔다. 딥러닝의 발전은 방대한 데이터 셋을 더욱 정교하게 분석할 수 있게 되어 주식시장 동향 등 예측 분야에서 정도를 높여 갔다. 특히 챗봇과 딥러닝을 결합한 OpenAI의 챗GPT와 같은 생성 AI[3]의 출현은 자연어처리(NLP)를 개선하여 AI와의 디지털 커뮤니케이션을 더욱 직관적으로 만들면서 AI를 보다 폭넓게 이용할 수 있게 되었다. 이로 인해 금융 서비스 산업에서 AI가 지금까지 소수 전문가가 다루는 단순한 보조 도구에 머물지 않고 혁신, 효율성, 성장을 이끄는 중심축이 되어 가고 있다.

---

3 딜로이트(2023)에 따르면, 생성 AI는 특히 투자은행 부문에서 생산성을 크게 향상시킬 것으로 기대된다. 상위 14개 글로벌 투자은행이 생성 AI를 통해 프런트 오피스 생산성을 평균 25% 향상시키고 2026년에는 프런트 오피스 직원 1인당 300만 달러의 추가수익을 올릴 수 있을 것으로 예상한다.

2024년 AI 금융 서비스[4]의 혁신과 리스크

　AI의 급속한 발전으로 인해 금융 서비스 부문은 가히 혁명의 정점에 서 있다. AI의 영향력은 최고경영진의 의사결정부터 고객과의 상호작용에 이르기까지 금융 서비스 전반에 걸쳐 광범위하게 미치고 있다. 앞으로 AI와 금융의 공생관계는 더욱 복잡하게 교차하면서 새로운 금융의 미래를 형성할 것이다.

　특히 2024년에는 빠르게 부상하는 생성 AI가 품고 있는 세 가지 기능에 주목할 필요가 있다. 즉, 생성 AI는 기존 규칙기반 AI와 달리, 정확한 시나리오가 데이터에 담겨 있지 않더라도 학습 데이터를 기반으로 다양한 결과들을 생성할 수 있고, 방대한 양의 데이터를 분석하여 잘 드러나지 않는 패턴도 발견해 내고, 개인의 360도 금융적 활동[5]을 바탕으로 맞춤형 금융 조언 또는 금융상품을 제공할 수 있다.

　이러한 생성 AI가 갖는 시뮬레이션, 예측, 생성의 세 가지 기능은 이전보다 AI 시스템을 구현하기가 훨씬 수월해졌으며, 일단 구현된 AI 시스템은 실시간으로 작동하면서 보다 혁신적이고, 보다 안전하며, 보다 개인화된 금융 서비스, 즉 AI 금융 서비스를 제공할 것이다. 2024년 예상되는 AI 금융 서비스의 모습을 만나 보자.

4　'AI 금융 서비스'는 AI에 의해 구동되거나, AI에 의해 향상되거나, 완전히 AI를 통해 만들어진 금융 서비스를 말한다.

5　개인의 금융 생활에 대한 포괄적이고 전체적인 관점으로 개인의 모든 금융거래, 자산, 부채, 행동 패턴을 완벽하게 이해하는 것을 목표로 한다.

혁신적인 금융 서비스

2024년에도는 대형 자산운용회사를 중심으로 의사결정 방식에 혁신을 일으킬 것이다.[6] 생성 AI의 등장으로 시뮬레이션 및 예측력 향상은 시장 움직임, 경제 지표, 잠재적 금융위기까지를 더욱 정밀하게 예측할 수 있어 금융경제 분석 및 예측에 있어 금융기관과 투자자는 정보에 기반한 사전 예방적 의사결정을 내릴 수 있을 것이다.

보험업계는 전통적인 상품 주도형에서 고객에게 종합적인 경험을 제공하는 서비스 주도형으로 빠르게 전환하고 있다. AI기반 플랫폼은 위험을 더 정확하게 평가하고, 보험금 청구를 더 효율적으로 처리하며, 개인의 행동과 라이프스타일을 바탕으로 잠재적인 미래 보험금 청구까지 예측할 수 있다. 이를 통해 보험 프로세스를 간소화할 뿐만 아니라 더욱 개인화되고 사용자 중심적으로 만들 수 있을 것이다.

또한 AI 기반 스타트업이 폭발적으로 성장할 것이다. AI를 활용하여 신용평가, 사기방지,[7] 금융 웰니스 플랫폼에 이르기까지 금융 전 영역에 걸쳐 혁신적인 금융 솔루션을 제공하고 있다. 이러한 스타트업은 민첩성과 기술 중심의 접근 방식으로 기존 금융기관에

6　그랜드 뷰 리서치(2022)에 따르면, 자산관리 분야의 AI 세계시장은 2022년에 약 26억 달러 규모였으며 2023년부터 2030년까지 연평균 24.5%의 성장률로 확대될 것으로 예상한다.

7　사르딘(SardineAI)은 사용자의 행동에 따라 합법적인 카드 소유자와 사기범을 구분하여 사용자의 개인정보를 보호하면서 안전한 거래를 보장하는 '서비스형 사기 방지(FaaS)' 플랫폼을 운영한다.

도전하며 금융 서비스 환경을 재편할 것이다.

안전한 금융 서비스

금융거래 보안을 강화하고 사기 행위를 감지하며 규제 준수를 보장하는 서비스[8]가 늘어날 것이다. 금융 서비스와 관련한 복잡한 규정을 준수할 수 있도록 지원하는 AI 기반 플랫폼(RegTech)에서 이상 징후나 규정을 준수하지 않는 활동을 자동으로 감지하여 은행 및 기타 금융기관이 규제 범위 내에 머물도록 보장함에 따라 새로운 금융 서비스를 제공하는 데 더욱 적극적이 될 것이다.

증권거래와 투자에서 AI에 대한 의존도가 높아지면서 금융 거품이 발생할 잠재적 위험도 커지고 있다. 여러 AI 시스템이 유사한 데이터와 전략을 사용하면 의도치 않게 시장 추세를 증폭시켜 과대평가와 그에 따른 폭락을 초래할 수 있다. 이는 AI 기반 투자 전략에 다양성이 필요하다는 점을 강조하고 있다.

많은 금융기관의 경우에 이전부터 사용해 오던 레거시 전산시스템은 중요한 과제를 안고 있다. 특히 이러한 시스템을 최첨단 AI 솔루션과 통합하는 작업은 리소스 집약적일 뿐만 아니라 잠재적인 운영 리스크가 높아질 수 있다. 이에 레거시 시스템과의 통합을 위한 신중하고 정교한 접근이 요청된다.

---

8 심포니에이아이(SymphonyAI Sensa)는 AI를 활용하여 까다로운 규제 관련 비즈니스 문제를 해결하고, 획기적인 인사이트를 제공하며, 기업의 운영 효율성과 매출 성장을 지원한다.

개인화된 금융 서비스

대화형 AI 기반(conversational AI-based) 금융자문 서비스가 활발해질 것이다. 챗봇과 가상 비서가 결합한 로보 어드바이저는 현재 기업에서 가장 많이 사용되는 AI이며, 향후 2~5년 동안 도입률이 거의 두 배로 증가할 것으로 예상한다.[9] 글로벌 동향부터 개인 생활과 다양한 이벤트에 이르기까지 무수히 많은 데이터 포인트를 학습하면서 개인맞춤형으로 적시에 정확하고 종합적인 금융 조언을 제공하는 형태로 더욱 발전할 것이다.

자율 금융(autonomous finance)이라는 새로운 개념이 일상화될 것이다. AI 기반의 완전 자율주행 차량은 아직 몇 년이 지나야 실현될 수 있지만, 100% 자율 금융으로 가는 길은 이제 그 어느 때보다 가까워졌다.[10] 예산 수립과 청구서 납부, 그리고 투자 및 은퇴 계획에 이르기까지 개인 재정을 종합적으로 관리할 수 있는 AI 시스템이 설계되고 있다. 이러한 시스템은 재무 결과를 최적화할 뿐만 아니라 변화하는 생활환경과 글로벌 경제변화에 맞추어 빠르게 진화할 것이다.

---

9 딜로이트(2021)에 따르면, 챗봇과 지능형 가상 비서를 포함한 전 세계 대화형 AI 시장은 2020~2025년 동안 연평균 22%씩 성장하여 2025년에는 약 140억 달러에 달할 것으로 예상한다.

10 하버드비즈니스리뷰(HBR), "How Ready are you for Autonomous Finance Operations?", 2021.

윤리적 AI와 포용적 금융을 향하여

2024년은 AI 금융 서비스의 원년으로 금융 서비스와 AI의 분수령이 될 것이다. 금융 서비스에서 AI의 가능성은 부인할 수 없을 만큼 엄청난 잠재력을 만들어, 보다 혁신적이고 안전하고 개인화된 금융 서비스를 제공할 것이다. AI는 시뮬레이션, 예측 그리고 생성의 기능을 바탕으로 전례 없는 정확성, 효율성, 인사이트의 미래를 예고한다. 그러나 AI와 금융은 각각의 논리 또는 운명에 따라 나름대로 자기의 역할을 다할 것이고 그 결과는 우리가 원하는 바와 다를 수 있다.

오래전 금융은 이기적인 탐욕이라는 판도라의 상자를 열었고, 이제 AI는 인간을 배제한 자율 기구(autonomous vehicle)로서 위협적인 존재가 되었다. 금융과 AI가 교차하면서 만들어 내는 AI 금융 서비스의 진정한 성공의 척도는 알고리즘의 복잡성이 아니라 우리 인간이 어떻게 할지에 달려 있다. 다시 말해, AI와 금융이 스스로 할 수 없는 일을 우리가 해야 한다. 우리가 바라는 인류 보편적 가치에 기반한 정책, 규제, 의무, 관행을 통해서 말이다. 즉, 윤리적 AI와 포용적 금융이 실현될 수 있도록 해야 한다.

지금 당장 실천할 수 있는 관련 아이디어와 행동을 금융생태계를 구성하는 금융기관, 소비자, 규제기관 모두 함께 논의하고 만들어야 한다. 윤리적 AI는 이러한 디지털 시스템이 내재된 편견에서 벗어나 공정하고 투명하게 의사결정을 내릴 수 있도록 보장한다. 이는 단순한 기술적 의무가 아니라 도덕적 의무이다. 왜냐하면 AI 시스템의 결정은 실제로 사람, 금융 활동, 미래에 영향을 미치기 때문이다.

포용적 금융은 AI의 혜택이 소수를 위한 사치가 아니라 모두를 위한 권리여야 한다는 점을 강조한다. 디지털 혁신의 벼랑 끝에 서 있는 지금, 인류를 위한 기술은 공정성과 포용성이라는 인류 공동의 가치를 저해하는 것이 아니라 강화해야 한다는 점을 기억해야 한다. 우리는 수익을 향상시킬 뿐만 아니라 사람들의 삶을 풍요롭게 하는 AI 금융 서비스를 옹호하며 기술이 진정으로 인류를 위해 봉사하는 미래를 보장해야 한다.

김한성 ··· 국제인공지능윤리협회 고문. MyData Korea 이사, bEgONe NFT Project(멸종위기동물구호) 공동창업자. 전 한국은행 차세대시스템개발단 단장. 《챗GPT 극대활용: 프롬프트 엔지니어링 입문》, 《2023 대한민국 대전망》(공저), 《마이데이터 백서》(공역). 연세대 경제학사, 카이스트 금융공학 석사.

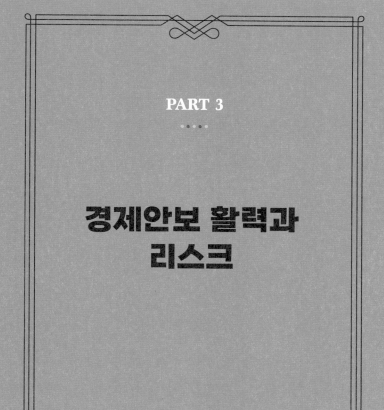

PART 3

·····

경제안보 활력과
리스크

국제정세의 3가지 변수와 한국 외교 리스크 관리

전쟁, 경제안보, 중국, 이 3가지 변수가 만들어 낼 폭발력이
2024년 국제사회 방향성을 가름할 것이다.
자유주의 연대 속에서도 리스크를 관리할 정교한 전략이 필요하다.

윤순구 국립외교원 명예교수,
전 유럽연합(EU)·북대서양조약기구(NATO) 대사

시작하는 글

2024년 국제정세를 가름할 3가지 변수로 우크라이나 전쟁, 경제안보, 중국을 꼽겠다. 진행 중인 사안들이지만 지금도 연일 새로운 국면을 만들어 내고 있을 뿐만 아니라, 이들 간 상호작용의 폭발력은 2024년 국제사회 방향성을 가름할 핵심 변수가 될 것이다.

우크라이나 전쟁은 이미 전쟁과 평화의 문제를 넘어 에너지, 곡물, 광물 등 공급망과 경제안보 전반에 결정적 변수로 작용하고 있다. 중국은 전쟁의 향방에 영향을 미칠 수 있는 국가이자 공급망을 비롯한 경제안보 전선에서도 서방과 대척점에 서 있다. 경제안보

적 관점과 이해관계는 전쟁과 대중(對中) 관계의 방향성을 이해하고 설정하는 데 중요한 요소가 된다

국제사회의 흐름을 좌우할 이러한 핵심 이슈에 대한 우리의 영향력은 제한적이나, 파급효과는 결정적이다. 우리의 지정학과 지경학이 그만큼 남다르기 때문이다. 거기다 한반도를 넘어 인도·태평양(인태)지역의 안보, 경제 질서도 급변하고 있다. 8월 18일 개최된 캠프데이비드 정상회담에서 한·미·일 3국 정상은 인태지역 내 공동 위협과 도전에 3국이 적극 공조하기로 합의하였다. 3국 간 정상회담, 연례훈련이 정례화될 것이며, 3국협의는 오커스(AUKUS), 쿼드(QUAD)와 함께 인태지역에서 미국 중심의 핵심 협력체로 자리 잡을 것이다. 이로써 인태지역에서 자유주의 국제질서 수립과 유지에 기여하고자 하는 우리 정부의 기조가 가장 극명하게 드러났다. 3국 간 공조 강화에 따라 한반도는 물론 인태지역에서 블록 간 경쟁과 대립은 피할 수 없을 것이다. 블록 간 갈등의 양태는 우크라이나 전쟁, 경제안보, 중국의 3가지 변수가 제기할 도전을 중심으로 전개될 것으로 예상해 볼 수 있다. 우리의 위상이나 지금까지의 성취에 자부심을 느끼는 것과는 별개로, 한국은 여전히 최전선에서 칼날(on edge) 위에 서 있는 국가이기에 정교한 외교 리스크 관리 방안이 필요하다.

우크라이나 전쟁이 제기할 도전

2024년이면 3년 차를 맞이할 우크라이나 전쟁은 아직 뚜렷한 해결 방안이 보이지 않은 채 여전히 소모적으로 진행되고 있다. 전

쟁의 향배를 예측하는 것은 어려운 일이다. 그러나 여전히 휴전, 종전, 평화, 그 어느 것도 가까이 올 것이라고 말할 수 있는 징후는 없다. 프리고진의 반란이나 점점 거칠어지고 있는 우크라이나군의 대공세도 전쟁의 향방을 결정적으로 바꿀 변수가 되지는 않을 것 같다. 2023년 7월 나토 정상회담에서 미국(나토)은 우크라이나를 지원하지만, 우크라이나의 나토 가입 일정을 제시하지 않았다. 크림 반도와 돈바스 지역의 미래가 정해지지 않은 채 종전이 되고 우크라이나가 나토 회원국이 된다면, 나토와 러시아는 언제든 전쟁으로 비화할 수 있는 지역을 경계로 군사적으로 직접 대치하게 된다. 발틱 동맹국들의 강력한 요구에도 나토와 미국이 우크라이나에 나토 가입 일정을 제시하는 데 주저하고 반대한 이유이다. 여기까지는 전쟁이 우크라이나에 국한된 제한전쟁으로 마무리될 것으로 전망해 볼 수 있는 대목이다.

그러나 나토는 리투아니아 정상회의에서 냉전 종식 후 최초로 러시아의 군사적 침공을 상정한 포괄적 유럽 방위계획에 합의하였다.[1] 전쟁의 최종 결과와는 무관하게 유럽에서 신냉전체제의 도래를 알리는 하부구조가 마련되고 있다는 뜻이다. 전쟁을 계기로 개별 회원국 차원이 아니라 나토 동맹 전체를 중심으로 군사력 건설과 운용체제가 수립될 것이다. 러시아도 물론 냉전 후 최초로 벨라루스에 전술핵 배치 등을 통해 대응하고 있다. 유럽에서의 신냉전 구조의 도래는 그 여파가 유럽에만 머물지 않고 한반도를 포함한 국제사회 전체의 안보와 협력에 영향을 미치게 될 것이다.

---

1 The Economist, "NATO is drafting new plans to defend Europe", July 2, 2023.

우크라이나 전쟁과 관련된 소식 중에서도 가장 불편한 대목이 러시아의 핵 위협에 관한 뉴스다. 심지어는 프리고진의 반란을 알리는 뉴스 가운데서도 와그너 사병집단이 핵 통제력에 접근을 시도할 수 있다는 가정에 섬찟함을 느낀다. 러시아는 전쟁의 중요 순간마다 핵 위협 레토릭을 구사해 왔다. 자의적 핵 사용 독트린을 기정사실화한 북한은 러시아의 핵 위협에 서방이 어떻게 대응하는지, 전쟁에 어떠한 영향을 미치고 있는지 주시하고 있을 것이다. 우리가 특히 러시아의 핵 위협의 결말과 여파에 대해 각별한 주의를 기울일 수밖에 없는 이유이다. 만에 하나라도 러시아가 핵을 사용한다면 북한도 핵 위협에 따르는 리스크가 훨씬 줄어든다고 느낄 것이며, 강화된 미국의 핵우산 공약과 한·미·일 공조에도 불구하고 한국 내에서 자체 핵무장을 요구하는 목소리는 걷잡을 수 없을 것이다.

우크라이나 전쟁의 여파는 물론 유럽의 안보에 국한되지 않는다. 특히 인태지역에서는 대만 문제 등을 둘러싸고 중국의 공세적 행태에 대한 경계감이 지속되고 있다. 중국과 러시아는 전쟁을 계기로 밀착하고 있다. 협력의 범위에 아무런 제한을 두지 않겠다고 결속을 공식화하고, 공동 군사훈련 실시 등의 방법으로 연대를 과시하고 있다. 우크라이나 전쟁으로 예민해지고 있는 강대국 간에 예상치 못한 우발적 군사 충돌 발생 가능성을 완전히 배제하기는 어려운 실정이다. 국제사회는 그만큼 블록화되는 추세이기에 UN과 WTO를 양대 축으로 하는 다자주의는 전망을 기약하기 어렵게 되었다. 한반도 문제는 이미 블록화되고 있는 세계의 영향을 강하게 받고 있다. 유엔 안보리는 북한의 어떠한 도발에도 의사표시조차 하기 어려워질 것이다. 우크라이나 전쟁은 곡물협정 등 언제든 깨질 수 있는 합의와 유럽연합(EU)의 강력한 대러 제재를 만들어 냈다. 우크라이나 전쟁의 전개 양태에 따라 소위 글로벌 사우스의 고통과 국제사회의 공급망 위기는 언제든 악화될 소지가 있다.

남북한은 우크라이나 전쟁과 관련해서도 대척점에 서 있다. 북한이 러시아에 대한 지지와 지원을 통해 결속을 강화하고 있는 반면, 한국은 국제사회의 대의를 따르고 있다. 대통령의 나토 및 우크라이나 방문을 계기로 한국 정부의 지향점은 더욱 선명해지고 있다. 가치외교와 재건 참여를 명분으로 자유주의 국제연대와의 협력을 강화해 나가고자 한다. 우크라이나 전쟁이 동북아에서 진영 간의 연대와 긴장을 높이는 형국이니 우리의 정책취지와는 별개로 러시아 리스크가 커진 것도 사실이다. 외교 기조의 일관성을 지켜 나가면서 러시아, 중국 등 우리에게 중요한 이웃 국가들과의 관계를 관리해 나갈 수 있는 정책적 고민이 요구된다.

경제안보 갈등 격화에 따른 위험회피 강화

코로나19 초기 유럽국가들이 마스크나 가운 등 기초 의료 장비가 모자라 비닐로 만든 조악한 대체품을 입고 환자를 돌보는 장면이 있었다. 러시아 석유자원에 대한 유럽국가들의 절대적 의존도가 없었다면 러시아의 우크라이나 침공이 가능했겠는가 자문해 본다. 경제안보의 중요성을 상징하는 장면들이다. 이후 경제안보의 논의의 초점은 무역과 투자가 포함된 경제 문제를 국가안보적 관점에서 재단하고 다루는 것으로 확대, 전이되었다. 미국은 중국의 기술 패권을 저지하는 것이 국가안보 문제라 여겼다. 중국도 국가안보를 이유로 미국에 맞서고 있다. 첨단기술 품목은 군사용뿐만 아니라 산업용이라도 수출 통제 대상이 되고, 전략광물 공급망 다변화, 민감기술 대외투자 제한 등의 양태로 경제안보 전선은 확대되고 있다.

미국이 선공을 시작했다. 2018년 트럼프 대통령의 고율 관세 부과(「무역확장법」 232조 적용)에서 시작된 미중 간 무역 전쟁은 현재에도 진행 중이다. 행정부가 교체되어도 국가안보를 사유로 첨단 반도체 및 반도체 제조장비 수출 금지조치가 내려졌고 동맹국들은 동참을 압박받고 있다. 중국도 거칠게 대응을 시작하였다. 2021년 「반외국 제재법」에 이어 2023년 7월 1일부터 시행된 「대외관계법」은 중국의 주권, 안보, 발전을 해치는 국가에 대해서는 포괄적 제제조치를 취할 수 있도록 허용하였고, 급기야는 「반간첩법」까지 제정하였다. 중국은 나아가 마이크론 제품 구매중단 조치, 중국 내 미국 기업 보안조사 등 구체적 행동으로 결기를 보이더니, 8월 1일에는 차세대 반도체 원료인 갈륨, 게르마늄 수출 통제조치를 발효시킴으로써 물러서지 않겠다는 의지를 분명히 하였다.

미중의 대응조치는 양자관계에 머물지 않고 인도·태평양 경제 프레임워크(IPEF), G7, 칩 4 동맹, 한-미-일 3국 협의체 등 뜻을 같이하는 국가들을 규합하는 수준까지 확대되고 있다. 유럽연합(EU)도 전략물자 공급망 다변화를 위한 정책을 가다듬고, 외국의 강압적 조치에 대하여 대항하는 '반강압 대응조치(Anti-Coersion Instrument)'를 제정하였다. 우크라이나 전쟁의 향배와 중러의 연대도 글로벌 공급망의 회복력에 영향을 미칠 수 있는 중요한 변수다.

미국은 G7 정상회담 계기 등을 통해 중국과의 경제 분리(decoupling)가 아닌 공급망 다변화를 통한 위험회피(derisking)를 추구한다고 목표를 분명히 한 뒤, 중국과 일련의 고위급 회담을 통해서 숨을 고르고 있다. 미국의 설리번 국가안보 보좌관은 "디리스킹은 탄력적이고 효율적인 공급망을 확보해 어느 국가의 강압에 종속될 수 없도록 보장한다는 의미"라고 정의한 바 있다.[2] 그러나 문제는 추상적 개념 정의에 있지 않고 경제 현장에서 느껴지는 아우성이다. 당장 미국으로부터 2023년 10월까지 연장 허가를 받은 한국기업의 대중국 반도체 제조장비 반입조치의 재연장 여부가 관심사이다. 다행히 미국 정부가 한국과 대만에는 추가적인 기한연장 조치를 취할 것이라는 보도[3]가 있으나, 7월부터는 일본 첨단 반도체 제조장비의 수출 규제조치가 발효되었고, 8월 9일에는 미국의 대중국 첨단기술 투자규제 행정명령이 발표된 만큼 이래저래 기업환경의 불투명성과 이에 따른 리스크는 여전하다.

미국 행정부의 교체와는 무관하게 중국에 대한 압박 기조에 대해서는 미국 조야의 컨센서스가 형성되어 있다. 그런 만큼 대선이 예정되어 있는 2024년에도 쉽게 사그라들지 않고 롤러코스터를 탈 가능성이 크다. 대중국 규제조치에 대한 우방국 간 정책 조정이

---

2   The Brookings Institution, "The Biden administration's International Economic Agenda", April 27, 2023.

3   Wall Street Journal, "U.S. to Allow South Korea, Taiwan Chip Makers to Keep Operations", June 12, 2023.

어려워지고 제3국에 대한 제재 형태로 대중국 수출 통제와 기업활동 규제의 부작용이 표출된다면 서방의 연대는 약화될 것이다. 중국의 최근 행태로 볼 때 서방의 수출 통제나 규제에 대해서는 그 이상의 대응조치를 계속할 기세이기에 공방은 치킨 게임 형태의 악순환을 불러올 수 있다. 경제안보 문제는 비단 중국에만 국한된 것이 아니다. 범 대서양 연대가 중요한 우크라이나 전쟁 중이라 크게 드러나지는 않았으나, 미국 「인플레이션 감축법(IRA)」에 대해 유럽연합의 우려는 컸다. IRA 입법으로 그린 투자가 미국으로 이탈할 개연성이 커진 것이다. EU도 일련의 대응 입법과 규제조치를 강화하고 있어 이래저래 우리 기업들은 주요 파트너 국가들의 경제안보 입법과 규제조치 동향에 촉각을 곤두세울 수밖에 없는 실정이 계속될 것이다. 어려움을 가중시키는 것은 대국 간의 공방은 늘 파국 직전에 자신들의 이해관계에 따라 출구가 마련되는 경우가 많다는 것이다. 어느 한 방향으로만 선택을 할 수도 없는 처지가 우리를 어렵게 할 것이다.

IMF의 실증적 연구에 의하면 주요 경제 권역 간 디커플링(decoupling)이 실제 이루어질 경우, 한국은 GDP가 5% 가까이 감소함으로써 단연 가장 큰 피해를 크게 입는 국가로 분류되었다.[4]

대외 의존도가 높은 EU나 중국의 피해도 만만치는 않으나 우리만큼은 아니다. 미국, 인도는 영향을 크게 받지 않는 국가로 분류된다. 우리가 추구해야 할 길은 자명해진다. 국가안보를 사유로

---

4 IMF, "Sizing up the Effects of Technological Decoupling", March 2021(IMF working paper WP/21/69).

상대국 또는 기업에 제재를 허용하는 WTO 규범(GATT 21조)[5]의
적용은 본질적 안보이익이 아닌 한 자제될 수 있도록 힘을 모아야
할 것이다.

중국이 제기하는 복합적 도전

세력전이에 관한 '투키디데스의 함정'을 떠올리지 않더라도 강
대국 관계는 이미 지구촌의 평화와 안정 문제를 좌우할 핵심 이슈
가 되었다. 시진핑 체제의 중국이 제기하는 리스크는 일인 독주의
사상 통제식 통치 이데올로기가 경제성장 둔화와 맞물릴 때 중국
의 대내외 정책에 미칠 수 있는 부정적 영향과 불안이다. 이미 중
국 경제의 침체를 알리는 경고음은 도처에서 나오고 있다.

서방의 중국에 대한 경계감은 이미 최고조에 다다랐다. 미국은
패권에 도전할 수 있는 의지와 역량을 가진 유일한 국가로 중국을
본다.[6] 협력 파트너, 경쟁자, 체제 라이벌의 3차원으로 중국을 규
정하던 유럽에서도 가치와 이익에 도전하는 라이벌로서의 중국이
더 가까이 있다.[7] EU 선도국이자 중국이 제1위 교역 파트너인 독
일조차도 연정의 공식문서에서 중국에 의존적인 공급망과 경제구

---

5 GATT 제21조는 WTO 회원국이 안보 예외조항을 근거로 취하는 필요한 조치에 대하여는 GATT
   상의 모든 의무로부터 면제되도록 허용하는 3개항의 포괄적 예외조항으로 구성되어 있다.
6 The White House, "National Security Strategy", October 2022.
7 EU는 2019년 3월 집행위와 고위외교안보 대표 명의로 발표된 Joint Communication에서
   중국을 3차원으로 규정한 데 이어, VDL 집행위원장은 2023년 3월 Mercator Institute에서
   행한 연설에서 중국과의 완전 분리(decoupling)는 불가하며 위험회피(derisking)가 대중국
   정책의 기조가 되어야 함을 주장하였다.

조 혁신을 시급하고 중요한 과제로 제시하고 있다. '오늘의 우크라이나, 내일의 대만'이 화두가 된 지 오래인 일본에서는 중국의 강압적이고 공세적 행태에 대한 경계심이 최고조에 달해 있다. 북대서양 안보를 책임 영역으로 두고 있는 나토조차도 2023년 정상 공동선언에서 6개항에 걸쳐 14번이나 중국을 거론하고 있다.[8] 중국이 대외에 천명한 정책과 주변국에 대한 강압적 행동이 동맹국의 이해, 안보, 가치에 대한 도전이라고 선언하였다. 사이버, 하이브리드, 거짓 정보, 우주, 해양안보 등 안보 영역뿐 아니라, 핵심 기술과 산업, 인프라, 광물, 공급망 등 중국에 대한 경계 항목은 끝이 없다. 한국, 아세안, 호주 등 인태지역 이웃 국가들의 사정은 더 어렵다. 지역안보 공급자 역할을 하고 있는 미국과의 연대와 동맹이 긴요하고 주변국과 지역 문제에 강압적 행태를 보이고 있는 중국에 대한 경계심도 높다. 그러나 중국은 이미 교역, 투자, 공급망 등으로 촘촘히 엮여져 있고 단기간에 대체시장을 찾기도 힘든 현실에서 화웨이 5G 거래 단절에 이어 반도체 수출 제한 등 양자택일을 요구하는 미중 갈등 구조는 버겁다.

중국은 지구촌 주요 문제 해법의 길목 도처에 있다. 서방도 인정하듯 분쟁과 평화 문제 이외에도 기후변화, 보건, 식량 등 지구촌의 많은 문제가 중국의 참여와 협력 없이는 해법을 구하기 어려운 것도 현실이다. 중국이 어떠한 대내외 정책을 추진하느냐가 강대국 관계뿐만 아니라 전쟁, 경제안보 등 2024년의 세계를 가름할 풍향계가 될 수밖에 없는 이유다.

---

8   NATO, "Vilnius Summit Communique", July 11, 2023.

2024년은 미국 대통령선거의 해이다. 미국 조야의 대중 강경 기조에 비추어 캠페인 기간 중 고위인사의 대만 방문을 포함하여 중국이 생각하는 '하나의 중국' 원칙을 훼손하거나 자극하는 일들이 언제든 발생할 수 있다. 시진핑 리더십하의 중국은 핵심이익으로 간주하는 주권 훼손에 강하게 대응할 것이기에 위기감이 증폭될 수 있다. '3海(남중국해, 동중국해, 대만해)'로 대표되는 중국의 지정학적 리스크 중 최악의 상황으로는 중국의 대만 침공에 따른 양안 간 무력 충돌을 상정해 볼 수 있다. 여러 가설에도 불구하고 위기로 비화될 수 있는 돌발 사태가 발생하지 않는 한 중국의 대만 침공과 이로 인한 지정학적 위기가 임박한 것으로 볼 수 있는 징후는 없다. 그러나 이미 도광양회(韜光養晦)의 틀을 벗어 버린 중국이 우크라이나 전쟁과 경제안보 문제에 대해서는 물러서지 않을 것이다. 전쟁에 대한 중국의 이해관계가 서방과 다르고, 이미 덩치가 커진 중국이 제재에 굴복하는 모습을 보이는 것은 시진핑 체제의 속성상 기대하기 어렵기 때문이다.

한국 외교의 도전과 선택

한국은 전쟁과 평화의 최전선에 있는 국가이자, 자유무역과 다자주의로 요약되는 자유주의 국제질서의 최대 수혜자이다. 다른 말로 하면 국제사회의 규범과 원칙이 흔들릴 때 가장 큰 피해를 볼 수 있는 국가라는 말도 된다. 그만큼 깊은 고민과 정교한 정책 조정이 요구되는 이유이다.

정부는 이미 '가치외교와 글로벌 중추국가(GPS)'라는 슬로건을 통하여 외교가 지향하는 목표를 제시하고 있다. 대통령의 연이은 나토 정상회의 참석과 우크라이나 방문, 인도·태평양 경제 프레임 워크(IPEF) 참가, 상호 존중의 대중관계 추구 등에서도 방향성이 읽힌다. 그중에서도 2023. 8. 18. 캠프데이비드 3국 정상회담에서의 합의는 안보는 물론 경제 운용에 있어서도 우리의 대외정책의 방향성을 분명히 제시한 것으로 평가된다. 이러한 기조에 수긍하더라도 전쟁과 평화, 경제안보, 중국이라는 3대 변수의 상호작용이 만들어 낼 국제질서의 방향성은 우리를 긴장하게 만든다.

강대국 간의 관계는 그들 나름의 관성이 있다. 서로 적대하고 긴장을 높이더라도 필요할 때는 그들 간의 관계를 중심으로 세계를 설계한다. 그 속에서 다른 관계들은 종속변수가 되는 것을 역사 속에서 보아 왔다. 우리가 자유주의 연대를 지향하더라도 여전히 중국, 러시아 등 실재하는 영향력 있는 국가들과의 관계에 대해서는 그것대로 성의를 기울여야 할 이유이다. 가치와 대의를 추구하되 우리의 정책 의지를 알리는 진지한 노력이 필요하다. 대외 발표나 입장 표명은 정제되고 절제된 품격이 요구된다. 한국을 자유주의 연대의 약한 고리로 인식하는 오류도 시정되어야 하지만, 우리를 향한 주변국들의 적의를 키울 필요는 없다.

우리는 자유무역으로 오늘의 한국을 일구었다. 다자주의는 한국에게 번영을 가져다준 원천이었다. 어떤 국가든 자유무역 규범을 존중하고, 안보를 이유로 한 규제조치도 국제규범에 부합하게 최소화할 수 있도록 힘을 모아야 할 것이다. 그러나 블록 간의 경쟁과 양자택일이 강요되는 세계에서 우리는 힘이 부친다. 미국의 동맹국이면서 다자주의와 자유무역을 주창하는 EU 등과 협력을

강화하는 것도 미중 경쟁 시대에 위험을 완화할 수 있는 헤징
(hedging)의 방편일 수 있다. 실제 미국의 IRA 대응과정에서도 한
국-EU-일본의 연대는 나름의 효력이 있었다.

중국과의 관계 설정은 매우 어려워졌다. 우리의 긴 역사 속에서
한반도가 분단된 상황에서는 중국은 특히 힘겨운 이웃 국가였다.
그런데다 오늘의 중국은 우리의 제1위 교역 대상국일 뿐 아니라
글로벌 공급망을 좌지우지한다. 잊을 만하면 중국 외교사절의 태
도는 우리의 자존심에 상처를 준다. '상호 존중의 한중관계를 만들
겠다'는 목표에 한국인들이 공감하는 이유이다. 문제는 방법이다.
한중관계의 역사에서 지금처럼 국제사회의 대의에 한국이 더 가까
이 가 있었던 시대는 없을 것이다. 국제사회의 보편적 원칙에 기반
을 둔 대중관계의 관행을 지속적으로 축적해 나감으로써 우리 스
스로 존중받을 수 있는 길을 열어야 한다. 그렇게 하려면 우선 국
론의 통일이 선행되어야 할 것이다. 시간은 걸리겠지만 한국에 대
한 중국의 인식은 바뀔 수 있다. 중국이 사리에 부합하지 않게 몰
아붙이면 한국 등 주변국은 완전히 돌아설 터이니, 우리에게도 무
기는 있는 셈이다. 이런 노력과 더불어 공급망과 교역 구조 다변
화, 정부 간 협의를 포함한 분야별 실질 협력과 인문 교류 등은 정
치와 무관하게 지속적으로 촉진시켜 나가야 할 것이다.

윤순구 • • • 국립외교원 명예교수, 전 유럽연합(EU)·북대서양 조약기구(NATO) 대사, 서울대학교
국제대학원 객원연구원, 서울대학교 국제대학원 및 국립 외교원 강의, 전 외교부 차관보, 전 이집
트 대사, 전 국방부 국제정책관. 《격동하는 세계, 진화하는 EU》(공저). 브뤼셀 자유대학(VUB) 명예
박사, 미국 펜실베이니아주립대학 석사, 서울대학교 학사.

변수에서 상수가 된 경제안보

중국을 향한 미국과 동맹국의 압박은 무역분쟁이 아닌
경제안보의 문제이다. 정부는 한미일 공조를 훼손하지 않는 범위 내에서
중국 시장을 지키려 노력하되, 기업의 목소리에 귀를 기울여야 한다.

박상준 와세다대학교 국제학술원 교수

대중국 수출 규제에 동참한 일본과 네덜란드

2023년 5월 23일, 일본 정부는 반도체 관련 23개 품목을 수출 관리 규제 대상에 추가하는 행정명령을 공포했다. 이 명령은 동년 7월 23일부터 시행됐다. 한국·미국 등 42개 국가·지역을 제외한 나머지 지역에 수출할 때는 건별로 경제산업성의 허가를 받아야 한다는 것이 행정명령의 골자다. 일본의 행정명령은 중국을 명시하지 않았지만 42개 국가에 중국이 포함되지 않았기 때문에 중국이 강력히 반발했다.

6월 30일에는 네덜란드가 비슷한 조치를 발표했다. 네덜란드가

발표한 조치는 9월 1일부터 시행됐다. 자국 반도체 장비 제조업체들이 특정 국가에 반도체 생산설비를 수출하려면 정부의 라이선스를 의무적으로 받도록 하는 것이 명령의 골자다. 일본처럼 규제의 대상이 되는 특정 국가나 기업을 구체적으로 언급하지 않았지만, 중국이 그 대상이라는 것은 의심의 여지가 없다.

이미 2022년 말부터 미국이 일본과 네덜란드에 반도체 분야에서 대중국 수출 규제에 동참해 줄 것을 요구하고 있다는 외신의 보도가 있었다. 2023년 들어서는 일본과 네덜란드가 미국의 요구를 긍정적으로 검토한다는 보도가 연이었다. 그 보도대로 일본은 7월부터 네덜란드는 9월부터 대중국 수출 규제에 동참한 것이다.

경제안전보장의 대두

트럼프 행정부에서 미중 무역 갈등이 불거질 때만 해도 해묵은 '무역분쟁'의 재판으로 보는 시각이 많았다. 미국과 일본이 '미일 반도체협정'을 맺은 1986년에는 미국 무역적자에서 가장 큰 비중을 차지하는 나라가 일본이었다. 21세기에 들어오면서 중국이 과거 일본의 자리를 대신하고 있었다. 20세기에 무역적자 폭을 줄이기 위해 일본에 가해졌던 압박이 21세기에는 중국에 가해지는 것으로 보였다. 그러나 중국 제품에 대한 관세의 인상이라는 전통적인 규제에 머무르지 않고, 2020년부터 중국 기업인 하웨이와 SMIC를 향한 제품의 출하를 직접적으로 규제하기 시작하면서 단순한 무역분쟁 그 이상임이 드러났다. 그해 대통령선거에서 트럼프가 패배하고, 2021년 1월 새 대통령인 조 바이든의 임기가 시작되었지만, 미국과 동맹국의 기업들로부터 중국을 고립시키려는 정책은 특히 반도체 분야에서 더욱 노골적으로 추진되었다. 중국을 향한 압박이 불공정 무역보다는 국가경제안보(National Economic Security) 때문이라는 것이 확실해졌다.

2021년 10월 취임한 일본의 기시다 후미오 수상은 내각부 산하에 '경제안전보장법제에 관한 전문가 회의'를 설치하고 경제안전보장을 강화하기 위한 법령의 신설을 추진하기 시작했다. 결국 2022년 5월 「경제안전보장추진법」이 국회의 승인을 받고 2023년부터 발효되었다.

원래 영어의 'Economic Security'는 개인의 경제적 안위, 즉 소득이나 의식주의 안정적인 확보나 공급을 뜻하는 말로 쓰였지만, 최근에는 국가 단위의 경제안전보장이라는 의미의 'National Economic Security'와 혼용되어 쓰이기도 한다. 기시다 내각이 추진한 경제안전보장은 전통적인 의미의 Economic Security가 아니라 National Economic Security를 뜻한다. '고토방크'라는 일본의 인터넷 사전에는 '경제안전보장'이 "경제적 수단에 의해 안전보장의 실현을 목표로 하는 것. 국민의 생명·재산에 대한 위협을 제거하고 경제나 사회생활의 안정을 유지하기 위하여 에너지·자원·식량 등의 안정공급을 확보하기 위한 조치를 강구하여 바람직한 국제환경을 형성하는 것을 말한다"로 정의되어 있다.

일본 내각부는 「경제안전보장추진법」을 제정한 배경을 "국제정세의 복잡화, 사회경제구조의 변화 등에 의해 안전보장의 저변이 경제 분야로 급속히 확대되는 가운데 국가·국민의 안전을 경제면에서 확보하기 위한 대응을 강화·추진하는 것이 중요"하기 때문이라고 설명한다. 경제안전에 대한 일본 정부의 이러한 시각은 미국 상무부(Department of Commerce)가 웹페이지의 상무부 소개란에 "경제안보가 국가안보다"라고 선언한 것과 일맥상통하는 바가 있다. 상무부는 한 술 더 떠서 "중요한 기술과 필수 제품이 국내에서 생산될 때 미국은 더 안전하다. 오늘날 우리나라의 경제 번영과 안보는 불법 무역 행위를 저지르고 지적재산(IP)을 훔치고 사이버 범죄를 저지르는 경쟁자와 적들에 의해 도전을 받고 있다"라고 단언한다. 중국에 대한 각종 규제 조치와 압박이 경제안보 차원에서 진행되고 있음을 분명히 하는 대목이다.

변수에서 상수가 된 경제안보

한편 중요한 기술과 필수 제품을 모두 자국 내에서 생산할 수 없는 미국은 중국에 대한 의존도를 최대한 낮추기 위해 동맹국과의 경제협력 강화를 모색하고 있다. 일본과 네덜란드가 반도체 관련 장비의 대중국 수출 규제에 동참한 것은 미국을 중심으로 한 경제안보 정책이 공고해지는 것을 의미한다.

중국도 대응에 나섰다. 2014년에 제정한 '반스파이법'을 더 강화하는 개정을 단행해 2023년 7월 1일부터 시행에 들어갔다. 개정안에서는 스파이 행위의 범주가 "국가의 안전이나 이익에 관한 문서, 데이터, 자료, 물품" 등으로 넓어졌다. 그러나 "국가의 안전이나 이익"의 정의가 명확하지 않아 중국 당국의 자의가 개입할 여지가 확대되었다.

7월 3일에는 갈륨과 게르마늄에 대한 수출 제한 조치를 시행한다고 밝혔다. 갈륨은 전력반도체와 디스플레이 그리고 태양광 패널 등에 필수불가결한 금속 물질이다. 게르마늄은 반도체용 가스, 태양전지 제조 등에 쓰인다. 이 두 물질의 80~90%가 중국에서 생산되고 있다. 중국도 첨단산업에서 만만찮은 영향력을 가지고 있다는 것을 과시한 조치다. 다만 중국의 반격이 희토류 등에 대한 전반적인 수출규제로 확대될 수 있을지는 미지수다. 중국은 2010년 일본에 대해 희토류 수출 규제를 단행했지만, 그 여파로 전 세계에서 희토류 채굴이 늘어나면서 중국 희토류 기업 중 일부가 파산한 경험이 있기 때문이다.

중국의 반격이 미국에 타격을 준 것 같지는 않다. 8월 9일 미국 바이든 대통령은 반도체와 양자컴퓨팅, 인공지능 분야에서 미국 자본의 대중 투자를 규제하는 행정명령에 서명했다. 인수합병, 합작사업뿐만 아니라 사모펀드와 벤처캐피탈을 통한 투자 역시 규제 대상이다.

유럽에서는 네덜란드에 이어 독일이 대중국 공세에 참여했다. 독일 정부는 7월 13일, 내각회의에서 '대중 전략'을 의결했다. 중국은 독일의 최대 교역국이다. 새로이 발표된 대중 전략에서 독일 정부는 자국 기업들에게 중국 의존도를 줄이고 교역 대상과 공급망을 다양화할 것을 주문했다.

8월 18일, 캠프 데이비드에서 열린 한미일 정상회담에서는 군사안보뿐만이 아니라 경제안보 분야에서의 한미일 공조도 논의되었다. 중국은 한국과 일본에게도 중요한 교역 상대국이자 투자 상대국이지만 한국과 일본의 정상은 미국의 경제안보 정책에 공조할 것을 약속했다. 공동성명에서 한미일 정상은 "각 국가가 가진 고유한 역량을 활용하여 경제안보와 기술 분야에서 굳건한 협력을 구축하는 데에도 계속 초점을 둘 것"을 선언했다. 3국 간 협력은 반도체와 배터리 분야의 공급망 회복력에 더해, 기술 안보, 에너지 안보, 인공지능(AI)과 양자컴퓨팅 등의 과학연구 분야까지 확대될 것이다.

일본 외무성은 '캠프 데이비드 정신'과 '캠프 데이비드 원칙'이라는 이름으로 발표된 공동성명에 대해 "3국이 같은 방향을 향해 연계하자는 나침반과 같은 것이며, 특히 안보 관점에서 획기적인 것"이라는 설명을 덧붙였다. 일본 제1야당인 입헌민주당의 이즈미 겐타 대표는 수뇌회담의 발표에 대해 환영의 뜻을 밝혔다. 한국 제1야당인 더불어민주당은 "일본과 '준군사동맹'을 맺는 것이 국익에 어떠한 도움이 되나"라는 요지의 비판 성명을 발표했지만 경제안보 차원의 협력에 대해서는 말을 아꼈다.

트럼프 전 대통령이 중국 제품에 대해 관세를 부과하고, 중국 기업을 향한 제품 출하를 규제하기 시작했을 때는 미국의 대중국 압박이 얼마나 오랫동안 유지될지, 미국과 중국의 타협이 가능할지가 주된 이슈였다. 그러나 러시아의 우크라이나 침공과 코로나19 팬데믹으로 전 세계의 원자재와 반도체 공급망이 흔들리자, 경제안보는 미국뿐만 아니라 유럽과 일본에서 국가안보의 주요 의제로 자리 잡았다. 그리고 미국의 동맹국들이 미국을 중심으로 공동 보조를 맞추기 시작하면서 경제안보 이슈는 단기적 변수가 아니라 장기적 상수가 되었다.

일본의 대중 정책

「경제안전보장추진법」 제정

2022년 5월 일본 국회를 통과한 「경제안전보장추진법」은 일본 정부가 경제안보를 상수로 여기고 발 빠르게 대응한 결과물이다.

원래 미국과 유럽연합은 하이테크 산업에 대한 중국 정부의 보조금 정책을 WTO 규정 위반으로 비난하는 입장이었다. 그러나 2021년 들어서는 미국과 유럽연합도 자국산업 육성을 위해 노골적으로 민간기업에 보조금을 투입하기 시작했다. 이러한 정부의 정책 선회는 미국 반도체 업계가 고대하던 일이기도 하다. 미국 반도체 산업협회는 정부 보조금 유무의 차이로 미국과 일본의 반도체 생산 비용은 한국과 중국의 120~140%가 된다고 불평했다. 이런 배경에서 2021년 미국에서 제정된 「반도체 지원법(CHIPS for America Act)」에는 520억 달러의 반도체산업 지원금이 포함되었다.

거의 같은 시기, 일본의 내각부는 '성장전략'에 '경제안전보장전략'을 포함시켰고, 경제산업성은 '반도체 전략'을 발표했다. 연이어 그해 추경예산에 6,000억 엔의 반도체 산업 지원금 그리고 1,000억 엔의 배터리 산업 지원금을 포함시켰다. 그중 4,000억 엔이 구마모토의 TSMC 건립에 투입됐고, 일부는 히로시마에 반도체 생산기지를 준비 중인 미국 기업 마이크론을 지원하는 데 쓰였다. 기시다 내각이 들어서면서 첨단산업에 대한 정부의 지원을 합법적으로 지지하는 장치로 「경제안전보장추진법」을 제정했다.

이 법은 4개 부문으로 구성되어 있다. ① 서플라이 체인의 강인화, ② 기간 인프라의 안전성·신뢰성 확보, ③ 관민 기술협력, ④ 특허의 비공개화이다. 이 중 '서플라이 체인의 강인화'는 정부가 기업에 재정이나 금융지원을 할 수 있는 근거를 제공한다. 정부의 소관부처에서 주요 물자를 지정한다. 정부가 지정한 주요 물자의 공급망과 관련이 있는 기업은 정부에 투자 계획과 생산체제 및 공급 전망을 제시하고 지원을 요청할 수 있다. 요청서에 대한 심사에서는 '생산의 지속성 여부'와 '기술정보의 적절한 관리'가 주요 쟁점이 된다. 심사를 통과한 기업에 대해서는 재정지원이나 금융지원이 가능해진다. 한편 이 법에 근거해서 주요 물자에 대해서는 정부가 공급 실태를 조사하는 권한을 가지게 된다. 관련 사업자는 정부의 실태조사에 응할 의무가 있다. 따라서 민간기업의 자율성을 해칠 위험성도 있기 때문에 일본 재계의 경단련은 법안이 완성되기 전에 경제안전보장 담당대신에게 '규제의 예견 가능성'을 촉구하는 의견서를 제출하기도 했다.

한편 '기간 인프라의 안전성·신뢰성 확보'와 관련해서는 기간 인프라의 설비나 기기는 도입 전에 정부의 심사를 받도록 규정하고 있다. 다분히 중국을 의식한 것으로 읽히고, 중국 제품의 도입을 견제하는 근거가 될 것으로 보인다. 그러나 일본 정부는 이 법안에서도 그렇지만 법안의 추진 과정, 그리고 회의록 어디에서도 중국을 명시적으로 언급하지 않는다. 오히려 국적에 의한 차별 등을 배제함으로써 국제법과의 정합성을 유지할 것을 권고한다. 그러나 일본이 지향하는 가치로 '인권과 민주주의, 자유와 법의 지배'를 내세우고, 이 가치를 공유하는 국가를 신뢰할 수 있는 동맹으로 정의하는 데서 일본이 미중 마찰에서 어느 편에 설지를 분명히 하고 있다.

일본의 대중국 전략

이처럼 '인권과 민주주의, 자유와 법의 지배'를 일본이 지향하는 가치로 내세우면서도, '국적에 의한 차별의 배제'를 명시하는 데서 일본의 대중국 전략을 읽을 수 있다. 일본은 미국과 함께하는 것을 원칙으로 하면서도 중국과 불필요하게 대립하는 것을 원하지 않는다. 여기에는 중국 시장을 포기할 수 없는 일본 기업들의 입장이 반영되어 있다.

과거 일본은 미일반도체협정 이후 반도체산업이 쇠락한 경험이 있다. 그리고 미국의 규제가 중국의 첨단산업 발전을 늦출 수는 있어도, 세계 제2의 경제대국이라는 위상에는 변함이 없을 것으로 본다. 게다가 중국은 전기차와 스마트폰을 가장 많이 생산하는 나라이고, 많은 일본 기업은 중국 전기차와 스마트폰 공장을 수요처로 가지고 있다. 이 거대한 시장을 잃고 싶지 않은 것이 일본 기업의 속내고 일본 정부도 그 점을 잘 알고 있다. 따라서 경제안보가 상수가 된 지금의 상황에서 정치와 경영의 분리라는 일본의 오래된 관행을 중국에도 적용하고 있다. 미일 공조를 해치지 않는 범위에서 중국과의 교역이나 투자, 경제적 교류를 민간 차원에서는 지속하는 것이다.

이런 노력의 일환이 일중경제협회의 활동이다. 일중경제협회의 임원단은 일본을 대표하는 기업의 전현직 CEO로 구성되고 정치인이나 관료는 배제한다. 철저히 민간 차원에서 일중 간의 교류를 추진하는 단체로, 미중 마찰의 격화에도 불구하고 여전히 다양한 사업을 벌이고 있다. 물론 미국의 규제나 일본의「경제안전보장추진법」을 위반하지 않는 범위 내에서다.

경제안보의 시대, 한국의 선택은?

한중 관계의 변화

2022년 윤석열 정부가 들어선 이후, 한국은 지속적으로 중국과 거리를 두는 정책을 폈다. 중국은 불편한 심기를 감추지 않았다. 2023년 6월 한국의 야당 대표를 만난 중국의 싱하이밍 대사는 "미국이 전력으로 중국을 압박하는 상황 속에서 일각에서 미국이 승리하고 중국이 패배할 것이라는 베팅을 하고 있지만 이는 잘못된 판단"이라며 한국 정부를 압박하는 듯한 발언을 해 큰 파장을 일으켰다.

그러나 8월의 한미일 정상회담 등에서 볼 수 있듯이 한국 정부가 미일에 편중하는 듯한 외교를 지속했지만, 중국은 구체적인 정책을 통해 한국을 위협하거나 보복하려 하지 않았다. 오히려 한국과 일본에 대해 단체관광 비자 발급을 공식 재개하는 등 관계 개선을 꾀하는 모습을 보이기도 했다.

이는 중국이 내외적으로 새로운 도전에 직면해 있기 때문이다. 국내에서는 부동산 가격의 폭락으로 부동산뿐만 아니라 금융산업 전반에 걸친 불안감이 확산되고 있다. 게다가 경기침체로 청년실업이 사회적 문제로 대두되고 있는 실정이다. 국외에서는 중국에 대한 비판적 시각이 강화되고 있다. 여론조사기관 퓨리서치센터의 2022년 발표에 따르면 한국(80%), 일본(87%), 미국(82%), 독일(74%), 캐나다(74%) 등에서 중국에 대해 부정적인 이미지를 갖고 있는 응답자의 비중이 70%를 넘었다.

이런 상황에서 중국 정부로서는 최대한 새로운 적을 만들지 않으려 하거나 관계를 악화시킬 행동을 자제하려 할 것이다. 게다가 경제안보가 상수가 된 시대에 중국도 한국과 일본의 협조를 필요로 한다. 한 사람의 중국인 선장을 구하기 위해 희토류 수출을 규제하거나 사드에 대한 보복으로 한한령을 휘두르던 중국이 아니다. 따라서 중국 역시 한국의 입장을 고려하면서 가능한 범위 내에서 한국 기업과의 거래를 지속하려 할 것이다.

대중 정책 전망

한국 입장에서도 중국을 적으로 돌리는 것은 어리석은 행위다. 미중 마찰 이후 한국의 교역에서 미국 시장의 비중은 커지고 중국 시장의 비중은 작아지고 있는 것이 사실이지만, 중국은 향후에도 여전히 제2의 경제대국이자 세계에서 두 번째로 큰 시장으로 남을 것이다. 이 시장을 섣불리 포기하면 향후 점유율을 회복하는 것이 결코 쉽지 않을 것이라는 것이 대부분 다국적기업의 염려다. 그런 연유로 미국의 기업 역시 중국에 대한 과도한 규제는 바람직하지 않다는 의견을 지속적으로 미국 정부에 전달하고 있다. 한국의 반도체 제조업체들처럼 독일의 자동차 제조업체들도 상당한 금액을 이미 중국 시장에 투자했다. 독일 정부가 중국전략에서 권고한 대로 중국에 대한 투자규모를 조정하는 것은 가능하겠지만 중국 시장을 포기하려 하지는 않을 것이다. 일본 기업도 같은 행보를 보이고 있다. 대한상공회의소 최태원 회장이 2023년 7월 제주포럼에서 "최대 교역 파트너인 중국 시장을 다 잃고 갑자기 대체시장을 찾아내긴 어렵다"고 토로한 것도 같은 맥락이다.

이런 상황에서 결국 한국의 대중국 정책도 일본이나 독일의 정책을 따라가게 될 것이다. 즉, 정치외교 면에서는 중국과 거리를 두고 미국을 중심으로 한 동맹국의 공조를 강화하겠지만 경제 면에서는 중국과의 교역과 거래를 가능한 범위 내에서 용인하는 것이다. 미국의 대중국 정책이 'de-coupling'에서 'de-risking'으로 전환된 것도 미국 기업이 입을 피해를 최소화하기 위한 조처의 일환이다. 공급망과 교역량에서 중국의 비중을 줄이기 위한 우방국 내의 다각화·다변화는 지속적으로 추구할 것이다. 그러나 시장으로서의 중국은 포기하려 하지 않을 것이다.

그러나 한 가지 유의할 점은 한미일 정상이 캠프 데이비드 공동성명에서 확인한 한미일 3국의 공조라는 기본이 흔들려서는 안 된다는 것이다. 경제안보 측면에서 한미일 공조를 훼손하지 않는 범위 내에서 중국 시장을 지키려 노력하는 것이 중요하다. 미국과 중국 사이에서 눈치를 보는 듯한 태도는 미국과 동맹국들의 신뢰를 잃고 오히려 중국에는 한국을 압박하는 원인을 제공할 수 있다.

그렇기 때문에, 한국 정부가 한국 기업의 입장을 잘 이해하고 이를 외교정책에서 적극 반영하는 것이 필요하다. 한국 기업의 입장을 이해하기 위해서는 기업의 소리에 진중하게 귀를 기울여야 한다. 경제안보를 위해 정부와 기업 간의 소통이 그 어느 때보다 중요한 시대가 되었다.

박상준 ••• 와세다대학교 국제학술원 정교수(경제학 전공). 《불황터널》, 《불황탈출》, 《소니 턴어라운드》(역서). SSCI 학술지에 한중일 경제에 관한 다수의 논문 게재. 서울대학교 학사(경제학), 미국 위스콘신대학교(매디슨) 박사(경제학).

14. 반도체

글로벌 반도체전쟁의 심화와
한국 반도체산업의 미래

반도체 국가총력전의 시대다.
2024년 생태계 선점을 위한 수요-공급 간 합종연횡 속에서,
차세대 메모리 초격차 확보와 첨단 패키징, 핵심인재 확보에 답이 있다.

신희동 한국전자기술연구원 원장.
전 산업통상자원부 기획조정실장

반도체, 글로벌 공급망 재편의 핵심으로 부상

최근 반도체를 둘러싼 주도권 경쟁이 한창이다. 바이든 대통령
은 "미국은 공급망을 구축할 것, 더 이상 인질이 되지 않겠다"라고
언급했고, EU의 폰 데어 라이엔 위원장은 아시아 의존도를 낮추
고 유럽 내 반도체 생산 강화 방침을 밝혔다. 윤석열 대통령도
2023년 6월 반도체 국가전략회의에서 "반도체 경쟁은 산업 전쟁이
고, 국가 총력전"이라 강조했다. 일본, 중국, 대만 등도 저마다 반
도체 경쟁력 강화에 나서고 있다. 'Chip-War'라고 한 크리스 밀러
미국 터프츠대학 교수의 말이 지나치지 않다.

WTO 출범 이후 비용절감 측면에서 정교하고 복잡하게 완성되었던 반도체산업의 글로벌공급망을 주요국들이 천문학적인 재정을 투입하면서까지 자국 중심으로 재편하려는 이유는 무엇일까?

첫째, 반도체산업의 막대한 시장규모와 성장성이다. 2022년 기준 4,663억 달러의 세계 반도체시장은 2024년부터 2030년까지 연평균 8.7% 성장이 기대[1]된다. 최근 급성장 중인 전기차용 2차전지의 시장규모가 2023년 1,120억 달러에서 2035년 6,160억 달러로 확대[2]될 전망임을 감안하면, 반도체 산업의 위치를 쉽게 가늠할 수 있다.

참고로 한국경제에서 반도체는 1992년 이래 수년간 1위 수출품목으로 우리나라 총수출의 약 20%를 반도체가 차지한다.[3] 국내 생산과 소비, 투자, 고용에도 큰 영향을 주고 있다. KDI에 따르면, 2022년 우리나라 GDP의 약 7.6%를 차지하는데, 반도체 수출물량이 10% 감소 시 우리나라 GDP는 0.78% 감소하며, 민간소비는 0.22% 감소한다고 한다.[4]

둘째, 반도체는 '산업의 쌀, 제2의 석유'로 언급될 만큼 다양한 산업에 적용되는 요소기술이자, 미래 첨단산업의 핵심기술이다.

---

1   Vantage Market Research, "Semiconductor Market Global Industry Assessment & Forecast", 2023. 2030년 9,089.2억 달러 전망.
2   SNE리서치, 넥스트 제네레이션 배터리 세미나 중 〈글로벌 배터리 시장전망과 핵심이슈〉를 ZDNET(2023. 4. 12.)에서 재인용.
3   다만 2022년에는 글로벌 반도체 수요 감소로 인해 8월부터는 하락세로 돌아섰고, 그로 인해 비중이 우리나라 전체 수출의 18.9%로 다소 하락하였으며, 2023년에는 더 축소될 것으로 예상되고 있다.
4   KDI, 〈최근 반도체 경기 흐름과 거시경제적 영향〉, 2023. 5. 10.

PC, 스마트폰은 물론이고, 자동차, 항공기 등 전류조절이 필요한 장치 대다수에 반도체가 탑재된다. AI, 차세대 통신, 양자컴퓨터, 바이오 등 첨단기술 구현에도 필수적이다. 4차 산업혁명을 거치며 대다수의 산업이 빠른 속도로 디지털화되고 있으며, AI의 일상화가 전망됨에 따라 반도체는 그야말로 우리 삶의 필수재라 할 수 있다.

셋째, 반도체는 통신 등 국가 인프라는 물론이고 위성, 드론, 로봇 등 최첨단 무기체계의 기반기술로, 반도체 경쟁력은 곧 국방 안보와도 직결된다. 과거 초기의 반도체가 군사용 목적으로 사용되기 시작했고 미국이 세계 군사강국이 되었던 이유였듯이, 현재 또는 미래에도 첨단 반도체가 없다면 현대식 무기 대부분은 무용지물이 될 뿐이다. 미국이 반도체산업을 중심으로 중국을 견제하는 가장 큰 이유가 바로 이런 안보 문제가 달려 있기 때문이라는 것은 공공연한 사실이다.[5]

지금 세계는 반도체 주도권 확보 경쟁 중

앞서 언급했듯이 반도체를 둘러싼 미중 갈등도 미국의 산업경제와 국가안보의 핵심인 반도체산업을 적국에 맡길 수 없다는 맥락으로 해석할 수 있다. 미국은 「반도체 및 과학법(CHIPS and Science Act)」을 통해 미국 내 제조시설 구축을 지원하고, '가드레

---

5 김정웅 서플러스글로벌 대표의 전자신문 기고([ET시론] 러-우크라 전쟁과 반도체 패권)에 따르면 미국은 1980년대터 구 소련에 반도체 등 첨단기술 수출을 통제하였다. 러-우전쟁에서도 미국의 반도체 통제로 인해 러시아 군의 첨단무기 유지관리가 차질을 빚고 있다고 지적하였다.

일 조항'을 통해 수혜기업의 중국 등 투자를 제한했다. 엔비디아와 AMD의 AI 반도체 대중국 수출 중단 등도 이루어졌다. 글로벌 반도체 공급망을 당장 미국 내에서 구축할 수 없기에, 칩 4 동맹 결성, 네덜란드·일본과의 대중국 수출통제[6] 등 우방국과의 협력도 필수불가결한 결과이다.

중국도 막대한 내수시장과 투자를 바탕으로 기술자립을 꾀하고 있다. 중국 정부는 '14.5 규획'을 통해 연구개발과 인프라 구축에 집중투자하고, 190여 개 중국 상장 반도체기업에 보조금을 지급하며 기술력 향상을 지원한다. 근래에는 마이크론 제품 구매 중단, 갈륨 수출통제를 선언[7]하며 미국에 맞대응 중이다. 다만 최근 미국의 견제로 중국의 반도체 굴기가 잠시 주춤하고 있다. 현실적으로도 10nm 이하 최첨단 반도체는 상당 기간 중국의 추격이 쉽지 않을 것이다. 하지만 2023년 말이면 국영기업 SMEE가 28nm급 DUV 노광장비 생산이 가능하다는 전망이 나올 만큼 기술 내재화 속도가 빠르다. 아직 반도체시장의 80% 이상은 10nm 이상의 반도체가 차지하고 있다는 점을 감안하면 중국이 숨 쉴 수 있는 여지는 충분히 있다.

일본도 심상치 않다. 1980년대 반도체 강국이었던 일본은 여전히 반도체 소재, 장비 강국이다. 미중 갈등 과정에서 한국과 대만의 지정학적 리스크가 부상하며 반도체의 부활에 시동을 걸고 있

---

6 미국은 2022년부터 일본·대만·한국과 'Chip 4 동맹'을 추진하고, 2023년에는 네덜란드의 노광장비(기존 EUV에서 새로 DUV까지 확대) 및 일본의 23대 반도체 관련 품목에 대한 대중국 수출통제를 강화 중이다.

7 갈륨은 통신 및 전력반도체 등 제조에 필수적이며, 중국이 세계 생산의 95%를 독점하고 있다.

다. 일본 정부는 첨단과 범용을 막론하고 자국 내 반도체 제조설
비와 원료 투자의 최대 1/3, 1/2을 보조한다. '10년 이상 생산, 공
급난 시 일본 우선공급'이 조건이다. 이미 TSMC의 생산공장을 규
슈지역에 유치했다. 미국과의 협력도 끈끈하다. 마이크론은 히로
시마에 D램 생산라인을 신설하며, 자국 대기업 8개사가 공동 설
립한 라피더스는 2nm급 첨단 반도체 개발을 위해 IBM과 협력 중
이다.

2024년, 자국 중심의 공급망 내재화·블록화는 이제 대세이다

미국과 일본은 국내외 기업을 막론하고 자국 내 생산시설 구축
을 지원하고, 대만은 첨단 반도체 생태계는 대만에 유지하면서도
미국, 일본 등 핵심 수요국과의 합작 투자를 통해 현지 양산이 가
능한 체계를 구축 중이다. 사실 반도체 생태계에서 볼 때 미국은
가장 강력한 기술 강국이다. 다만 생산이라는 관점에서는 인텔이
나 마이크론 등 우수한 반도체회사가 있음에도 단기간 내에
TSMC나 삼성을 따라잡기는 힘들다. 미국은 대신 자국 내에 공장
을 유치하여 생태계를 통제하려는 전략을 쓰고 있으며, 이러한 전
략은 2024년 이후에도 계속될 것이다.

2023년부터 2024년에 걸친 일본, 미국, 대만의 선거 결과에 따
라 다소의 변동은 있겠으나, 이 같은 기조는 당분간 지속될 전망이
다. 그간 설계-제조-패키징으로 분화된 반도체 가치사슬을 자국
내에 안정적으로 구축하고, 부족한 역량의 확보를 위해서는 우방
국과의 협력이 절대적이기 때문이다. 특히 미국은 민주당, 공화당

을 불문하고 중국을 견제해야 한다는 입장은 동일하므로 미국의 글로벌 반도체 리더십 확보가 확고해질 때까지 미중 갈등은 지속될 것이다.

일본 정부도 이미지센서, 자동차 부품 등 일본이 글로벌 지배력을 가진 분야 중심으로 반도체 합작법인을 추진하며 대담한 투자를 이어 가고 있다. 이는 과거 TSMC 설립 당시 대만 정부가 민간(51%)과 지분을 공유하며 천문학적 투자비용을 수반하는 반도체 산업에서 중장기 발전을 꾀했던 것과 판박이다. 2025년 구마모토현 TSMC 공장이 본격 가동 시, 일본의 반도체 위상이 어디까지 올라갈지 우려된다.

한편 2024년 이후 글로벌 반도체산업은 공급망 재편을 넘어 수요시장의 재편에 주목할 필요가 있다. 세계의 공장이라 불리는 중국은 세계 반도체 소비의 24%를 점유[8]하나, 주요국의 대중국 수출통제 및 중국의 내재화 진전에 따라 향후 독립된 시장으로 변모할 가능성이 있다. 특히 미국, 유럽, 일본 등은 자국의 제조업 부흥 정책을 펼치고 있는데, 이는 곧 기존의 중국을 대체할 자국의 반도체시장 증대를 의미한다. 우리나라 총수출의 20%, 그중 53%를 차지하는 중국 시장[9]을 대신할 수요처 확보 여부에 따라 대한민국 반도체산업의 명암이 선명해질 것이다.

---

8 BCG·SIA, "Strengthening The Global Semiconductor Supply Chain In An Uncertain Era", 2021. 4., P. 31.

9 반도체는 15대 품목 수출액의 19.9%(2021년), 18.9%(2022년)를 차지(산업통상자원부 〈2022년 연간 및 12월 수출입 동향〉, 17쪽 참조). 2022년 우리나라 반도체 수출액의 38.1%를 중국이 차지(1,390억 달러 중 530억 달러), 홍콩 포함 시 53.2%(한국신용평가 강병준 연구위원, 〈불확실성의 시대, 한국 수출기업 중국 관련 리스크 점검〉, 2023. 4. 20., 12쪽 참조).

2024년에도 생태계 선점을 위한 반도체 수요-공급 간 합종연횡이 지속된다

차량용 부품 및 완성차부터 신재생 에너지, 생성 AI에 이르기까지 반도체 수요-공급 간 협력이 추진되고 있다. 일본은 정부와 덴소, 소니 등 차량용 부품기업 등과 TSMC가 공동 출자해 구마모토현에 반도체 공장을 신설 중이다. 덴소와 소니 등이 글로벌 시장을 장악 중인 전기·자율차용 첨단 반도체와 이미지센서를 TSMC가 구마모토 공장에서 위탁생산할 것으로 알려졌다.

유럽도 마찬가지다. 「유럽 반도체 지원법(ECA)」에 따라 독일 정부가 100억 유로의 보조금을 지급하기로 하며, 인텔도 독일에 300억 유로 상당의 반도체 파운드리 건설을 검토 중이다. 현지 자동차용 반도체 수요 대응에서 점차 자율주행 등 고성능 반도체 생산으로 확대할 것으로 예상[10]된다. TSMC도 보쉬, 인피니온, NXP와 합작법인을 설립해 독일 드레스덴에 차량용 반도체 공장을 신설[11]할 것으로 알려지고 있다. 날로 강해지는 유럽의 넷제로(Net Zero) 요구와 더불어 현지 자동차산업과의 협업을 위한 것으로 풀이된다.

미국 반도체 기업 온세미는 Ampt LLC와 태양광 및 에너지 저장 효율 향상을 위한 협력을 선언했다. SiC MOSFET을 Ampt LLC의 DC 스트링 옵티마이저에 적용해 충방전 효율을 향상시키

---

10 Business Post, 〈인텔 독일 파운드리 투자 '더블'로 간다, TSMC·삼성전자 추격 자신감 재확인〉, 2023. 6. 16.

11 머니투데이, 〈TSMC, 독일 드레스덴에 14.5조 원 반도체 공장 건설 곧 발표〉, 2023. 8. 8.

고, 관련 신제품 개발에도 협업할 것으로 예상된다. MS는 엔비디아의 GPU를 대체할 AI 반도체 개발을 위해 AMD와 협력 중인 것으로 알려졌다. 블룸버그 통신 등은 MS가 이를 위해 약 20억 달러를 투자했다고 추정한다.

2024년에도 반도체 수요-공급 간 합종연횡은 지속될 것이다. 미중 갈등과 러-우 전쟁 등 여파로 글로벌 반도체 공급망이 흔들리는 상황에서 기업의 생존을 위해 안정적인 고효율, 고성능 반도체 수급이 절대적이기 때문이다. 양자컴퓨팅과 같이 대규모 투자와 불확실성을 수반하는 전략 분야의 주도권 확보 필요성도 반도체 수요-공급 기업 간 협업을 가속화시킬 것이다.

당장 2023년 9월에 상장한 ARM에 애플과 삼성 등 10여 개 기업이 공급망 확보를 위해 투자한 것으로 알려졌다.[12] 2024년에도 애플이나 주요 전기차업체 등 반도체 수요의 큰손들이 투자를 이어 갈 것으로 보인다. 이들 수요기업의 공급망 확보 전략과 방향성을 예의 주시해야 할 것이다.

2024년, 낸드플래시는 시장재편, D램은 HBM 개발경쟁, 패키징 기술이 부상한다

트렌드포스에 따르면, 2023년 낸드플래시 메모리 시장 규모는 전년 대비 23% 급감[13]한 것으로 추정된다. 금리인상과 물가상승

---

12 Reuters, "Apple and Samsung to invest in SoftBank's Arm at IPONikkei", 2023. 8. 8.

13 트렌드포스는 글로벌 낸드플래시 시장이 2022년 600억 4,000만 달러에서 2023년 464억

으로 인한 IT 기기 수요부진의 영향이다. 삼성전자, SK하이닉스, 마이크론 등은 적극적 감산 조치로 공급량 조절에 나서고 있다. 2024년 차츰 수급균형이 이루어지며 시장은 반등할 전망이나, 절대 강자가 없던 시장의 판도가 바뀔지 예의 주시할 필요가 있다. 글로벌 점유율 2위인 일본 키옥시아(21.5%)와 4위 미국 웨스턴 디지털(15.2%)의 합병 추진설[14] 때문이다. 시장정체와 수요부진을 규모의 경제로 타개하려는 것으로 해석된다. 적정가격 선정, 반독점 심사 등 걸림돌을 극복하고 합병이 성사될 시, 글로벌 1위 삼성전자(34%)와 3위 SK그룹(15.4%) 역시 영향을 받을 전망이다. 전문가들은 주도권 확보를 위해 차세대 메모리 반도체 개발을 서둘러야 한다고 강조한다.[15]

MS, 구글, 아마존, 네이버, 카카오 등 국내외 빅테크의 초거대 AI 개발 경쟁이 한창인 가운데, 2024년 차세대 D램인 HBM 개발 경쟁이 가속화될 전망이다. 수백에서 수천억 개 파라미터를 활용한 데이터의 저장과 학습, 처리를 무리 없이 수행하기 위해서는 최적화된 고성능 고용량 메모리가 필수적이다. 이를 위한 GPU(그래픽 처리 장치)와 NPU(신경망 처리 장치) 등이 고도화될수록 이를 뒷받침할 HBM도 고성능을 요구하게 된다. 2024년 글로벌 HBM 수요가 30% 증가할 것으로 전망되며 당분간은 기술력을 보유한 한

4,000만 달러로 감소하나, 2024년 622억 8,000만 달러로 반등할 것으로 예측했다. 서울경제, 〈낸드플래시 가격, 3분기 바닥 찍고 올라가나〉, 2023. 4. 14. 재인용.

14 중앙일보, 〈한국 낸드플래시 적자 쌓이는데…세계 2위+4위 합병 추진〉, 2023. 7. 18.

15 한태희 성균관대 교수, 김형준 차세대 지능형반도체 사업단장 인터뷰를 뉴스핌, 〈낸드 2위 키옥시아, 4위 WD 합병설…주목해야 하는 이유〉, 2023. 1. 17. 기사에서 재인용.

국 기업의 선전이 기대되나, 향후에는 기술경쟁력 확보 여부에 따라 5세대 또는 그 이후 세대의 HBM으로 시장을 선점하는 기업이 글로벌 주도권을 확보하게 될 것이다.[16]

이렇듯 반도체 시장경쟁이 치열해지는 상황에서 반도체 미세공정의 한계로, 첨단 패키징 기술 확보가 2024년 이후 글로벌 반도체 기업들의 희비를 가를 전망이다. 공정이 미세화될수록 회로 집적도가 높아져 성능 향상과 소형화에 유리하나, 정밀회로를 차질 없이 구현해서 반도체 수율을 높이는 것이 어렵기 때문이다.

일본은 정부 주도하에 관련 업체가 뭉치고 있다. 2021년 차세대 반도체 패키징 경쟁력 확보를 위해 결성한 JOINT2 컨소시엄이 빠르게 경쟁력을 확보 중이다. 레조낙, 아지노모토 등 일본의 첨단 반도체 소재, 부품, 장비 13개사가 힘을 합쳤다. 글로벌 패키징 선두기업인 대만 TSMC도 반도체를 얇게 깎는 장비 시장을 선도 중인 일본에 연구소를 설립하며 3D 첨단 패키징 개발에 속도를 내고 있다. 최근 이종 반도체를 접합하는 패키징 기술(heterogeneous integration)도 선보였다.

삼성전자는 천안캠퍼스에 패키징 라인 증설을 검토 중이고, 우

---

16 HBM은 여러 개 D램을 수직적층해 데이터 처리속도를 획기적으로 개선한 고대역폭 메모리(High Bandwidth Memory)로 일반 D램 5배 가격의 고부가가치 품목이다. 글로벌 HBM 시장점유율은 SK하이닉스(50%), 삼성전자(40%), 마이크론(9%) 순이다. 트렌드포스는 2023년 HBM 수요가 전년 대비 60% 급증했으며, 2024년에는 추가 30% 증가할 것으로 전망했다. SK하이닉스는 5세대 HBM3E를 2024년 양산 예정이며, 삼성전자는 HBM3P와 HBM4를 개발 중으로 알려졌다. 마이크론은 SK하이닉스의 HBM3E보다 성능이 좋은 HBM3 젠2를 개발하며 추격 중이다. 머니투데이, 〈10개 중 9개는 SK하이닉스·삼성전자… AI시대 필수재 'HBM' 경쟁〉, 2023. 7. 3.; AI타임스, 〈AI용 메모리 'HBM' 경쟁 가열…SK하이닉스·삼성전자에 마이크론 도전장〉, 2023. 8. 1. 기사 참조.

리 정부도 최대 5천억 규모의 패키징 예타(예비타당성조사) 사업을 기획 중으로 알려졌다. 인텔과 마이크론 등도 대규모 투자를 선언하며 첨단 패키징 역량 확보에 나서는 가운데, 누가 먼저 강한 기술력을 확보하는가에 따라 2024년에는 향후 각국의 패키징 산업의 명암이 나타나기 시작할 것이다. 후발국 한국이 과연 10년의 기술격차(대만 기준)를 추격하고 반도체 주도권을 유지할 수 있을지 여부도 마찬가지다.[17]

반도체 공정 양극화 속 2024년 기술경쟁은 소리 없는 전쟁이다

기술적으로 살펴보면, 2024년 이후 반도체 파운드리는 레거시(Legacy, 성숙) 공정과 최첨단 공정으로 양극화될 것으로 보인다. 최첨단 공정에서는 EUV 장비를 확보한 TSMC, 삼성, 인텔이 초미세공정 구현 경쟁이 진행 중이다. 고성능, 고효율의 첨단 반도체 기술개발을 위해 초미세공정 기술력 선점이 중요하기 때문이다. TSMC와 삼성의 3nm 수율경쟁을 벌이고, 인텔의 파운드리 사업을 재개하며 '옹스트롬(0.1nm) 시대'를 선언한 배경이 이에 있다.

2024년 반도체 파운드리의 공정미세화 경쟁이 계속되는 와중에도 2~3nm 이하 구현은 어렵다고 보는 시각도 있다. 물리적 한계 때문이다. 반도체 주재료로 현재 사용되는 실리콘 원소의 지름은 2옹스트롬(0.2nm)가량으로 초미세공정이 더 이상 회로선폭을 줄일 수 없는 한계에 도달하고 있다. 1nm 이하의 선폭에서는 전

---

17   전자신문, 〈첨단 반도체 패키징 키운다…최대 5000억 원 예타 시동〉, 2023. 4. 23.

자가 에너지 장벽을 뚫고 나가는 양자 터널링 현상도 발생한다. TSMC, 삼성전자, 인텔이 2024년 미세공정의 한계를 극복하기 위해 첨단 패키징 경쟁력 확보에 매진할 것으로 전망되는 이유다.

2024년에도 레거시 공정은 시스템 반도체 시장세에 힘입어 안정적 수익을 창출하는 파운드리의 효자로 남아 있을 전망이다. 글로벌 파운드리 1위인 TSMC의 2023년 2분기 매출구조를 살펴보면 28nm 이상 공정의 매출이 35%를 차지한다. 16~20nm 공정까지 포함하면 절반에 육박한다. 내구성, 신뢰성이 중요한 차량용 반도체 등 시스템 반도체 수요가 지속됨에 따라 레거시 공정도 당분간 중요한 시장이 될 것이다. 미세공정 경쟁 속에서 한국이 레거시 공정의 중요성에도 주목할 필요가 있다는 지적도 존재한다.[18]

AI와 클라우드용 반도체는 점차 고성능, 고용량, 저전력을 구현할 수 있는 HBM(High Bandwidth Memory), PIM(Processing-In-Memory) 등 차세대 반도체의 중요성이 증대될 전망이다. 미래 자동차는 차량을 주요 위치별로 영역화해 복잡한 배선구조를 통합하고 모듈화해 제어하는 영역 기반 아키텍처(zonal architecture) 형태의 발전이 가속화될 전망이다. 자율주행차가 오류 없이 신속하게 데이터를 처리하고, 필요한 기능을 소프트웨어(SW)로 업데이트할 수 있는 플러그 앤 플레이(Plug & Play)화도 진행될 전망이다.

---

18 TSMC, "2023 Second Quarter Earnings Conference", 2023. 7. 20.; 서울경제, 〈'힘 숨찐' 레거시 파운드리 세계를 알아보자〉, 2023. 5. 22.

반도체 역량 강화, 인재확보에 답이 있다

앞서 살펴본 것처럼, 산업경제와 국가안보의 핵심인 반도체 주도권 확보를 위해 각국은 대대적 투자를 추진 중이다. 그런데 이같은 반도체 경쟁력 강화가 성공하려면 반드시 필요한 것이 바로 인재확보이다. 다만 인재육성은 일회성이 아닌 시간이 필요한 사안이기 때문에 2024년의 인력확보 전쟁은 그만큼 치열해질 것으로 전망된다.

미국은 삼성전자와 TSMC, 인텔 등의 반도체 제조시설을 유치했으나 인력부족으로 인해 계획이 지연되고 있다. SIA(미국반도체산업협회)는 2030년까지 미국의 반도체 일자리가 46만 개로 증가하지만 여전히 6만 7,000명의 인력이 부족하다고 지적했다. 이는 비싼 학비를 감당하며 STEM(과학, 기술, 공학, 수학) 분야를 전공하는 미국인이 많지 않은 데다, 외국인 학생의 경우 미국 체류가 까다로운 이민정책 때문으로 분석된다.[19] 인재확보를 위해 미국 정부는 「반도체 및 과학법」의 지원을 받은 기업이 반도체 개발인력은 물론 시설 건설과 운영에 필요한 인력까지 양성토록 하고, 반도체 해외인재 채용을 촉진하기 위한 입법을 검토 중인 것으로 알려졌다.

중국은 2025년까지 연 20만 명의 반도체 전문인력을 양성하기 위해 관련 단과대학 및 전문대학원을 설립하고, 엔지니어 연봉을

---

19 Sia Oxford Economics, "Chipping AwayAssessing And Addressing The Labor Market Gap Facing The U.S. Semiconductor Industry", 2023. 7.

2배가량 인상하는 파격적인 대우로 인력확충에 나서고 있다. 한국 등 반도체 기업의 엔지니어 영입에도 적극적이다.

우리나라도 예외가 아니다. 삼성전자와 SK하이닉스가 대학들과 손잡고 반도체 계약학과를 신설하고, 장학금 지급과 취업보장 등 입사 기회를 부여하고 있으나 단기간 내 인력확보는 난망이다. 2023년부터 주요 반도체기업들이 인재확보에 사활을 건 가운데 우리나라가 인재확보 문제를 시급히 해결하지 않으면, 2024년 이후 반도체산업의 미래도 불투명해 보인다. 특히 해외인재 확보가 필수불가결한 시점에서 이를 뒷받침할 고급인력에 대한 이민정책의 대전환이 시작될 시점이다. 이미 미국, 대만, 영국, 일본 등이 획기적인 비자정책 등 반도체 고급인력 확보를 위한 노력을 적극 경주[20]하고 있다는 점에서 더욱 그러하다.

반도체 공급망 재편, 위기를 기회로

앞에서 살펴본 바와 같이 2024년 한국의 반도체산업을 둘러싼 상황은 녹록치 않다. 자국의 공급망 편입을 종용하는 미국, 우리 반도체 수출의 절반 이상을 차지하는 큰손 중국, 글로벌 정세 불안을 틈타 반도체 부활을 꿈꾸는 일본에 둘러싸여 곳곳이 지뢰밭이

---

20 서울경제, 〈美 "반도체만 10만 명 부족"…비자 문턱 낮춰 '인재 모시기'〉, 2023. 4. 19.에 따르면, 미국은 이공계 석박사 소지자를 대상으로 그린카드 면제를 논의 중이다. 대만은 세계 500위권 대학 출신이 반도체 기업 면접 통과 시 취업비자 발급을 검토 중이며, 영국은 세계 50위권 대학 출신에게 2~3년간 구직활동이 가능한 '고도인재비자' 제도를 신설하고, 일본은 세계 100위권 대학 출신에게 첨단산업 비자 우대 등을 추진 중이다.

다. 자유무역의 과실에 안주했던 달콤했던 과거는 이제 끝났다. 자국 중심의 글로벌 공급망을 구축하려는 신무역질서를 가장한 보호무역주의가 본격적으로 전개될 것이다. 향후 몇 년간은 핵심반도체 생산국으로서의 한국의 위치가 흔들리지는 않겠지만, 기술우위를 어떻게 확보해 나가는가에 따라 위상은 급격히 변할 것이다. 미국 주도로 재편되는 공급망에 협력하며 한국이 취약한 시스템 반도체 경쟁력을 강화하고, 중국에 의존했던 시장구조를 다변화시키는 기회로 삼아야 한다. 위기를 기회 삼아 반도체 성공신화를 새로 쓸 때다. 일본의 수출규제로 시작된 지난 소부장 사태 때 우리는 이미 전화위복의 가능성을 경험했다.

신희동 ••• 한국전자기술연구원 원장. 전 산업통상자원부 기획조정실장/대변인. 미 브루킹스연구소 방문연구원. 서울대학교 경영학사/행정학석사 수료. 동국대 국제통상학과 석박사통합과정 수료.

부활하는 원전산업, 변화하는 경쟁 구도

탄소중립과 에너지 안보의 중요성이 부각되면서
주요국의 원전시장이 살아나고 있다.
이에 따라 경쟁은 치열해지고 경쟁 구도도 복잡해지고 있다.

임채영 한국원자력연구원 소장

원자력에너지 부활의 배경

원자력에너지가 다시 각광을 받고 있는 상황을 이해하기 위해 세계 에너지 시장의 환경을 살펴보자. 석유, 석탄, 천연가스와 같은 화석연료가 여전히 세계 에너지 시장의 가장 큰 부분을 차지하고 있지만 2024년에도 세계 에너지 시장과 산업을 관통하는 키워드는 탄소중립과 에너지 안보가 될 것이다. 2023년 지구촌 곳곳에서 경험한 이상기후 현상으로 우리는 기후변화가 먼 미래의 일이 아니라 우리에게 닥칠 시급한 문제라는 것을 실감하게 되었다.

이에 따라 앞으로도 탈탄소 에너지를 향한 움직임이 가속화되며 태양광과 풍력 발전의 증가가 꾸준하게 이루어질 것이다. 하지만 날씨에 의해 생산량이 크게 변동되어 수요에 따라 공급을 맞추기 힘든 태양광과 풍력만으로는 안정적인 전력공급이 어렵다. 따라서 이를 보완하기 위한 수단이 필요해진다.

그동안은 천연가스를 유력한 보완수단으로 여겨 왔고 많은 나라들이 재생에너지를 확대하고 석탄을 천연가스로 대체하는 정책을 펼치고 있다. 하지만 천연가스는 석탄과 비교하여 상대적으로 이산화탄소를 적게 배출하지만 여전히 많은 양의 온실가스를 배출하는 한계가 있고 더욱이 러시아가 천연가스를 무기화함에 따라 유사시에는 공급이 취약해지고 가격이 급등하는 단점이 드러났다.

한편 전기자동차 시장의 급속한 확대에 힘입어 2차 전지(배터리) 생산시설에 대한 대규모 투자가 이루어지고 기술도 빠르게 발전하고 있다. 이러한 추세가 지속된다면 재생에너지로 생산한 전기를 배터리를 사용하여 그리드 규모로 저장하는 것이 실현 가능해질 수 있을 것이다. 하지만 이러한 조합은 이를 구현하는 데 필요한 막대한 투자비용은 차치하더라도 핵심 공급망을 중국에 의존해야 하는 심각한 단점이 있다.

중국은 희토류 원소, 리튬, 코발트와 같이 전기자동차(EV), 풍력 터빈, 태양광 패널, 배터리 저장 시스템에 필수적인 핵심 원자재의 생산과 가공에서 절대적인 우위를 점하고 있다. 또한 원자재 공급을 발판으로 중국 기업들은 재생에너지 및 배터리 관련 제조 및 기술개발에도 앞서가고 있다. 중국이 마음먹기에 따라 원자재의 공급량과 가격이 결정되는 구조인 것이다.

더욱이 중국은 이러한 중요 자원에 대한 통제권을 활용하여 지정학적, 경제적 영향력을 강화하게 될 것이다. 재생에너지 설비나 전기차 인프라를 확장하려는 국가나 기업은 중국 공급망에 의존할 수밖에 없기 때문에 중국은 외교 및 무역 논의에서 이를 협상이나 분쟁의 도구로 활용하게 될 것이다. 당연히 미국과 유럽은 이러한 중국의 전략적 레버리지를 받아들이기 어려울 것이다.

중국의 지배력에 대응하기 위해 다른 나라들은 핵심 소재의 대체 공급원을 찾거나, 재활용 기술에 투자하거나, 아예 새로운 소재를 개발하는 등 다양한 해법을 추구하고 있다. 하지만 가격 경쟁력과 자원 생산과정에서 발생하는 환경문제로 인해 이러한 구조를 단기간에 극복하기는 어려워 보인다. 결국 현재는 물론 가까운 미래에도 중국을 배제하고는 탈탄소 에너지로의 전환이 어려운 상황이다.

요약하자면, 재생에너지 중심의 탄소중립을 추구하는 과정에서 가교 역할을 할 것으로 기대했던 천연가스의 구조적인 공급 불안정, 중국 주도의 재생에너지와 배터리 공급망 형성에 대한 우려 등 변화하고 있는 에너지 시장 환경이 원자력발전의 부활을 불러온 것이다.

원자력 정책의 전환은 원자력을 선호하는 정치지도자의 등장이나 천연가스의 가격 급등에 대한 반작용 등 일시적인 요인에서 비롯된 것이라기보다는 탄소중립 경제로 전환하는 과정에서 발생하고 있는 에너지 시장의 구조적인 문제에 대한 보완수단으로 진행되고 있는 것이다. 따라서 이러한 구조적인 요인이 해소되지 않는 한 원자력발전에 대한 선호는 지속될 것으로 전망된다.

원자력에 우호적인 정책 환경

어떤 산업이든 국가정책의 영향을 피할 수는 없지만 특히 원자력산업은 정부의 규제 및 진흥정책에 따라 부침을 거듭하는 성향이 강하다. 핵무기로 전용될 수 있는 민감한 핵물질을 원료로 사용한다는 점, 대형 원전사고가 발생할 경우 때로는 국경을 넘어서는 넓은 지역에 오랜 기간 그 영향을 미친다는 점 등을 고려하면 핵물질을 통제하고 원자력시설의 안전을 확보하기 위해 엄격한 규제가 필요한 것은 당연하다.

반면에 원자력에너지는 안정적으로 전력과 에너지를 공급할 수 있는 기술적으로 성숙된 산업이며, 원자력발전의 연료인 우라늄 자원은 석유나 천연가스와 같이 자원의 지역 편중과 지정학적 갈등으로 인한 수급 불안정이 발생할 여지가 훨씬 적은 장점이 있다. 또한 우라늄 가격이 발전원가에서 차지하는 비중이 낮기 때문에 연료비가 변동된다고 하더라도 전력 생산단가에 미치는 영향도 적어 안정적이다. 그리고 재생에너지와 마찬가지로 발전과정에서 이산화탄소를 배출하지 않기 때문에 탄소중립을 이루는 중요한 수단이 된다. 이러한 장점 때문에 주요 선진국들은 재생에너지와 원자력에너지의 조합을 미래 에너지 공급의 대안으로 추구하고 있다.

주요 선진국 가운데 원자력발전의 진흥에 가장 적극적인 나라는 미국이다. 그동안 침체되었던 원자력산업을 부흥시켜서 원전 종주국의 위상을 되찾고, 세계시장 지배력을 유지하기 위해 소형모듈원자로의 개발과 건설을 촉진하는 다양한 지원정책을 이행하고 있다. 특히 새로운 기술을 적용하는 원전이 신속하게 시장에 진입할 수 있도록 자금을 지원하고 규제환경을 개선하는 한편 핵연료 공급망 강화를 적극 추진하고 있다.

캐나다는 미국과 더불어 소형모듈원자로의 실증에 가장 적극적인 정책을 추진하고 있다. 연방정부는 투자기금을 마련하여 신기술 실증을 지원하고 있고, 주정부는 소형모듈원자로 건설 프로젝트를 지원하고 있다. 이러한 우호적인 지원 환경과 유연한 규제제도 덕분에 다수의 SMR 개발사들은 캐나다를 SMR 기술 실증의 테스트베드로 활용하기 위해 사업을 진행 중이다.

전통적인 원자력 강국인 프랑스는 원자력을 장기 에너지 전략의 중심축으로 유지하기 위해 노후 원전을 새로운 원전으로 대체하는 방식으로 자국 원전산업의 인프라를 유지, 발전시키는 정책을 추진하고 있다. 영국, 스웨덴 등 과거에는 원전 강국이었으나 원전산업 인프라가 취약해진 나라들도 신규 원전 건설을 천명하고 원전산업 부활을 추구하고 있다.

후쿠시마 원전사고 이후 안전문제에 집중하던 일본도 새로운 안전기준을 마련하고 원자력발전소 재가동을 진행 중이며, 특히 미국과의 협력을 통해 침체를 극복하고 원자력 기술 강국의 면모를 되찾고자 노력하고 있다.

원전산업의 규모와 잠재력을 보면 향후 미국과 견줄 수 있는 국가는 중국이 유일하다. 중국은 국가적으로 2030년까지 원자력발전 용량을 크게 확대하는 목표를 설정하여 꾸준히 추진 중이며, 계획대로라면 2030년이면 원전설비용량이 미국을 앞지르게 될 것이다. 널리 알려져 있지는 않지만 중국은 SMR 실증에서 가장 앞서 있다. 2022년에 세계 최초로 제4세대 원전의 하나인 고온가스로의 전출력 운전에 성공하였으며, 2025년 완공을 목표로 경수형 SMR 의 건설을 진행 중이다. 이 원전이 계획대로 가동된다면 미국에서 가장 사업진행이 빠른 SMR 프로젝트보다 3~5년이 빠른 것이다.

국제적으로도 원자력 활용이 확대되는 방향으로 정책이 추진되고 있다. 그동안 원자력 활용에 대해 보수적인 입장을 취해 왔던 유럽에서도 입장 변화가 이루어지고 있다. 지난 2022년, EU는 자신들의 지속가능한 금융분류체계(EU Taxonomy)에 원자력 기술을 포함시켰다. EU taxonomy는 어떤 경제활동이 환경적으로 지속가능한 것으로 간주할 수 있는지 판단하는 명확한 프레임워크를 구축하여 지속가능한 솔루션으로 투자를 유도하는 것을 목표로 한다. 따라서 원자력이 지속가능한 기술로 인식되면 상징적인 의미뿐만 아니라 사업의 개발과 진행에 실질적인 도움이 될 것이다. 친환경 투자에 관심이 있는 투자자들로부터 더 많은 민간자본을 유치할 수 있으며 자금 조달비용 절감의 혜택을 받을 수 있다. 또한 EU 전역의 원자력 부문에 대한 투자 증가로 이어질 가능성도 있다.

유럽의 일부 국가들과 환경단체들은 방사성폐기물, 사고위험, 우라늄 채굴의 환경 영향 등을 이유로 원자력을 지속가능한 에너지로 분류하는 것에 반대하고 있다. 그러나 앞서 논의한 바와 같이 원자력을 배제하면서 적기에 탄소중립을 이루는 현실적인 대안이 없는 상황에서 대세는 원전 활용 확대로 굳어지고 있다.

러시아의 배제가 세계 원전산업에 미치는 영향

러시아의 우크라이나 침공을 계기로 세계 원전시장에서 러시아의 입지가 축소되고 있다. 미국은 러시아에 대한 금융제재의 일환으로 러시아의 주요 에너지기업과의 거래를 제한하고 있으며 이는 러시아의 원자력산업을 총괄하는 국영기업인 로사톰(Rosatom)에도 영향을 미치고 있다. 그동안 러시아는 우라늄 채굴 및 농축부터 원자로 건설 및 기술 수출에 이르기까지 다양한 원자력산업 분야에서 핵심적인 역할을 해 왔다. 따라서 러시아가 제외될 경우 다양한 영향이 있을 것으로 보인다. 러시아가 세계 원자력 시장과 공급망에서 제외될 가능성과 그 영향을 살펴보자.

우선 러시아산 연료나 부품에 의존하는 국가나 원자로의 경우 대체 공급업체를 찾아야 하는데, 이는 운영 효율 저하와 비용 상승의 문제뿐만 아니라 대체품의 규제요건 충족 여부에 따른 안전문제를 일으킬 수도 있다. 따라서 러시아의 자원과 기술에 주로 의존하고 있는 원전 운영 국가의 경우 국제적인 제재에 동참하기는 어려울 것이다. 국제사회도 원전 안전이 문제가 된다면 해당 국가들의 동참을 강하게 요구할 수 있는 명분이 없다. 따라서 이미 가동 중인 원전에 들어가는 러시아산 원전부품과 핵연료에 대한 제재 가능성은 높지 않을 것이다.

당장 미국의 원전 운영사들도 2021년 기준으로 우라늄 공급의 14%, 농축 서비스의 28%를 러시아에 의존하고 있기 때문에 단기간에 이를 대체하기는 어려운 상황이다.

그렇다면 러시아의 배제는 새롭게 건설되거나 개발되고 있는 원전 프로젝트에 주로 영향을 미치게 될 것이다. 로사톰은 전 세계에서 가장 많은 대형 원전 건설사업을 진행하고 있다. 이러한 사업들이 제재 대상에 포함된다면 러시아의 기술, 전문성 또는 자금조달이 필수적인 프로젝트가 지연되거나 취소될 수 있다.

또한 러시아가 빠지면 미국, 프랑스, 한국 등 다른 주요 원전 공급 국가의 기업들이 그 공백을 메우기 위해 더 적극적으로 경쟁하게 될 것이다. 이는 우리나라에게 반드시 유리한 상황이라고 볼 수 없다. 러시아라는 강력한 경쟁국이 배제된 것은 우리에게 유리하지만, 이로 인해 최근까지 국제경쟁을 포기하다시피 했던 미국과 프랑스의 원전기업들이 정치력과 외교력이 우리보다 강한 자국 정부의 지원을 받아 경쟁상대로 다시 등장하기 때문이다.

특히 원전건설 붐이 다시 일어나고 있는 유럽지역의 경우 원전 수주의 경쟁 양상이 복잡해질 것이다. 러시아의 안보위협을 실감하고 있는 동유럽 국가들의 경우 전략적인 판단으로 미국 원전을 선택할 가능성이 높아지고 있다. 서유럽 시장의 경우 역사적, 지리적으로 이점이 있는 프랑스와의 경쟁이 불가피할 것이다.

러시아는 또한 농축우라늄의 주요 공급국이기도 하다. 러시아가 제재 대상이 되어 향후 러시아산 우라늄의 공급이 여의치 않을 것으로 예상되면 이러한 전망을 반영하여 사업의 시기를 조절하거나 기술적으로 대안을 찾는 경향이 나타날 것이다.

러시아가 시장에 공급하는 농축우라늄은 농축도가 5% 미만인 저농축우라늄과 농축도가 5~20%인 고순도 저농축우라늄(High Assay Low Enriched Uranium, HALEU)으로 구분할 수 있다. 이 중에서도 특히 HALEU의 경우 현재 러시아만이 유일하게 상업 규모로 공급이 가능한 상황이다. 따라서 러시아의 공급이 중단된다면 HALEU를 연료로 사용하는 원자로는 개발 시기가 늦춰질 수밖에 없다. 물론 미국이 이러한 공백을 메우기 위해 미국 내 농축회사를 지원하는 등 다양한 정책을 동원하고 있지만 향후 5~10년간의 공급 부족은 피하기 어려울 것이다.

이는 향후 SMR 시장의 경쟁 구도에 영향을 미치게 될 것이다. 현재 SMR 시장은 90여 종 이상의 소형 원자로 개념이 경쟁적으로 개발되고 있다. 그야말로 백가쟁명의 시대라 할 수 있다. 이 가운데 주류는 기존의 대형원전과 유사하게 물로 원자로를 냉각하는 경수형 SMR이다. 경수형의 경우 많은 경우 대형원전과 같은 5% 농축도의 저농축우라늄을 연료로 사용하기 때문에 HALEU 공급 지연과 관련이 없다.

한편 물이 아닌 다른 물질(예를 들어 액체 금속이나 용융염과 같은)로 원자로를 냉각하는 새로운 방식의 원자로(이를 통칭해서 비경수형 SMR이라고 한다)도 활발하게 개발되고 있는데, 이는 경수형 원전이 가지는 한계를 극복할 수 있는 장점이 있기 때문이다. 문제는 이러한 새로운 원자로의 장점을 극대화하기 위해서는 HALEU를 핵연료로 사용해야 한다는 것이다. 빌게이츠가 설립한 회사로 유명한 테라파워사가 개발하는 '나트륨'이라는 원자로가 대표적인 예이다.

러시아산 HALEU를 핵연료로 사용하는 것이 어려워지자 SMR 개발회사들은 대안을 모색하고 있다. 어떤 회사들은 원전의 실증 시기를 늦추는 방식으로 대응하고 다른 회사들은 원자로의 성능을 희생하면서 핵연료를 저농축우라늄으로 대체하는 것으로 설계를 변경하고 있다.

전자는 개발되는 SMR 시장 진입이 늦어지는 문제가 있고, 후자는 저농축우라늄 사용으로 인해 핵연료 교체주기가 짧아져서 이용률이 나빠지는 등 원자로의 원가경쟁력이 악화되는 문제가 있다.

경수형 SMR을 개발하는 기업의 입장에서는 경쟁의 우위를 점할 수 있는 긍정적인 면이 있지만 SMR 시장 전체를 놓고 보면 시장의 활력을 떨어뜨리고 사업의 불확실성을 키워 투자를 위축시키는 부정적인 측면이 더 크다.

특히 이러한 비경수형 SMR은 전통적인 전력생산 용도뿐만 아니라 고온 열 공급, 선박 추진 등 새로운 시장을 목표로 개발되는 경우가 많기 때문에 원자력 기술의 활용처를 넓혀 새로운 시장을 만들어 내고 탈탄소에 기여하고자 하는 시도가 위축될 수 있다.

또한 러시아의 배제로 중국과 러시아의 관계가 더욱 밀착할 가능성도 간과할 수 없다. 향후 러시아의 기술력과 중국의 자본이 합쳐진다면 이들이 새로운 원전기술의 개발을 주도할 수도 있다. 특히 이러한 HALEU 제약으로부터 자유로운 중국이 비경수형 SMR 개발에 앞서갈 수 있는 여건이 만들어지고 있다.

요약하면, 러시아가 세계 원자력 시장과 공급망에서 배제되면 다양한 측면에서 세계 원자력산업에 영향을 미칠 것이다. 글로벌 원자력산업의 상호 연결된 특성으로 인해 이러한 영향은 전 세계 원자력산업의 지형을 재편하는 단초가 될 수 있다.

세계 원자력 시장 전망

원자력에너지 시장과 산업은 1980년대 이래로 오랫동안 침체되어 있었다. 하지만 2024년 이후의 원전시장은 다시 살아날 것으로 전망된다. 하지만 현재의 원전산업 주도국과 기업들이 향후에도 지배적 위치를 유지할 수 있을지는 알 수 없다. 시장 참여자가 다양해지고 경쟁이 복잡해지면서 비교적 단순했던 경쟁 구도가 복잡하게 변화할 것으로 보인다.

다음은 예상되는 몇 가지 경향을 간추린 것이다.

첫째, 원전을 보유하고 있는 나라들은 기존 원전을 최대한 이용하는 정책을 추구하게 될 것이다. 전 세계, 특히 미국과 유럽에 있는 기존 원자로의 상당수가 초기 설계 수명이 거의 끝나가고 있다. 독일을 제외한 다수의 국가들은 기존 원전의 안전이 확보되는 한 원자로의 수명을 연장하는 데 중점을 두게 될 것이다.

둘째, 유럽을 중심으로 대형원전 건설이 다시 시작될 것이다. 그동안 시장이 형성될 것으로 기대되었던 동유럽은 물론이고 서유럽 국가들에서도 새로운 원전 건설이 추진될 것이다.

셋째, 지난 몇 년간 시장의 관심을 받았던 소형모듈원자로(SMR)의 경우 개발이 진행됨에 따라 본격적으로 옥석 가리기가 이루어질 것이다. 각각의 사업들이 구체화되고 진척됨에 따라 초기의 기대를 충족시키는지에 대한 시장의 냉정한 평가로 이어질 것이다. 이 과정을 통해 SMR 시장의 승자와 패자가 가려지기 시작할 것이다.

우리나라 원자력산업 전망

2024년 우리나라 원자력산업계의 화두는 신규원전 건설 재개와 고준위방사성폐기물 최종 처분 관련법 제정이 될 것이다. 또한 SMR 사업을 중심으로 민간의 원자력산업 참여 확대도 중요한 트렌드가 될 것이다. 후쿠시마 원전 오염수 이슈는 기술적인 대책으로 논의가 이전되면서 점차 잦아들 것으로 예상된다.

2024년 중에 발표될 제11차 전력수급기본계획에는 2024~2038년 적용될 발전 및 송·변전 설비 계획 등이 담기게 된다. 현 정부에서는 지난 정부의 탈원전정책을 폐기하고 원자력의 적극적인 이용을 추진하고 있다. 이러한 정책기조를 고려할 때 신규원전 건설이 11차 계획에 담길 가능성이 매우 높다. 이 경우 신규원전 부지를 적기에 확보할 수 있는지가 관건이 될 것이다.

환경부에서는 2022년 12월에 한국형 녹색분류체계 가이드라인(K-taxonomy)을 개정하였다. 개정된 가이드라인에는 기존 원전의 계속운전, 대형원전 신규건설, SMR 개발 및 실증이 녹색경제활동에 포함되었다. EU taxonomy와 마찬가지로 원자력이 녹색경제활동으로 인정받기 위한 인정조건을 제시하였다. 그 가운데 하나가 "고준위 방사성폐기물의 안전한 저장과 처분을 위한 문서화된 세부 계획이 존재하며, 고준위 방사성폐기물 처분시설의 조속한 확보 및 계획 실행을 담보할 수 있는 법률이 제정되었는가" 하는 것이다.

현재 국회에는 고준위방폐장 확보를 위한 절차를 명시한 3건의 법률안이 발의되어 있다. 이 법률안이 금번 21대 국회에서 제정된다면, 2024년에는 사용 후 핵연료 최종 처분을 위한 연구시설 부지 확보 절차가 본격적으로 진행될 것이다.

그동안 사회, 정치적으로 큰 논란이 되었던 일본의 후쿠시마 원전 오염수 방류 문제는 보다 기술적이고 실질적인 차원으로 논의가 이루어질 것이다. 시설이 설계대로 적절하게 운영된다면 이를 반대할 과학기술적 근거가 부족하고 일본의 방류 자체를 제지할 수 있는 현실적인 대안이 없는 상태에서 시설에 대한 기술적인 점검이 최선의 방안이 될 것이다. 방사성핵종 제거시설이 제대로 작동하는지, 방류 시 방사성핵종에 대한 측정값은 신뢰할 수 있는지를 확인하는 것이 중요하다. 한일 양국 간 합의에 의해 이러한 장치가 마련된다면 국민들의 불안감을 줄이는 데 큰 도움이 될 것이다.

세계적으로 SMR 개발은 민간기업들이 주도하고 있다. 우리나라의 다수 민간기업들도 해외의 SMR 개발사업에 참여하고 있다. 우리 정부에서도 국내 SMR 개발 방식을 민간주도로 유도하기 위해 정책을 추진하고 있다. 이러한 정책에 힘입어 그동안 우리가 개발한 그리고 개발이 진행 중인 SMR 사업에 국내 기업의 참여가 확대될 것이다. 특히 고온가스로형 SMR과 용융염 SMR 사업은 민간의 관심이 높고 새롭게 시작하는 사업으로 기득권을 가진 기관과 기업이 없기 때문에 민간기업의 참여가 활발하게 이루어질 것으로 전망된다.

임채영 ••• 한국원자력연구원 혁신원자력시스템연구소장. 책임연구원. 《원자력 경제성 분석 연구》 등 다수의 연구보고서. 서울대학교 공학사. 한국과학기술원 석사, 박사(원자력공학).

미·중 무역 갈등과 세계경제의 불확실성

미·중 간 무역 갈등과 러시아의 우크라이나 침공으로
포스트 냉전 시대, 세계화의 불확실성이 다시 높아졌다.
2024년 세계경제의 회복세도 불확실할 것으로 전망된다.

박원암 홍익대학교 경제학과 명예교수

글로벌 금융위기 이후 대침체에서 벗어나려던 세계경제는 2020년 코로나19 팬데믹으로 다시 마이너스 성장의 늪에 빠졌다. 2021년에는 그 반작용으로 다시 플러스 성장으로 돌아서고 팬데믹에서 벗어나기 시작했으나 2022년 2월 러시아의 우크라이나 침공으로 미국 트럼프 정부 출범 이후 미·중 간 갈등으로 가뜩이나 높아진 국제 경제질서의 불확실성이 다시 높아졌다. 게다가 팬데믹 진정과 함께 팬데믹 이전의 일상생활로 돌아가며 다시 성장세를 회복하는 와중에 예상치 못했던 높은 인플레이션을 경험하였다. 2023년에는 세계 각국이 인플레이션을 진정시키기 위해 노력한 결과, 인플레이션이 정점을 지나서 점차 낮아진다고 전망한다.

인플레이션 진정과 함께 2023년에는 선진국을 중심으로 성장률이 다시 낮아졌다. 그렇다면 2024년 세계경제는 다시 회복될 수 있을 것인가. 세계경제 환경의 변화가 우리나라에는 어떤 영향을 미칠 것인가.

세계경제 환경의 변화

1989년 베를린 장벽이 무너지고 구 사회주의 국가들이 몰락하면서 1990년대에는 시장경제 자본주의에 의한 경제발전에 박차를 가하게 되었다. 1993년과 1995년에는 각각 EU와 세계무역기구(WTO)가 출범하면서 세계화가 빠르게 진전되었다. 한편 1997년에는 아시아 금융위기가 발생하며 아시아의 정부주도형 경제발전 패러다임에 의문이 제기되기도 하였다. 후발 신흥경제국 중국도 시장경제 개혁에 박차를 가하며 2001년에는 세계무역기구(WTO)에 가입하였다. 이렇게 베를린 장벽 붕괴 이후 포스트 냉전 시대에 글로벌 경제는 인류역사상 전례가 없는 급속한 통합을 이루었다.

그러나 중국의 급속한 수출 성장은 1990년대 이후 풍미하였던 세계화에 장애요인이 되었다. 무역자유화는 모든 국가가 혜택을 누리는 원-윈 과정이지만 손해를 보는 산업이나 계층이 존재한다. 실제로 중국의 부상으로 선진국들이 중국의 값싼 노동력을 이용할 수 있었지만 미국과 유럽의 저임금·저숙련 노동자들이 피해를 입게 되었다. 또한 중국이 예상보다 빠르게 G2 국가로 성장하면서 선진국들은 정치·경제적 위험을 생각하게 되었다.

자유무역은 쌍방에게 혜택을 누리게 하는 원-윈 게임이다. 하지만 임금이 낮은 국가와의 교역은 임금이 상대적으로 높은 국가의 소득분배를 악화시킨다. 중국의 저임금 생산 품목의 수출로 상대방 국가의 물가가 낮아질 수 있지만 중국 수출품과의 경쟁에서 밀려난 선진국의 저임금 노동자 실업이 늘어나며 가뜩이나 시장경쟁으로 나빠진 소득분배를 더욱 악화시킨다. 또한 세계화로 재화뿐만 아니라 자본과 노동도 활발하게 이동한다. 자본의 자유로운 이동의 혜택을 누리기 위한 신흥국의 자본자유화 조치는 이로 인한 자본유입의 문제를 피해 가지 못했다. 한국도 예외가 아니어서 결국 자본자유화에 따른 단기외채 증가가 1997년 외환위기의 도화선이 되기도 하였다.

사람들의 자유로운 이동은 더 복잡한 문제를 일으킨다. 통상 사람들은 한 국가 안에서 비자 없이 이동한다. 그러나 무역을 자유롭게 할 뿐만 아니라 사람들의 이동도 자유롭게 하여 하나의 통화를 사용하는 하나의 국가를 이루자는 이념으로 1993년에 출범한 유럽연합(EU)이 결국 국경을 넘는 자유로운 이민문제로 2016년에는 영국이 EU를 탈퇴하게 되었다. 그해 미국의 대선에서는 트럼프가 당선되고, 유럽에서도 자국 우선주의를 강조하는 극우파가 득세하며 자유주의와 세계화가 30년 만에 후퇴하게 되었다.

이러한 후퇴의 배경에는 2008년의 글로벌 금융위기를 계기로 공격의 대상이 된 카지노 자본주의 및 극부유층의 소득 증가가 자리 잡고 있다. 세계화가 선진국에게 축복이 되지 않고 중국의 부상만 도와줬다는 주장이 힘을 얻으면서 2017년 출범한 미국의 트럼프 정부는 자국민을 보호하기 위한 자국 우선주의를 채택할 수밖에 없었다. 미국은 2018년 7월 중국에 관세를 부과하고 즉각적으로 중국도 관세로 대응하면서 양국 간 관세전쟁이 시작되었다. 트럼프 정부는 미국이 주도했던 환태평양경제동반자협정(TPP)을 폐기하고, 기후협약에서도 탈퇴하였다. 2020년에는 반도체 생산에 유용한 인센티브를 제공하여 반도체 생산을 국내로 돌리기 위한 CHIPS 법을 제정하였다.

트럼프 공화당 정부에 이어 출범한 바이든 민주당 정부도 경제안보 전략으로 중국을 견제하는 정책을 채택하였다. 바이든 정부는 트럼프 정부의 국가안보전략을 이어받는 새로운 국가안보전략을 발표하였다. 2022년 2월에는 러시아가 우크라이나를 침공하면서 지정학적 갈등이 증폭되고 기존의 국제관계 및 글로벌 경제통합이 와해되는 위험에 이르게 되었다. 5월에는 환태평양경제동반자협정(TPP)을 폐기한 대신, 인도·태평양 지역 국가의 공급망 안정을 위한 인도태평양경제프레임워크(IPEF)를 제안하였다. 아울러 미국은 CHIPS와 과학법을 통합한 「반도체 및 과학법(CHIPS & Science Act)」과 「인플레이션 감축법(IRA)」을 제정하여 기업들에게 높은 국내생산 의무를 부과함으로써 미국의 글로벌 리더십을 강화하려 하였다.

이러한 미국의 이니셔티브는 향후 지정학적인 글로벌 가치사슬의 재구성으로 이어질 것이며, 이미 주요국의 생산 및 원자재 조달 전략에 영향을 미치기 시작하였다. 미국은 한국, 일본, 대만과 칩4 동맹을 만들어 중국으로부터 독립된 반도체 공급망을 구축하려 한다. EU가 제안한 유럽 Chips Act는 EU의 반도체 산업을 2030년까지 전 세계 생산 능력의 20%로 높이는 것을 목표로 430억 유로 이상을 투자한다. 또한 중국을 대체하는 인도의 역할이 부각되면서 미국, 유럽, 일본은 인도와 반도체 동맹을 결성하였다.

각국은 지정학적 갈등 고조에 따른 지경학적 단절의 위험을 피하고자 기존의 공급망을 재편성하는 동시에 외국인 직접 투자(FDI)의 지형도 바꾸고 있다. 자유주의 국가들은 구 사회주의 국가들이 여전히 국가주의에 기반을 두고 인권탄압을 한다고 의심한다. 러시아-우크라이나 전쟁은 이러한 의심이 사실임을 확인하는 계기가 되었고 가치를 공유하는 국가들로 세계경제 질서를 재편해야 한다는 목소리가 커지고 있다.

그러나 신흥시장국과 개발도상국은 세계경제 환경의 변화에 따른 공급망 단절 및 지정학적 갈등 증폭에 취약하다. 지정학적 블록의 출현으로 수출 및 외국인 직접투자와 경제성장의 손실이 나타날 수 있다. 우리나라도 새로운 지정학적 갈등으로 수출의 피해가 예상된다. 따라서 글로벌 통합을 유지하기 위한 다자간 노력이 지리경제적 단절에 따른 크고 광범위한 경제적 비용을 줄이는 최선의 방법이다. 다자간 협정이 가능하지 않다면 일방적 정책의 부작용을 완화하기 위한 다자간 협의가 필요하다.

팬데믹 이후 대외 무역환경의 불확실성이 높아지면서 중국에 대한 수출의존도가 높은 우리 경제의 진로도 불확실하다. 팬데믹 이전에는 수출이 품목별, 지역별로 비슷한 추세를 보였으나 올해 들어서는 이러한 추세가 바뀌고 있다. 대외 무역환경의 불확실성과 우리나라 수출에 대해서는 마지막에 다루기로 한다.

세계경제 전망

　세계 주요 전망기관들은 2024년 경제회복이 여의치 않다고 전망한다. 국제통화기금(IMF)은 2023년 7월 전망에서 2023년과 2024년 중 세계경제가 3% 성장할 것으로 예상하면서, 이는 2000~2019년 연평균 성장률 약 4%에 비하여 매우 낮은 수준임을 강조한다. 미국과 중국의 성장률이 내년에는 올해보다 낮아지고 일본의 경제회복도 주춤해진다. 그러나 우크라이나 전쟁의 여파로 크게 침체했던 유럽 경제가 다시 살아나고 신흥경제국도 회복 추세를 보이면서 미국과 중국의 성장률 저하를 상쇄할 것으로 전망한다.

　미국 경제는 고용 사정이 양호하지만 인플레이션을 억제하기 위한 고금리 정책의 경기 진정효과가 지속되면서 성장률 제고에 걸림돌이 될 것으로 보인다. 양호한 노동시장과 인플레이션 둔화로 소비자의 구매 여력이 증가할 수 있으나 고금리에 따른 대출상환 부담이 소비 여력을 낮출 것으로 보인다. 또한 고금리에 따른 주택가격 하락으로 건설투자도 위축될 것으로 보인다. 설비투자를 늘리려고 정부가 유인책을 마련하고 있으나 재정 적자를 감축해야 하는 상황에서 민간투자의 높은 성장을 기대하기 어렵다.

　유로 지역도 인플레이션을 억제하기 위해 실시하는 통화긴축정책으로 성장률 제고에 걸림돌이 될 것으로 보인다. 그러나 높은 수준의 인플레이션으로 올해 크게 위축된 투자와 소비가 인플레이션 완화로 반등하면서 내년 성장률이 올해보다 높아질 것으로 전망된다.

일본은 금융완화 기조를 유지하는 가운데 미국과의 금리차 확대로 엔화가 약세를 보이고 성장세도 완만하게 확대되고 있다. 그러나 내년에는 미국의 정책금리 인상이 멈추면서 엔화가 다시 강세를 보이고 경제 안정을 위한 일본은행의 금융완화정책 변동 가능성 등으로 성장률이 다소 둔화할 것으로 전망된다.

중국은 제로 코로나 정책의 전환으로 올해 중국 경제가 얼마나 반등할 것인지가 관심의 대상이었으나 올해 상반기 리오프닝 효과는 예상보다 크지 않았다. 내년에는 미·중 갈등의 장기화와 부동산시장 불안 등 위험요인이 상존하므로 단기적으로 성장률을 높이려 하기보다는 장기적 안정성장을 추구하는 가운데 성장률이 올해보다 낮아질 것으로 보인다.

팬데믹이 진정되면서 세계경제를 짓눌렀던 인플레이션이 점차 진정될 것으로 보인다. 국제통화기금(IMF)은 2023년 7월 전망에서 세계 물가상승률이 2022년 8.7%에서 2023년에는 원자재 가격의 안정으로 6.8%로 낮아지고 2024년에는 5.2%로 낮아진다고 전망하였다. 그러나 여전히 인플레이션 압력이 도사리고 있으므로 물가안정을 위한 거시경제정책과 긴축에 따른 금융시장 불안을 방지하기 위한 금융감독 강화, 금융위험 모니터링 등 금융시장 안정정책을 주문하였다.

내년 이후 중기적으로 인플레이션 위험이 낮아지면서 세계경제가 회복되는 것은 아니다. 국제통화기금(IMF)은 향후 5년간에도 세계경제가 2023~2024년과 비슷한 연평균 3% 성장한다고 보았다. 이는 1990년 이후 IMF의 5년 중기 전망 중 가장 낮은 성장률이다. 가장 높았던 시기는 2008년 글로벌 금융위기로 2009년 세계

성장률이 마이너스로 떨어진 이후 5년간 연 4.9% 성장이었다.

국제통화기금(IMF)은 향후 세계성장률 저하의 이유를 다음과 같이 제시하였다. 우선 중국과 한국을 비롯하여 신흥경제국들이 소득수준이 높아지면서 성장률이 낮아지는 수렴현상을 들었다. 다음으로는 인구증가율의 감소에 따른 노동력 증가율 둔화를 들었다. 마지막으로 위에서 설명한 바와 같은 세계경제 환경의 변화로 지경학적 단절이 이루어지는 것을 들었다.

우리나라는 수출의존도가 높으므로 세계경제성장 둔화의 영향을 직접적으로 받게 된다. 국제통화기금이 세계성장률 둔화의 이유로 꼽은 수렴현상, 저출산·고령화, 지경학적 단절 위험은 우리나라의 경제성장률 둔화의 요인으로 자주 언급되고 있다.

대외 무역환경의 불확실성과 수출

미·중 무역 갈등은 글로벌 위험 증가의 주요 원인이다. 중국은 1990년대 시장경제를 받아들이기 위한 경제개혁 후 2001년에 세계무역기구(WTO)에 가입하면서 세계 무역량은 거의 두 배로 증가하고 중국의 수출도 크게 늘어 G2로 부상하는 데 큰 도움을 주었다. 그러나 중국의 수출이 빠르게 늘어나면서 미국과 유럽 및 선진국 경제와의 무역 갈등도 심화하였다. 중국이 세계무역기구에 가입하면서 자유무역체제로의 이행과 개방에 대한 요구가 강해진 반면, 중국 경제의 개혁은 지체되었다. 중국의 국영기업이 국내 및 해외 시장에서 더 큰 역할을 하면서 발생하게 된 각종 무역 갈등을 세계무역기구를 통하여 해결하기에는 한계가 있었다. 결국 중국의 부상으로 피해를 입게 된 국가들은 자국 우선주의를 선호하게 되었다.

미국의 트럼프 정부는 2018년 7월, 중국에 관세를 부과하고 즉각적으로 중국도 미국에 대한 관세로 대응하면서 양국 간 관세가 점차 높아졌다. 양국은 2020년 초 1단계 무역협정에 서명하였으나 추가적 관세부과를 피하고 무역 제한조치를 되돌리는 데 거의 도움이 되지 않았다. 바이든 정부도 경제안보 측면에서 트럼프 정부의 전략을 계승하면서 EU를 비롯한 동맹국들과 중국에 영향력을 행사하기 위한 전략적 연대를 추구하였다. 2021년 9월에는 미국-EU 무역 및 기술위원회(TTC)를 통하여 공정무역 및 시장경제와 민주주의를 위한 동맹국의 협력을 강조하였다. 미국은 반도체와 청정에너지 장비 등 분야에서 중국의 진출을 억제하겠다는 의도를 명백히 드러내면서 무역 갈등은 첨단기술 영역으로 확대되었다. 2022년 5월 미국 국무장관은 투자(invest), 정렬(align), 경쟁(compete)의 대중국전략을 발표하였다. 투자는 R&D 및 기반시설에 대한 지출 증대를 의미한다. 정렬은 공유된 관심 분야에서 동맹국과 함께 하는 미국의 안보 및 외교적 노력을 의미한다. 경쟁은 중국과의 글로벌 경쟁에서 추구하는 안보, 외교 및 경제 이니셔티브를 말한다.

이러한 미국의 대중국전략으로 미·중 간에는 어떤 변화가 일어날 것인가. 세계 공급망 사슬에서 중국을 배제하는 디커플링(decoupling)이 미국 경제에는 도움이 되나, 지금까지 중국과의 무역에 의존하였던 국가들이 중국과의 무역을 단절하기란 매우 어려운 일이다. 따라서 중국과 무역 갈등을 일으키면서도 중국과의 무역을 단절하지는 않을 것이므로 디커플링 대신 디리스킹(de-risking)이라는 용어를 사용하고 있다. 이 용어는 우르줄라 폰데어라이언 EU 집행위원장이 올해 3월 프랑스 마크롱 대통령과 베이징을 방문하여 시진핑과 회담하면서 처음 사용하였다. 이어서 5월 G7 회의의 합동 코뮤니케에서도 이 용어를 사용함으로써 G7의 공식 용어가 되고 중국과의 무역 단절과는 거리를 두게 되었다. 그러나 중국은 디리스킹이 디커플링과 차이가 없다고 반발하고 있다.

사실 미국은 중국을 공급망 사슬에서 제외하기 어렵다. 중국은 미국의 세 번째 무역국이며, 비록 비중이 줄어들고 있지만 여전히 중국으로부터의 소비재 수입에 크게 의존하고 있다. 또한 중국은 미국 반도체기업의 최대 시장이다. 이런 사정으로 올해 7월에는 재닛 옐런 미국 재무장관이 중국을 방문하여 중국과의 소통을 강조하였다.

중국과의 무역의존도가 높은 한국을 비롯한 아시아 국가들이야말로 디커플링보다는 디리스킹을 원하고 있을 것이다. 그러나 이미 한국의 대중 수출도 줄어들고 있다. 우리나라 수출은 2022년 하반기 이후 글로벌 고금리와 반도체 및 제조업 경기 위축으로 둔화하기 시작하였다. 지역별 수출을 보면, 올해 상반기 중 대중국 수출은 전년 동기 대비 26% 감소하고, 대 아세안 수출도 21% 감소하였다. 반면 대 미국 수출은 0.3% 증가하고, 대 EU 수출도 5% 증가하였다. 대중국 수출 비중은 20% 아래로 떨어지고 미국이 한국 수출 1위국이 되었다.

향후 IT 경기가 살아나면서 IT 비중이 높은 중국과 아세안으로의 수출이 개선되겠지만, 세계 무역환경의 변화로 수출이 과거와 같이 큰 폭으로 늘어나기는 어렵다고 전망된다. 저출산·고령화에 이어 대외 무역환경의 변화가 우리 경제의 지속적 성장에 장애요인이 되고 있다.

박원암 ••• 홍익대학교 명예교수(경제학부 교수, 법경대학장), 한국국제경제학회장, 한국금융학회장, 한국계량경제학회장. 서울대학교 경제학사, MIT 경제학박사.

17. 러-우 전쟁

러-우 전쟁의 장기화 전망과 한국 외교의 딜레마

우크라이나 전쟁은 2024년에도 계속될 가능성이 높다.
휴전·평화협정 여부는 2024년 미 대선의 결과에 크게 좌우될 것이다.
동맹 유지와 경제적 이익 모두를 고려하는 균형 잡힌 외교가 필요하다.

안병억 대구대학교 군사학과 교수

시작하는 글

2022년 2월 24일 전격 시작된 러시아-우크라이나 전쟁(이하 '우크라이나 전쟁')이 1년 반이 더 지났다. 일부에서 우려한 바와 다르게, 미국이 주도하는 서방의 대러시아 제재와 압박정책은 아직까지 균열 없이 유지 중이다. 천연가스와 원유 등 지하자원을 러시아에 크게 의존했던 유럽은 이런 자원이 거의 끊어진 채 전쟁 발발 첫해 반을 넘겼다.

외교적으로 전쟁의 중재나 휴전을 위한 노력이 계속해서 있었다. 지난 3월 중국이 우크라이나에 사절을 보내 휴전협상 개최 여부 등을 논의했으나 이렇다 할 성과가 없다. 미국과 유럽 등 서방 선진 7개국(G7)도 우크라이나와 유사한 협의를 했지만 뚜렷한 결과가 나오지 않았다.

전황에서는 몇 가지 변화에도 교착상태가 지속 중이다. 2022년 겨울부터 러시아의 총공세가 6개월 넘게 계속됐고, 2023년 6월 중순부터 우크라이나는 춘계 대반격으로 응수했다.

이 글은 2022년 겨울부터 올해까지 진행된 전황의 중요 국면을 간략하게 알아보고 휴전이 성립하기 위한 여러 조건을 검토한다. 미국과 유럽 주요국의 대러시아 정책, 우크라이나가 요구한 북대서양조약기구(NATO, 나토)의 가입 여부, 전쟁에서 중립을 유지 중인 '글로벌 사우스'의 시각 등도 고려한다. 이어 이 전쟁이 우리의 외교안보 정책에 끼친 딜레마를 점검한다.

러시아의 겨울 총공세와 우크라이나 춘계 대반격

러시아가 전쟁 초기에 점령한 우크라이나 북동부 돈바스 지역을 두고 치열한 전투가 지속됐다. 점령지를 굳히려는 러시아와 이를 탈환하려는 우크라이나군의 한 치도 물러설 수 없는 전투였다. 특히 이 가운데 바흐무트(Bakhmut) 전투가 희생이 컸다. 지난해 11월부터 6개월 넘게 전투가 계속됐는데, 지난 5월 말 러시아는 이 도시 점령을 선언했고 우크라이나도 이를 인정했다.

미국과 유럽 몇 개국으로부터 탱크 등을 지원받은 우크라이나는 6월 중순부터 춘계 대반격을 개시했다. 러시아가 점령한 영토를 되도록 많이 되찾는 게 반격의 목표다. 반격의 경우 신속하게 영토를 재탈환해야 하는데, 우크라이나군은 전격전이 아니라 더딘 속도로 전진과 후퇴를 반복 중이다. 그만큼 전황이 녹록하지 않음을 보여 준다. 미국은 에이브럼스 탱크 31대, 독일은 18대의 레퍼드2 탱크 지원을 1월 말에 결정했다. 우크라이나 병사들은 이런 탱크의 실전 훈련을 거쳐 지난 4월쯤부터 전선에 투입했다.

우크라이나의 춘계 대반격은 그동안 교착상태에 빠진 전황을 우크라이나에 유리하게 변화시켜 앞으로의 휴전 등을 가늠하게 할 수 있는 중요한 잣대이다.

우크라이나의 나토 가입은 일단 보류

"우크라이나는 나토 동맹국들이 동의하고 가입조건을 충족하면 나토에 가입할 수 있다." 7월 11일부터 이틀간 리투아니아의 수도 빌뉴스에서 열린 나토 정상회담에서 31개 회원국들이 내린 결론이다. 우크라이나는 이번 회담에서 최소한 나토 가입에 대한 분명한 이정표를 요구했다. 그러나 나토를 주도해 온 미국은 이런 이정표조차 거부했다.

일단 전쟁 중인 국가는 나토 회원국이 될 수 없다. 미국은 우크라이나 전쟁 발발부터 지금까지 참전은 없음을 누누이 밝혔다. 러시아와 미국이 직접 교전한다면 자칫하면 3차 대전으로 번질 위험이 있기 때문이다. 또 하나 중요한 이유는 우크라이나의 나토 가입 이정표가 현재의 전쟁에 미칠 영향이 매우 불확실하기에 미국은 개략적인 시간표조차 제시하지 않았다.

러시아는 침략 전에 미국에 우크라이나를 나토 회원국으로 받아들이지 않겠다는 보장을 요구했으나 거부당했다. 우크라이나의 나토 가입은 앞으로의 휴전이나 평화협상에서 주요 쟁점이 될 것이다. 이런 이유로 미국은 물론이고 독일은 우크라이나의 나토 가입에 아주 신중하다. 반면에 과거 소련의 압제에서 신음했던 폴란드와 발트3국과 같은 나토 회원국들은 우크라이나에 나토 가입과 관련 명확한 이정표를 제시해 줘야 러시아의 이번 침략과 같은 유사한 도발을 저지할 수 있다고 생각한다. 우크라이나 전쟁이 종결되어야 우크라이나의 나토 가입 로드맵이 명확해질 수 있다.

'글로벌 사우스'의 상반된 시각

이번 전쟁은 미국이 주도하고 유럽 등 자유민주주의 국가들이 합류한 '글로벌 서구(Global West)'와 러시아와 중국 등을 대표로 하는 '글로벌 이스트(Global East)'의 시각 차이를 극명하게 드러냈다. 나머지 국가는 '글로벌 남반구(Global South)'로 러시아의 침략을 규탄하는 유엔 안전보장이사회(안보리)의 결의안에서 기권했거나, 어느 편에도 가담하지 않은 국가들은 일컫는다. 전 핀란드 총리이자 외무장관으로 차기 유럽연합(EU) 고위 외교안보대표의 물망에 오르고 있는 알렉산더 스텁(Alexander Stubb)은 이 세 개 그룹에 드는 구체적인 국가 수를 제시했다.[1]

유엔 회원국 193개국 가운데 140개국이 침략을 규탄했으나,

---

1 Alexander Stubb, "The west must learn from its mistakes if it wants to shape the new world order", *FT*, May 10, 2023.

이 가운데 40개국만이 대러시아 제재를 부과했다. 아시아에서는 우리나라와 일본 등 2개국이 여기에 든다. 반면에 아프리카나 라틴아메리카에서는 한 나라도 러시아를 제재하지 않았다. 즉, 러시아는 서구에서는 고립됐을지언정 나머지 세계에서는 그렇지 않다. 그에 따르면 글로벌 웨스트는 미국과 EU 27개 회원국과 우리나라 등 약 50개국으로 기존의 자유주의적 국제질서 유지를 원한다. 대척점에 있는 글로벌 이스트는 중국과 러시아 이란 등 20개국으로 기존 질서를 타파하려 한다. 글로벌 사우스는 브릭스(BRICS) 가운데 중국과 러시아를 제외한 브라질과 인도, 남아프리카공화국, 사우디아라비아, 나이지리아 등 125개국이다. 흔히 이들을 지정학적 중간지대의 나라로 부른다.

글로벌 웨스트와 글로벌 사우스의 시각차는 설문조사에서 확인된다. 유럽외교협회(European Council on Foreign Relations, ECFR)가 인도와 튀르키예, 중국, 독일, 프랑스, 이탈리아, 스페인, 폴란드, 포르투갈, 에스토니아, 루마니아와 영국 등 15개국에서 총 1만 9,765명의 성인을 대상으로 실시한 설문조사를 지난 2월 말 공개했다.[2] '우크라이나가 영토를 빼앗기더라도 조속하게 종전해야 한다'는 질문에 대해 EU 회원국 시민들은 30%, 미국 시민들은 21%만 찬성했다. 반면에 인도는 54%, 튀르키예 48%, 중국은 42%가 지지했다. '러시아가 동맹국이냐 적이냐'에 대해서도 인도인의 51%가 러시아를 동맹국, 튀르키예 55%가 러시아를 필요한 파트

---

2 European Council on Foreign Relations, "United West, divided from the rest: Global public opinion one year into Russia's war on Ukraine", *Policy Brief*, Feb. 2023.

너로 생각했다. 미국과 EU 회원국 시민들은 각각 55%, 54%가 러시아를 적으로 간주했다. 이처럼 침략전쟁에 대해 시각 차이가 큰 이유는 미국 외교정책이 보여 준 이중성과 위선 때문이다.

　미국은 2003년 3월 이라크가 대량살상무기를 보유했다며 전격 침공했으나 핵무기 등은 이라크에 없었다. 미국은 국가지도자라도 전범으로 기소할 수 있는 국제형사재판소(ICC)조약을 비준하지 않았다. 이 두 가지는 미국의 위선적인 외교정책을 보여 주는 대표적인 사례다. ECFR의 설문조사는 미국의 이익에 따라 정의가 자의적으로 결정된다는 글로벌 사우스의 시각을 잘 보여 준다.

시간은 푸틴의 편일까

　우크라이나의 춘계 대반격 결과에 따라 이번 전쟁의 장기화 여부 혹은 휴전협상의 본격 재개가 영향을 받는다. 또 하나 중요한 변수는 내년 11월 5일에 치러질 미국의 대통령선거 결과다.

　미국 공화당에서는 도널드 트럼프 전 대통령이 유력한 대선 후보로 부상 중이다. 그는 "대통령에 당선되면 24시간 안에 우크라이나 전쟁을 종결하겠다"고 공언해 왔다. 미국의 지원이 중단된다면 독일이나 영국, 프랑스 등 유럽 각 국의 지원도 지속될 수 없을 것이다. 따라서 우크라이나는 트럼프가 당선되고 지원을 중단한다면 머지않아 러시아와 휴전협상에 나설 수밖에 없을 것이다. 서방의 일부 전문가들은 푸틴이 미국 대선 결과까지 현 전선을 최대한 유지하면서 버틸 가능성이 높다고 본다. 시간이 지날수록 드러날 수 있는 미국과 유럽의 분열을 최대한 활용해 휴전이나 평화협상에서 유리한 고지를 차지하려는 게 푸틴의 속셈으로 간주된다.

설령 민주당의 바이든 대통령이 재선에 성공해도 미국이 지원을 계속할지는 불확실하다. 트럼프 당선 때처럼 일시에 우크라이나 지원을 중단할 수는 없지만 내년 11월이면, 이 전쟁이 2년 9개월에 접어든다. 그때쯤이면 미국을 비롯한 유럽 각국에 전쟁 피로감이 퍼지면서 휴전이나 평화협상을 촉구하는 목소리도 높아질 것이다. 2023년 7월 말 현재, 폴란드는 170만 명, 독일은 100만 명이 넘는 우크라이나인들에게 피란민 지위를 주고 각종 사회복지를 제공해 왔다. 점차 난민 지원으로 부담이 가중되면서 독일에서는 친러 성향의 극우정당 독일대안당(AfD)의 지지율이 크게 올랐다.

앞으로 예상되는 휴전협상의 개최 및 시기와 관련해 2022년 12월 성탄절 직전 우크라이나의 젤렌스키 대통령의 전격적인 미국 방문을 검토할 필요가 있다. 한 달 전인 11월 9일 미국의 마크 밀리 합참의장은 공개석상에서 "전투는 겨울 동안 상대적으로 변화가 없을 것이다. 그때 협상을 위한 기회의 창이 열릴 것이다"라고 조심스럽게 전망했다.[3] 당시 미국 일각에서 휴전의 필요성이 조심스럽게 제기됐다. 그해 9월 초부터 우크라이나가 반격을 개시해 러시아로부터 빼앗긴 영토의 5% 정도를 되찾은 후 더 이상 전진하지 못했다. 젤렌스키 대통령은 미국의 분위기가 휴전 쪽으로 흘러가자 서둘러 미국을 방문해 적극적인 지원을 호소했고 일단 미국에

---

3 마크 밀리(Mark A. Milley) 합참의장은 2022년 11월 9일 뉴욕의 경제클럽에서 대담을 가졌다. 세부 내용은 https://www.econclubny.org/documents/10184/109144/2022MilleyTranscript.pdf 참조.

서 휴전 논의는 더 이상 없었다.[4] 앞으로 우크라이나의 춘계 대반격 결과가 전선에서의 교착상태를 타개하지 못한다면 미국에서 다시 휴전협상 논의 요구가 불거질 수 있다.

우크라이나 경제 복구를 앞장서 준비하는 유럽연합

미국에 이어 우크라이나에 대규모 무기 및 경제적 지원을 제공해 온 유럽의 각국들은 미국의 대선에 대비해 우크라이나 지원 예산을 별도로 마련 중이다. 500억 유로(약 70조 원) 규모를 조성 중이다. 지난 6월 말 런던에서 열린 우크라이나 재건회의에서 세계은행은 복구비용으로 4,110억 달러(약 560조 원)를 추정했다. 2022년 말 우크라이나 국내총생산의 2배가 넘는 액수다. 전쟁이 길어짐에 따라 이 비용은 더 증가할 것이다. 우리도 EU와 협력하면서 미리 준비해야 대규모 복구공사에 참여할 수 있다.

EU는 내년 대선에서 트럼프가 당선될 가능성에 대비해 먼저 우크라이나 복구 자금을 조성한 뒤, 미국에 유사한 자금을 만들라고 촉구할 듯하다. 대선 이전에 이런 자금을 마련해 둬야 설령 트럼프로 정권으로 교체된다 하더라도 우크라이나 지원이 계속될 수 있다고 보기 때문이다.

EU는 복구자금 지원과 함께 경제제재 부과로 압류 중인 러시아 자산 처분도 논의 중이다. EU는 러시아 자산 2,240억 유로(약

---

4 CNN, "5 takeaways from Volodymyr Zelensky's historic visit to Washington", Dec. 22, 2022.

310조 원) 정도를 몰수했는데 이를 우크라이나 재건비용으로 쓸 수 있는지 방안을 강구해 왔다.

그러나 이런 자산 처분조치는 국제법이 규정한 국가면책 원칙을 위반한다는 게 중론이다. 한 국가나 국가의 대표를 다른 나라의 법원에 기소할 수 없다는 것이다. 압류된 자산을 관리하는 기업이 뜻밖에 번 돈에 특별 세금(횡재세와 유사)을 부과하는 방안이 유력하게 검토된다. 러시아 돈이 묶여 있는 벨기에 소재 유로클리어(Euroclear)에 특별 세금을 부과하는 안이다. 유로클리어는 관리 중인 몰수된 러시아 자산 1,966억 유로로 2023년 1분기에 7억 3,400억 유로의 돈을 벌었다. 유로클리어는 세계 최대의 국제증권 예탁결제기관으로 국채와 증권 등의 국경 간 거래의 결제 서비스를 제공한다. 러시아 국채와 외환보유액으로 쌓아 둔 유로표시자산 등이 여기에 묶여 있다. 일부에서는 러시아가 침략전쟁으로 국제법을 위반했고, 우크라이나에 피해를 배상케 하는 것이어서 응당한 국가의 대응조치(countermeasures)이기 때문에 국가주권 면책 조항의 적용이 아니라는 의견을 내놓았으나 소수의 견해다.[5]

그러나 압류된 러시아 자산의 처분은 쉽지 않을 듯하다. 러시아와 중국은 EU가 국제법 위반 가능성이 높은 이런 조치를 취한다면 언제든지 보복할 수 있다. EU가 단독으로 하기보다 서방선진 7개국(G7) 등과 함께 논의해 하나의 대러시아 압박 카드로 자산 몰수를 추진하는 게 여러모로 유리할 듯하다.

---

5 The Economist, "Lawrence Summers, Philip Zelikow and Robert Zoellick on why Russian reserves should be used to help Ukraine", July 29, 2023.

우리의 우크라이나 무기 지원과 경제적 손실은 상호 연계

우크라이나 전쟁은 먼 나라의 이야기가 아니라 우리의 경제와 외교안보에도 직접적인 영향을 끼쳐 왔다. 우크라이나는 전쟁 초기부터 우리에게 무기 지원을 계속 요청해 왔고 관련 언론보도가 끊이지 않았으나 아직까지 정부는 공식적으로 지원하지 않았다. 우크라이나군이 전쟁 초기부터 가장 필요한 무기 중의 하나가 155mm 포탄이다.

자주포에서 이 포탄을 발사하는 데 병력은 물론이고 탱크와 장갑차까지 공격이 가능하다. 사정거리는 22~32km 정도이고 재래식 포탄뿐만 아니라 정밀폭탄 등을 사용할 수 있다. 우크라이나는 전쟁 시작 때부터 하루에 평균 6,000~8,000발을 발사했지만 러시아는 이보다 7배 정도 많은 4만 발을 발사해 왔다. 우크라이나는 춘계 대반격에서 이전보다 훨씬 더 많은 155mm 포탄이 필요하다.

우리나라가 이 포탄을 미국에 판매하고 미국이 이를 우크라이나에 지원한다는 보도가 계속 나왔다. 탐사보도 전문매체 뉴스타파가 지난 4월 말 진해항을 출발해 6월 초 독일 북부의 군수물자 전용항인 노르덴함(Nordenham)에 도착한 선박 2척을 추적 확인했다. 이 배는 155mm 포탄을 적재한 것으로 보이고, 이 곳에 도착했음이 확인됐다.[6] 같은 맥락에서 폴란드의 마테우시 모라비에츠키 총리는 지난 4월 《뉴욕타임스》와의 인터뷰에서 한국이 우크라이나에 155mm 포탄을 지원하기 위해선 조 바이든 미국 대통령의

---

6 뉴스타파, 〈[주간 뉴스타파] '우크라이나 지원 의혹' 한국산 포탄 독일 도착 확인〉, 2023. 6. 22.

직접적인 개입이 필요하다고 역설했다. [7]

155mm 포탄 지원을 둘러싼 논란은 앞으로도 지속될 듯하다. 러시아는 전쟁 발발 직후 우리가 경제제재 등의 제재를 부과하자 우리를 비우호우국으로 지정했고, 기회가 있을 때마다 우리가 우크라이나에 무기를 지원하면 양국 관계는 파탄에 이른다고 경고해 왔다. 이미 국내 조선 3사가 러시아로부터 수주한 LNG 선박 미수금 80억 5,000만 달러(9조 7,000억 원, 33척)가 발생했다. [8] 또 러시아에서 수입차 인지도 1위를 기록한 현대자동차는 전쟁 발발 후 생산을 중단하고 현지 공장을 매각한 뒤 철수할 것으로 보인다. 이 전쟁에 따른 우리 기업의 피해가 제법 크다.

우리 외교의 딜레마

이 전쟁은 미국과 유럽 중심의 서구 대 러시아와 중국 중심의 대결을 점점 더 명확하게 보여 준다. 중국은 이 전쟁에서 러시아의 패배를 원하지 않고, 되도록 미국을 이 전쟁에 오래 묶어 두려 한다. 중국의 시진핑 주석은 2023년 3월 말 모스크바를 방문해 양국 관계가 '무한한 우정'에 기초한다며 러시아의 침략을 규탄하지 않았다.

우크라이나 전쟁이 진영별 대결 구도를 명확하게 드러내면서 한반도를 둘러싼 신냉전 구도도 더욱더 분명해졌다. 지난 7월 27일

---

7 중앙일보, 〈폴란드 총리 '한국 포탄, 우크라 지원 위해 바이든이 안보 보장해야'〉, 2023. 4. 13.(https://www.joongang.co.kr/article/25154826)..

8 한국일보, 〈우려가 현실로…러시아 LNG선 싹쓸이 '조선3사' 초비상〉, 2022. 5. 22. (https://www.hankookilbo.com/News/Read/A2022052213190005670?did=NA).

한국전 휴전 70주년을 맞아 러시아와 중국 사절이 거의 동시에 북한을 방문했다. 북한은 미국과 패권 경쟁을 벌이고 있는 중국을 지지해 왔고, 우크라이나 전쟁에서 러시아와 "한 참호에 있다"며 유대를 강조했다. 이런 상황에서 중국과 러시아는 유엔 안보리에서 북한의 핵·미사일 시험 발사를 두둔하고 있다. 따라서 한반도에서는 우리와 미국, 일본 대 북중러의 대결이 더욱더 굳어지는 중이다. 2023년 8월 17일부터 이틀간 미국의 캠프데이비드에서 열린 한미일 정상회의는 이런 대결 양상을 공고화했다.

우크라이나 전쟁의 종전 양식을 두고 한국전쟁과 제1차 세계대전이 회자된다. 한국전쟁의 경우 발발 후 11개월이 지나 휴전선 인근으로 전선이 거의 고정됐고 휴전협상 체결에 2년 넘게 걸렸다. 우크라이나의 춘계대반격이 큰 진전이 없다면 어느 정도 전선이 고정된 상황에서 지리한 전투가 지속될 것으로 보인다.

4년 3개월 넘게 걸린 제1차 세계대전에서 몇 번이나 휴전의 기회가 있었으나 삼국협상 측과 삼국동맹 측은 합의에 이르지 못하고 지리한 참호전이 계속된 적이 있다.[9]

이 전쟁은 우리의 외교정책에 딜레마를 안겨 주었다. 러시아는 한반도 4대 강대국의 하나로 아직도 북한에 영향력을 행사할 수 있다. 이런 상황에서 우리가 우크라이나에 무기를 지원하면 러시아의 대응이 잇따를 것으로 보인다. 우리는 현재 미국이 계속해서

---

9 Carter Malkasian, "The Korea Model: Why an Armistice Offers the Best Hope for Peace in Ukraine", *Foreign Affairs*, Vol. 102 Issue 4, 2023, pp. 36~51; Margaret MacMillan, "How Wars Don't End: Ukraine, Russia, and the Lessons of World War I", *Foreign Affairs*, Vol. 102 Issue 4, 2023, pp. 52~65.

요구해 온 무기 지원이냐, 경제적·외교적 이익 유지냐의 상충된 딜레마에 처해 있다. 우크라이나에 무기를 지원할 경우 우리와 러시아와의 관계는 상당 기간 매우 어려운 상황에 처할 것이다. 우크라이나에 무기를 지원하는 것은 가치외교이지만, 이게 우리와 러시아와의 외교적·경제적 관계를 상당 기간 크게 훼손할 수 있기에 우리에게는 곤혹스럽다.

코로나19 발발 이전인 2019년 러시아는 우리의 15번째 교역 상대국인 반면에, 우크라이나는 우리의 대러시아 교역의 25분의 1에 불과하다. 또 러시아와 비교해 우크라이나가 한반도에 영향력을 행사할 여지는 거의 없다.

윤석열 대통령은 7월 중순 우크라이나를 깜짝 방문해 인도적 지원의 지속과 함께 인프라 재건 지원을 약속했다. 이 방문은 두 나라가 민주주의와 인권 등의 글로벌 가치를 공유하는 파트너 국가임을 보여 주었으며, 무기 지원은 공식적인 발표가 없었다. 현 정부도 무기 지원이 매우 민감하고 복잡한 이슈임을 알고 신중하게 행동하는 듯하다.

이 전쟁은 지정학적 불확실성을 계속해서 높일 것이고 신냉전 체제를 더 공고하게 할 것으로 보인다. 다중 위기 시대에서 확실한 안전판인 동맹의 유지·강화와 함께 경제적·비경제적 이익도 신중하게 고려하는 균형 잡힌 외교정책이 필요하다.

안병억 ••• 대구대학교 교수(군사학과), 전 한국유럽학회 부회장, 전 통합유럽연구 편집위원장, 《미국과 유럽연합의 관계》(공저), 《하룻밤에 읽는 영국사》, 《셜록 홈즈 다시 읽기》. 한국외국어대학교 문학사, 영국 케임브리지대학교 석사, 박사(국제정치).

PART 4

. . . .

기후변화 회복력과
주택

18. 기후변화

기후변화와 생물다양성의 Twin Crisis

2023년 7월은 역사상 가장 뜨거운 해로 기록되었다.
이에 탄소중립과 생물다양성을 둘러싼 최근의 국제적인 상황을 살펴보고
그에 따른 우리의 대응방안을 모색해 본다.

윤종수 김앤장 고문, 전 환경부 차관

들어가는 말

기후변화는 금년 세계경제포럼에서 발표하였듯이 지구가 향후 10년 내 당면할 최대의 리스크이고 전 세계가 함께 극복해야 할 시급한 과제임은 틀림없다. "지구온난화의 시대(era of global warming)는 끝났고 지구가 펄펄 끓는 시대(era of global boiling)가 도래하였다." 최근 7월 안토니오 구테레스 유엔사무총장의 말이다. 2023년 7월은 역사상 가장 뜨거운 해로 기록되었다.

그러나 이를 해결하기 위한 지구촌의 합의사항(교토의정서와 파리협약 등)의 뒤에는 국가이익을 둘러싼 치열한 싸움이 전개되어

왔다.

유럽의 탄소국경조정제도(CBAM)나 미국의 IRA(Inflation Reduction Act)가 단적인 예이다. 한편 기후클럽과 같은 협력체가 탄생하는 등 기후변화를 둘러싸고 다양한 합종연횡도 벌어지고 있다.

기후변화와 탄소중립을 둘러싼 각국의 동향을 살펴보면, 미국은 글로벌 기후변화 대응에 미치는 영향이 실로 막대함에도 민주당과 공화당 간에 기후변화에 대한 기조가 상반되어 집권당에 따라 반복적인 정책변화를 보여 왔고, 이에 따라 글로벌 기후변화 레짐의 불안정성은 심화되고 예측가능성은 감소하는 현상을 보여 왔다.

그럼에도 최근 미국의 신재생에너지 비율이 기록적인 증가를 보이고 있는 것은 청정에너지로의 전환이 대세임을 보여 준다.[1]

한편 중국의 기후변화 정책의 약진도 주목할 만하다. 중국의 탄소중립 정책인 이른바 쌍탄정책에 따르면 중국은 2030년 온실가스 발생량의 정점을 찍고 그 후 30년간 급격한 감소를 보여야만 2060년 탄소중립을 달성할 수 있을 것으로 전망되는 가운데 중국이 왜 그런 어려운 길을 택하였는지가 중요하다. 무엇보다 중국은 미국과의 글로벌 리더십 경쟁에서 우위를 차지하고자 하는 전략적 차원에서 기후변화 대응을 바라보고 있다. 과거에는 참석하지 않던 세계경제포럼에 시진핑 주석이 2017년 처음으로 참석하여 모든 국가는 파리협약을 잘 이행해야 한다며 사실상 파리협약을 탈

---

1 미국 태양광산업협회에 따르면, 2023년 1분기 미국 내 태양광은 분기별 최대치인 6.1GW가 신규 설치되어 총 149GW 누적용량을 기록하였다. 미국의 태양광산업은 지난 10년간 연평균 24% 성장률을 기록하였고 지난 10년간 태양광 설치비용은 50% 하락하였으며, 2028년에는 378GW에 달할 것으로 전망된다.

퇴한 미국 트럼프 대통령을 비판한 것이 그 예이다.

둘째는 기술적 자신감을 바탕으로 글로벌 탄소중립 기조가 자국에 경제적 이득을 가져다줄 것이라는 판단이다. 현재 세계 태양광, 풍력 장비회사 상위 10개 중 7~8개가 중국 기업이다.

이와 함께 최근 새롭게 떠오르는 이슈가 생물다양성의 파괴 문제이다. 2022년 12월 몬트리올에서 개최된 생물다양성협약(CBD) 제15차 총회에서는 중요한 합의사항이 채택되었다. 이른바 쿤밍-몬트리올 글로벌 생물다양성 프레임워크(Global Biodiversity Framework, GBF)이다.

이 협약에 따라 각국 정부와 대기업들은 생물다양성을 지키기 위한 새로운 의무, 즉 보호구역의 지정 확대, 재정지원 확대, 자연영향에 따른 공시 등과 같은 의무가 발생하였으므로 이에 대한 대응에 주목해야 할 필요가 있다.

우리나라는 어려운 여건 가운데에서도 국제사회의 기대치를 충족하기 위한 지혜가 필요한 시점이다. 윤석열 정부는 2023년 4월 제1차 탄소중립녹색성장 국가기본계획을 통해 향후 10년간의 온실가스 감축계획을 수정·발표한 바 있다.

여기서는 탄소중립과 생물다양성을 둘러싼 최근의 국제적인 상황을 살펴보고 이에 대한 대응방안을 모색해 보기로 한다.

기후협상, 다자주의 쇠퇴, 블록화

2021년 영국 글래스고에서 파리협정의 마지막 단추인 제6조 탄소시장에 대한 협상이 타결되면서 이제 이행(implementation)의 문제만 남게 되었다. 물론 실무적인 세부이행 규칙에 대한 정리가 진행 중이지만 이제는 각국은 약속한 감축목표(NDC) 달성을 위해 행동을 해야 하고 그 결과를 유엔 당사국총회에서 검증받아야 한다.

이러한 다자주의에 입각한 협상은 나름대로 성과를 거두었으나 서방 선진국들은 자국의 이익을 위한 일방적인 제도를 전례 없이 도입하고 있다. EU의 탄소국경조정제도(CBAM)나 미국의 인플레이션 감축법(IRA)이 그것이다. 이러한 신통상체제는 결국 개도국에 새로운 부담으로 작용하고 있다. 인도가 CBAM에 대해 WTO에 제소하였지만 효과를 기대할 수 있을지 의문이다.

이와 별도로 다양한 블록화도 진행되고 있다. G7 기후클럽은 독일의 제안으로 창설되었는데, 기후클럽이 추구하는 활동목표는 첫째, 파리협약의 완전하고 효율적인 이행, 둘째 2050 탄소중립 및 NDC 이행촉구, 셋째 산업부문의 탈탄소화가 주된 내용이다. 또한 인도 · 태평양 경제프레임워크(Indo-Pacific Economic Framework, IPEF)도 중국의 영향력 확대를 억제하기 위해 미국 주도로 탄생하였으며 14개국이 참여 중인데 탈탄소 및 청정에너지 확대가 주요 분야 중 하나이다.

우리는 기후클럽 및 IPEF에 가입하여 국익에 도움이 되도록 국제협력에 적극 나서고 있지만 한편으로는 그에 상응하는 부담을 져야 한다는 점에서 양면성이 있다. 우리나라는 금년 초 발표한 탄소중립녹색성장 국가기본계획에서 산업부문의 감축량을 완화하고 다른 국가에 없는 국제감축의 비율을 대폭 증가시키는 등 타국의 탈탄소화와는 다소 다른 방향으로 감축목표를 세웠는데, 이는 향후 국제사회가 우리의 노력을 어떻게 평가할지 두고 볼 일이다.

이러한 치열한 경쟁에서 살아남고 우리 경제의 근간을 지켜내기 위해서는 국제적 흐름을 면밀하게 살피고 선제적으로 분야별 대응전략을 수립해야 할 것이다.

새로운 경향, 기후소송과 생물다양성 소송

2021년 5월 지구의 벗(Friends of the Earth)은 네델란드에 본부를 둔 석유회사 쉘(Shell)을 상대로 온실가스 감축목표가 미흡하다는 이유로 네델란드 법원에 소를 제기하였다. 법원은 원고의 주장을 받아들여 2030년까지 45%의 온실가스를 감축하도록 명령하였다. 그 뒤 쉘은 본부를 영국으로 이전하였다.

그러나 2023년 2월 ClientEarth라는 NGO는 쉘이 온실가스 관련 리스크 관리를 소홀히 하였다는 이유로 쉘의 이사회의 11명 이사 전원을 고소하였다. 이 사건은 개별 이사를 상대로 한 최초의 기후소송으로 기록되었다.

이와 같이 최근 기후소송은 급증하고 있는 양상이다. 기후소송은 2022년 2,180건에 이르는데, 2017년 884건, 2020년 1,550건 등으로 최근 들어 급증세를 보이고 있어 환경에 대한 법 준수성이 강조되고 있다.[2]

이와 함께 생물다양성의 훼손을 둘러싼 소송도 점점 증가하고 있다.[3]

---

2 Global Climate Litigation Report 2023.
3 그린피스(Greenpeace)는 2021년 9월 뉴질랜드 대법원으로부터 뉴질랜드 바다의 산호초,

이러한 소송을 둘러싸고 전문 투자회사들의 자금지원도 증가하고 있다. 기후변화나 ESG에 대한 관심이 증가하면서 투자자들이 개입하여 승소 시 이익을 분할하는 방식의 제3자 투자 형태가 일어나고 있는 것이다.

강화되는 기후공시

국제지속가능성기준위원회(ISSB)는 금년 2023년 6월 국제표준 ESG 공시기준을 발표하였다. 국내에는 자산 2조 원 이상 대기업에 2025년부터 적용될 예정이다. 이 공시기준은 ESG 중 우선 기후 관련 공시기준으로서 기업에 상당한 부담으로 작용할 것이다. 공시기준이 중요한 것은 과거와는 달리 주주중심(shareholder)에서 다양한 이해관계자(stakeholder), 즉 투자자, NGOs, 노동조합 등이 관여함으로써 회사에 대한 간접적인 압력수단으로 작용한다는 점이다.

아울러 이는 비단 대기업에 국한된 것이 아니다. 공급망을 모두 포괄하는 Scope3(기업의 역외에서 발생하는 온실가스로서 모든 공급망에 있는 부품회사의 발생량뿐만 아니라 직원들의 출장, 출퇴근 시 배출하는 양도 모두 포함한다)까지 포함하여 배출량 공시가 불가피할

수염고래 보호를 위한 심해광물 채굴금지 판결을 이끌어 냈다. 또한 Coalition of South American conservation group vs. French supermarket chain Casino 사건에서는 슈퍼마켓 육류(meat) 공급망이 삼림 벌채와 자연 파괴(deforestation and nature loss)와 연관 있다고 주장하면서 제소하였다. 또한 ClimateEarth vs. 포르투갈 정부 사건에서도 철새 도래지 보호구역에 신공항 건설은 위법하다며 제소하였다.

것이므로 중소기업도 이에 대비해야 한다. 또한 조만간 이는 생물다양성, 인권 등 다른 ESG 이슈의 공시기준까지 확대될 것으로 보인다.

첨예한 기후기술 전쟁

탄소중립을 달성하기 위한 최대의 관건은 기후기술이다. 각국은 기후기술을 먼저 확보하기 위한 각축을 벌이고 있다. 기후기술은 향후 10년간(2022~2032년) 연평균 24.2%씩 성장할 것으로 전망된다(Future Marketing Insight, 2022).

기후기술은 에너지 효율화 기술, 청정수소 확보 기술 등인 클린테크(Clean Tech), CCUS와 같은 카본테크(Carbon Tech), 탄소관측기술, 기상정보기술과 같은 지오테크(Geo Tech), 배터리 활용과 같은 자원순환기술 및 친환경제품 제조기술 등 에코테크(Eco Tech), 식물성 육류제조와 같은 푸드테크(Food Tech)를 말한다.

요즘에는 기후기술 중 대기 중의 탄소를 소금, 물, 에너지를 활용하여 직접 포집하는 탄소직접공기포집기술(DAC)까지 주목받고 있다. 이 기술에 대해서는 2022년 IPCC(기후변화에 관한 정부간 패널)에서도 필수불가결한 기술로 인정한 바 있다.

빌 게이츠도 저서에서 기후기술을 선점하는 국가가 다음 세대를 지배할 것이라고 말하였다. 그는 2015년 Breakthrough Energy 펀드를 설립하여 네 가지 기후기술에 집중 투자하고 있다. 그린수소(Green Hydrogen), 지속가능 항공유(Sustainable aviation Fuel), 장기 에너지 저장기술과 함께 직접탄소포집기술(Direct Air Capture,

DAC)을 4대 기술로 꼽고 있다는 점을 주목할 필요가 있다.

새로운 레짐, 생물다양성

기후변화와 함께 최근 부상하는 글로벌 이슈가 생물다양성 (biodiversity)의 파괴이다. 생물다양성은 기후변화와 상호작용을 하는 것으로서 따로 분리하여 생각할 수 없다.

금년 초 세계경제포럼이 내놓은 향후 10년 내 지구가 맞이할 위기로 온실가스 감축 및 적응의 실패와 함께 생물다양성의 파괴를 꼽고 있다.

이 생물다양성 문제는 2022년 말 「생물다양성협약」 제15차 당사국총회에서 매우 중요한 결의안이 채택되면서 주목을 끌고 있다. 그것은 2030년까지 훼손된 지역의 30%를 복구하고(목표 1), 각국은 2030년까지 육지 및 해양의 30%를 보호구역으로 지정해야 하며(목표 2), 대기업들은 환경에 미치는 영향을 정기적으로 모니터하고 평가하며 투명하게 공개해야 한다는 조항이 포함되어 있다(목표 15). 즉, 정부와 기업에 새로운 의무를 부과하고 있는 것이다.

이에 발맞추어 TNFD(Task Force on Nature-related Financial Disclosures)가 발족되었다. TNFD는 기업들이 자연 관련 영향과 의존도 등을 공개하는 방법에 대해 가이드라인을 제공할 것이다. 최종본이 2023년 9월에 발표되었는데, 앞으로 기업은 이 가이드라인에 따라 정보를 공시하게 된다. 따라서 투자자가 이 정보를 바탕으로 투자 여부를 결정할 때 영향을 미칠 것으로 전망된다.

전 세계의 GDP의 절반은 자연에서 나온다. 따라서 자연이 훼손되는 것은 경관의 훼손 정도에 그치지 않고 세계경제에 직접적인 영향을 미친다. 지속적인 자연자원의 채취와 자연의 훼손을 최소화하기 위해서는 순환경제를 구축해야 한다. 그러나 현재 자연에서 채취된 자원의 불과 8% 내외만 순환될 뿐 나머지는 매립되거나 소각되는 등 사라지는 게 현실이다. 계속 채취된 자원은 에너지를 이용해 제품화되기 때문에 온실가스를 배출하게 되는 것이다.

훼손되는 것보다 복구되는 양이 많은 이른바 네이처 플러스(nature positive)를 구현해야 하는 것이 지구촌의 또 하나의 과제가 되었다. 결국 기후변화, 생물다양성, 순환경제는 서로 맞물려 있는 이슈이다.

2024년 전망과 우리나라의 대응

우리나라는 세계은행의 분류상 주요 경제국(major economy) 및 고소득 국가(high income country)에 속하고, 온실가스 다배출국가, G20 회원국, OECD 회원국에 속해 있어 기후변화에 상당한 책임을 요구받고 있는 상황이다.

이러한 분위기 속에 국제사회의 온실가스 감축 압력 그리고 환경과 무역의 연계경향은 더 거세질 것이다.[4]

반면 이에 대응하는 국내 상황은 녹록지 않다. 우리나라가 약속한 감축목표인 NDC(2018년 대비 2030년까지 40% 감축)의 달성이 우리 여건상 쉽지 않다. 2022년 온실가스 발생량이 전년도에 비해

---

4 EU나 미국에 상품이나 서비스를 공급하는 기업에 대해서는 ESG 실사의무가 강화되고 있고, 이에 따라 환경파괴, 인권유린을 하면서 수입하는 경우는 벌금 등 제재가 가해지고 있다.

다소 감소(-3.5%)한 것은 고무적인 일이나 이 정도로 NDC 달성은 어렵다.

윤석열 정부는 2023년 초 NDC 이행방안에 대한 전면적인 검토 끝에 부문별 감축량을 조정하는 등 부문별 대책을 세웠다. 이 대책에 따라 전력 분야에서 획기적인 감축, 그리고 국제탄소시장을 활용한 해외감축의 획기적 확대, 기후기술에 대한 전폭적인 지원이 절실하다.

우리나라는 100대 기후기술을 육성하되, 특히 수소경제, 순환경제, CCUS, 소형원자로(SMR) 관련 기술은 핵심 기후기술로서 조속히 세계 최고 수준을 확보하여야 한다. 2023년 9월 윤 대통령은 유엔총회에서 무탄소에너지연합을 창설할 것을 제안하였는데, 실효성 있는 대안이 된다면 글로벌 리더십과 수출 경쟁력에도 도움이 될 것이다.

또한 기후기술 관련 법제를 조속히 정비하여야 한다. CCU 사업의 경우만 하더라도 인허가, 저장공간 문제 등 사업 리스크가 해소되지 않아 업계에서는 투자를 주저하고 있는 상황이다.

또 정부의 전폭적인 재정 지원이 필요하다. 미국은 IRA(인플레이션 감축법)를 통해 CCUS에 톤당 85달러, DAC(탄소직접포집)에 톤당 180달러의 세제 혜택을 주고 있다. 또한 미국은 중국의 신재생에너지 기업의 확장을 견제하기 위해 자국 내 신재생에너지 기업에 막대한 보조금을 주고 있음은 우리가 참고해야 할 예이다.[5]

---

5 미국의 First Solar라는 기업은 최근 보조금 잭팟이 터졌다. 금년 한 해에만 7억 1,000만 달러(한화 약 9,000억 원)의 보조금을 받게 되고 향후 10년간 약 13조 원의 보조금을 받을 것으로 예상된다(Wall Street Journal, July 31, 2023.).

이재용 삼성그룹 회장이 회장 취임사에서 "세상에 존재하지 않는 기술"에 투자하겠다라고 한 것은 음미할 만하다. 이와 함께 생물다양성을 둘러싼 국제적 합의가 가져올 파장이 만만치 않을 것이므로 정부 및 대기업과 금융기관은 국제적인 논의 추세를 면밀히 살피며 대응체계를 갖추어야 한다.

윤종수 ··· 김앤장 법률사무소 고문, 세계자연보전연맹(IUCN) 이사 및 한국위원회 회장, KT이사회 의장, 전 환경부차관, 전 유엔 지속가능발전센터(UNOSD) 원장. 서울대학교 영문학과, 서울대학교 행정대학원, 서울시립대학교 환경공학박사.

19. 숲

2024년, 새로운 기후적응 산림 패러다임 시동

전 세계적인 이상기후로 인해 산림재난이 급증하고 있다.
국민 모두가 안전한 산림을 만들기 위해서는
산림부문 기후적응 체계의 근본적인 대전환이 필요하다.

남성현 산림청장

2023년 7월, 산림청 소속 산불진화대원 70명을 포함한 대한민국 공무원 151명이 군 수송기에 탑승하여 캐나다 오타와로 향했다. 캐나다에서 동시다발적으로 발생한 산불이 국가 전역으로 확산되며 통제가 불가능해지자 이례적으로 타 국가인 대한민국에서도 힘을 보태기로 한 것이다. 사상 최악의 산불이라고 불리는 이 대형 산불은 약 두 달 만에 우리나라 국토면적의 약 80%에 해당하는 8,000ha 규모의 산림에 피해를 입혔다. 이 밖에도 하와이 마우이섬, 스페인 등 지구촌에서 크고 작은 산불이 발생하여 많은 인명과 재산 피해를 가져왔다. 전문가들은 이러한 산불이 기후변화의 심각성을 강력하게 경고하고 있다고 말한다.

전 세계적으로 가속화되는 기후위기는 산림생태계의 균형을 깨뜨리며 극심한 산림재난을 촉발하고 있다. 아울러 우리 삶을 예측하지 못한 방향으로 변화시키고 위협하고 있다. 이제 매년 봄에 평년 대비 개화 시기가 빨라졌음을 알리는 뉴스는 익숙한 소식이 되었다. 가뭄과 폭우의 반복으로 인한 대형재난은 일시에 삶의 터전을 앗아가고 있다.

2023년은 국토녹화 50주년을 맞아 국민 모두가 숲으로 잘사는 '산림 르네상스'의 시동을 알리는 해였다. 다가올 2024년은 극심한 기후환경에 대응하여 국민이 안전한 산림을 만들고, 더 나아가 산림을 통해 온실가스를 저감하여 기후변화를 완화하고 탄소중립을 달성하기 위한 조치들이 본격화될 예정이다.

국토의 63%를 차지하는 산림, 대규모 탄소흡수원

2023년 4월, 우리나라는 2050년 탄소중립 달성을 위한 20년 단위 장기 로드맵인 '제1차 국가 탄소중립·녹색성장 기본계획'을 발표하고, 2030년 국가 온실가스 배출량을 2018년 대비 40% 감축하는 국가 온실가스 감축목표(NDC)를 확정하였다. 이는 탄소중립 달성이 단순한 선언적 목표에 그치지 않도록 실질적인 감축수단을 마련하고 중간적 목표를 설정했다는 의미를 갖는다. 또한 2030년까지 약 2억 9,000만 톤의 온실가스를 감축해야 하는 도전적인 목표를 달성하기 위해 국가 전 부문이 총력을 기울여야 함을 의미한다.

산림은 국가 온실가스 감축목표의 11%인 3,200만tCO_2를 상쇄하는 필수적인 감축수단이다. 특히 흡수원 부문의 95.5%를 담당하고 있는 유일무이한 대규모 탄소흡수원이다. 현재 우리나라 산림은 연간 약 4,050만tCO$_2$의 이산화탄소를 흡수하고 있다. 이는 국가 온실가스 총 배출량의 약 6.2%를 상쇄하는 양이다. 그러나 우리나라 산림의 이산화탄소 흡수량은 2008년 이후로 지속적인 감소 추세를 보이고 있다. 탄소중립 달성 목표연도인 2050년에는 현재의 약 1/3 수준인 1,400만tCO$_2$까지 감소할 전망이다.

이는 우리나라 산림이 '저출산 고령화 숲'이기 때문이다. 국립산림과학원 연구 결과, 우리나라 산림은 평균적으로 20~25년생일 때 가장 많은 이산화탄소를 흡수하며, 그 이후부터는 흡수량이 감소하게 된다. 청년기 나무는 성장이 활발하여 대기 중으로부터 많은 양의 이산화탄소를 흡수하여 몸속에 저장한다. 그러나 나무가 노령기에 가까워질수록 커다란 부피를 유지하기 위한 대사(代謝)활동이 증가한다. 이에 나무의 성장량, 즉 순흡수량은 점차 줄어든다. 우리나라 산림은 31~50년생 숲이 약 2/3 이상을 차지하는 불균형한 나이분포로 인해 탄소흡수량이 감소하고 있어 이에 대한 대책 마련이 필요한 상황이다.

탄소배출원, 산림재난

산림은 대규모 탄소흡수원이지만, 예기치 못한 탄소배출원이 될 수도 있다. 바로 산불, 산사태와 같은 산림재난이 발생하는 경우이다. 산불은 산림을 구성하는 나무, 낙엽층, 토양을 태워 각각의 흡수원이 저장하고 있는 탄소를 일시에 대기 중으로 방출시킨다. 실제로 2022년 동해안 대형산불 사례를 기반으로 분석 시, 산불피해면적 1ha당 약 57톤의 이산화탄소가 배출되는 것으로 나타났다. 한편 산사태는 산지가 일시에 붕괴됨으로써 피해 산림 내 탄소저장고를 소실시킨다. 또한 붕괴로 인해 교란된 토양과 입목이 온전히 복원되기까지 해당 산림의 흡수량이 현저히 저하되는 결과를 초래한다.

　지구온난화로 인한 이상고온·가뭄 및 수목의 건조, 산림 내 연료량 증가는 산림재난 위험을 높이는 요인이 된다. 기후변화에 관한 정부간 협의체(IPCC)에서는 지구평균기온이 가까운 미래(2021~2040년)에 산업화 이전 대비 1.5°C 상승에 도달하고, 이로 인해 인간과 자연 시스템이 적응 한계에 도달하며 손실 및 피해가 증가할 것이라 전망하였다. 특히 우리나라는 봄철 건조일수가 증가하고 기온이 상승하는 추세를 보이고 있다. 대기 습도와 강수량은 감소하는 경향이 나타나 산불발생에 더욱 취약해지고 있다. 반면 여름철 집중호우 시 단기간 강우 강도는 증가하고 있어, 건조해진 토양이 일시에 수분으로 가득 차며 산사태로 이어질 위험이 높아지고 있는 실정이다.

　세계경제포럼(World Economic Forum)에서는 향후 10년간의 전 지구적 위기요소 중 첫 번째로 기후위기 완화 실패를, 두 번째로는 기후위기 적응 실패를, 그리고 세 번째로는 자연재난을 꼽았다. 이제 산림재해는 지역 차원을 넘어 국가적 재난으로 확장되고 있다. 실제로 전 세계 연간 산불 피해규모는 2001년 251만ha에서 2021년 930만ha로 20년간 약 4배 가까이 급증하였다. 또한 2023년 5월 이탈리아 북부에서는 100년 만의 호우로 산사태 약 280여 건이 발생하였다. 2021년 미국에서 동시다발적으로 발생한 산불은 약 104만ha의 산림을 소실시키며 캘리포니아주 역사상 가장 큰 산불피해로 기록되었다.

우리나라 또한 산불이 대형화·상시화되며 국가안보를 크게 위협하고 있다. 2020년대에 들어서는 산불피해면적이 2010년대 대비 피해면적의 약 11배, 대형산불 건수가 약 4배로 증가하였다. 이제는 산불이 봄, 가을에 국한되지 않고 연중 발생하고 있다. 지난 4월에는 역대 최초로 대형산불 5건이 동시에 발생하는 등 산불진화 인력 및 자원 투입에 어려움이 증가하고 있다. 산사태도 유사한 추세를 보이고 있다. 2022년도 산사태 발생건수는 지난 10년 평균 대비 약 34% 증가하였다. 발생건수 대비 피해면적은 약 30% 증가한 것으로 나타나, 피해빈도와 규모 모두 증가하는 추세를 보이고 있다.

새로운 일상이 될 기후위기

국제사회는 현재 수준의 기후변화가 계속된다면, 산림재난 발생이 급격하게 증가할 것으로 전망하고 있다. 유엔환경계획(UNEP)이 발표한 산림 보고서에 따르면, 기후변화와 토지이용 변화로 인해 극한 산불이 2030년까지 14%, 2050년까지 30%, 그리고 2100년까지는 최대 50%까지 증가할 것으로 전망되었다. 또한 산불피해에 대한 복구사업은 국가경제에까지 영향을 미칠 수 있음을 말하고 있다. 산불발생은 그 자체로 기후변화를 가속화하는 결과를 가져온다. 산불은 산림이 저장하고 있는 탄소를 배출시킨다. 또한 대기 중 이산화탄소 농도를 증가시키게 되고, 이는 다시 기후변화를 가속화하는 결과로 이어지게 된다.

국립산림과학원 연구 결과, 우리나라는 기온이 1.5℃ 상승 시 산불발생 위험도가 약 8.6%, 2.0℃ 상승 시 약 13.5% 증가하는 것으로 나타났다. 또한 지구온난화가 지속된다면 산불위험 기간이 초여름, 초겨울까지 확장될 것으로 전망되었다. 실제로 2022년도 산불발생 건수는 756건으로 전년 대비 약 1.6배 증가하였다. 산불피해면적은 대형산불 발생 등으로 인해 무려 23배나 증가하였다. 산불발생 일수는 1986년 산불통계 구축 이래 가장 높은 발생건수인 202건을 기록하였다.

뿐만 아니라, 우리나라는 경사도 25° 이상 급경사지가 65%를 차지하고, 평균 토양 깊이가 51cm로 얕아 산사태에 취약한 산지 특성을 가지고 있다. 이에 여름철 극한호우가 심화되면서 수도권에서만 산사태 발생이 2030년까지 약 5배까지 증가할 것으로 예측되고 있다. 산사태 위험에 노출된 산림 인접 가구는 전체 가구의 약 15%로 산사태 발생이 인명피해로 악화될 위험이 높은 상황이다.

그러나 기후위기로 인해 급증하는 산림재해에 효과적으로 대응하기에는 아직 한계가 있다. 산불진화를 위한 공중·지상 진화자원 부족으로 동시다발적으로 발생하는 산불에 신속하게 대응하기에 어려움이 있다. 특히, 우리나라 산림의 임도밀도는 2022년 기준 3.97m/ha로 독일(54), 오스트리아(50.5) 등 임업 선진국의 약 7% 수준에 불과해 진화자원 투입에 어려움이 있다. 이와 더불어 국내 산림 성장에 따라 산림 내 연료물질은 꾸준히 축적되고 있다. 반면 건조한 기후환경과 농·산촌 소각행위 등으로 산불발생 위험요인은 증가하는 실정이다. 전례 없는 기상이변에 맞서 국민의 생명과 재산을 보호하기 위해서는 지금까지의 산림재난 대책을 원점에서 재검토·재정비하여 국가재난 대응체계를 근본적으로 전환해 나가야 한다.

산림과학 기술에 기반한 안전한 산림 시스템 구축

먼저 2024년에는 산림재난에 관한 통합적 법률인「산림재난방지법」을 시행하여 '예방-대응-복구' 전 과정에 대한 강화된 법·제도적 기반을 구축할 계획이다. ICT 기반 산림과학 기술을 적용하여 산림재난 위험에 관한 통합관리시스템인 '산림재난정보시스템'을 구축하고자 한다. 이 시스템 구축으로 디지털트윈 기반 시뮬레이션을 활용하여 극한강우에 따른 산사태 위험도 정밀예측을 가능하게 한다. AI 딥러닝 기술에 기반한 산불방지 ICT 플랫폼을 전국에 구축하여 산불 조기발견 시스템 기반을 마련할 예정이다.

산림재난 발생 시 신속한 대응이 가능하도록 관련 제도를 정비하고 인적·물적 자원을 대폭 확보해 나갈 계획이다. 특히 대규모 산사태 우려 시 인명피해를 최소화할 수 있도록 주민대피 이행력을 강화해 나갈 예정이다. 산불발생 시 신속한 진화가 가능하도록 산림재난 특화 인력인 '산림재난대응단'을 확보하고, 고성능 진화차와 산불진화헬기 등 필수 진화자원을 확대한다. 무엇보다 진화자원 투입이 가능하도록 산불진화임도 개설을 확대하여 대형재난으로의 확산을 저지하고자 한다. 실제로 임도로부터 1m 멀어질수록 산불피해면적이 평균적으로 1.55m²만큼 증가하는 것으로 나타났다. 핀란드는 약 13만km의 임도를 개설하여 산불피해면적을 약

0.4ha/건 감소시킬 수 있었다.

아울러, 산림재난 발생 이후 복구체계를 대대적으로 강화한다. 산불현장에서 수집된 면적, 임상, 토양 등의 데이터 분석을 고도화하여 합리적인 피해복구 의사결정을 지원하고, 산림 위성정보를 활용하여 계곡부, 능선부 등 피해면적 산정 사각지대를 해소해 나갈 계획이다. 또한 산사태 피해지역 복구 시에는 드론영상 빅데이터를 연계하여 준실시간으로 피해복구 대상지의 정사영상을 자동화하여 제공하고자 한다.

또한 우리 숲의 산림재난 저항력을 강화하기 위해 산림 내 연료물질을 저감하고 산불에 강한 활엽수림 등을 유도하기 위한 산불예방 숲가꾸기를 확대할 계획이다. 숲가꾸기는 죽은 가지를 잘라내고 연료물질을 제거하여 산불확산 속도를 평균적으로 약 41%가량 저감할 수 있다. 또한 산림 내 햇빛 투과량을 높여 숲 바닥에 풀과 작은 나무를 자라게 해 주면 토양 수분함량을 약 79%만큼 높여 산불발생을 지연시키는 효과가 있다. 유엔환경계획(UNEP)에서는 기후변화로 빈번화되는 산불위험 감소를 위해 숲가꾸기를 비롯한 연료관리의 중요성을 강조하고 있다. 실제로 미국 폰데로사소나무 숲에서 숲가꾸기 시행 후 10년간 연료변화를 분석한 결과 대형산불 발생 가능성이 10% 미만인 것으로 나타났다.

산림 탄소흡수원을 통한 안전한 기후환경 조성

산림재난 대응을 위한 가장 근원적이고도 지속가능한 방법은 대기 중으로의 탄소배출을 줄여 전 지구적 기후변화를 완화시키는 것이다. 산림은 유엔(UN)에서 인정한 비용 대비 효과적이고 빠른 탄소중립 수단이다. 우리나라는 산림이 국토면적의 63%를 차지하기 때문에 숲의 탄소흡수 능력 강화가 필수적이다. 이에 경제림을 중심으로 '심고-가꾸고-수확'을 하는 산림순환경영을 활성화하여 모든 연령이 고루 분포하는 건강한 산림을 조성해 나갈 계획이다. 특히 숲가꾸기는 목재생산량 및 탄소흡수량의 약 42%를 높이고 물공급량을 약 44% 증가시키는 효과를 가져온다. 국민인식조사 결과, 국민의 약 83%는 숲가꾸기를 해야 한다고 인식하는 것으로 나타났다. 향후 숲가꾸기 추진 면적을 현재 약 23만ha 수준에서 2030년까지 32만ha로 확대할 계획이다.

산림에서 수확된 목재는 도시 속에서 탄소를 저장하는 '생활 속 숲'이 된다. 수입목재를 이용하면 운송과정에서 추가적인 탄소배출이 발생하게 된다. 유엔기후변화협약에서는 수입목재가 아닌 국산목재 이용량만을 국가 탄소저장량으로 인정하고 있다. 국립산림과학원 연구 결과에 따르면, $100m^2$(약 30평) 목조건축 조성 시 약 40톤의 탄소감축 효과가 있다. 그러나 현재 국내 목재자급률은 15%에 불과하며, 전체 산림의 양 대비 목재수확률은 2021년 기준 0.5%로 OECD 주요국의 약 1/2~1/3 수준으로 최하위이다. 이에 '목재이용=탄소중립'이라는 국민인식을 확산하고, 목재친화도시, 목조건축 실연사업 등 다양한 목재이용 선도사업을 추진하여 공공부문을 중심으로 국산목재 소비를 높여 나갈 계획이다. 아울러 목재의 가장 가치 있는 소비처인 목조건축 시장을 활성화하기 위한 법·제도적 기반을 마련할 계획이다.

마지막으로, 산림의 환경적·경제적 가치를 정량적으로 보상하여 사유림 내 산림경영 및 보전에 대한 국민참여를 확대해 나가고자 한다. 기업과 개인 산주 등이 산림경영, 산불피해지 복원을 비롯한 산림 탄소흡수원 증진 사업에 참여하면 감축한 탄소량만큼 배출권을 발급받을 수 있도록 기업 ESG와 연계하여 '산림탄소상쇄제도'를 활성화할 예정이다. 또한 '산림의 공익가치 보전지불제'를 도입하여 산림보호구역 등 소유자의 행위가 제한되는 산림에 대한 경제적 보상방안을 마련할 예정이다.

2024년, 새로운 기후적응 패러다임 시동

우리에게 닥쳐 온 기후변화는 지금껏 인류가 경험해 보지 못한 새롭고도 거대한 위협으로, 그 누구도 자연이 몰고 올 변화를 쉽게 예측하기 어렵다. 이제는 어떠한 급진적 변화나 위험에도 체계적으로 대비할 수 있는 국가 단위의 대응체계를 마련해야 한다. 다가올 2024년은 단기적으로는 산림재난에 대한 법률, 시스템 등 대대적인 기반을 구축하는 해이다. 장기적으로는 기후재난에 적응하기 위한 패러다임을 전환해 나가는 시작점이 될 것이다.

남성현 ••• 산림청장. 전 국립산림과학원장. 전 경상국립대학교 초빙교수(산림자원학). 전 국민대학교 특임교수(임산생명공학). 산림청 기획조정관. 산림이용국장. 한-인도네시아 산림협력센터장. 홍조근정훈장. 근정포장. 건국대학교 행정학사. 국방대학교 안전보장학 석사. 충남대학교 농학박사(산림자원학).

모빌리티 대전환 초석을 다지다

향후 10년은 모빌리티 대전환의 중요한 시기이다.
급변하는 글로벌 메가트렌드를 어떻게 수용하고 대응하는지에 따라
모빌리티 대전환의 성패가 좌우될 것이다.

오재학 한국교통연구원 원장

모빌리티 대전환 전망

모빌리티 대전환의 의미

최근 모빌리티라는 단어를 다양한 매체에서 쉽게 접할 수 있다. 전통적인 교통은 사람과 물건이 한 장소에서 다른 장소로 움직이는 이동 그 자체와 이동에 필요한 차량, 인프라, 운영주체, 정책 등을 포괄하는 개념이다. 반면, 모빌리티는 기존 교통의 개념에 이용자 맞춤형 교통 서비스를 더한 개념으로 정의할 수 있다. 이것은 교통을 바라보는 시각이 공급자 중심에서 이용자 중심으로 옮겨지고 있다는 것이다.

모빌리티에 대한 중요도가 높아지고 관심이 올라감에 따라 향후 10년에 걸쳐 모빌리티는 대전환의 시기를 맞을 것으로 보인다. 모빌리티는 ICT 과학기술 진전, 기후변화 위기, 인구구조 변화, 글로벌 팬데믹 등의 메가트렌드에 직접적인 영향을 받고 있다. 이러한 변화를 수용하고 대응하는지가 모빌리티 전환의 성패를 좌우할 것이다. 이러한 관점에서 모빌리티 전환은 다음과 같은 의미를 갖는다.

첫째, 모빌리티 전환은 18세기 증기기관 발명 이후 교통에 가장 큰 변화를 가져올 것이다. 이 변화는 과학기술 진전을 기반으로 한 초연결·초융합 기반의 ICT가 주도하는 전환이 될 것으로 예상된다.

둘째, 모빌리티 전환은 고용과 일자리의 전환이다. 모빌리티 전환으로 기존의 일자리는 사라지고 새로운 일자리가 등장할 것이다. 예를 들어, 자율주행차, 친환경차, UAM(Urban Air Mobility, 도심 항공 이동수단), 모빌리티 서비스 등과 관련된 직종에서는 새로운 일자리가 창출되겠지만, 기존 내연기관 자동차 관련 일자리는 감소할 것으로 예상되고, 그에 유연한 고용 전환이 이루질 수 있는 방안 모색이 필요하다.

셋째, 모빌리티 전환을 통해 교통 외부효과를 획기적으로 해결할 수 있을 것이다. 급격한 자동차화는 교통사고, 교통혼잡, 환경오염 등과 같은 교통 외부효과를 야기하였으며, 이러한 교통 외부효과는 단순히 교통수요를 관리하는 것으로 해결되지는 않고 있다. 하지만 모빌리티 전환을 통해 교통수단이 변화하고, 다양한 기술혁신으로 기존에 해결할 수 없었던 교통 외부효과를 획기적으로 해결할 수 있을 것으로 기대된다.

모빌리티 대전환의 3대 방향: 자동화, 탈탄소화, 공유화

모빌리티 대전환은 ① 운전자의 역할이 사라지는 자동화, ② 기후변화 위기에 대응하기 위한 탈탄소화, ③ 교통수단을 공유하고, 수요자 중심의 통합 모빌리티 서비스 제공을 위한 공유화의 주요 3개 축을 중심으로 진행될 것이다.

우리나라의 경우 자동화는 주로 자율주행차와 UAM이 성공적으로 연착륙할 수 있는 방향으로 진행되고 있다. 먼저, 자율자동차는 2027년 level 4 자율주행자동차 상용화를 목표로 주행기술 개발과 다양한 서비스 실증을 진행 중에 있다. 또한 국토교통부는 C-ITS 시범사업을 통해 디지털 인프라를 구축하고 있으며, 2030년까지 전국 정밀도로지도 구축을 완료할 예정이다. 자율주행차 상용화와 디지털 인프라를 구축하게 되면 교통 용량이 늘어나고 교통사고는 줄어들 것으로 기대되지만 기존 자동차 제조업, 운송업 종사자의 고용 감소와 교통사고 시 책임 규명 문제 등과 같은 선결해야 할 숙제들이 남아 있다. UAM은 2025년 상용화를 목표로 산·학·연·관으로 구성된 'UAM 팀코리아'를 결성하였으며, 관련 기술의 국가경쟁력을 사전에 확보하기 위해 다양한 사업을 진행 중이다. 특히 2021년에는 세계 최초로 UAM의 운영과 관제를 통합하여 실증하였다. UAM이 상용화된다면 이용자 관점에서는 통행시간이 줄어들고, 산업적 관점에서는 새로운 모빌리티 서비스가 등장할 것으로 전망된다. 그러나 버티포트(이착륙장) 위치 선정, 기존 헬기 회랑(공중에 지정하여 둔 항로)과의 상충, 공역 운영 등과 같은 문제가 첨예하게 대립 중이며, 특히 안전과 비용 측면에서 국민의 수용성을 제고하는 것이 성공적인 UAM 상용화를 위한 선제 조건이 될 것으로 보인다.

교통 분야의 2050년 탄소중립 목표는 2018년 기준 이산화탄소 배출량인 9,810만 톤에서 2050년 기준으로 100만 톤(시나리오 A안)~740만 톤(시나리오 B안) 수준으로 배출하는 것을 목표로 한다. 시나리오 A안은 차량의 97% 이상을 전기차와 수소전기차로 전환, 시나리오 B안은 차량의 85% 이상을 전기차와 수소전기차로 전환하는 것을 목표로 한다. 정부는 2050 탄소중립 실현을 위해 2030년까지 전기차 420만 대, 수소전기차 30만 대 보급을 목표로 하며, 동시에 교통수요관리 정책 시행으로 주행거리 4.5% 감소를 주요 전략으로 설정하였다.

2020년대 중반부터는 친환경차의 차종 다양화와 함께 내연기관차에서 전환이 가속화될 것으로 전망되는데, 정부는 친환경차 구매목표제, 저공해차 보급목표제 시행 등을 통해 친환경차 전환을 지속적으로 지원할 예정이다. 이와 더불어 2023년 하반기 알뜰교통카드 혜택 확대와 함께 2025년부터는 서울 전역에 5등급 차량의 운행제한 및 4등급 차량의 녹색교통지역 내 운행제한이 시행되는 등 수요관리 노력도 병행할 예정이다.

친환경차 전환을 위해 충전인프라의 전략적 확충도 반드시 이루어져야 한다. 전기 충전인프라는 2022년 기준으로 충전인프라 1기당 1.9대가 구축되어 있어 해외 대비 우수한 수준이다. 다만, 현재의 인프라는 차량 용도나 이동 및 충전패턴을 충분히 고려하지 못하고 있고, 사업용 차량의 충전은 더욱 용이하지 않아 이용하는 데 어려움이 있었다. 그간 도심지 내 주요 거점 중심으로 공용 급속충전기, 일반주택 내 비공용 완속충전기가 보급되었다면, 2024년부터 본격 전기 승용차 전환을 위해 생활거점을 중심으로 충전기가 확충될 전망이다. 이와 함께 주행거리가 긴 택시 및 버스, 적재량이 많은 중대형 트럭의 친환경차 전환을 위해 차고지와 물류거점 그리고 필요시 주유소를 중심으로 충전기가 구축될 전망이다. 현재 승용차 중심의 인프라에서 충전용량, 충전기(혹은 디스펜서) 간 이격거리 등을 늘려 상용차 전용 충전인프라도 확충될 것이다. 차량의 용도, 이동 및 충전패턴을 고려한 충전기 설치와 충전서비스 품질 향상, 충전시설 안정성 확보 노력을 중심으로 친환경차 대중화 달성을 위한 노력이 지속될 전망이다.

탄소중립 시대를 맞이하기 위해 무엇보다 휘발유, 경유 등 수송용 석유제품에 부과되는 유류세, 특히 교통·에너지·환경세 개편 논의가 필요하다. 교통·에너지·환경세는 「교통·에너지·환경세법」에 근거하여 징수되는 목적세로, 교통부문 및 에너지, 환경부문의 안정적 투자와 사업 시행을 위한 재원이다. 친환경차로의 전환이 적극적으로 이루어질수록 내연기관차 유류사용량에 기반하여 징수되던 교통·에너지·환경세의 세수는 급격하게 감소하는 구조이다. 차종별 조세징수의 형평성 확보를 위해 전 차종에 주행거리를 과세표준으로 하여 동일하게 부과하는 '주행거리세'로의 개편 논의가 필요하다. 주행거리 비례로 부과하는 대안, 일부 구간까지는 기본요금을 징수하고 이후 구간부터는 주행거리 비례로 부과하는 대안과 같이 주행거리에 따른 차등 징수에 대한 논의가 요구된다. 혹은 해외처럼 차량중량도 추가로 고려하여 중량별 주행거리에 따른 징수방법도 고려해 볼 수 있다.

그동안 교통·에너지·환경세는 국제유가 인상에 따라 한시적으로 인하되어 물가 안정, 서민생활 부담 완화를 지원하는 정책수단으로 활용되었다. 우크라이나 전쟁, 국제 금리 변동성 등을 고려하면 2024년 이후에도 국제 유가의 안정화는 기대하기 어려울 것으로 판단된다. 주행거리세로의 개편이 이루어진다면 안정적인 교통SOC 투자재정을 확보하여 국민의 모빌리티를 지원할 수 있을 것이다.

자동차를 소유하는 것에서 공유하는 것으로 국민들의 인식이 바뀌면서 공유차 이용이 급증하고, 다양한 공유 서비스가 등장하고 있다. 하지만 우리나라의 경우 기존 택시사업 등과의 대치로 「여객자동차 운수사업법」 개정안(2020년)이 통과되면서, 승차 공유가 아닌 단순 차량 공유 형태로 공유화가 진행되고 있다. 수요 응답형 서비스를 제공하고, 이용자의 통행 시간과 비용을 경감할 수 있다는 점에서 공유화는 중요한 모빌리티 전환 방향임에도, 기존 운송업과의 대치, 자동차 소유 감소에 따른 자동차산업의 약화, 대중교통 이용객의 감소 등과 같은 부작용을 최소화할 수 있는 방안을 모색해야 한다.

모빌리티 대전환의 기대효과 및 예상되는 문제점

모빌리티 전환에 따른 가장 큰 기대효과는 기존의 급격한 자동차화에 따른 교통사고, 교통혼잡, 환경오염 등과 같은 교통 외부효과를 해결할 수 있다는 것이다. 특히 우리나라의 경우 교통 분야를 기반으로 빠르게 경제성장을 이룩하였지만, 그만큼 교통 외부효과에 따른 영향도 많이 받고 있어 모빌리티 전환에 따른 긍정적인 효과가 클 것으로 예상된다. 또한 모빌리티 서비스, 자율주행차, UAM 등과 관련된 일자리가 새롭게 등장하여, 일자리 창출 효과 역시 기대해 볼 수 있다.

하지만 이와 동시에 자동차 제조업, 부품업 등과 같은 기존 내연기관 자동차와 관련된 업종이나 택시사업, 차량 렌탈업, 정유회사와 관련된 업종은 줄어들거나 사라질 수도 있는 위험이 존재한다. 성공적인 모빌리티 전환을 위해서는 일자리와 고용의 유연한 전환이 필수적으로 수반되어야 한다. 그러기 위해서는 사회 안전망 구축과 새로운 산업기술 인력의 교육과 훈련과 더불어 국민과 사회의 수용성 확보가 필요하다.

글로벌 팬데믹과 교통·항공산업의 회복 전망

코로나19 충격과 통행행태 변화

유례없는 코로나19 팬데믹으로 전 세계 사회·경제는 막대한 피해를 입었고, 감염병 확산을 막기 위해 시행된 대부분의 조치들은 사람과 물자의 이동을 제한하였으며, 그에 따라 교통수요는 급격히 감소했다. 한국교통연구원의 분석 결과에 따르면, 코로나19로 인하여 2019년 대비 2020년의 지역 간 고속도로 통행량은 약 2.8% 감소한 데 반해, 공공교통 서비스 성격이 강한 지역 간 시외버스와 철도는 약 40~50%의 통행량이 감소했다. 교통수단별로 비교해 보았을 때, 코로나19의 타격을 가장 크게 받은 수단은 항공이었으며, 2019년 대비 2020년 여객 수요는 국내선이 23.8%, 국제선이 84.3% 감소한 것으로 나타났다. 이와는 대조적으로 코로나19 발생 초기 경기침체로 수출입화물 및 일반화물 물동량은 일시적으로 감소하였으나, 오히려 급증하였으며 특히 생활물류 물동량은 폭발적으로 증가한 것으로 나타났다. 또한 맥킨지 사의 분석 결과에 따르면, 코로나 이전에는 이용자들이 통행시간에 따라 대중교통 수단을 선택하였지만, 코로나 이후에는 감염병 위험도를 가장 우선하여 수단을 선택하는 것으로 나타났다. 그에 따라 공공자전거의 수요 증가가 두드러졌으며, 2019년 대비 2020년 공공자전거 이용 수요는 20%가량 증가하였다.

코로나 팬데믹으로 변화한 이용자들의 통행행태는 당분간 지속될 것으로 보이며, 이러한 통행행태가 교통부문의 뉴노멀로 자리 잡을 가능성이 크다. 따라서 모빌리티 전환 시에는 팬데믹 이후 교통수요 회복과 더불어 이용자들의 통행행태 역시 고려하여 진행되어야 한다.

항공산업 회복 전망

코로나19 팬데믹으로 각국의 국경이 봉쇄되면서 특히 국제선 여객시장은 큰 피해를 보았다. 구체적으로 살펴보면 국제선 여객은 2021년에 321만 명으로 2019년 대비 약 4%까지 급감하였다. 이에 반해서 국제선 화물은 최근 글로벌 경기침체로 성장 추이가 둔화하기는 하였지만, 팬데믹 기간에 2019년을 상회하는 실적을 기록하면서 가장 빠르게 회복 후 성장하였다. 국내선 여객도 2020년 소폭 하락하였지만 이후 빠르게 회복하여 2022년에는 역대 최고의 실적을 기록하였다. 하지만 국제선 여객의 느린 회복으로 양 공항공사, 그리고 저비용 항공사(LCC)들은 팬데믹 기간 동안 영업 적자를 기록하였다.

다행히 전 세계 항공시장은 2022년 상반기부터 뚜렷한 회복 추이로 전환되었다. 2023년 6월 국제항공운송협회에 따르면, 전 세계 유상여객킬로미터(RPKs)는 2022년에 2019년의 약 68.5%까지 회복한 데 이어서, 2023년 1분기에는 약 85.9%까지 회복하였다. 우리나라도 국제선 운항 횟수가 2022년 4월 대비 2023년 4월에 642% 증가하였고, 항공종사자는 2019년 12월 대비 약 90%까지 복귀하였다.

정부는 올해 9월까지 운항 횟수 기준으로 2019년 대비 85%까지 회복하는 것으로 목표로 하고 있으며, 회복 추이와 목표를 고려할 때 내년 국제선 여객은 2019년의 100% 수준까지 회복할 수 있을 것으로 기대된다. 앞으로 우리나라의 항공정책은 회복 이후 항공산업의 경쟁력을 갖출 수 있도록 새로운 변화에 대응하는 데 초점을 맞춰야 한다. 이를 위해서 항공산업의 회복을 넘어 성장으로 전환하기 위한 공급력 증대 노력이 필요한 시기다.

철도 투자 증대와 국가교통체계 패러다임 변화

광역철도망 기반 초광역권 메가시티 발전전략

비수도권의 시장 및 산업 경쟁력을 확보하기 위해서는 주요 지역을 연계하는 네트워크 도시체계가 중요하다(민성희, 2017). 비수도권은 거대 경제권을 형성하기 위한 초광역권 메가시티 발전이 필요하며 광역철도 SOC 투자 확충은 이러한 중추도시를 물리적으로 연결하여 인적 및 물적 자원의 가치를 제고하는 기반 환경을 제공한다. 광역철도는 경춘선과 1호선 천안 연장 사례를 통하여 지역경제에 효과적인 수단인 것을 확인할 수 있다. 경춘선 광역철도 개통으로 춘천시 관광객 증가, GRDP(지역내총생산)가 5% 상승하였으며 지하철 1호선 천안 연장으로 천안시 인구 증가, 시장 규모에 파생되는 사업체 수 증가로 지역경제 발전효과를 실증적으로 보여 주고 있다.

비수도권 광역철도 SOC 사업 추진을 위해서 초광역권에 효율적인 철도망 간지선체계 구축, 초광역권 내 모든 지역에서 편리하고 신속하게 이동할 수 있는 광역철도 연계교통체계 강화, 철도 역세권 사업모델 발굴로 광역철도 건설투자 활성화가 요구된다.

고속철도역과 광역철도역의 지역 거점화 방안

철도투자는 대규모 재원이 소모된다는 점을 고려할 때, SOC 투자의 효율적 활용방안 마련이 필요하다. 대표적인 것 중 하나가 철도역을 중심으로 한 거점 구축이다. 철도역은 교통시설인 동시에 인구가 집중되는 주요 결절지이다. 철도역과 역세권에 대한 개발을 통해 교통시설로서의 철도역 외에 지역경제와 생활을 위한 공간으로 조성하는 것이다. 철도역을 중심으로 거점화를 구축한 대표적인 사례들로 동대구역 복합환승센터, 광명역세권 개발사업 등을 들 수 있다.

동대구역 복합환승센터는 고속철도역인 동대구역 옆에 복합환승센터를 건설하고, 주변에 분산되어 있던 고속·시외버스터미널을 위치시킴으로서 대구·경북지역의 거점환승센터로 건설하였다.

이와 함께 복합환승센터 내부에는 백화점, 영화관 등 대형쇼핑·문화시설들을 입점시키고, 역 앞에는 광장을 조성하여 지역의 경제 및 생활거점이자 앵커시설로서의 역할을 함께 수행하고 있다.

광명역세권은 KTX 광명역을 중심으로 한 택지개발사업이다. 2004년 KTX 광명역이 개통됨에 따라 수도권 서남부지역의 거점으로 육성하고자 하였다. 개통 이후 2010년까지는 역세권 사업이 지지부진하였으나, 역세권 반경 내에 대규모 민간 쇼핑몰 입점이 결정되면서 본격적인 개발이 이루어지게 되었다. 현재는 광명역을 중심으로 주거 및 주상복합시설, 코스트코·이케아 등 대형쇼핑몰, 무역컨벤션센터 등 주거·상업·업무시설과 함께 공원 등 녹지공간을 함께 조성하여 지역의 중심 거점 역할을 수행하고 있다.

이와 같이 역세권 개발, 철도역사복합개발, 복합환승센터 개발 등을 통해 철도역과 주변지역에 교통기능 외에 주거·상업·업무·여가기능을 집적시킬 수 있다. 이러한 철도역 중심 기능의 집적화는 교통시설로서의 철도역을 복합거점공간으로 활용함으로써 효율적인 철도투자를 도모할 수 있을 것이다.

국가철도망 구축 및 운영 전략

제4차 국가철도망 구축계획(국토교통부, 2021)은 경쟁력 있는 철도산업을 조성하고 국가 균형발전을 선도하는 철도를 목표로 설정하여 비수도권 광역철도 확대를 주요 추진과제로 선정하였다. 지방 대도시권의 경제 활성화를 위하여 신규 광역철도를 건설하고, 또한 경부선, 호남선 등 기존 선로를 활용하여 상대적으로 적은 비용으로 광역철도 사업을 추진할 것으로 기대된다. 비수도권 광역철도 사업은 철도 개통으로 인한 정시성, 환경성 등 특수 편익을 반영하여 경제적 타당성에 긍정적으로 반영될 것이다. 또한 철도사업과 동시에 주거·상업기능을 복합화한 역세권 개발을 지자체와 함께 추진하여 비수도권 주민의 이동 편의를 제고할 것으로 기대된다.

철도 SOC사업 활성화를 위하여 민간자본을 활용하고, 민자사업 규제 개선 등으로 수익사업 범위가 확대될 것이다. 아울러 민자사업의 창의적인 의견을 적극적으로 수렴하여 국민이 필요로 하는 철도사업이 발굴되는 등 민자사업에 따른 절차 및 구조가 간소화될 것으로 기대된다. 국민이 편리한 철도를 공급하기 위하여 민간사업자, 지자체 그리고 관계기관들이 모두 협력하여 요금제, 할인 프로그램, 기타 부대사업 등에 참여함으로써 경쟁력 있는 철도산업이 조성될 것이다.

오재학 ••• 한국교통연구원 원장. 동아시아교통학회(EASTS) 회장. 국가교통위원회·항공정책위원회·국토정책위원회 위원. 《KTX 경제혁명》(공저), 《모빌리티 대전환: 대한민국의 새로운 국가전략》(공저). 서울대학교 공학사(산업공학), University College London 공학석사·공학박사(교통공학).

재해는 줄이고 행복지수는 올라가는
스마트한 도시가 온다

2024년에는 도시 내 안전과 관련된 시설과 규정이 대폭 확대될 것이다.
데이터허브의 구축과 도입 확산으로 도시정보의 연결이 본격화되어
재난, 재해, 범죄에 보다 신속하게 대응할 수 있게 된다.

김병석 한국건설기술연구원 원장

영리한 도시와 잘생긴 도시

스마트한 도시는 어떠한 곳이어야 하는가? '스마트(smart)'라는
단어는 여러 가지 뜻을 담고 있다. 최근의 스마트 열풍으로 사람들
은 대부분 '스마트하다'를 똑똑하고 영리하다는 의미의 'clever'로
이해하고 있을 것이다. 하지만 정통 영국식 영어에서는 '맵시 좋은'
또는 '말쑥한'이라는 형용사로 사용된다. 다시 말해 '스마트'는 '잘
생김(good appearance)'이라는 뜻을 내포하고 있다. 그러나 '스마트
도시'라고 하면 머릿속에서 '잘생긴 도시'가 바로 떠오르지는 않는
다. 여전히 지능형, 최첨단의 기술들이 연상된다. 하지만 예를 하

나 들어 보자. 전력선, 유선방송 케이블, 초고속 광통신망, 상하수 도관, 온수관 등의 중요시설들을 한번에 모아서 설치한 지하 공동구가 개발되면서 전신주와 각종 전선이 어지럽게 얽혀 있던 도시 풍경은 점차 보기 어렵게 되었다. 보행을 가로막던 전신주가 사려졌고, 온전한 하늘 풍경을 바라볼 수 있게 된 것이다. 건설기술의 발전도 맵시 좋은 도시 조성에 기여하고 있다. 기존 콘크리트보다 강도가 높으면서도 내구성이 뛰어나며 환경친화적인 소재인 초고성능 콘크리트는 과거 육중한 무게와 유지보수를 자주 하는 콘크리트 구조물로 상징되던 도시풍경을 바꾸고 있다. 즉, 신재료 활용을 통해 기존의 건축적 제약을 극복한 혁신적인 디자인의 기반 시설과 건축이 가능하게 되어 도시 경관을 더욱 멋지고 아름답게 바꿀 수 있게 되었다. 이처럼 기술 발전이 우리 도시의 모습을 더 깔끔하고 단정하게 바꾸는 데 이바지하는 것이다.

사람이 행복한 도시를 위한 여정

인류는 항상 쾌적하고 편안하면서도 안전한 공간을 추구해 왔다. 그래서 도시의 이상향도 계속 진화해 왔다. 외부의 적으로부터 공동체를 지키기 위해 만들어 온 목책과 성벽이 헐리자, 외부공간과의 연결과 교류가 중요해졌다. 도로와 철도역이 만들어지고 물자와 사람의 유입이 도시의 부를 결정짓는 요인이 된 것이다. 그리고 중세 흑사병의 유행은 도시위생에 대한 중요성을 인식하는 계기가 되었다. 상수도를 설치하여 깨끗한 물을 공급하고, 공장과 주거지역을 분리하는 용도지역이 설정되는 등 도시환경이 이전과는 다르게 획기적으로 개선되었다.

　도시의 발전은 여기서 그치지 않는다. 1984년에 '환경과 발전에 관한 세계위원회(World Commission on Environment and Development, WCED)'가 '지속가능한 발전'의 개념을 담은 '우리 공동의 미래'를 발표한 이후, 국제사회는 리우선언(1992년)을 통해 지속가능한 발전 개념을 더욱 강조하였고, 이후의 교토의정서 체결(1997년), 파리 유엔기후변화회의(2015년)로까지 이어졌다. 그리고 2016년 다보스포럼에서는 도시문제 해결을 위해 '4차 산업혁명'의 사물인터넷과 지능정보기술 활용을 통한 '스마트도시' 구축의 필요성이 본격 제기되었다. 이처럼 도시의 발전은 인류가 인식하는 문제해결을 위한 긍정적인 방향으로 진행되고 있다.

　이 같은 상황에서 2023년에 우리나라가 프랑스·독일과 함께 UN Habitat에 제안한 '사람 중심의 스마트도시 결의안'[1]은 시사하는 바가 크다. 스마트도시가 가지는 디지털 전환이라는 특징에만 집중하다 보면 놓칠 수 있는 빈부 간 격차, 인권보호, 기후위기, 디지털 접근성 확보 등에 대한 고려를 통해 사람 중심의 스마트도시를 만들기 위한 방향을 제시한 것이다. 이렇듯 우리 삶의 공간인 도시의 여정은 기술만의 한계를 넘어 사람을 더 배려하는 방향으로 전개되고 있다.

1　프랑스가 최초 제안하고 우리나라와 독일이 공동제안자로 참여한 '사람중심 스마트시티 국제 가이드라인'이 2023년 6월 제2차 UN Habitat 총회에서 결의안으로 채택되었다.

과학기술을 통한 도시혁신의 가속화

행복한 도시로 가기 위한 여정의 발걸음은 점진적으로 진행되었다. 도시는 그 변화의 폭이 넓지 않기 때문에 오늘과 내일의 모습이 크게 다르지 않다. 예를 들어 영국 런던, 프랑스 파리, 이탈리아 로마와 같은 유럽의 유명 도시들은 여전히 100년도 더 된 건물과 도시구조를 간직하고 있다. 사람들의 생활양식도 크게 바뀌지 않았다. 이러한 상황에서 당장 내년의 도시, 스마트도시를 전망한다는 것은 차라리 '내년도 올해와 같다'라는 결론을 내리는 게 더 쉬울 수도 있다. 하지만 최근의 스마트도시는 도시 변화에 가속도를 붙이고 있다. 한 예로 수년간의 개발 시도에도 큰 진척을 보이지 않던 번역기술에, 기존의 규칙 기반의 빅데이터로 구축된 학습원과 인공지능기술이 접목되는 순간 변곡점이 발생했다. 도시도 마찬가지다. 다양한 기술들이 적용될 수 있는 하나의 플랫폼인 도시는 '지능정보기술'로 불리는 4차 산업혁명의 핵심기술로 변화의 시점에 놓이게 되었다. 특히 그 변화의 중심에서 우리나라는 다른 국가보다 더 빠른 속도로 기술을 받아들이고 적용하면서 스마트한 공간으로의 전환을 선도하고 있다.

스마트도시는 인프라, 데이터, 서비스의 3계층으로 구분할 수 있다. 전체 계층에서 맨 아래에 해당하는 부분이자 첫 번째 계층인 인프라는 스마트도시를 구성하는 기반시설로, 스마트도시의 주요 기능을 제공하는 데 필요한 물리적 시설과 자원을 비롯하여 넓게는 도시운영을 위한 법제도 등을 포함하기도 한다. 일반적으로 스마트도시를 만들기 위한 물리적 기반을 구축하는 것에 한정하여,

도시 곳곳에 설치된 센서, 유무선 정보통신망, 도시 데이터를 저장하고 관리하는 시설, 스마트도시의 공간정보 등을 스마트도시 인프라로 보고 있다. 자율주행차량을 예로 든다면, 차량과 도시시설물과의 통신을 위한 설비, 사고 예방을 위한 안전시설, 그리고 자율주행을 가능하게 하는 '고정밀 도로지도' 등이 모두 인프라에 해당된다.

스마트도시 인프라에 이은 두 번째 계층은 인프라를 이용하여 데이터를 모으는 것이다. 데이터 수집은 다양한 경로로 가능한데, 사물인터넷과 센서기술, 대용량 정보들을 빠르게 수집하고 저장·전송할 수 있는 정보통신기술의 발전으로 도시 내 다양한 정보들을 수집할 수 있게 되었다.

이렇게 수집된 데이터를 이용하여 시민들에게 다양한 서비스를 제공하는 것이 마지막 세 번째 계층인 서비스이다. CCTV 영상분석을 이용한 지능형 방범 서비스, 승객들의 목적지에 맞춘 경로로 운행되는 수요응답형 버스, 센서를 이용하여 사전에 화재 발생을 예측하고 예방하는 서비스, 영상과 센서를 이용한 홍수 모니터링 서비스 등이 대표적인 스마트도시의 서비스들로 현재 운영 중이다. 그렇다면 이러한 스마트도시의 구성 요소들은 현재 어떻게 구축되어 운영되고 있으며 앞으로는 어떤 변화가 있을까?

스마트도시 인프라의 혁신과 확대

우리나라의 스마트도시 인프라 구축 수준은 초고속정보통신망으로 인해 세계 최고 수준을 자랑했다. 하지만 최근에는 정보통신망 외에 스마트도시 서비스를 제공하는 데 필요한 기반시설의 중요성도 높아지고 있다. 스마트도시에서 제공되는 서비스 중 가장 많은 수를 차지하는 분야는 바로 교통으로 기반시설에 대한 중요도가 높다. 따라서 기반시설 분야의 변화는 모빌리티 분야에서부터 시작될 것으로 예상된다. 최근 들어 '퍼스널 모빌리티'로 불리는 개인용 이동수단이 도로에서 자주 목격되고 있다. 그리고 전기자동차와 수소차의 보급 대수도 확대되고 있다. 자율주행자동차의 본격적인 도입도 예상된다. 그러나 스마트시티의 기반시설은 이를 따라잡지 못하는 실정이다. 물리적인 시설과 법제도 모두 아직은 미흡한 상황이다. 뉴스에서는 안전규정 미흡과 운용 미숙으로 인한 개인용 모빌리티 사고에 대한 소식을 종종 접할 수 있고, 전기차와 수소차와 같은 친환경 차량을 이용하는 데 필요한 충전소도 충분하지 못하다.

하지만 2024년에는 좀 더 달라진 소식을 접할 수 있을 것으로 보인다. 먼저 2023년 1월 기준 9만 3,000대 수준인 전기차 충전시설이 대폭 확대될 것으로 보인다. 정부에서는 현재 공공 위주로 운영되는 전기차 급속충전기를 2024년부터 단계적으로 민간에게 이양할 계획이다. 공공 분야의 급속충전기는 초기 투자비가 많이 들거나 수익성이 낮은 사각 지역을 중심으로 운영될 예정이며, 향후 민간 급속충전기 확대를 위한 금융 지원과 기술실증사업을 진행할 계획이다. 그리고 설치되는 기반시설들 간의 지능화도 더욱 고도화될 것으로 예상된다. 센서 네트워크, 빅데이터 기술, 인공지능 등이 통합되어 도시 내 각종 시설과 시스템들이 연결되고 지능화되는 수준이 더욱 향상될 것이다. 이로 인해 기존에 시범 운영에 그쳤던 서비스들도 본격 운영될 것으로 전망된다. 그리고 이러한 기반시설의 개선은, 사람의 안전을 더 고려하고 교통취약계층을 배려하는 포용적인 방향으로 진행될 것이다.

도시정보의 연결과 공유의 확산

스마트도시의 두 번째 계층인 데이터를 모으는 것과 관련하여 '데이터허브'는 스마트도시에서 핵심 기능을 수행한다. 데이터허브는 도시 내 정보를 한곳에 모으고 관리하는 것으로, 수집된 정보들은 다시 새로운 도시 서비스를 창출하는 데 활용되고, 또 그 정보가 데이터허브에 축적되는 구조이다.

스마트도시 '데이터허브'는 영국의 밀턴케인스에서 먼저 시행되었다. 밀턴케인스는 1960년대 런던 외곽에 조성된 신도시로 다양한 민간기업들을 유치하여 산업기반을 조성한 자족 도시이다. 초창기 인구 5만의 농촌 마을이 지금은 인구 25만에 스마트도시 관련 다양한 기업들이 입주하여 영국의 비즈니스 중심이 되었다. 밀턴케인스에서 시행한 'MK SMART'는 전 세계적으로 유명한 스마트도시 분야 핵심 프로젝트이다. 밀턴케인스는 'MK SMART' 사업을 통해 도시의 각종 데이터를 수집하고, 수집된 데이터를 이용하여 다양한 도시 서비스를 제공할 수 있는 'MK DATAHUB'를 구축했다. MK DATAHUB에서는 2023년 7월 기준으로 총 831개의 데이터셋을 제공하고 있는데, 도시 내 설치된 각종 센서들, 소셜미디어, 모바일앱 등에서 추출되는 교통·에너지·건물은 물론 코로나를 비롯한 감염병 정보까지 방대한 양과 종류를 자랑한다.

이와 관련하여 우리나라도 2018년부터 국가연구개발사업인 '스마트시티 혁신성장동력 프로젝트'를 통해 '스마트시티 데이터허브'를 개발하였다. 2020년도에는 코로나19가 확산하자 개발 중인 '스마트시티 데이터허브'를 기반으로 확진자의 동선을 손쉽게 파악할 수 있는 '코로나19 역학조사 시스템'을 만들었다. 당시에는 카드사·통신사 등을 통한 확진자 동선 파악에 하루 이상이 소요되었는데, 스마트시티 데이터허브에 기반한 역학조사 시스템은 하루 이상 걸리던 역학조사 시간을 10분으로 단축하여 코로나 방역에 크게 기여하였고, 한국의 대표적인 스마트시티 성공사례로 소개되었다. 현재 표준모델 개발이 완료된 데이터허브 플랫폼은 2021년부터 대구를 시작으로 시범 적용하였으며, 2023년부터 지자체에서 적극적인 도입을 추진하고 있다. 따라서 2024년부터는 데이터허브의 구축과 도입 확산으로 도시정보의 연결과 공유 확산이 본격적으로 시작될 것으로 예상된다. 국토교통부의 2023년 거점형 스마트시티 조성사업에 선정된 울산광역시와 고양시는 데이터허브를 구축하여 행정·교통·안전 분야에서 스마트도시 서비스를 제공할 계획을 수립하였다. 앞으로 시행될 스마트도시 사업들은 데이터허브 구축을 통해 시민들을 위한 도시 서비스를 한층 더 향상시킬 수 있는 기반이 될 것이다.

스마트하고 안전한 도시공간 조성에 대한 투자 증대

내년에는 도시 내 안전과 관련된 시설과 규정이 대폭 확대될 것으로 예측된다. 기후변화로 인해 매년 집중호우에 의한 인명과 재산피해가 발생하고 있는데, 스마트도시 기술은 앞으로 안전 분야에서 매우 중요한 역할을 담당하게 될 것이다. 재난과 재해는 예측이 어렵고, 그 피해를 최소화하기 위해서는 신속하고 효율적인 대응이 필요하다.

이러한 상황에서 스마트도시에서는 센서기술과 빅데이터 분석을 활용하여 홍수와 같은 재난상황에 대한 실시간 모니터링과 조기 경보가 가능하다. 최근 기후변화에 따른 이상 홍수 발생으로 하천 인근의 피해가 증가하고 있는데, CCTV와 같이 기존에 설치된 영상 장치로부터 데이터를 확보하여 인공지능(AI) 기법을 통해 하천의 수위를 모니터링하고 원격으로 대응 방안을 수립할 수 있는 기술을 한국건설기술연구원에서 개발하였다. 그리고 자동화된 재난 대응 시스템 구축과 보급도 확대될 것이다. 기존에는 홍수 시 시설물 중심으로 펌프와 관문 등이 작동하는 체계였다면, 앞으로는 도로와 같은 시설물에 침수가 발생하거나 발생할 가능성이 높을 때 도로와 지하차도 진입을 자동으로 차단하거나 외부 시설의 개폐 등도 지능형으로 작동할 수 있도록 구축될 것이다. 또한 자율주행과 비상대응 기술은 응급차량이 더욱 빠르게 현장으로 이동할 수 있도록 지원하여 재난지역으로 물자를 공급하는 데 큰 도움을 줄 것이다. 폭우 때마다 반복되는 지하차도 침수와 인명사고를 스마트 기술을 통해 미연에 방지할 수 있는 도시관리 운영체계가 만들어지는 것이다.

스마트도시 기술은 재난 상황뿐 아니라 일상에서의 안전을 강화하는 데도 적극 활용될 것이다. 서울 신림역과 성남 분당에서의 칼부림 사건(2023년)과 같이 범죄위협이 증대되고 있는 현실에서 일상공간에서의 안전에 대한 시민수요는 더욱 높아지고 있다. 이에 대응하여 인공지능을 이용하는 영상분석기술을 통해 사고 상황을 파악하고 응급구호를 경찰서와 소방서에 자동으로 요청할 수 있는 지능형 CCTV 보급 확대로 치안과 방범을 위한 스마트도시 서비스가 확대될 것이다. 방범 부문에서 스마트도시 서비스는 사건 발생 이후의 범죄자를 찾는 사후 대응이 아닌 범죄 발생 가능성과 발생 취약성을 사전에 파악하여 개선안을 제시할 수 있는 형태의 선제적 작동구조로 제공될 것이다.

앞서 설명한 바와 같이 특히 기후위기에 대응하는 해법으로 스마트시티의 중요성은 더욱 높아질 것이다. 사실 스마트도시의 선진 지역으로 알려진 유럽의 경우에 스마트시티가 추구하는 핵심 가치는 기후위기 대응을 위한 탄소중립에 방점이 있다. 건물 에너지 사용량을 줄일 수 있는 스마트 건물의 건축과 보급을 통해 화석에너지 사용량을 줄일 수 있고 탄소중립에 기여할 수 있다. 교통 부문에서는 대중교통 이용 확대, 개인용 모빌리티의 보급과 보행환경 개선이 스마트도시의 주요 추진 방향이며, 이 또한 자가용 승용차의 이용을 줄여 에너지 사용량과 탄소배출량을 줄이는 데 기여할 수 있다. 이 외에도 불필요한 이동과 그에 따른 에너지 소요를 줄일 수 있도록 도시공간을 효율적으로 계획하고 조성함으로써 기후위기에 대응할 수 있는 기반 구축도 추진되고 있다. 이렇듯 스마트도시가 궁극적으로 추구하는 바는 인류가 처한 위험을 줄이고 더 안전하고 살기 좋은 공간을 만드는 데 있는 것이다.

시민참여와 개인맞춤형 서비스의 확대

　스마트도시의 성공은 시민들의 적극적인 참여와 협력에 크게 의존한다. 2024년에는 스마트도시 관련 정보에 대한 접근성이 향상되고, 시민들의 의견을 반영하는 플랫폼과 시스템이 더욱 발전하여 시민들이 도시의 발전에 직접 참여하기가 쉬워질 것으로 예상된다. 정부에서도 디지털플랫폼 정부를 표방하고, 공공데이터를 시민들에게 적극 공개하고 이를 활용하여 민관이 함께 성장할 수 있는 혁신생태계를 조성하는 것을 정책 방향으로 설정하고 있다.

　이와 관련하여 금융 분야에서 시작된 '마이데이터' 사업은 스마트도시 서비스의 질적 향상에 큰 영향을 줄 것으로 예상된다. 마이데이터는 '자신에 관한 정보를 어느 범위까지 알려지고 또 이용되도록 할 것인지'를 결정하는 것과 '제3자에게 이를 관리할 수 있는 권한을 부여하는 것'을 핵심으로 하는 개인정보 관련 제도이다. 마이데이터는 그간 기존 금융과 공공부문에 한정되어 허용되어 왔으나, 2023년 3월 「개인정보 보호법」이 개정되면서 정보통신·교통·보건·의료 등 전 산업에 적용할 수 있게 되었다. 특히 스마트도시에서는 이 같은 마이데이터가 본격 활용되면 파급력이 클 것으로 예상된다. 개인정보를 스마트도시 데이터허브와 같은 플랫폼에 탑재할 경우, 개인맞춤형 서비스를 제공할 수 있다. 스마트도시에서 개인 데이터를 분석하여 개인에게 최적화된 교통·문화·쇼핑 등의 다양한 서비스를 제공하여 편의성을 높일 수 있다. 환경 분야를 예로 들면, 개인의 에너지 사용 패턴이나 소비행동 데이터를 분석하여 에너지 효율을 높이고, 자원 사용을 최소화할 수 있도록 소비와 생활 습관을 유도할 수 있다. 이를 통해 친환경적이고 지속가능한 스마트도시 운영에 기여할 수 있게 되는 것이다. 그뿐만 아니라 마이데이터를 활용하면 개인의 위치정보나 이동경로를 파악할 수 있어 시민의 안전을 강화하고, 긴급상황에 대응하는 데도 도움을 줄 수 있다. 스마트도시의 마이데이터는 앞서 설명한 개인의 편의 외에도 마이데이터를 분석하고 시민들의 의견을 수집하여 정책수립과정에 개인의 의견과 요구를 반영하는 것이 가능해진다. 시민들이 직접 스마트도시를 운영하고 관리하는 데에도 기여할 수 있게 되는 것이다.

그러나 마이데이터 활용은 개인정보 보호와 관련한 문제들을 가져올 수 있으므로, 스마트도시에서는 개인정보 보호와 관련된 법규를 엄격히 준수하고, 적절한 보안 시스템을 도입하여 시민들의 개인정보를 안전하게 관리해야 한다.

사람 중심의 스마트도시를 위한 세 가지 축

최근 스마트도시는 정보통신 분야 기반시설 구축, 데이터허브를 통한 자료수집과 활용체계 마련, 디지털 기반의 시민 체감형 서비스 제공과 확산 등의 로드맵에 따라 발전해 왔다. 이에 따라 스마트도시와 서비스에 대한 인식은 디지털 기술의 활용을 통한 개인의 편의와 편익 향상에 초점을 맞추는 경향이 있었다. 그러나 앞으로의 스마트도시는 기술을 통해 약자를 배려하고, 기후변화에 대응하며, 지역 격차와 디지털 불평등을 해결하는 등 보다 공익적인 가치를 실현하는 데 더욱 집중될 것이다.

이를 위해서는 무엇보다 '사람 중심'의 스마트도시가 만들어져야 한다. 아무리 훌륭하고 뛰어난 기반시설과 서비스가 제공되는 도시라 하더라도 이를 이용하고 활용하는 시민, 즉 사람의 생각과 인식이 따라가지 못하면 도시 운영과 관리의 근간이 흔들릴 수 있다. 도시를 구성하는 뿌리가 바로 '사람'이기 때문이다.

필자는 스마트도시가 가야 할 방향을 [그림]과 같이 세 가지 축으로 정의하였다. 첫 번째는 '디지털 세계'의 구축이다. 디지털트윈, 메타버스, 인공지능 등 과학기술과 디지털 기술은 우리의 공간을 더욱 풍요롭고 쾌적하게 만들 수 있는 도구가 될 수 있다. 두 번째는 '물리적 현실 세계'이다. 실제 도시 현장에서의 현상과 문제에 대한 이해와 고민이 필요하다. 아무리 좋은 스마트도시 모델이라도 현실을 고려하지 않으면 디스토피아가 될 수 있다. 영화 〈레디 플레이어 원(Ready Player One, 2018)〉은 현실 세계와 디지털 공간과의 연결관계를 가장 잘 묘사한 수작으로 평가받고 있다. 하지만

그림 스마트시티가 가야 할 방향

영화에서처럼 디지털 세계는 유토피아와 같은 곳이지만 물리적 현실 세계가 디스토피아적으로 실현된다면 이 또한 바람직하지 않다. 그리고 가장 중요한 마지막 세 번째 축은 '사람'이다. 앞서 설명한 두 가지가 디지털 환경과 물리적 환경을 설명한다면, 사람은 도시에 대한 가치 중심적이고 철학적인 부분의 강조를 의미한다. 도시에서 살아가는 사람의 마음을 중요하게 생각하고 이를 고려하며 배려할 때 이상적인 도시가 이루어질 것이다. 이 세 가지 축이 조화롭게 어울려 도시가 만들어지고 운영될 때 진정으로 사람이 행복한 스마트도시가 우리 앞에 펼쳐질 것이다.

김병석 ••• 한국건설기술연구원 원장. 한반도인프라포럼 대표회장. 환경연구기관장협의회 회장. 국회입법조사처·감사원 자문위원 역임. '2019 ICSC Seoul International Conerence on Smart Cities' 등 국제학술대회 기조강연 다수 참여. 이달의 과학기술인상. 대통령표창·산업포장·과학기술훈장(혁신장) 수훈. 한국공학한림원 정회원. 서울대학교 토목공학 학사·석사·박사.

금리충격 극복 주택시장이 직면한 새로운 위기

한국은 물론 글로벌 집값이 일제히 반등하고 있다.
주택시장의 붕괴보다는 연착륙 가능성이 커지고 있다.
다만 중국과 상업용 부동산시장의 위기는 초대형 악재가 될 수 있다.

차학봉 땅집고 미디어본부장

버블붕괴 위기 넘기는 주택시장

당초 우려했던 주택시장의 '팬데믹 버블' 붕괴 가능성은 낮아지고 있다. 코로나 경기침체를 막기 위한 저금리 정책과 유동성 공급으로 2020~2021년 집값이 20~40% 폭등했던 미국, 캐나다, 뉴질랜드, 스웨덴, 한국, 홍콩 등 주요 국가들은 2022년 하반기만 해도 버블붕괴가 현실화되는 듯했다.

우크라이나 전쟁으로 인한 유가와 곡물가격의 급등에 따른 인플레이션을 잡기 위한 급격한 금리인상이 주택가격을 급락시킬 것이라는 우려 탓이었다. 미국의 기준 금리가 2022년 3월 0.25%에서 0.5%로 인상된 이후 '금리 인상 퍼레이드'가 이어지면서 2023년 7월 5.5%까지 급등했다.

팬데믹 시대 집값을 폭발적으로 밀어 올린 저금리와 유동성 공급이 신기루처럼 사라지면서 이번에는 집값 급락 공포가 엄습했다.

2000년대 경기침체를 막기 위한 급격한 금리 인하와 집값 폭등. 그리고 금리 인상과 유동성 축소, 집값 폭락이라는 금융위기의 악순환을 경험했던 많은 국가들이 '고금리 집값 폭락론'으로 바짝 긴장했다.

실제 2022년 연말까지만 해도 '팬데믹 버블의 붕괴'는 시간문제처럼 보였다. 집값이 급등한 데다 변동금리 비중이 높은 스웨덴, 캐나다, 뉴질랜드, 호주, 홍콩, 한국 등의 집값이 '폭락 수준'으로 급락했다. 집값 폭락이 가계부도와 금융위기로 이어질 수 있다는 비관론이 고개를 들었다. 낙관적으로 봐도 2024년까지는 하락세가 이어질 것이라는 전망이 많았다.

그러나 2023년에 접어들면서 폭락세가 돌연 멈추고 반등하는 국가들이 속출했다. 글로벌 주택가격의 동조화라고 할 정도로 반등 시기가 비슷했다. 2022년 15.6% 폭락했던 홍콩은 2023년 1월부터 상승세로 돌아섰다. 코로나로 인한 관광 중단 사태가 해소됨에 따라 중국 본토의 수요회복과 경기회복 기대감 등이 작용했다는 분석이다. 2022년 10월 골드만삭스는 당초 2022년 홍콩 집값이 2023년까지 2021년 말 고점 대비 최대 30% 폭락을 전망했었다.

금리인상으로 고점 대비 17% 폭락했던 뉴질랜드도 2023년 4월부터 오름세로 전환됐다. 호주도 바닥을 찍었다. 호주 부동산 지표인 '코어로직' 전국주택가격지수는 2023년 4월 0.5% 상승하며 반등하기 시작했다. 캐나다 집값은 2023년 3월 전월 대비 4% 오르면서 상승세로 돌아섰다. 금융컨설팅 회사인 '유로페이스'의 독일 주택가격지수는 2022년 6월 224.87을 기록한 후 줄곧 내림세였지만, 2023년 1월 바닥을 친 후 상승세를 타고 있다.

한국의 집값도 비슷한 궤적을 그리고 있다. 한국부동산원의 아파트 실거래가 통계에 따르면 서울 아파트가격은 2022년 22.37% 하락했다. 1월부터 급반등을 시작해 2023년 상반기 상승률이 9.99%에 달했다.

미국도 S&P 코어로직 케이스-실러 주택가격지수가 2023년 1월을 바닥으로 상승세로 전환했다. 주택가격 연구기관들이 전망치를 긴급수정하고 있다. 당초 2023년 미국 주택 가격이 15~20%가량 하락할 것으로 전망했던 미국기업연구소(AEI)는 2023년 6% 상승한 데 이어 2024년에는 7%까지 오를 것으로 전망치를 긴급수정했다. 미국의 경우 일부 지역은 고점대비 10~20%까지 하락한 지역도 있지만 평균적으로 보면 미미한 조정에 그쳤다.

급격한 기준 금리 인상으로 모기지(주택담보대출) 금리가 3%에서 8%까지 수직상승한 미국 집값의 반등 요인은 무엇일까?

첫째, 주택 공급 부족과 자재비, 인건비 등 원가 상승이다. 2006년 부동산 호황기에는 주택이 연간 200만 가구 이상 공급됐지만, 2009년 이후 공급은 연간 50만~120만 가구로 절대 공급 규모 자체가 줄었다. 리먼쇼크로 인해 집값이 폭락하는 것을 경험한 탓에 건설사들이 주택건설에 소극적이었다. 미국의 경우 보통 집값이 치솟으면 공급이 급증하지만, 팬데믹 기간 집값 폭등에도 인력부족, 자재난, 토지부족 등으로 충분한 주택공급이 이루어지지 않았다. 연간 주택 공급량이 팬데믹 집값 폭등기인 2020년 138만 가구, 2021년 160만 가구에 그쳤다. 팬데믹으로 인해 원자재 및 인력 조달 문제로 주택 건설 증가폭이 제한적이었다.

집값 폭등기인 2004년과 2005년에 각각 190만 가구와 200만 가구가 지어지는 등 공급이 폭증하면서 공급과잉에 의한 집값 폭락으로 이어졌다. 집값이 반등한 캐나다, 스웨덴, 호주 등도 미국과 비슷하게 주택 공급이 부족한 상황이다.

둘째, 모기지(주택담보대출)의 고정금리 비율이 높은 것도 원인이다. 미국은 모기지의 90% 이상이 30년 고정금리 상품이다. 금리가 치솟으면서 주택구매 수요는 줄지만, 기존 주택 소유자의 원리금 상환부담은 변동이 없다. 이자상환 부담이 늘어나면서 신규 주택수요 자체는 크게 줄었지만 다른 나라와 달리, 급매물이 쏟아지지 않는 이유이다. 모기지 금리가 6~7%까지 치솟았는데, 주택 소유자들은 2~3%의 저금리로 대출을 받았다. 이들이 집을 옮기려면 높은 금리로 집값을 조달해야 하기 때문에 집을 팔고 이사를 가기가 구조적으로 쉽지 않다.

셋째, 팬데믹을 통해 재택근무가 보편화돼 주택이 오피스 기능을 겸하면서 수요를 늘렸다. 집에서 머무는 시간이 늘면서 주택은 근무와 가족생활의 중심이 되었다. 주택의 선택기준이 직장과의 거리에서 더 넓고, 더 쾌적하고 더 환경이 좋은 곳으로 바뀐 것이다. 재택근무에서 한 발 더 나아가 '원격근무'가 보편화되면서 직장과 주택의 거리가 수십 킬로에서 수백 킬로, 수천 킬로로 넓어졌다.

포스트 팬데믹 시대의 주택은 오피스의 기능을 흡수하면서 내 집 마련에 큰 관심이 없던 밀레니엄 세대들이 주택구입에 적극적으로 나서고 있다.

물론 근본적으로는 집값이 반등하는 것은 당초 우려했던 금융위기는 고사하고 '골디락스'(고물가 없는 경제성장)라는 말이 나올 정도로 경제가 탄탄하게 받쳐 주고 있기 때문이다. 미국의 실업률은 2023년 4월 3.4%까지 떨어졌는데, 이는 54년 만의 최저치 기록이다. 코로나로 인해 경제활동이 사실상 중단된 2020년 4월에는 14.8%까지 치솟은 점을 감안하면 극적인 반전이다.

집값 반등에 대해 영국의 경제주간지 《이코노미스트》는 "상당수 경제학자들은 폭락할 수 있다고 봤지만, 주택가격이 2019년 수준보다 훨씬 높은 수준을 유지하고 있다"고 분석했다. 골드만삭스도 보고서를 통해 "금리상승에도 글로벌 주택시장은 예상보다 빠르게 안정화되고 있다"고 분석했다. 골드만삭스는 2023년 미국 집값 2.2% 하락에서 1.8% 상승으로 전망치를 수정했다.

2008년 리먼쇼크 이후 미국은 20%, 아일랜드는 50%까지 집값이 폭락했으며 침체기도 길었지만 이번 하락장은 조기에 종결될 가능성이 있다는 전망이 설득력을 얻고 있다.

마치 약속이나 한 듯 주요 국가들의 집값 반등 시기가 묘하게 겹친 것은 미국발 기준금리 인상의 조기 종료 가능성도 한몫했다. 인플레이션이 잦아들면서 금리 인하는 시간문제라는 분위기가 전 세계적으로 확산되고 있다.

집값 회복의 또 다른 변수는 이민이다. 미국, 캐나다, 호주, 뉴질랜드 등은 코로나로 중단됐던 이민과 관광의 본격적인 재개가 주택수요 등 부동산시장의 회복을 견인할 것이라는 기대감도 있다.

재택근무의 보편화와 오피스 시장의 몰락

주택시장의 버블붕괴 가능성은 낮아지고 있지만, 예상치 못한 곳에서 위기가 터질 수 있다. 팬데믹 시대 재택근무의 일반화는 오피스에 직격탄을 날렸다. 미국, 프랑스, 호주, 홍콩 등 오피스 공실률이 치솟으면서 이른바 '좀비 빌딩'이 넘쳐나고 있다.

미국 부동산 정보업체 커머셜엣지(CommercialEdge)에 따르면 2023년 6월 미국 오피스 전국 공실률은 17%에 달한다. 1991년 저축대부조합(S&L) 사태로 19.3%를 찍은 이후 최고치 기록이다.

한국의 경우, 팬데믹이 끝나면서 재택근무가 종료되는 기업들이 많지만, 미국 등 서구 국가들은 재택근무가 포스트 팬데믹 시대에도 여전하다. 미국의 경우, 재택근무 비율이 높은 지역일수록 오피스 공실률이 높다. 재택근무가 많은 IT 등 첨단기업들이 몰려 있는 샌프란시스코는 공실률이 20%가 넘는다. 재택근무가 보편화되면서 '대도시 엑소더스(대탈출)'가 발생해 뉴욕, 샌프란시스코 등 대도시 도심 주택은 가격이 하락하는 대신 지방 중소도시와 교외지역이 집값 상승을 주도했다. 한국은 아파트 수요가 폭증하면서 주택가격 상승을 이끈 것과는 정반대이다.

《포브스》는 "코로나가 터지면서 대도시의 비싸고 좁은 아파트 대신 더 넓고 쾌적한 교외주택으로 이전하는 수요가 급증했다"면서 "코로나가 끝난다고 해도 재택근무가 가져온 변화는 지속할 가능성이 크다"고 분석했다.

젊은층이 더 저렴하고 쾌적한 환경의 주택을 찾아 이주한 탓에 중소 도시들의 집값이 많이 올랐다. 피츠버그(30만 명), 신시네티

(30만 명), 캔자스시티(50만 명), 보이시(24만 명), 인디애나폴리스(87만 명), 멤피스(65만 명) 등의 가격이 급등했다. 미국 언론은 "팬데믹이 일과 생활의 균형에 대한 근본적인 개념, 혹은 철학을 바꿔놓았기 때문에 주택 선호의 변화는 지속될 것"이라고 분석한다.

오피스 가격 하락이 은행 부실로 이어질 수 있다는 우려가 커지고 있다. 《파이낸셜타임스(FT)》는 "일부 은행은 임차인이 상환을 완료한 이후에도 금액을 낮춰 상업용 부동산 매물을 매각해 대출 규모를 줄이려고 한다"고 보도했다.

《캐피털 이코노믹스》는 미국 상업용 부동산 가치가 2025년 말까지 고점 대비 35% 하락해 이를 회복하는 데 최소 15년이 걸릴 것이라고 전망했다. 적어도 2040년까지 과거 가격을 회복하지 못할 수 있다는 얘기다. 미국뿐만 아니라 유럽, 홍콩 등 상당수 나라들의 오피스 시장의 공실률이 높다. 공실이 많은 오피스를 아파트 등으로 전환하는 사업도 활발해지고 있다.

서구와 달리 한국은 오피스 시장 공실률은 의외로 낮다. 쿠시먼앤드웨이크필드(Cushman & Wakefield)에 따르면 2023년 1분기 서울 오피스 공실률은 2.6%로, 글로벌 금융위기 직후인 2009년 이후 약 14년 만에 가장 낮은 수준이다.

외국과 달리 임대료도 오르고 있다. 알스퀘어(RSQUARE)에 따르면 올해 1분기 서울 오피스 평균 임대료가 지난해 1분기 대비 10% 가까이 오른 것으로 조사되었다. 재택근무가 완전히 자리 잡은 외국과 달리 한국은 엔데믹과 동시에 기업 대부분이 정상 출근하면서 오피스 수요가 살아났다. 위계질서와 대면접촉을 중시하는 한국 특유의 기업문화가 한국 오피스 수요를 살린 것이다.

중국 부동산 금융위기 트리거 될까?

중국 경제가 세계경제에서 차지하는 비중은 2000년 3.6%이던 것이 2021년 17.8%까지 높아졌다. 국제경제 성장의 엔진이라고 불리던 중국 경제가 미국의 경제제재와 부동산침체발 내수 부진으로 극심한 부진에 시달리고 있다.

미국이 반도체 등 첨단산업 분야에서 견제를 강화하면서 중국의 산업이 큰 타격을 받고 있다. 중국의 더 큰 위기는 부동산이다. 중국의 부동산은 국내총생산(GDP)의 30%까지 차지한다. 2020년 코로나 위기 극복을 위해 중국 정부가 금리를 내렸다가 부동산시장이 과열되자 대출 등 규제를 강화했다. 부동산가격 폭등이 빈부 격차를 심화시켜 사회 불만이 커질 수 있다는 정치적 판단이 작용한 시진핑의 공동부유(共同富裕)론에 따른 것이었다.

그러나 지나치게 부동산시장을 규제하면서 주택가격이 하락세로 돌아서면서 부동산시장에서 파열음이 울려 퍼지기 시작했다.

2021년 디폴트(채무불이행) 파동을 일으키며 사실상 부도 상태에 빠진 헝다(恒達)그룹에 이어 2023년 7월에는 헝다와 함께 중국 부동산업계의 빅3라는 컨트리가든, 다롄(大連)완다(萬達)그룹도 위기에 직면했다. 컨트리가든의 주가는 1년 사이 70% 전후 하락했다. 다롄완다그룹도 채권가격이 폭락하며 재무상태가 악화됐다. 이들 빅3 기업은 사실상 파산 상태인데 중국 정부가 막고 있다.

1~3위 민간 부동산업체들의 동반 위기는 중국판 부동산 불패론의 종언을 의미한다. 중국의 부동산은 중국 경제의 성장 엔진 역할을 했다고 해도 과언이 아니다.

중국은 부동산가격 상승에 기반한 '콘크리트 의존형' 경제라는 평가를 받았다. 중국 지방자치단체들이 국유재산인 토지의 사용권을 매각해서 재원으로 활용한다. 토지사용권 매각 자금이 2020년 기준 지방정부 재정수입의 약 46%를 차지한다.

부동산시장 냉각이 지속돼 토지매각이 불가능해지면 지방정부의 재정파탄으로 이어질 수 있다. 부동산 관련 산업이 GDP에서 차지하는 비율이 30%에 육박하고 부동산이 중산층 자산에서 차지하는 비중 60~70%이다.

부동산가격 장기하락은 지방정부의 파탄은 물론 중산층의 몰락을 초래할 수 있다. 중국은 부동산가격이 오르지 않으면 국가 시스템이 유지될 수 없는 진정한 '토건국가'라는 비아냥거림이 나오는 이유이다.

중국 부동산 불패론의 근거는 낮은 도시화율, 높은 경제성장률, 부동산 이외에는 재테크 수단의 부재 등이었다. 중국 전역에 비어 있는 것으로 추정되는 아파트만 무려 6,000만 채에 이른다. 다주택자들이 시세차익을 목적으로 빈집 상태로 소유하고 있는 주택들이다. 한국과 달리, 중국은 보유세가 없어 가능하다.

무엇보다도 중국 정부가 부동산시장의 붕괴를 바라지 않는다는 점이 부동산 불패 신화의 배경이었다. 헝다그룹이 부도위기에 몰리면서 중국 정부는 대출규제 완화, 금리 인하 등 적극적인 부동산 경기 부양책을 폈지만, 과거와 달리 큰 효과를 발휘하지 못하고 있다. '위드 코로나' 전환에 따른 기대감에 2023년 2, 3월 반짝 상승했으나 재차 하락세로 돌아섰으며 부동산업체의 자금난은 더 확산되고 있다. 중국 국가통계국에 따르면 2023년 상반기 미분양 상업용 부동산 면적(6억 4,159만m²)은 작년 동기 대비 17% 증가했고, 이 가운데 미분양 신규 주택 면적은 18% 늘었다. 또 상반기 신규 착공 주택 면적은 3억 6,340만m²로 전년 동기 대비 24.9% 급감했다.

중국의 부동산 버블붕괴는 중국 경제의 장기침체뿐만 아니라 한국 경제에도 직격탄이 될 수 있다. 수출의 22.8%(2022년)를 의존하는 한국은 어떤 나라보다도 중국 경제에 민감할 수밖에 없다. 더군다나 중국의 부동산 버블의 붕괴는 경제문제를 넘어 동북아 안보 리스크를 극대화시킬 수 있다.

중국은 2023년 7월 청년실업률 발표를 갑자기 중단했다. 2018년 10% 이내였던 청년실업률이 2023년 4월 20%를 돌파하는 등 계속 악화된 데 따른 조치로 보인다. 일부에서는 청년실업률이 50%에 육박할 것이라는 분석도 나온다. 일부에서는 중국 정부가 경기 악화로 공산당 일당독재 체제에 대한 내부 불만이 높아지면 대만 침공, 일본이 영유권을 갖고 있는 센카쿠 열도 침공 등의 분쟁을 일으킬 가능성이 있다고 주장한다.

집값 폭락의 조건

일부 전문가들은 한국은 집값이 가계소득에 비해 지나치게 높은 데다 가계부채 비율이 세계 최상위권이어서 필연적으로 주택시장의 버블이 붕괴할 것이라고 주장한다.

정말 그럴까? OECD 통계에 따르면 2022년 기준으로 한국은 가계부채 비율이 105%로 미국(74.4%), 일본(68.2%), 프랑스

(66.2%)에 비해 지나치게 높다. 그러나 가계부채 비율이 한국보다 높거나 비슷한 나라들은 많다. 스위스(128%), 호주(112%), 홍콩(96%), 뉴질랜드(94.5%) 등은 가계부채 비율이 높고 집값이 소득에 비해 지나치게 급상승했다는 평가를 받고 있다. 한국과 마찬가지로 대부분 주택담보대출이 변동금리여서 금리 변동에 취약하다. 이들 나라들도 2023년 상반기에 집값이 강하게 반등하고 있다.

집값, 부채와 대출 구조의 특수성만으로 특정 국가의 버블붕괴를 단정할 수는 없다. 다만 한국 포함 대부분의 국가가 주기적으로 집값이 급등과 급락을 경험했다는 점을 부정할 수는 없다.

그렇다면 집값 폭락이나 장기침체는 어떤 조건에서 발생할까.

과거 사례를 보면 금융위기의 발생, 경기의 장기침체, 주택 과잉공급 등이 복합적으로 작용해서 집값이 조정 이상의 폭락으로 이어졌다.

한국이 집값 폭락 혹은 장기침체를 했던 경험은 세 차례이다. 첫째, 1990년대 신도시 개발 등 주택 공급 급증에 의해 장기하락했다. 둘째, 1997년 IMF 외환위기로 금리가 치솟고 기업들의 연쇄부도 등의 충격으로 집값이 폭락했다. 당시 경제위기를 조기에 극복하면서 집값도 1년 만에 'V자' 급반등 후 장기 우상향했다. 셋째, 2008년 리먼쇼크로 인한 금융위기로 집값이 폭락했다. 당시 한국은 1년 만에 급반등한 후 2010~2013년 하락세를 지속했다. 당시 주택 공급이 급증한 데다 미국, 유럽의 경기침체의 영향을 받았다.

현재 한국을 포함 미국, 캐나다, 뉴질랜드, 스웨덴 등 집값이 지나치게 올랐다는 지적을 받는 나라들은 '주택 공급과잉', 금융위기, 장기간의 경기침체 등 폭락의 조건을 갖추고 있지 않다. 금리의 급격한 인상으로 2022년 집값이 일시적으로 급락했지만, 회복세를 보이고 있어 연착륙 가능성이 높아지고 있는 이유이다.

다만 당초 예상과 달리, 2024년에도 고금리가 지속될 가능성이 커지면서 자산시장의 불안정성이 심화될 가능성도 높아지고 있다.

세계경제의 엔진 역할을 했던 중국의 부동산발 내수 침체, 미국 유럽 등 상업용 부동산시장의 부실이 리먼쇼크급 금융위기로 이어진다면 경착륙 가능성이 높아질 수 있다.

예상치 못한 돌발 변수가 터질 수도 있다. 가령 홍콩의 경우, 2022년 폭락했던 주택시장이 2023년 초반에 재반등에 성공했으나 5월부터 3개월 연속 하락, '2차 폭락' 가능성이 나오고 있다. 중국 경제에 대한 불안과 함께 홍콩 갑부 리카싱이 소유한 부동산 업체가 시세보다 30% 싸게 아파트를 분양하면서 분양가 인하 경쟁이 벌어진 탓이다. 홍콩 정부가 골프장을 주택단지로 조성하는 등 파격적인 주택공급 정책을 내놓은 것도 시장에 영향을 줬다.

차학봉 ••• 땅집고 미디어본부장. 조선일보 도쿄특파원. 부동산전문기자 총괄부국장. 《부자들만 아는 부동산시장의 법칙》, 《일본에서 배우는 고령화시대의 국토−주택정책》. 서울대학교 언론정보학과.

23. 부동산

남겨진 숙제가 발목을 잡는 2024년 주택시장

2023년은 부동산 경착륙을 막기 위해 숙제를 미룬 시기였다.
남겨진 숙제는 무엇인지, 어떻게 풀어 나가야 할지,
조급함을 내려놓고 이에 차분하게 답하는 2024년이 되어야 한다.

배문성 라이프자산운용 이사

대부분의 중요한 시험이 그렇듯 국가 간 경쟁구도도 상대평가의 연속이다. 우리나라의 부채가 늘거나 성장률이 저하된다 해도 다른 나라들이 더 못하면 우리의 지위는 오히려 상승하는데 그 결과는 환율, 신용등급 등의 성적표로 확인된다. 반대로 남들은 최소한 현상 유지를 하는데 우리만 못하면 그 대가가 따른다.

금리가 좌우해 온 부동산시장, 복기

2022~2023년, 국내 부동산시장의 온도는 철저히 금리에 좌우되었다. 여느 자산시장이 그렇듯 부동산도 하나의 변수에 좌우되

지 않지만, 팬데믹 이후 금리의 변화 폭은 부동산 공급, 세금 등 여타 주요 변수의 영향력을 압도했다. 2008년 금융위기 이후 우리나라의 기준금리는 2011년 6월 3.25%가 전고점, 2020년 5월 0.5%가 역사적 저점이었으며, 2021년 8월 금리인상을 재개한 이후 2022년 11월 3.25%를 기록하였다. 2.75%p를 인하하기까지 대략 9년(2011년 6월~2020년 5월)이 걸렸는데, 똑같은 폭으로 인상하는 데는 불과 1년 3개월(2021년 8월~2022년 11월)이 걸렸다. '끓는물 속의 개구리'에 비유하자면 너무 갑작스레 뜨거워져서 어떤 개구리라도 놀라며 뛰쳐나올 만한 기간이다. 금리인상발 충격은 전국적인 집값 급락으로 이어져 부동산 경착륙에 대한 고민도 깊어졌다.[1]

2023년 상반기 주택시장은 서울 아파트를 중심으로 회복세를 보였다. 2022년 하반기 월 1,000건에도 미치지 못했던 서울 아파트 거래량은 2023년 들어 반등하면서 2분기에는 약 3,000건 수준으로 확대되었다. 월 1만 건 이상도 거래되던 호황기에 비하면 여전히 낮은 편이지만, 실거래가 상승을 동반했기에 연착륙이 아닌 재차 상승론이 불거질 정도다.

2023년 기준금리(3.5%)는 2022년(1.0%→3.25%)보다 높은 수준이니 기준금리 레벨만 봐서는 2023년 상반기 부동산가격 반등이 의아할 수밖에 없다. 그렇다면 정부의 1·3 부동산대책이 집값의 방향성을 바꿀 만큼 강력한 것이었을까? 부동산 경착륙을 막기

---

1 규제지역 해제, 민간택지 분양가상한제 해제, 전매제한 완화, 무순위 청약조건 완화 등 부동산 경착륙을 방지하기 위한 대대적인 부동산 규제 완화책이 이어졌다.

위한 정부의 부동산 부양책은 금융시장 불안정 문제를 해소하는 데 시의적절했던 것으로 평가된다. 다만, 강력한 수요억제책에도 불구하고 집값이 급등했던 시기를 떠올려 보면 오로지 정부의 정책만으로 집값의 방향성이 좌우되긴 어렵다는 데 공감할 것이다. 과거 정부의 수요억제책에도 불구하고 집값 상승이 이어진 데에는 금리가 꾸준히 인하되는 완화적인 환경 탓이 컸던 것으로 분석된다. 2023년 상반기 서울 아파트 중심의 양호한 회복세는 정부 대책과 더불어 완화적인 금융환경도 한몫했던 것으로 보인다. 2023년은 분명히 기준금리가 높은 시기였는데, 어떻게 완화적인 환경이 조성되었던 것일까?

정부가 원화(KRW)로 발행하는 국채는 가장 안전한 자산이기 때문에 국채금리는 모든 시장금리의 근간이 된다. 국채금리가 오르면 나머지 시장금리[2]가 모두 따라 오르는 것이다. 국채금리는 기준금리가 앞으로 얼마나 오를지 내릴지를 선반영하며 움직이는데, 시장에서 가장 많이 거래되는 3년 만기 국채 수익률의 경우 2022년 10월 21일 4.46%를 기록한 이후 2023년 2월 3일에는 3.12%로 약 석 달 만에 무려 1.34%p가 하락하였다. 같은 기간 우리나라뿐 아니라 대부분의 선진국 국채금리는 유사한 흐름을 보였다. 이는 2022년 7월 발표된 미국의 물가상승률(CPI)이 9.1%로 고점을 기록한 뒤 10월까지 8%를 상회하는 높은 수준을 유지했으나, 2022년 11월 이후 시장의 예상보다 낮은 수치를 기록하기 시작하니 '이제 금리인상의 끝이 보인다, 앞으로는 금리를 인하할 일만 남았다' 하

---

2 정책금리를 제외한 모든 금리를 말한다.

는 기대가 시장금리에 반영된 것이다.

이처럼 시장금리가 단기간에 1%p 넘게 변하게 되면 채권뿐 아니라 주식, 부동산 등 거의 모든 자산가격이 영향을 받을 수밖에 없다. 2023년 상반기 주식시장의 호황 또한 빠르게 낮아진 시장금리가 적지 않은 추진력을 제공했다고 볼 수 있다. 게다가 부동산 경착륙을 방지하기 위한 정부의 노력에 힘입어 주택수요와 관련 깊은 주택담보대출, 특례보금자리론 등은 시장금리 대비 상당히 낮은 수준으로 제공되었다. 그렇다면 세간의 평처럼 집값 조정은 일단락되고 향후 금리인하와 함께 다시 상승할 일만 남은 것일까? 서두에 밝혔듯 우리에겐 남겨진 숙제가 있다.

미뤄 둔 숙제, 국내 부동산PF

우리나라의 부동산PF 대출을 최대한 간단하게 요약하면 토지 매입부터 완공까지 부동산 개발에 소요되는 자금이라 할 수 있다. 분양대금으로 PF대출을 상환하는 구조라서 분양성과에 손익 규모가 좌우된다. 2022년 말 발간된 한국은행의 금융안정보고서에 따르면 우리나라의 부동산PF 규모는 약 163조 원(PF대출 116.6조 원, PF유동화증권 46.8조 원)에 달한다. 이 중에서 가장 먼저 문제가 되었던 것은 증권사 또는 건설사의 신용보강으로 발행되는 PF유동화증권인데, 통상 만기가 3개월로 매우 짧다 보니 가장 먼저 만기가 도래했고 차환이 어려워지는 상황에 직면한 것이다. '부채가 너무 많아서 우려된다'고 한들 만기가 연장되면 큰 문제는 발생하지 않는다. 2020~2021년 전국 부동산시장은 전례 없는 호황이었고,

시세가 유지된다면 부동산PF의 사업성을 의심할 필요가 없으니 차환 또한 염려되는 일이 아니었다. 그러나 2022년 집값의 급격한 하락으로 부동산PF의 부실 문제가 우려되기 시작했고, 설상가상으로 시장금리가 급격히 상승하면서 신용보강을 했던 증권사, 건설사의 자금조달이 어려워졌다. 특히 레고랜드 사태라 불리는 2022년 9월 말 이후의 자금경색은 건전한 기업의 조달도 어렵게 만들다 보니 정부에서 급히 유동성 지원으로 대처하여 시스템 리스크를 사전에 차단할 수 있었다.

정부의 유동성 지원 덕분에 숨통이 트였지만, 이는 숙제를 해결한 게 아니라 숙제를 미뤄 둔 것이다. 부동산PF 대출을 제대로 상환하려면 높은 가격에 분양이 완료되어야 한다. 이런저런 부양책에 힘입어 집값을 높이면 분양성과를 개선할 수 있겠지만 이는 가계부채 증가로 연결된다. 가장 근본적인 해결책은 집값 상승과 가계부채 증가를 감내할 만큼 가계소득이 탄탄하게 증가하는 것이다. 여기에는 구조적인 모순이 내재한다. 가계부채가 증가할수록 원리금상환 부담이 가중되니 가계의 가처분소득은 증가하기 어렵다. 특히 가계부채의 대부분이 변동금리이다 보니 높아진 대출금리보다 소득이 더욱 크게 상승하는 마법 같은 일이 일어나야 한다. 그러니 좀 더 현실적인 해소 방안은 미뤄 둔 숙제를 다시 해야 할 때까지 금리가 낮아지는 것이다.

자의적으로 미룰 수 없는 숙제, 해외 부동산 투자

금융투자협회에 따르면 2023년 6월 말까지 집계된 해외 부동산 펀드 순자산 총액은 78조 3,680억 원으로 5년 전인 2019년 6월 말 47조 6,996억 원 대비 64.3% 증가하였다. 오랜 기간 지속된 저금리 기조에서 해외 부동산은 비교적 높은 수익률을 향유할 수 있는 투자처로 각광받았으나, 미국, 유럽 등 선진국의 가파른 금리 상승으로 상업용 부동산 침체가 본격화되었다.

한국신용평가의 '증권 및 보험사의 해외 부동산 리스크 점검 (2023. 8. 2.)'에 따르면 국내 증권사(28개 사)의 해외 부동산 투자 잔액은 13.7조 원으로 자기자본의 약 18%이며, 국내 보험사의 해외 부동산 투자잔액은 26조 원으로 자기자본의 21.8%를 차지한다. 이들의 국내 부동산PF 대출 및 보증 규모는 증권사 27.4조 원, 보험사 44.6조 원이니 규모만 봐서는 부동산PF보다 덜 심각하다고 볼 수 있다. 하지만 해외 부동산 투자의 부실 문제는 우리가 자의적으로 미룰 수 없는 숙제다. 만기연장 여부와 부실 처리는 선순위 채권자의 의사결정에 달려 있는데, 우리나라 증권사 및 보험사의 해외 부동산 익스포저(위험노출액)는 중·후순위 투자[3] 비중이 높기 때문이다.

우리나라 보험사, 증권사의 해외 부동산 투자는 주로 미국, 유럽 등 선진국의 오피스, 기타 상업용 및 복합시설, 호텔 등으로 구성된다. 미국 주거용 부동산 대출은 대부분 장기(30년) 고정금리로 이루어지는 반면, 상업용 부동산은 5~20년 만기 변동금리 비중(약

---

3 대출을 받을 때 자금의 투입 및 상환순서를 나타내는 용어. 후순위 대출은 마지막에 상환을 받으므로 대출자 입장에서 위험부담이 크기 때문에 금리와 수수료가 가장 높다. 우리나라 금융기관은 해외 대체투자에서 높은 수익률을 추구하고자 중·후순위 대출투자를 적극적으로 수행했다.

43%)이 높아 금리인상에 더 취약한 구조이다. 특히 미국 오피스의 경우 재택근무 문화 확산으로 공실률이 상승(2019년 말 13.4%→ 2023년 6월 말 20.6%), 실거래가가 급락하면서 상업용 부동산 부실이 금융 불안의 뇌관으로 대두되기도 하였다. 보스턴컨설팅그룹(BCG)의 분석에 따르면 팬데믹 이전 대비 미국 주요 도시의 오피스 가격은 샌프란시스코 60%, 뉴욕 및 워싱턴 50% 하락을 예상하며, 상업용 건물의 평균 레버리지가 약 60%임을 감안할 때 40% 이상의 가격 하락은 채무불이행으로 이어질 가능성이 높다. NH투자증권 안기태 이코노미스트의 분석에 따르면 오피스와 쇼핑몰 투자가 미국 GDP에서 차지하는 비중은 0.4%에 불과하다. 2008년 금융위기 당시 주택투자가 미국 GDP의 6.6%였음과 비교 시 상당히 낮은 수준이다. 미국의 오피스와 쇼핑몰 관련 상업용 부동산은 향후 장기간 부진한 상황이 지속될 것으로 예상되나, 해당 산업이 미국 경제에서 차지하는 비중이 낮기 때문에 경기침체로 이어질 변수로 보기는 어렵다. 다만, 해당 섹터의 디폴트로 인해 우리나라 금융기관이 이따금씩 크고 작은 손실을 겪을 것으로 예상된다. 새마을금고 부실 사례에서 겪었듯 금융기관의 손실 확대는 시장의 불안을 자극하여 시장금리가 상승하는 요인이 된다.

숙제의 최종 난이도를 좌우할 미국의 금리

2023년 8월 1일, 3대 신용평가사 중 하나인 피치는 미국의 신용등급을 AAA에서 AA+로 강등하였다. 과거 일본도 1998년까지 AAA 신용등급을 유지했으나, GDP 대비 정부부채 비율이 추세적으로 상승한 결과 AAA보다 5단계 낮고 우리나라 신용등급보다 2단계 낮은 A0를 기록 중이다. 일본의 국가신용등급이 만신창이가 되었어도 실질적인 지위는 여전히 견고하듯, 피치 등급이 AA＋가 됐다고 해서 미국 국채 수요가 훼손되진 않을 것으로 판단된다. 다만, 미국 정부가 발행하는 장기채권(정부가 발행하는 만기 10~30년 채권) 금리가 점진적으로 상승하는 것은 우려되는 요인이다.

미국 국채금리의 안정을 위해서는 해외 수요가 매우 중요하다. 채권가격과 금리는 반대로 움직이므로 미국 국채 수요가 견조해야 채권가격이 오르고 금리가 낮아지게 된다. 무역수지 흑자로 달러를 많이 버는 동아시아 국가들(한국, 일본, 중국, 대만 등)과 중동의 산유국들이 미 국채의 주요 수요처인데, 무역갈등과 공급망 문제로 중국과 산유국들이 과거만큼 적극적으로 미 국채를 사지 않을 가능성이 높다. 기관투자자 입장에선 수급이 안 좋을 것으로 예상되면 '내가 굳이 먼저 비싸게 살 필요 있나? 기다려 보자'는 심산으로 수요가 더욱 약해지곤 한다. 이에 헤지펀드 매니저인 빌 애크먼은 미 국채 30년물에 숏 베팅을 하는 등 수급만 놓고 보면 미 국채 금리의 변동성이 높아질 것으로 예상하는 이들이 많다. 다만, 이러한 수급요인을 차치하고서도 미국의 경제가 당장 침체로 가기보다는 탄탄한 상황이 지속되며, 2%를 상회하는 인플레이션이 장기화될 수 있다는 전망이 금리의 하방을 높이는 것으로 보인다. 가령 2~3% 수준의 인플레이션과 더불어 경제성장이 지속된다면, 장기채권의 기간 프리미엄까지 감안 시 4% 이상의 금리가 지속되는 데 무리가 없는 것이다.

미국의 단기 국채 수익률은 기준금리에 연동되며, 장기 국채 수익률은 인플레와 성장에 대한 시장의 전망을 반영하면서 역동적으로 움직인다. 그런데 대부분의 국가는 장기채 시장이 미국처럼 발달하진 않아서 미국 장기채 금리에 휘둘리는 모습을 보인다. 가령 우리나라는 인플레이션도 미국보다 낮고, 고령화로 인한 장기 저성장이 우려되므로 그러한 전망을 반영하면 장기채권 금리가 낮아야 한다. 하지만 2023년 8월 초 미국의 10년 만기 국채금리가 4%를 상회하니 우리나라 10년 만기 국채금리도 3.8%에 달하는 등 상당히 연동되는 모습이며, 호주, 뉴질랜드 등 여타 선진국들도 비슷한 양상이다. 어찌 보면 미국에게 멱살 잡힌 것 같이 장기금리가 끌려 오르는 것이며, 이 경우 단기금리도 반대로 내려가긴 쉽지 않다. 결국 미국의 장기금리가 높은 수준을 유지할 경우 직간접적으로 우리의 시장금리도 높아지면서 긴축적인 환경이 지속되는 것이다.

아울러 신용등급 관점에서는 피치가 2012년에 우리나라의 신용등급을 AA-로 상향한 이후 장기간 정체되어 있다. 과거에는 우리나라의 GDP 대비 정부부채 비율이 상당히 낮은 게 강점이었으나, 이젠 어느덧 약 50%에 달하여 AA급 중앙값(피치 기준 44.7%)보다 약간 높은 수준이니 더 이상 강점이라 할 수 없다. 우리나라는 한국은행과 IMF에서 경제성장률 전망치를 꾸준히 낮추는 등 경기침체가 우려되다 보니 정부가 재정을 풀어야 한다는 목소리도 있긴 한데, 자칫 함부로 재정을 풀었다가는 국가신인도에 악영향이 예상되기에 정부에서는 최대한 보수적인 재정운용이 예상된다. 한번 내려간 신용등급을 다시 복구시키는 것은 신용등급을 유지하는 것보다 몇 갑절 어렵기 때문이다.

조급함을 내려놓고 의사결정해도 될 2024년

　코로나19의 여파로 전 세계가 사상 최저로 금리를 낮추고 정부의 재정지출이 급증했던 2020~2021년처럼 유동성이 풀리는 시기에는 신중한 고민보다 빠른 의사결정이 중요하다. 화폐가치가 빠르게 하락하다 보니 남들보다 빨리 뭔가를 사 둬야 자산가치를 보전할 수 있기 때문이다. 하지만 당시와는 비교할 수도 없을 정도로 금리가 높아진 제약적인 상황에서는 신중한 자세가 요구된다. 전술한 부동산PF나 해외 부동산 투자의 부실로 일부 금융기관과 건설사가 어려움에 처한 이유는 저금리의 완화적 환경이 지속될 것이라는 오판을 했기 때문이다. 대략 10년 가까이 금리가 낮아지는 완화적인 환경에 익숙해지다 보니 고금리는 일시적이며 다시 저금리 환경이 찾아올 것이라는 기대가 있고, 이는 2023년 자산시장의 회복세를 이끈 요인이었다. 하지만 미국의 경기침체 지연과 인플레이션 장기화로 인한 장기금리 상승, 국내 부동산PF와 해외 부동산 투자로 인한 금융기관의 손실 확대 가능성 등은 2024년 시장금리가 쉽게 내려가기 어려움을 시사한다. 정부 또한 국가신용등급 방어를 위해 긴축적인 재정과 가계부채 관리에 힘쓸 것으로 예상된다. 이는 미국, 유럽 등 선진국이 경기침체에 대응하기 위해 제로금리를 유지하는 가운데, 우리나라는 내수부양을 위해 가계부채 증가에 관대했던 과거와는 완전히 다른 환경이다. '과거에도 오랜 기간 주택가격이 올랐으니 앞으로도 오를 것이다'가 아니라 '과거는 이러했기 때문에 상승할 수 있었다'로 분석해 보면, 판이하게 다른 환경에서는 결론 또한 달라지는 것이다.

요컨대 2024년 금리인하 가능성, 부동산시장 경착륙을 방지하기 위한 정부의 노력은 주택가격에 긍정적인 요인이나, 2023년 주택가격 회복에 선반영된 측면이 있다. 시장은 인플레이션 둔화와 더불어 주요 국가의 금리 하락을 전망해 왔으며, 이는 2023년 상반기 자산가격 상승에 밑거름이 되었다. 그러나 미국의 장기 국채 금리 상승 추세 및 고금리 지속 가능성은 2024년 자산가격에 대한 장밋빛 전망을 대폭 수정해야 하는 요인이다. 우리에겐 국내 부동산PF, 해외 부동산 투자 부실 문제 및 재차 증가한 가계부채를 관리해야 하는 과제가 남겨졌다. 시장금리가 높아질수록 해당 문제들의 난이도 또한 높아지는 셈인데, 인플레이션 둔화와 함께 점차 쉬워질 줄만 알았던 난이도는 예상과 반대로 높아지는 국면이다. 2024년 주택시장의 키워드가 조급함이 아닌 차분함이 되길 기원한다.

배문성 ··· 라이프자산운용 이사, 이스트스프링자산운용 크레딧 애널리스트, 한국수출입은행 선임심사역, 한국기업평가 책임연구원, 《부동산을 공부할 결심》, 《개도국 은행편람》(공저), 고려대학교 경영학과.

주택은 지속가능한가: 과학적 데이터로 위기를 넘겨야

2024년 주택시장은 2023년에 이어 지속가능성 위기가 계속될 것이다. 주택보급률, 자가보유율, PIR, 공공주택 공급, 주택가격 동향 등을 점검하고, 위기 극복을 위한 과학적 데이터의 중요성을 살펴본다.

이영한 지속가능과학회 회장.
서울과학기술대학교 건축학부 명예교수

"집값이 굉장히 변화할 수 있는 가격이기 때문에… 앞으로 1~2% 수준의 금리 가능성은 낮으며… 본인이 감당할 수 있는지를 고려하여 부동산에 투자해야 한다."(이창용 한국은행 총재의 기자간담회, 2023. 8. 24.)

지방은 주택 공급 과잉 비상, 서울은 주택 공급 과부족 비상

전반적으로는 동조화하는 지방과 수도권의 주택시장에서, 서로 역방향하는 주택 공급 문제가 크게 부각되고 있다. 주택보급률 (2021년 기준)은 지방(107.4%)과 수도권(96.8%)이 10% 이상 차이가 나고 있다. 지방 광역 지자체들의 주택보급률은 이미 110%를 초과했거나 곧 초과할 것으로 예상된다.[1] 2022년에 인천, 대구, 세종의 주택가격이 최고점 대비 반으로 급락했는데, 그 원인은 바로 공급과잉이었다. K시의 예를 보자. K시의 인구는 2017년 149만 5,000명을 정점으로 감소하고 있다. 현재 추진 중인 주택 공급 사업들이 예정대로 진행되면, 주택보급률은 2024년 110.9%, 2030년 120%에 육박할 것으로 전망되고 있다. 곧 주택보급률 한계 권고치인 110%를 넘어선다.

주택보급률이 120%가 되면 집값이나 임대료가 급락하여 주택시장은 붕괴될 것이며, '다섯 집에 하나 빈집'이 사회문제로 비화될 것이다. 이러한 상황은 K시뿐만이 아니라 대부분의 지방 도시에서 발생할 수 있다. 일본의 주택 매매시장은 한산한데, 그 원인은 주택보급률이 118%인 데에 있다. 앞으로 지방 주택시장에서는 공급 과잉 추세에 따라서 높아지는 주택보급률을 어떻게 관리하여 나아가느냐가 관건이다. 주택보급률 110% 수준에서 관리하면서 실수요자 중심의 정책을 펴 나가면 큰 문제는 없을 것이다. 앞으로는 신규 공급보다는 노후 주택을 어떻게 정비·관리해 나가느냐가 중요한 과제일 것이다.

이에 반해 수도권, 특히 서울은 주택 공급 과부족이 문제다. 서울 주택보급률은 94.2%다. 몇 년째 이 수준에서 맴돌고 있다. 공

---

[1] 2021년 기준 주택보급률은 전국 102.2%, 수도권 96.8%, 지방 107.4%, 서울 94.2%, 부산 102.2%, 대구 100.7%, 인천 97.5%, 광주 104.5%, 대전 97.0%, 울산 108.6%, 세종 107.5%, 경기 98.6%, 강원 110.0%, 충북 111.7%, 충남 109.9%, 전북 108.9%, 전남 111.7%, 경북 113.7%, 경남 110.0%, 제주 105.0%이다.

급 과부족으로 인하여 가격이 급등하고, 투기 매매가 성행하며, 무주택자들이나 실수요자들의 주택시장 접근성이 현저하게 떨어지고 있다. 주거 문제는 곧 저출생 등 사회문제와 직결되며, 바로 우리 사회의 핵심 의제다.

2023년 주택시장은 지속가능성 위기

2023년 주택시장의 혼란과 불확실성

현재의 주택시장은 '지속가능성 위기 상황'이다. 한 치의 양보도 없는 집값 전쟁이다. 공급자와 수요자, 잠재적 매도자와 잠재적 매입자 사이에 밀치고 밀리는 상황이 계속되고 있다. 건설업자나 금융사는 개발 사업성과 직결된 주택 분양가격의 하락을 막으려고 애쓰고 있다. 근로소득으로는 벌 수 없는 큰돈, 평생 모은 목돈 그리고 노후 자금을 지키려고 안간힘을 쓰고 있는 유주택자들이 있고, 100만 명이 넘는 영끌 청년들은 주택가격 하락 추세와 고금리에 잠을 설치고 있다. 무주택자들은 '내집 마련 꿈'을 포기하고 고가 임대료에 매여 생계를 이어 가고 있다. 정부가 목표하는 주택 정책의 최종 목적이 과연 무엇인지 몹시 궁금할 뿐이다. 주택 이슈에 대한 입장은 백인백색이다.

특히 집값 하락과 상승에 대한 상반된 여러 주장이 2023년 주택시장의 혼란을 가중시켰다. 집값은 집주인의 호가, 중개인들이 말하는 가격 그리고 신고된 실거래에 근거하여 추정한다. 매도자가 원하는 가격인 호가에 근거해서 추정된 가격을 믿기는 어렵다. 집값은 일반 상품과 비교하여 수요와 공급의 탄력성이 떨어진다.

'수요와 공급'이라는 수요선과 공급선이 서로 만나서 가격이 형성되는 것이 일반적이다. 일반 공급 상품은 재고로 남지 않도록 해야 하기 때문에, 공급자는 수요자의 원가(願價)에 따라 가격조정을 할 수밖에 없다. 그러나 집은 호가에 팔리지 않아도 계속 버틸 수가 있다. 계속 눌러 살거나 임대를 놓을 수 있기 때문이다. 매도자 호가와 매수자 원가(願價)에 근거한 집값이라야 신뢰받을 수 있다.

정확한 집값의 추세는 실거래가로 판단해야 한다. 그런데 여기에도 문제가 있었다. 신고가를 경신하는 허위 매매 신고(미등기)들이 주택시장을 교란했다. 허위 신고량이 얼마나 되느냐고 반문할 수 있으나, 거래량이 드문 거래량 상황에서 소수의 허위 거래가 신고되면, 이를 각종 매체를 통해 퍼 날라 가격 상승 심리를 유도했다. 미등기 허위 매매 신고를 미리 예방하지 못한 국토부의 주택 행정이 아쉽다. 2023년은 현재 집값이 얼마이고, 그 추세는 어떤지를 알아내기가 참으로 어려운 날들이었다.

2023년 주택가격은? '보합세'라고 해야

태풍 전야일까? 2023년 전반기 주택가격은 의외로 '보합세'였다. 2022년에 전망된 2023년 주택가격은 '버블 붕괴', '계단식 하락', '보합세', '일시적 하락 후 반등' 등 다양했지만, 2022년 하반기에 이어 급락세가 계속될 것이란 전망이 우세했다. 2016년부터 상승하기 시작한 주택가격이 급등하여 2022년 전반기에 최고점을 찍었다가 2022년 7월부터 연말까지 급락했다.

강력한 규제완화 정책인 '1·3 대책'은 주택시장에 일부 숨통을 불어 넣었다. 2022년의 급락세는 2023년 연초부터 진정되었다.

그러나 역부족이었다. 주택가격 꼭지 심리가 확산되고 고금리가 겹치면서 주택 거래량이 급락하고 미분양주택이 급증하였다. 자재비 상승으로 인한 공사비 급증과 각종 법적 분쟁 그리고 PF 부실로 인하여 사업이 지연되거나 중단되었다.

2023년 주택 매매시장은 매도 호가(呼價)와 매수 원가(願家)의 갭이 너무 커서 서로 평행선을 그렸다. 일부 급급매 주택들이 거래되는 수준이었다. 2023년 하반기 주택가격에 대하여 여러 우려들이 있지만, 국내외적으로 경제위기급의 돌발 변수가 없다면, 전반기 수준에서 크게 벗어나지는 않을 것으로 전망한다. 2023년 '보합세'에 대한 해석은 '재상승하기 위해 바닥을 다지고 있다' vs '급락에 따른 일시적 반등으로 다시 하락할 것이다'로 양분되어 있다.

2024년 주택은 지속가능한가? 그리고 연착륙, 경착륙?

2024년 주택시장은 과연 지속가능할까? 남녀노소 전 국민이 주택가격에 목을 매고 살고 있다. 더 나은 세상을 위한 주택, 무주택자나 실수요자를 위한 주택을 위해, 과학적으로 그리고 긴 안목에서 살펴봐야 하지 않을까? 주택보급률, 자가보유율, PIR, 공공주택 공급량 그리고 가격 동향을 점검하면서 지속가능성을 전망해 본다.

주택보급률(주택수/가구수)

전국 주택보급률은 2019년 104.8%까지 상승했다가 2020년 103.6%, 2021년 102.2%로 하락하고 있다. 정부(통계청)는 2022년 주택보급률을 발표하지 않았다. 발표하지 않은 이유는 무엇일까?

표 1 서울시 2023~2025년 아파트 입주예정 물량   (단위: 호)

구분	2022년	2023년	2024년	2025년	합계	연평균
정비사업 공급량	20,658	25,695	12,823	42,800	81,318	27,106
비정비사업 공급량	14,035	14,173	15,494	18,685	48,352	16,117
계	34,693	39,868	28,317	61,485	129,670	43,223
가구수 추계(통계청)	4,046,658	4,065,517	4,083,405	4,098,622	51,964 (증가)	17,321 (증가)

주택보급률이 중요하다는 것을 몰라서일까? 지표가 더 하락해서일까? 주택행정의 과학성과 전문성이 아쉽다. 서울시의 주택보급률은 2017년 96.3%, 2018년 95.9%, 2019년 96.0%, 2020년 94.9%, 2021년 94.2%로 해가 갈수록 급격하게 하락하고 있다.

서울시는 2023년 8월에 '2023~2025년 아파트 입주예정 물량'을 발표했다(표 1 참조). 3년간 공급예정 물량인 아파트 12만 9,670호(정비사업 81,318호, 비정비사업 48,352호)로 인하여 주택보급률은 0.36%(연 0.12%) 증가하는 데 그칠 뿐이다.[2] 정비사업은 공급 주택수(공급 주택수는 멸실 주택수의 1.3배)에서 기존 멸실 주택수를 뺀 순증 주택수로 주택보급률을 산정해야 하기 때문이다. 서울시가 의욕적으로 주택 공급을 한다고 하지만, 실제로 주택보급률은 정체 수준을 면치 못하고 있다. 2024년에도 서울시는 고질적인 주택 공급 부족난에서 벗어나지 못할 것이다. 정비사업의 비중(62.7%)

---

2 주택보급률 기여도=[{정비사업 공급량-(정비사업 공급량/1.3)+비정비사업 공급량-가구수 증가분}/총가구수]. 정비사업에서 공급호수는 일반적으로 멸실 주택수의 1.3배다. '1.3배'를 가정하고 여기에 비정비사업 주택수를 더하면, 순증 주택수는 67,117호이다. 여기에 통계청 가구 추계상의 3년간 가구수 증가분(51,964호)을 빼면, 주택보급률 기여 공급량은 15,153호이다.

이 높은 서울의 경우 주택보급률을 높이기 위해서는 지금까지의 공급 방식을 뛰어넘는 혁신적 대책을 조속히 마련해야 한다.

2026년 이후는 어떨까? 서울에서 2023년(1월~7월) 주택 공급량은 2022년 동월 대비 인허가량은 34.3% 감소, 착공량은 67.8% 감소, 준공량은 37.0% 감소했다. 2023년 공급량은 2015~2022년 공급량(약 7만 호)의 1/2~1/3 수준으로 예상되어 절대 부족한 상황이다. 급락한 착공량이 2026년 이후 주택시장에 미칠 악영향을 검토하고 공급 확대 대책을 조속히 세워야 한다.

자가보유율(주택소유가구수/총가구수)

자가보유율은 지속가능한 주택의 기본 골격을 나타내는 지표로, 대부분의 주거문제는 자가보유율과 깊은 관계가 있다. 자가보유율의 대립 지표는 무주택률이다. 전국 자가보유율이 60%이면, 무주택률은 40%이다. 전국 자가보유율은 2019년 61.2%를 정점으로 2020년(60.6%)에는 하락하며, 2021년, 2022년 정부 발표 자료는 아쉽게도 없다. 전국 자가점유율은 2019년 58.0%를 정점으로 2020년 57.9%, 2021년 57.3%로 2년 연속 하락했는데, 2022년 정부 발표 자료는 없다. 이 두 지표는 2019년 이후 하락하여 현재까지 계속될 것이다.

2021년 서울의 자가점유율은 43.5%(임차 54.0%, 무상 2.5%)이며, 자가보유율은 45% 내외일 것으로 추정된다. 2022년 이후 두 지표는 정체 내지는 하락한 것으로 추정되며, 2024년에도 계속될 것이다. 즉, 서울은 무주택자들이 유주택자들보다 10% 많은 '무주택자들의 도시'라고 말할 수 있다.

동남아 국가들의 자가보유율을 살펴보자. 대만과 중국은 95%
수준, 싱가포르는 90%를 초과하고 있다. 이들 국가는 주택가격이
상승하더라도 무주택자들이 10% 이내이므로 주거문제가 심각하
게 발생하지는 않는다. 일본은 60% 수준이지만 주택가격이 상대
적으로 낮아서 역시 주거문제는 크지 않다. 무주택가구가 40%인
한국에서 주택가격의 급등은 그대로 주거대란으로 직결될 수밖에
없다. 한국에서 자가보유율 지표는 바로 지속가능한 주택의 키
(key)다. 정부가 지속가능한 국가를 목표로 한다면 자가보유율 향
상에 국가적인 노력을 집중해야 한다.

PIR(주택가격/가구소득)

PIR은 부담가능한 주택의 정도를 평가하는 데 많이 애용되고
있는 지표로 주택정책의 요체이다. 역대 정부의 PIR을 살펴봄으로
써, 현재의 PIR 수준을 가늠해 보자. KB부동산 '월간 주택동향' 자
료에 따르면, 주택가격이 약보합세였던 이명박 정부 시절(2012년
9월 기준) 가구당 전국민 평균 월소득이 371만 원, 전국 중위 주택
가격은 2.4억 원이었다. PIR 5배 수준이었다. 서울 중위 아파트 가
격은 이명박 정부 시절 4억 6,000만 원에서 박근혜 정부 시절 5억
9,000만 원으로 28.7% 상승했고, 문재인 정부 시절에는 박근혜 정
부 시절보다 80% 상승하여 10억 9,000만 원까지 올랐다가 2023년
전반기에는 9억 9,000만 원으로 하락했다. 2023년 전반기 PIR은
20.0배 수준이다.[3]

---

3   2023년 서울 중위 가구 연소득을 4,734만 원으로 산정했다.

PIR이 10여 년간 5배에서 20배까지 급상승했으니, 매년 1배 이상 상승한 셈이다. 서울 아파트는 이명박 정부 시절에는 서울 시민뿐만 아니라 지방 거주자들에게도 부담 가능한 아파트였으나, 현재는 서울 시민들도 부담하기 어려운 가격이 되었다. 유엔 해비타트가 권장하고 있는 PIR 5배는 현재 서울의 공공분양주택 수준이며, 일본이나 싱가포르의 주택 수준이다. 그러면 2024년 PIR은 어떻게 될까? 각종 전문 기관에 따르면, 2024년 추정 1인당 GDP는 2023년 수준을 유지할 것으로 전망되고 있다. 가구소득은 그대일 것이다. 2024년 민간 아파트의 주택가격 전망은 극히 불투명하지만, 2024년 PIR은 2023년보다 악화하지는 않을 것으로 전망해 본다.

공공주택 공급량

2023년 1~7월의 공공주택 공급량은 최악 수준이다. 전국적으로 공공주택 착공량(6,982호)은 준공량(27,942호)의 25% 수준이다. 2023년 착공량도 2015~2022년 연평균 착공량(83,784호)의 20% 수준에 머물 것으로 추정된다. 서울에서도 2023년 공공주택 공급량이 2015~2022년 연평균 공급량의 50%를 넘지 못할 것으로 추정된다(표 2 참조). '공공주택정책 실종 사태'라고 표현해야 할 정도이다. 2024년 주거 빈곤층의 주거문제는 더욱 악화될 전망이다. 획기적인 서민 민생주택 공급 대책을 강구하지 않으면 안 된다.

주택가격 동향

2024년 주택시장은 한마디로 '극히 불확실한 2024년'이다.

표 2 공공주택 공급량 추이 (단위: 호)

구분	전국		서울	
	2015~2022년 연평균 공급량	2023년(1~7월) 공급량	2015~2022년 연평균 공급량	2023년(1~7월) 공급량
착공	83,784	6,982	6,606	1,924
준공	82,173	27,942	5,348	1,527

2024년 공급량은 예년 수준이다. 금리가 일부 상승할 수도 있고, 완만한 하락세를 유지할 수도 있다. 2024년 금리 수준은 3%대 박스권일 것이다. 이창용 한국은행 총재의 발언대로 몇 년 안에 1~2%대의 저금리를 기대하기는 어려운 상황이다. 주택담보대출을 긴축할 것인가 완화할 것이냐가 중요한데, 세계 최고인 가계부채 상황이라서 완화하기도 쉽지 않다. 주택가격이 대세 상승하기는 어려운 상황이다. 일시적 반등은 있을 수 있다. 대세 연착륙이냐, 경착륙이냐? '연착륙'은 약보합이나 완만한 계단식 하락을, '경착륙'은 수직 직하나 계단식 직하 상황이다. 경착륙 상황이 오면 정부가 막으려고 해도 막을 수단이 없을 수 있다. "경착륙보다는 연착륙 가능성이 높다"가 전망이면서 희망이기도 하다. 그리고 국내외적으로 경제위기급 비상 상황이 발생하지 않기를 바랄 뿐이다.

"2025년 초가 되야 2024년을 알 수 있다"라고 할 만큼 2024년 주택시장은 2023년보다 전후좌우를 분간할 수 없는 혼돈 상황이 벌어질 수도 있다. 유비무환에 기대서 산다면 연착륙이나 경착륙다 가능하다고 생각할 필요가 있다. "주택시장과 일정 거리를 두라"라고 말하고 싶다. 그리고 신규 분양시장이나 부동산 중개가 정상적으로 돌아가면 연착륙할 것이고, 미분양이 증가하고 경매시장이 활발해지면서 경착륙할 수도 있을 것이다. 신규 분양률, 준공 후 입주율, 중개소 거래량과 동시에 미분양 주택수와 경매 매물 증가량, 낙찰률을 세심히 살펴야 그만큼 큰 실수를 줄일 수 있을 것이다.

과학적 데이터로 위기를 넘겨야, 그리고 따뜻한 주택

2024년에 예상되는 혼란 상황을 대하며, 그럼에도 불구하고 과학적 데이터에 기대야 한다. 정확한 데이터 기반, 적재적소 지표 활용, 객관적인 분석, 각종 미디어를 통한 국민과의 정보 공유 그리고 설득으로 주택의 지속가능성 위기를 넘겨야 한다.

2024년 공공주택 공급량은 매우 우려스럽다. 지속가능한 주택을 위해서는 공공임대주택 중심에서 공공분양주택 중심으로 바꾸어야 한다. 공공분양주택은 첫째, 재정 투자가 적다. 공공임대주택에 비하여 초기 건설비가 적고, 입주 후 관리·운영비 부담이 없다. 둘째, 서민들에게 내집 소유는 독립적 민주시민으로서 기반이 되기 때문이다. 중장기적으로 총 재고주택 중에서 공공임대주택 비중 5%, 공공분양주택 비중 10% 정도가 지속가능하다.

그리고 근본으로 돌아가서 생각하는 기회를 가지는 것도 의미가 있을 것이다. 주택이란 근본적으로 무엇일까? 최근 개봉 영화인 〈콘크리트 유토피아〉에서 주인공 모세범(이병헌)은 자기 집을 지키기 위해서 싸우다 죽어 가면서도 황궁아파트 902호에 들어가 거실에 누워 던진 마지막 한마디는 "누가 남의 집에 신발 신고 들어와?"였다. 요즘이야 산부인과 병원과 요양병원이 더 편리하겠지만, 원래 주택은 사람이 태어난 방이며 사후의 거처였다. 태실이 있고 사당채가 있었다. 수익 좋은 금융상품인 주택을 넘어서 삶과 죽음이라는 인간의 존재 기반이었다. 어느 건축가가 말했듯이 "주택은 어머니의 자궁"이다. 우리들은 '따뜻한 주택'을 잃어버린 또는 잊어버린 '홈리스 피플(homeless people)'이 아닌가 자문해 본다. 부담 가능한 주택(affordable housing)에 대한 이해와 주택시장의 회복력(resilience)을 위한 작은 빛이 비치는 2024년이 되기를 바란다.

이영한 ··· 서울과학기술대학교 명예교수(건축학부 교수, 주택도시대학원장), 지속가능과학회장, 우리도시건축사사무소 대표이사, 전 EBS 이사, 전 서비스산업총연합회 초대 운영위원장 겸 부회장, 최고위건축개발과정CADO 초대 책임교수, 건축리더십아카데미AAL 초대 위원장. 〈주거론〉·〈주택디자인〉·〈공동주택디자인〉, 《전환기 한국 지속가능발전 종합전략》, 《포스트 코로나 대한민국》, 《2023 대한민국 대전망》 집필위원장. 서울대학교 공학사, 공학석사, 공학박사(건축학).

PART 5

미뤄진 개혁과
사회 균형력

25. 정치

정당 재편성이냐 동거정부 탄생이냐

2024년 총선, 어느 정당이 승리할까?
여·야 각각의 긍정 요인을 살펴보고, 총선 이후 정부가
'집권 3년차 증후군'을 극복할 수 있을지 전망해 본다.

김형준 배재대학교 석좌교수

시작하는 글

2024년 정치 전망과 연관된 본질적인 질문은 크게 세 가지이
다. 첫째, 4월 총선 전 여야 정당체제의 변화가 있을까? 둘째, 어
느 정당이 총선에서 승리할까? 셋째, 총선 후 정치에 어떤 변화가
있을까? 여야 모두에게 2024년 4월 총선을 앞두고 세 가지 시나리
오가 가능하다.

국민의힘의 경우 제1 시나리오는 김기현 대표 체제로 총선을
치르는 것이다. 통상 집권당은 현직 대통령과 당대표가 협력체제
를 구축해 대통령의 성과로 총선을 치르는 것이 보편적이다. 제2

시나리오는 비대위 체제 구축이다. 총선 전까지 대통령과 국민의힘 지지율이 지지부진하고 정부견제론이 정부지원론을 압도할 경우, 총선 승리를 위해 결단을 내릴 수 있다. 당 지지율이 30%대로 고착화된 상황에서 이재명 대표가 퇴진하고 민주당이 비대위 체제로 전환될 경우, 이에 대한 전략적 대응책으로 국민의힘도 비대위 체제가 등장할 수도 있다. 제3 시나리오는 국민의힘 개편이다. 총선 전에 국민의힘 간판을 내리고 국민의 신망을 받는 인재들을 전면에 내세워 새로운 정당으로 개편하는 것이다. 내년 총선을 앞두고 윤석열 대통령의 의지와 구상에 따라 국민의힘 개편이 단행될 수도 있다. 이 과정에서 윤 대통령이 지향하는 가치와 정책에 부합하는 제3지대 신당을 끌어들일 수도 있다.

민주당의 경우, 제1시나리오는 이재명 대표 체제로 총선을 치르는 것이다. 이 대표에 대한 각종 사법리스크에도 불구하고 개딸로 불리는 강성 지지층과 친명계 의원들이 똘똘 뭉쳐 이 대표 사수에 나서는 경우다. 민주당 제2 시나리오는 비대위 체제 구축이다. 이재명 대표의 사법리스크, 전당대회 돈 봉투 의혹, 김남국 의원의 코인투자, 김은경 혁신위원장의 노인 폄하 발언 등 당 내부에 겹겹이 쌓인 각종 리스크로 인해 민주당의 도덕성이 처참하게 무너지면서 불신의 대상이 되고 있다. 이재명 대표도 위기에 몰리면 총선 전에 비대위 체제로 전환할 개연성이 크다. 민주당 제3 시나리오는 분당이다. 이재명 대표가 물러나지 않고 대표직을 유지하거나 친명 비대위를 구축해 비주류 반명·친낙 후보를 총선 공천에서 대거 탈락시키는 '공천 학살'을 단행할 경우 민주당의 분당은 상수가 된다.

내년 총선 전에 어떤 정치 시나리오가 실현될지 예측하기 쉽지 않다. 윤 대통령의 결단과 의지, 민심의 동향, 이재명 대표의 사법 리스크 향배, 민주당 비명계의 태도, 제3신당 파괴력 등의 변수와 예상치 못한 돌발 변수로 인해 크게 영향을 받을 수 있다. 그러나 현 정치 상황에서 2024년 정국을 전망해 보면, 국민의힘 비대위 체제(제2 시나리오)와 민주당 비대위 체제(제2 시나리오)가 유력해 보인다. 만약 민주당이 분당되어 신당이 만들어지면(제3 시나리오) 국민의힘도 개편(제3 시나리오)될 가능성이 크다. 다만, 이재명 대표 체제로 총선을 치를 경우, 2024년 총선은 '윤석열 대 이재명 제2차 대선 연장전' 양상으로 치러질 공산이 커진다.

어떤 정당이 총선에서 승리할까

2024년 총선은 윤석열 정부 집권 2년이 끝나는 시점에 실시되기 때문에 '중간평가'의 성격이 강하다. 1987년 민주화 이후 집권 2~3년 전후로 실시된 중간평가 성격의 총선은 네 차례 있었다. 그런데 〈표 1〉에서 보듯이, 문재인 대통령 집권 3년 직후에 실시된 2020년 총선에서 코로나 팬데믹이라는 특수 상황으로 여당인 민주당(180석)이 승리한 것을 제외하고 1996년, 2000년, 2016년 총선에서 집권당이 패배했다. 특이한 점은 2020년 총선 때를 제외하고 야당은 분열되었다. 1996년 총선에서 야당 분열 덕분에 집권당인 신한국당은 수도권에서 여당 최초로 승리했다. 서울 27석(57.4%), 인천 9석(81.8%), 경기 18석(47.4%) 등 수도권 전체 96석 중 54석 (56.3%)을 획득했다.

표 1 역대 총선(중간평가 선거) 분석

구분		1996년 총선	2000년 총선	2016년 총선	2020년 총선
총선 시기		김영삼 정부 3년 직후 (1996년 4월 11일)	김대중 정부 2년 직후 (2000년 4월 13일)	박근혜 정부 3년 직후 (2016년 4월 13일)	문재인 정부 3년 직후 (2020년 4월 15일)
총선 의석수		299석 (지역구 253명 + 비례대표 46명)	273석 (지역구 227명 + 비례대표 46명)	300석 (지역구 253명 + 비례대표 47명)	300석 (지역구 253명 + 비례대표 47명)
변수		야당 분열 (새정치국민회의 대 통합민주당)	야당분열 (한나라당 대 민국당)	야당 분열 (더불어민주당 대 국민의당)	코로나19 팬데믹
정당		민자당 → 신한국당 개편	새정치국민회의 → 새천년 민주당 개편	새정치민주연합 → 더불어 민주당/ 민주당 김종인 비대위 체제	여야 위성 정당 (더불어시민당 대 미래한국당)
총선 결과	집권당	신한국당(139석) 패배 (제1당)/ 수도권 압승	새천년민주당 (115석) 패배	새누리당 (122석) 패배 (제2당)	민주당(180석) 압승
	야당	새정치국민회의 (79석) 및 통합 민주당(15석) 패배/ 자민련 (50석) 제3정당 부상	한나라당(133석) 승리/자민련 완패(17석)	민주당(123석) 승리(제1당)/ 수도권 압승/ 국민의당(38석) 돌풍	미래통합당 (103석) 완패
총선 후 정치 지형		'신3金 (YS, DJ, JP) 체제' 구축	DJP 연대 붕괴/ 양당체제	'3당체제' (새누리당- 민주당-국민의당) 구축	거여 1.5 정당체제

반면 분열된 야당은 새정치국민회의 30석(31.3%), 민주당 4석(4.2%)을 얻는 데 그쳤다. 그런데 2016년 총선에서 야당이 분열되었지만 집권당인 새누리당은 반사이익을 얻지 못하고 패배해 제2당으로 전락했다. 분열된 민주당은 예상을 깨고 123석(41.0%)을 획득해 제1당이 되었다. 특히 수도권 122석 중 82석(67.2%)을 석권했다. 민주당 승리의 배경에는 김종인 비대위의 '개혁 공천'과 집권당인 새누리당의 '공천 옥쇄 파동'이 결정적 요인이었다.

여당 긍정 요인

2024년 총선을 전망하기 위해선 국민의힘과 더불어민주당에 긍정적으로 작용할 수 있는 요인들을 비교 분석하는 것이 필요하다. 국민의힘에 가장 긍정 요인은 지난 2022년 지방선거에서 압승한 것이다. 특히 기초단체장 선거 승리는 총선 지역구에서 조직의 우위를 차지할 수 있다는 점에서 중요하다. 지난 기초단체장 선거에서 국민의힘은 전체 226곳 중에서 145곳에서 승리한 반면, 민주당은 63곳을 얻는 데 그쳤다. 특히 총선의 최대 승부처인 수도권 기초단체장 선거에서 국민의힘은 총 66석 중 46곳(69.7%)에서 승리한 반면, 민주당은 고작 19곳(28.8%)을 차지했다. 지역별로 살펴보면, 국민의힘 대 민주당이 서울 17 대 8, 인천 7 대 2, 경기 22 대 9였다. 두 번째 긍정 요인은 투표에 참여할 가능성이 큰 정치 고관심층에서 윤석열 대통령 국정운영 긍정 평가가 40%대를 유지하고 있다는 점이다. 가령 한국갤럽 8월 2주 조사에서 윤 대통령 국정운영 긍정 평가는 35%, 부정 평가는 57%였다. 그런데 정치에 관심이 '많이 있다'는 정치 고관심층에서 긍정 평가가 48%, 부정 평가가 51%였다. 세 번째 긍정 요인은 민주당 지지도의 정체·추락 현상이다. 민주당은 일본 후쿠시마 오염수 방류, 서울-양평 고속도로 특혜 의혹, 김건희 여사 명품 관광 의혹, 잼버리 대회 파행 등 정부에 크게 불리할 것으로 보이는 민감한 이슈들에 대한 파상적인 공격을 했다. 하지만 결과는 당 지지율이 오히려 정체·추락하는 등 민심은 반대로 움직였다. 4개 여론조사 기관이 공동으로 실시하는 전국지표조사(NBS) 결과는 참담하다. 민주당 지지도는 2023년 1월부터 8개월 동안 단 한 차례도 국민의힘보다 앞서지 못했다. 더구나 지난 5월 2주부터 8월 1주까지 20%대에 머물렀다. 급기야 7월 3주차(17~19일)에서 민주당 지지도는 23%까지 추락했다. 넷째, 정권심판론 못지않게 국정 발목을 잡는 야당을 심판해야 한다는 여론도 상당 부분 존재한다. 민주당의 압승으로 끝난 지난 2020년 총선은 문재인 정부 집권 3년 직후에 실시된 중간평가 성격이 강했지만 정권심판론보다 야당심판론이 대세였다. MBC·코리아리서치 총선 출구조사 결과, "국정 운영을 방해하는 야당을 심판해야 한다"(41.5%)가 "국정운영에 실패한 여당을 심판해야 한다"(36.3%)보다 높게 나왔다. 이런 조사 결과는 중간평가 총선에서는 '정권심판론'이 우세하다는 통설이 깨진 것을 보여 준다.

야당 긍정 요인

각종 여론조사에서 내년 총선 전망에 대해 '야당 후보가 많이 당선돼야 한다'는 '정부견제론'이 '여당 후보가 많이 당선돼야 한다'

는 '정부지원론'보다 높게 나오고 있다. 가령 한국갤럽 8월 1주 조사 결과, '정부견제론'(48%)이 '정부지원론'(36%)보다 12%p 앞섰다. 이런 추세는 지난 4월부터 지속되고 있다. 둘째, 각종 선거에서 결정적인 역할을 하는 2030세대 표심의 이탈이다. 지난 2022년 대선 당시, 방송 3사 출구조사에 따르면, 20대 이하에서는 이재명 후보(47.8%)가 윤석열 후보(45.5%)보다 더 많이 득표한 반면, 30대에선 반대로 윤 후보(48.1%)가 이 후보(46.3%)를 앞섰다. 그런데 최근 여론조사에선 2030세대 모두 윤 대통령에 등을 돌리고 있다. 가령 갤럽 조사에서 이들 세대에서 윤 대통령 지지도는 20%대에서 고착화되고 있다. 2030세대가 민주당 핵심 지지 세력인 4050세대와 선거연합을 이룰 경우, 국민의힘에게는 총선 빨간불이 켜지게 된다. 민주당의 세 번째 긍정 요인은 취약한 경제 전망이다. 한국경제연구원은 〈경제동향과 전망〉 보고서를 통해 내수와 수출이 동반 부진하면서 2023년 경제성장률이 1.3%에 그칠 것이며, 연내 경기 부진 흐름을 반전시키기 힘들 것이라고 내다봤다. 국민들의 향후 경기와 살림살이에 대한 전망도 비관적이다. 한국갤럽이 7월 3주(18~20일) 조사에서 향후 1년간 우리나라 경기 전망을 물은 결과 54%가 '나빠질 것'이라고 내다봤고, 18%만 '좋아질 것'이라고 답했다. 향후 1년간 살림살이에 대해서도 '나빠질 것'(31%)이라는 비관 전망이 '좋아질 것'(15%)이라는 낙관 전망보다 2배 이상 많았다. 통상 경제가 어려워지면 유권자는 경제에 책임이 있는 정부 여당을 향해 응징 투표를 하는 경향이 있기 때문에 야당에게 유리하다. 네 번째 요인은 윤석열 대통령 국정운영 지지도가 30%대에서 고착화되고 심지어 더블딥 현상을 보이고 있다. 더블딥은 불황에

더블딥은 불황에 빠졌던 경기가 잠시 회복기를 보이다 다시 침체에 빠지는 '이중침체 현상'을 뜻한다. 윤 대통령 지지율은 집권 초 50%대를 유지하다 20%대로 추락한 뒤 30%대로 소폭 회복했다가 다시 추락하는 양상을 보이고 있다. 최근엔 30%대에서 등락을 거듭하고 있다. 이런 추세는 윤석열 정부 성과로 총선을 치르겠다는 여당에게 악재로 작동될 수 있다. 물론 총선을 앞두고 윤 대통령 지지도가 40%대 고공행진을 한다면 양상은 달라질 것이다. 여야 정당의 긍정 요인들 중 어떤 것이 더 강하고 지속적으로 영향을 미치느냐에 따라 여야의 총선 운명이 달라질 것이다.

총선 불변의 법칙

한국 총선에선 선거 막판에 불거지는 돌발 변수에 의해 결과가 달라지는 법칙이 있다. 2008년 총선에서 집권당인 한나라당에서 불거진 "국민도 속았고 나도 속았다"는 박근혜 전 대표의 '친박 공천 학살' 비판, 2012년 총선 당시 야당인 민주통합당의 김용민 후보 막말 파문, 2016년 집권당인 새누리당 김무성 대표의 '공천 옥쇄 파동', 2020년 총선 당시 코로나19 팬데믹과 같은 돌발 변수가 승패에 큰 영향을 미쳤다. 일각에선 2024년 총선에서 실수를 적게 하는 정당이 승리할 것이라고 전망한다. 이는 상당히 단선적인 사고다. 통상 총선에선 공천, 구도, 이슈라는 세 변수에 의해 승패가 결정되는 법칙이 있다. 공천 개혁을 통해 새로운 인물을 영입하고, 자신에게 유리한 구도와 연대를 만들고, 시대정신에 부합하고 국민이 지지하는 이슈를 선점하는 세력이 승리할 것이다.

2024년 총선 후 정치 지형 전망

　민주당이 2021년 재·보선부터 2022년 대선, 지방선거 패배에 이어 2024년 총선에서 '의회 권력'까지 빼앗길 경우 존립 위기로 내몰릴 수 있다. 보수 우위 체제의 정당 재편성(party realignment)이 이루어질 수도 있기 때문이다. 정당 재편성은 정치체제에서의 급격한 변화를 묘사하는 용어이다. 실제 정치권에서 새로운 연합을 가져오는 힘의 도래를 의미한다. 즉, 다른 정당의 지배적인 연합을 전환시키거나 교착상태에 빠진 정치권을 새롭게 대체하는 것이다. 이슈, 정치 지도자, 정당의 지역적 또는 사회 배경적 기반, 그리고 정치 체계의 구조 또는 규칙 등에서 획기적인 변화가 있을 때 일어난다. 그런데 일단 정당 재편성이 일어나면 일정 기간 유지되면서 새로운 정치권력 구조가 형성된다. 만약 내년 총선에서 국민의힘이 승리하면 연속 4차례 선거에서 승리한 것으로 보수우위의 정당체제가 상당 기간 지속될 수 있다. 2017년 방송3사 대선 출구조사에 따르면, 정권교체가 이루어졌지만 유권자의 이념 성향은 진보(27.7%)와 보수(27.1%) 간에 큰 차이가 없었다. 그러나 5년 후에 치러진 2022년 대선에서 방송3사 출구조사에 따르면, 진보는 21.6%로 6.1%포인트 하락한 반면, 보수는 4.3%p 상승한 31.4%를 기록했다. 결과적으로 진보와 보수 간의 격차가 10%p에 육박했다. 방송3사 출구조사에 따르면, 민주당이 압승한 2018년 지방선거에서 진보(29.2%)가 보수(24.9%)보다 4%p 이상 앞섰다. 그러나 국민의힘이 압승한 2022년 지방선거에서는 보수가 12.6%p 상승한 37.5%인 반면, 진보는 6.8%p 하락한 22.4%였다. 보수와

표 2 유권자의 주관적 이념성향 변화 추이

구분	2017년 대선	2018년 지방선거	2020년 총선	2022년 대선	2022년 지방선거
진보	27.7	29.2	27.9	21.6	22.4
중도	38.4	39.8	37.2	39.5	35.3
보수	27.1	24.9	25.8	31.4	37.5

진보 간의 격차가 15%p 이상 벌어졌다. 이런 주관적 이념 성향의 변화 속에서 2024년 총선에서도 국민의힘이 승리한다면 이념적 운동장이 보수로 기울어져 당분간 '보수 우위의 정당체제'가 지속될 가능성이 크다(표 2 참조).

윤석열 정부는 전임 문재인 정부 때와는 달리 자유민주주의와 시장경제 복원, 법치주의 확립을 최고의 국정목표로 삼았다. 국정운영의 내용과 구성 체계를 놓고서도 대대적인 '거버넌스 시프트'를 추진했다. 국민의힘 총선 승리는 윤석열 정부의 이런 국정운영 기조의 강화와 더불어 거야 국회로 추진할 수 없었던 국가 대개조와 같은 '킬러 과제'에 집중할 것으로 보인다. 반면, 민주당이 과반 승리해서 또다시 여소야대 구도가 형성되면 정부·여당과 야당은 극단적으로 대립할 수밖에 없다. 야당 동의 없이는 윤석열 정부가 추진하려는 각종 법안과 개혁, 예산안을 통과하기 어렵다. 윤 대통령은 아무것도 할 수 없는 그야말로 '식물 대통령, 식물 권력'으로 전락할지도 모른다.

노태우 대통령의 북방정책, 김영삼 대통령의 하나회 척결과 금융실명제, 김대중 대통령의 IMF 극복과 남북정상회담, 이명박 대통령의 글로벌 금융위기 극복, 박근혜 대통령의 공무원 연금개혁과 같이 자신의 대표적이고 상징적인 정책을 추진할 수 없게 된다. 노동·연금·교육 등 3대 개혁도 물 건너 갈 수 있다. 한마디로 '되는 것도 없고 안 되는 것도 없는' 일종의 무기력과 무책임의 정부가 될 수도 있다. 윤 대통령은 이런 최악의 상황을 타파하기 위한 고도의 정치적 거래가 불가피할 전망이다. 어쩌면 프랑스에서와 같이 한국 정치사상 처음으로 대통령이 의회 다수당 출신의 인사를 총리로 기용하는 '동거정부'가 등장할지 모른다. '분권형 대통령제'라는 새로운 통치 모형의 시작이 될 수도 있다는 의미다. 1986년 프랑스 총선에서 집권 사회당은 드골주의를 표방하는 공화국연합(RPR)에 다수당을 내주었다. 이로 인해 사회당 출신 대통령이었던 프랑수아 미테랑은 RPR을 이끄는 자크 시라크를 총리로 지명할 수밖에 없었다. 미테랑과 시라크의 동거정부 기간, 대통령은 외치(外治)에 힘썼고 총리는 내치(內治)에 집중하였다. 동거 정부는 대통령제하에서 등장하는 분점정부의 대안이 될 수 있지만 대통령과 총리 간의 파워게임으로 극단적인 정치 긴장이 유발될 수도 있다. 결국 여야 간 적대적 공생관계가 장기간 지속될 수 있다.

맺는 글

통상 5년 단임제 국가인 대한민국에선 집권 3년차는 임기 반환점을 도는, 소위 '꺾어지는 해'이다. 1987년 민주화 이후 역대 대통령은 예외 없이 집권 3년차에 위기와 마주했다. 이를 '집권 3년차 증후군'이라 부른다. 2024년이 바로 윤석열 정부가 집권 3년차를 맞이하는 해다. 한국정치에서 집권 3년차에선 권력의 구심력과 원

심력이 맞서는 시기로 측근 비리나 권력형 게이트, 정책 실패, 현재 권력과 미래 권력 간의 갈등에 따라 국정운영이 발목을 잡혀 급속히 내리막을 걷는 과정이 반복됐다. 가령 김영삼 정부는 지방선거 패배로, 김대중 정부는 정현준·진승현·이용호 게이트로 직격탄을 맞았다. 노무현 정부는 행담도 개발 의혹 등이 터지고 부동산 값 폭등으로 위기에 직면했다. 이명박 정부는 세종시 수정안이 미래 권력인 박근혜 전대표가 반대하면서 부결되어 정치적 결정타를 맞았다. 박근혜 정부는 '비선실세' 파동에 이어 비박 김무성 대표와의 당·청 갈등이 노정되면서 쇠락의 길로 접어들었다. 문재인 대통령은 조국 사태로 큰 위기를 맞이했다. 현 시점에서 볼 때 윤석열 정부의 집권 3년차 통치 환경은 녹록지 않다. 윤 대통령이 집권 3년차 징크스를 깨는 길을 갈 것인가, 아니면 '집권 3년차의 저주'에 빠져 내리막길을 걸을 것인지가 2024년 정치를 전망하는 최대 관심사이다. 미국의 링컨 대통령은 "민심을 얻으면 천하를 얻고 민심을 잃으면 천하를 잃는다. 따라서 민심을 이끌어 낼 줄 아는 자가 법령을 제정하고 판결을 내리는 자보다 위대하다"라고 했다. 집권 3년차를 맞이하는 집권 세력이 깊이 인식해야 할 명언이다.

김형준 ••• 배재대학교 석좌교수, 스웨덴 스칸디나비아 연구소 초빙교수, 전 한국선거학회 회장, 전 한국정치학회 부회장. 《한국 민주주의 기원과 미래》, 《젠더 폴리시스》, 〈한국사회의 갈등 고찰과 정치 발전 방향 모색〉. 한국외국어대학교 학사, 미국 오하이오대학교 석사, 미국 아이오와 대학교 박사(정치학).

26. 교육

비파괴적 교육혁신의 원년

지난 75년 동안 우리나라 교육개혁이 실패한 이유는
그것이 갖는 파괴적 속성 때문이었다.
포지티브섬 관점에서 출발하는 비파괴적 교육혁신이 정답이다.

이길상 한국학중앙연구원 교수, 유튜버(커피히스토리)

학생도, 학부모도, 교사도 죄인이 아니다

'킬러문항'을 둘러싼 논쟁으로 시끄럽던 2023년 7월 1일, 미국
의 CNN은 한국을 교육으로 인해 "애 키우기 힘든 나라"라고 규정
하였다. CNN에 따르면 우리나라는 지난 16년간 출산장려정책에
2,000억 달러(263조 원)를 투자하였으나 성과는 없이 '국가자살'로
가는 저출생 현상은 오히려 심화되고 있다. 사교육 열풍을 없애는
길은 '킬러문항'을 없애거나 수능 난이도를 낮추는 게 아니라 학벌
과 상관없이 안전하고 좋은 보수를 받는 직장에서 일할 수 있는 환
경 조성이라고 단언하였다.

이 보도가 나간 18일 후인 7월 19일 초등교사 자살 사건이 벌어졌다. 교사 수만 명이 검은 상복을 입고 뜨거운 광화문 아스팔트에 앉아 절규하였고, 여야 정치인들은 아동학대방지법 등 교권 침해와 관련된 법을 개정하는 데 합의하였다. 입이 있는 사람은 모두 한마디씩 하였다. 그러면 교육이 바뀔까? 공교육은 살아날까? 2024년 교육은 2023년 교육과 다른 모습을 보일까?

단언컨대 한국 교육은 쉽게 바뀌지 않는다. 어느 집단에게 잘못을 물어 법을 개정하고, 누구의 권리를 조금 높이는 대신 다른 집단의 권리를 조금 낮추는 시늉은 하겠지만 출산을 포기하게 만드는 한국 교육의 질곡은 절대로 바뀌지 않는다. 학부모라는 익명 집단의 '내새끼 지상주의'를 배후로 지목하여 힐난하지만 소용없는 일이다. 학부모 집단을 타자화하여 비판하지만, 우리 모두 학부모였든지, 지금 학부모든지, 미래의 학부모이다. 교사도 검사도 국회의원도 언론인도 모두 학부모이든지 학부모였던 사람이고, 누구도 '내새끼 지상주의'적 사고를 갖지 않은 사람은 없다. 자기 자식 중심주의는 사실 정도의 차이일 뿐이고, 동서고금 어디에나 있었다. 그런데 자식 사랑이 심한 사회일수록 교육지옥 체험을 더 심하게 겪는다는 얘기를 들어본 적이 없다. 내새끼 사랑하는 학부모 문화가 교육지옥의 배경일 수는 없다. 내새끼에 집착하게 만드는 왜곡된 사회구조와 교육체제가 문제이지, 그런 사회구조가 만든 의식이 문제가 아니다. 그런 의식을 갖고 살아야 하는 모두가 피해자다.

CNN이 진단한 한국의 사교육 열풍이나 저출산의 출발점은 학벌주의다. 학벌주의가 만든 교육현장의 긴장감은 모든 교육 수요자들의 불행을 만드는 근원이다. 안타까운 것은 여론조사 결과다.

한국교육개발원이 2023년 1월에 발표한 교육 여론조사 결과를 보면 학벌주의에 큰 변화가 없을 것(57.2%) 혹은 심화될 것(28.1%)으로 예상하는 학부모가 무려 85% 이상이다. 약화될 것이라고 생각하는 국민은 9.5%에 불과하다. 게다가 학벌주의의 심화를 예상하는 시민은 증가하고 있고, 약화를 예상하는 시민은 감소하고 있다. 학벌주의의 배경인 대학서열 문제에서도 큰 변화가 없을 것(58.6%), 혹은 더 심화될 것(27.4%)을 예상하는 학부모가 약화될 것(9.1%)을 예상하는 학부모보다 월등하게 많다. 대입경쟁이 유지될 것을 예상하는 학부모(46.8%)가 완화될 것을 예상하는 학부모(7.9%)를 압도하는 상황에서 초중고에 재학 중인 학생들의 삶의 질이 낮은 것은 피하기 어려운 현실이고, 결혼이나 출산을 기피하는 경향 또한 막기 어렵다. 대전환이 필요하다.

'비파괴적 창조'가 답이다

지난 세기말 '블루오션 전략'이란 개념을 발견하여 세상 사람들에게 꿈을 꾸도록 했던 김위찬과 르네 마보안, 두 사람은 2023년 '비파괴적 창조(non-disruptive creation)'라는 새로운 전략을 세상에 내놓았다. 《비욘드 디스럽션, 파괴적 혁식을 넘어》라는 책을 통해 설명한 '비파괴적 창조'는 우리 교육이 가야 할 길, 어찌 보면 가야 할 유일한 길을 보여 주었다.

'비파괴적 창조'는 '사회를 파괴하거나 구성원 그 누구의 이익도 빼앗지 않으면서 혁신에 성공하는 것'이다. 지금까지 추진해 온 혁신이나 개혁이라는 이름의 접근법이 승자-패자를 나누는 제로섬 게임이었던 것과는 다른 포지티브섬 접근법이다. 비파괴적 창조는 파괴가 주는 두려움이나 저항감을 최소화한 상태에서의 혁신이라는 점이 특징이다. 한국의 딤채에서 만든 김치냉장고는 기존의 냉장고 시장을 위협하지 않고 이룬 비파괴적 창조의 사례 중 하나다.

조지프 슘페터가 '창조적 파괴'라고 불렀던 혁신, 클레이튼 크리스텐슨이 주장한 '파괴적 혁신' 모두 혁신을 위해 파괴를 불가피한 것으로 보았고, 이것이 혁신을 두려움의 대상으로 만들었다. 저항을 불러일으키는 것은 당연하였다. 우리 교육에서 혁신이라는 이름의 운동이나 정책이 대부분 실패한 것도 그것이 함축한 파괴적 속성 때문이었다.

대한민국에서 개혁 혹은 혁신이라는 이름의 교육정책이나 운동은 늘 파괴적이었다. 누구 혹은 어느 한 영역의 이익을 침해하는 방식이었다. 이것은 모든 교육 당사자들로 하여금 자기 영역 지키기 이상의 관심은 갖지 못하게 만들었다. 미래가 불확실하다는 담론이 강하면 강할수록 자기 영역 지키기에 더 열중하고, 더 민감해지는 것이 우리나라 교육 현장이다. 이런 민감한 현장 속에서 교사, 학생, 학부모를 움직이게 하는 동력은 희망이 아니라 두려움이었다. 사소한 실수로 학생이나 학부모에게서 비난받지 않을까 하는 교사들의 두려움, 경쟁에서 낙오하면 평생 루저로 살아갈 수 있다는 학생들의 두려움, 자식이 실패하면 주변으로부터 비난받지 않을까 하는 학부모들의 두려움이다. 이런 두려움을 극복하기 위해 타율적으로 움직인 교사, 학생, 학부모들의 맹목적 열정이 만들어 낸 것이 지금의 대한민국이다. 성장과 성장 이면의 그늘 모두 두려움을 극복하고자 하는 시민들의 피와 땀이 만들어 낸 결과물이고 부수물이다. 성장 이면의 그늘이 이제는 우리 모두에게 큰 고통으로 다가오고 있다는 것, 그리고 우리의 미래를 송두리째 위협하고 있다는 것이 문제다. 우리 교육이 지금까지의 전략과는 다른 '비파괴적 창조' 전략으로 가야 하는 배경이고 이유이다.

'비파괴적 창조'의 출발점은 관점의 전환이다

비파괴적 창조의 시작은 관점의 전환이다. 우리가 우선 해야 할 일은 이런저런 교육 문제에 대한 대응이 아니라 교육을 보는 관점의 전환이다. 누구의 잘잘못을 따지고, 어떤 교육정책의 우열을 가리는 것, 편을 갈라 싸우는 것보다 중요한 것은 교육을 바라보는 관점을 바꾸는 것이다.

지금까지 우리가 교육을 바라보던 희소성의 관점, 두려움의 관점을 버리고 풍부함과 희망의 관점으로 교육을 바라본다면 어떨까? 다른 사람을 무너뜨리지 않고 창조와 성장을 이룰 수 있다는 생각, 두려움에 기반한 승자-패자 게임이 아니라 모두가 이길 수 있는 포지티브섬 게임을 닮은 교육이 가능하다는 희망을 공유하면 어떨까?

사회적 고통을 최소화하거나 고통을 전혀 초래하지 않고도 성장할 수 있다는 희망의 의식을 공유하는 것은 교육혁신의 출발점으로서 중요하다. 지금까지 모든 정책은 그것이 불가능하다는 전제하에서 추진되었기 때문에 누군가는 찬성하고, 누군가는 찬성보다 큰 목소리로 반대하는 모습이 반복되었다. 김위찬과 마보안이 강조했듯이, 경쟁이나 두려움만이 사람을 움직이게 하는 동력이 아니라 희망이야말로 사람을 행동하게 하는 중요한 동력이다. 미래를 이야기하는 모든 사람이 공감하는 미래형 인간의 모습은 명료하다. 미래가 요구하는 인간은 두려움에서 움직이는 타율적 학습자가 아니라, 희망을 따라 움직이는 자율적 학습자이다.

다시 김위찬과 마보안의 이야기로 돌아가 보자. 비파괴적 창조를 성취하는 데 필요한 새로운 관점을 가지려면 어떤 태도, 어떤 마음가짐이 필요할까?

첫째, 지금까지 규칙이라고 믿었던 것을 버려야 한다. 지금 우리 모두가 받아들이고 있는 합리성과 이별해야 한다는 것이다. 현재의 상황에 맞추다 보면 상상력과 행위력을 통해 현실 지옥으로부터 벗어날 기회를 만들 수 없다. 지금은 체스판 안에서 체스 규칙을 따를 때가 아니라 체스판에서 벗어나 새로운 게임을 만들어야 한다. 입시준비라는 체스판의 규칙에 얽매일 때가 아니라 낡은 체스판을 떠나 새로운 게임을 만들 때가 지금이다.

둘째, 방법보다 중요한 것은 목표이고 가치다. 우리가 교육을 통해 어떤 가치를 실현하고자 하는지를 다시 생각해야 한다. 지금처럼 희소성 관념에 사로잡혀 서로 경쟁하고 싸우는 세상을 지향할 것인지, 미래를 위해 풍요성 관념에 기초해서 함께 사는 세상을 지향할 것인지? 지금처럼 정해진 기준에 맞추기 위한 남과의 경쟁에 몰두할 것인지, 각자의 희망을 실현하기 위한 자신과의 경쟁에 몰두할 것인지? 지금처럼 사람을 평가하여 뽑는 일을 교육이라고 생각할 것인지, 자신이 선택한 온전한 삶을 살도록 돕는 일을 교육이라고 생각할 것인지? 당연히 지금까지 익숙했던 가치들을 버리고 새로운 가치로 교육을 채워야 할 것이다. 새로운 가치에 합의한다면 이를 실현하기 위한 수단의 선택은 전혀 어렵지 않을 것이다.

셋째, 평범한 수준의 일반인들이 힘을 합할 경우 우수한 몇몇 개인들보다 더 나은 성과를 낼 수 있다는 믿음을 가져야 한다. 집단적인 지혜가 소수 엘리트보다 뛰어날 수 있다는 믿음을 공유하는 것이 중요하다. 미래는 서로 다른 장점과 관점을 가진 사람들의 네트워크와 협력이 중요한 시대라는 데 이의가 없다. 이를 가능하게 하는 교육이 우리가 희망하는 교육이다. 모든 사람은 무엇인가 기여할 수 있는 한 가지는 가지고 있다는 믿음에서 비파괴적 교육 혁신은 출발할 수 있다.

교권신장, 킬러문항 폐지, 대입제도 개선, 고교학점제는 비파괴적 혁신이 아니다

관점의 변화는 말만으로 이루어지지 않는다. 구체적인 프로그램의 창조를 통해서만 이루어진다. 그런 만큼 우리 사회 구성원 하나하나의 존재 이유나 욕망을 해치지 않는 프로그램의 개발이 중요하다.

단언컨대 최근 논란의 중심에 있는 아동학대방지법 개정이나 킬러문항 폐지, 2024년에 발표될 새로운 대입제도, 2025년 도입을 앞둔 고교학점제는 비파괴적 혁신이 아니다. 비파괴적 창조는 물론 아니다. 이들은 혁신이라는 말을 붙일 수도 없는 새롭지 않은 정책들이고 파괴적이기만 하다. 아동학대방지법 개정은 어렵게 키워 놓은 학생인권 의식을 흔들 것이고, 킬러문항 폐지는 상위권 대학에서 변별력 약화를 들어 반발할 것이다. 새로 발표될 대입제도는 기존 제도에 맞추어 준비를 잘해 온 많은 교육 수요자들의 불만을 살 것이고, 고교학점제는 이미 현장 교사 95%의 반대에 부딪혀 있다. 교사의 권리를 정상화하는 것, 학생을 괴롭히는 난이도 높은 문제를 배제하는 것, 대입제도를 새로운 고교 교육과정 체제에 맞추는 것, 그리고 학생들의 진로에 따른 교육과정 선택권을 확대하는 것 모두 교육학적으로 옳은 일이다. 그러나 문제는 교육학적 올바름이 누군가의 기회나 권리를 빼앗을 때 생기는 현실적 저항과 혼란이다. 교육학 이론이나 윤리적 기준으로 설명 불가능한 한국의 교육 현실이다.

'비파괴적 창조'를 가져올 포지티브섬 교육 프로그램은 있다

착용형 진동감지기를 개발하여 청각장애인들이 피부 진동으로 음악을 즐길 수 있는 길을 열어 준 뮤직낫임파서블(M:NI)의 창업자 믹 이벨링은 말한다. "오늘 가능한 모든 것은 한때는 불가능하다고 여겨졌습니다. 지금은 불가능으로 여겨지는 것이 가능성을 향해 나아가고 있고요. 그것이 가치 있고, 우리가 열정적으로 추구하는 대상이라면 왜 지금이 아닐까요? 그리고 왜 우리가 아닐까요?"(김위찬·르네 마보안, 2023.) 그렇다면 왜, 교육혁신을 통해 미래의 우리 아이들을 지금 같은 교육지옥에서 탈피시키는 것이 불가능할까? 모두가 불행하다고 말하는 교육지옥에서 벗어나는 접근법이 왜 없다고 생각할까?

관점의 대전환이 교육의 대전환을 가능하게 할 것이고, 새로운 비파괴적 창조 프로그램이 관점의 대전환을 지속시킬 수 있을 것이다. 두려움보다는 희망으로 가득찬 비파괴적 교육혁신 프로그램의 설계에 공감하는 2024년이 되어야 한다.

파괴나 경쟁만이 길이라는 선입견을 접어 두고 비파괴적 창조의 관점으로 사고하면 찾을 수 있는 것이 새로운 교육 모델이다. 그것은 교육 안에 있는 모든 플레이어, 혹은 교육 안에 접근하려는 예비 플레이어 그 누구의 존재 이유를 훼손하지 않을 프로그램이어야 한다. 현재와 미래 교육 수요자 모두의 지지를 받을 수 있는 프로그램이어야 한다.

'비파괴적 창조'의 개념에 바탕을 두고 우리 교육의 대전환 프로그램을 그려 보면 아래와 같다. 현재의 우리나라 교육을 지배하는 규칙은 단 하나다. '의치한약수' 계열이나 일류 대학에 입학하는 것은 교육적으로 성공하는 것이고, 이에 미치지 못하는 것은 모두 실패다. 이 단일 규칙으로 인해 학교 현장은 모두가 모두를 대상으로 경쟁하는 전쟁터가 되었다. 전쟁터에서 생존해야 하는 모든 교육 주체들은 최고의 긴장감 속에서 하루하루를 살아가고 있다. 주어진 기준을 성실히 따라가야지, 이에 벗어나서 나의 적성이나 취향을 따라가겠다고 말하는 것은 실패를 받아들이는 태도로 읽힐 뿐이다.

극단적으로 서열화된 대학 구조가 모든 공교육의 교육적 기능을 무너뜨리고, 사교육의 번성을 가져왔다. 한마디로 말해서 대학 서열화의 완화 없이 교육 소비자들의 긴장감과 경쟁심리는 해소되지 않고, 교육 소비자들의 긴장감과 경쟁심리가 지속되는 한 어떤 공교육 개선 조치도 실효적일 수 없다는 전제에서 구상할 수 있는 비파괴적 창조 프로그램은 하나뿐이다. 고등교육을 희망하는 모든 수요자들을 수용하여 우수한 교육을 제공하는 것이다. 이를 통해 공교육을 살리고, 교육의 공영화를 이루고, 지역과 수도권의 공생을 추구할 수 있을 것이다.

첫째, 지역 균형 발전의 중심지가 될 최고 수준의 미래형 대학을 지역별로 운영한다. 미래형 대학은 전공별 강의가 아니라 전공 간 협력에 기반한 프로젝트 중심형 대학이며, 오프라인 학습과 온라인 학습이 공존하는 대학이다. 전공 간의 벽은 낮고, 졸업장은 다양하다. 과감한 공적 투자를 통해 운영되는 공영형 대학이다. 대학당 현재의 서울대학교에 대한 정부지원금 규모를 투자하면 충분히 가능하다.

둘째, 서울대학교와 몇몇 인기 사립대학교의 기득권을 침해하지 않는다. 기존 일류 대학들의 권위를 인정하고, 독자 경영을 희망하는 사립대학교의 자율성은 학생선발, 등록금 등 모든 부문에서 적극적으로 인정한다. 국립대학은 국립답게, 사립대학은 사립답게 가는 길이다.

셋째, 비인기 국공립 대학의 통폐합, 존폐 위기 사립대학의 공영화에 국가재정을 과감하게 투자한다. 국가가 설립하였거나 설립을 승인하여 설립된 대학에 대한 책임 또한 국가가 지는 것이 마땅하다. 평가를 하고, 평가 결과에 따라 퇴출 여부를 결정하는 것이 교육을 대하는 공권력의 바람직한 태도는 아니다.

넷째, 국가재정의 과감한 투자를 통해 대학 입학을 희망하는 지역 고등학교 졸업생의 전원 수용을 적극적으로 추진해야 한다. 장기적으로는 대학에 입학하는 것과 취업하는 것 사이의 차별 의식이 소멸되어야 옳다. 하지만 단기적으로는 고등교육을 향한 수요를 적극적으로 흡수하는 것도 국가의 책무이다. 국공립 대학에서의 적극적인 학생 수용은 창의성을 지닌 인간의 풀을 넉넉히 확보하는 바람직한 길이기도 하다.

두려움이 아니라 희망을 동력으로 움직이는 교육을 향해

대학의 서열화가 대폭 완화됨으로써 남과의 경쟁이 아니라 나의 희망과 경쟁하는 올바른 교육이 시작될 수 있을 것이다. 나의 성공이 남의 성공을 해치지 않는다는 관점이 형성될 때 협력하는 인간 양성, 인성 중심의 교육도 비로소 시작될 수 있다. 교육이 제로섬 게임으로 인식되는 한 어떤 개혁이나 혁신도 패자를 생산하고, 패자들의 인간적인 고통을 가져오며, 패자와 승자 사이에 그 어떤 조화와 협력을 기대할 수는 없다. 교육이 사람의 능력을 오직 상하로 나누고, 상위권에 속한 사람을 골라서 우대하는 제도로 남아 있어야 한다는 관점을 유지하는 한 모든 교육정책은 파괴적일 뿐이다. 모두에게 공정한 게임 법칙은 없다. 대학의 서열 구조를 완화하는 것 이외에 비파괴적 창조를 실현할 수 있는 교육정책이나 프로그램이 있다면 환영할 일이다.

2024년 한해는 지금까지처럼 희소성이나 경쟁을 동력으로 움직이는 교육과 결별하고, 풍성함과 희망을 동력으로 움직이는 새로운 교육을 찾는 것이 가능하다는 사회적 합의를 이루는 해가 되어야 한다. 교육을 남과의 경쟁이 아니라 나와의 경쟁을 하는 희망의 시스템으로 바라보는 새로운 관점이 형성된다면, 이를 실현한 비파괴적 교육혁신 프로그램은 창출될 수 있을 것이다. 2024년에도 대한민국 교육계가 기존의 관념에 사로잡혀 교권신장, 킬러문항 폐지, 대입제도 개선, 고교학점제 등 파괴적 프로그램을 놓고 과거식 논쟁을 거듭한다면 대한민국의 미래는 그늘에서 벗어날 수 없음은 물론, 대한민국 사회와 교육은 극한 경쟁으로 모두가 상처받는 영원한 레드오션으로 남을 것이다.

이길상 ••• 한국학중앙연구원 교수, 한국학대학원장 역임. 미국 위스콘신대학교 연구교수, 매릴랜드대학교 연구교수 역임. 서울시미래유산위원회 위원장(시민생활분과) 역임. 한국커피협회 정책자문위원·학술지편집위원(현재). 《한국교육 제4의 길을 찾다》(2019), 《커피세계사+한국가배사》(2021), 《커피가 묻고 역사가 답하다》(2023). 연세대학교 학사, 한국학대학원 석사, 미국 University of Illinois at Urbana-Champaign Ph.D.(교육학).

지속가능한 연금개혁 방향

우리의 연금 운영방식은 국제적인 연금개혁 동향과 동떨어져 있다.
독일, 일본과 같이 '연금재정 자동안정장치'를 도입하고,
빈곤 노인 중심으로 기초연금을 개편해야 한다.

윤석명 한국보건사회연구원 명예연구위원.
리셋코리아 연금분과장

시작하는 글

2023년은 국민연금 재정계산이 5번째로 시행되는 해이다. 정부는 1998년 「국민연금법」 개정 이후 5년 주기로 국민연금의 장기 건강상태를 평가하여, 제도의 지속가능성을 확보할 수 있는 방향으로의 제도 개선을 도모하고 있다. 올해에는 행정부가 진행하는 재정계산 외에 국회에서도 연금개혁특별위원회를 구성하여 운영하고 있다.

국회 연금특위에서는 공무원·사학·군인연금을 포함한 개혁논의가 이루어지고 있다. 올해 공무원연금 적자 보전액은 6조 1,000억

원에 달하며, 사학연금은 33만 명 가입자 1인당 5억 원이 넘는 빚을 지고 있다. 전액 세금으로 운영하는 기초연금 수급자의 3분의 1은 OECD 노인 빈곤개념으로도 가난하지 않다. 재산이 없는 경우에는 월 400만 원 가까운 근로소득이 있어도 기초연금을 받을 수 있다. 상황이 이러한데도 지난 대선에서는 기초연금 지급액을 월 40만 원으로 10만 원 더 인상하겠다고 했다. 심지어 노인 70%에게 지급하는 현행 기초연금을 모든 노인에게 지급하겠다는 법안이 국회에 계류되어 있다. 모든 공적연금이 지속가능하지 않다 보니 총체적 개혁이 필요한 시점이다.

공적연금

공적연금의 역사

전 세계에서 처음으로 공적연금을 도입한 독일 프로이센의 연금제도 도입 시점은 1889년이다. 대다수 선진국들은 연금 역사가 100년 전후에 달하다 보니 사회 구성원 대다수의 공적연금 전반에 대한 이해도가 우리보다는 수준이 훨씬 높다. 일본은 공무원연금의 전신인 은급제도를 메이지유신 이후에 도입했다. 일반 국민 대상의 후생연금도 1942년에 도입하여, 80년 넘게 운용하다 보니 연금에 대한 국민의 이해 정도가 높다.

우리의 경우 1960년에 도입되어 60년이 넘어가는 공무원연금·군인연금에 비해, 일반 국민 대상 국민연금의 운영역사는 매우 짧다. 1988년에 도입되기는 하였으나, 전 국민 대상으로는 1999년 4월부터 시작되다 보니 주요 선진국과 비교할 때 일반 국민 대상의 연금 운영역사가 매우 짧은 실정이다.

국민연금은 제도를 도입하였더라도 혜택을 체감할 수 있는 때까지는 상당한 시일이 소요된다. 최소 10년 이상 가입해야 하고, 2023년 기준으로 63세부터 연금을 받을 수 있어서이다. 고령화 추세를 반영하여 2028년에 64세, 2033년부터는 65세부터 받을 수 있도록 고쳤다. 연금 지급률을 70%에서 40%로 대폭 삭감하였음에도 환경 변화로 인해 지속가능성이 현저하게 떨어지고 있다. 국민연금 고갈 시점의 영향권에 있는 1990년 이후 출생자들이 국민연금 미래에 대해 불안해하는 이유이다.

2023년 국민연금 재정계산 분석

2023년 3월에 발표된 5차 국민연금 재정계산에 따르면 2040년에 1,755조 원으로 최대 적립금이 쌓인 이후, 15년이 지난 2055년에 가면 기금이 소진된다. 그런데 그 15년 동안에 적립금 1,755조 원만 없어지는 것이 아니다. 적립금 1,755조 원 외에도 매년 가입자가 납부하는 보험료 수입과 기금이 소진되기 전까지의 기금 투자수입이 있다. 이를 모두 포함하면 15년 동안 총수입은 4,000조 원에 달한다. 연평균 300조 원가량이 연금액으로 지급되므로 천문학적인 액수가 모두 사라지게 되는 것이다.

상황이 이러함에도 현재의 관점에서 공적연금의 지속가능성을 판단하다 보니 근본적인 대책을 준비하지 못하고 있다. 우리 사회에서는 여전히 국민연금의 짧은 가입기간과 높은 노인 빈곤율을 강조하면서, 현재보다 국민연금 지급률을 더 높이자는 주장이 제기되고 있다. 5년 전인 2018년의 4차 재정계산에서는 '공적연금 강화'라는 명분으로 연금 지급률을 더 높이는 방안이 대거 제안되었다. 당시 2057년에 기금이 소진될 것으로 전망되었음에도 9%인 보험료를 몇 퍼센트포인트(예를 들면 2~3%p) 더 올린다는 전제하에 국민연금 지급률을 더 높이자는 주장들이 득세하였다. 연금 지속가능성을 확보하기 위해서는 대대적인 재정안정 조치가 필요하였음에도 고통스러운 개혁을 통한 지속가능성 확보 대신에 연금 급여의 적절성을 더 강조했던 것이다.

지속가능한 연금개혁 방향

연금개혁의 골든타임을 놓친 상황에서도 절박했던 재정안정 조치가 최우선 과제로 설정되지 못했었던 점은 큰 아쉬움으로 남는다. 2023년 5차 국민연금 재정계산에 따르면, 지난 5년 동안 개혁을 하지 못해서 추가로 발생한 재정 불안정 요인이 보험료율 기준으로 1.8%p에 달한다. 만약에 윤석열 정부 역시 제대로 된 재정안정 조치를 취하지 못한다면, 5년 전보다도 더 악화된 저출생 등으로 인해 초래될 추가적인 재정 불안정 요인이, 보험료율 기준으로 2%p 전후에 달할 것으로 예측된다. 요약하면, 윤석열 정부에서도 제대로 연금개혁을 하지 못한다면, 단 10년 동안에, 10년 전에 전망했던 동일한 수준의 재정안정을 달성하기 위해서는 보험료율 4%p 정도를 추가로 더 인상해야 한다는 뜻이다.

우리 수준의 국민연금을 지급하는 OECD 회원국의 보험료 부담수준은 18~20%이다. 1988년 3% 보험료율로 출발한 우리 국민연금은 1998년에 9%로 인상한 이후, 지난 25년 동안 단 1%p

도 못 올렸다. 재정안정을 달성하기 위해서는 그동안 개혁을 소홀히 해 온 탓에 OECD 회원국들의 평균적인 보험료인 18%에서 추가로 4%p는 더 올려야 한다. 이것도 단 한 번에 보험료를 모두 인상했을 때의 이야기다. 동일한 수준의 보험료율을 인상할지라도 오랜 기간에 걸쳐서 올린다면 올려야 할 보험료율은 더 높아져야 한다. 우리가 얼마나 절박한 상황에 놓여 있는지를 알 수 있는 대목이다.

이와 관련하여 주목할 부분이 있다. 우리 국민연금과 주요 선진국의 연금을 비교함에 있어 착시 현상을 유발하는 요인이 있어서이다. 국민연금 적립금 규모가 그러하다. 현재 국민연금은 1,000조 원 정도의 적립금을 확보하고 있다. 적립금 규모만 보자면 세계 3대 연기금으로 불릴 정도로 엄청난 액수다. 반면에 우리보다 오래 전에 연금을 도입한 독일은 작은 규모의 운영자금만으로 연금을 운영하고 있다. 구체적으로 독일의 일반 국민 대상의 연금은 통상 2~3달 연금을 지급할 수 있는 정도의 여유자금만을 가지고 운영하고 있다.

2007년 보험료는 올리지 못하고 지급률만 삭감한 반쪽의 개혁 이후, 국민연금 재정안정 조치가 시급하다고 할 때마다, 이에 대한 반박 논리로 언급되는 사례가 독일의 연금 운영방식이다. 독일은 2~3달 정도의 여유자금만으로도 잘 운영하고 있는데, 1,000조 원 가량이나 쌓인 국민연금의 재정안정을 강조하는 이유가 무엇이냐는 것이었다. 소위 말하는 '공포 마케팅', 즉 기금이 소진된다는 점을 강조하여 국민연금 가입자를 불안하게 한다는 비판의 진원지가, 예를 들면 독일과 같은 연금 운영방식이었다. 2003년 1차 국민연금 재정계산부터 2023년 5차 재정계산까지 5차례 재정계산 과정에 모두 참여해 왔고, 그 모든 재정계산위원회에서 장기적인 관점에서의 재정안정 방안을 담당해 왔던 필자는 여전히 재정안정 조치의 시급성과 절박함을 강조할 수밖에 없다. 재정안정 조치의 시급성을 주장해 온 필자와 같은 사람은, 지난 수십 년 동안 기금 고갈론을 내세워서 국민연금 가입자를 불안하게 하는 '공포 마케팅'의 주역이라고 비판받아 왔다.

그래서 재정안정조치가 시급하다는 필자와 같은 재정안정론자의 주장이 단순히 공포 마케팅에 그치는 것인지 점검이 필요하다. 우리나라 공적연금제도는 독일의 비스마르크형 연금제도로 일본을 거쳐서 도입되었다. 보험료 부담 측면에서 독일 연금은 지난 50년 동안에 걸쳐 많았을 때에는 우리보다 6배, 지금도 우리보다 2배 이상의 보험료를 부담한다. 50년이 넘는 기간에 우리보다 훨씬 높은 보험료율을 부담하므로 눈에 보이지 않는 연금부채가 우리보다 훨씬 적다. 전문용어인 미적립 연금부채(implicit pension debt)는 이미 지급하기로 약속한 연금액 대비 부족한 액수를 의미한다. 문제는 2007년 이후 우리 정부가 국민연금 미적립 부채를 공개하지 않고 있다는 점이다. 필자 추산에 따르면 우리 국민연금 미적립 부채는 아무리 적게 잡아도 1,500조 원이 넘는다.

미적립 부채 1,500조 원이 의미한 바는 다음과 같다. 1988년 국민연금 도입 이후에 지금까지 연금을 지급하기로 약속한 금액이 최소 2,500조 원이 넘는다. 적립금이 1,000조 원 있을지라도 지급해야 할 금액이 2,500조 원을 초과하므로 연금을 지급하기에 부족한 액수가 1,500조 원 이상이라는 뜻이다. 이는 국민연금 가입자

1인당 이미 7,000만 원이 넘는 빚이 있음을 의미한다. 정부가 공식적으로 발표하고 있는 공무원연금과 군인연금의 충당부채가 2022년 기준으로 1,181조 3,000억 원에 달한다. 이번 국회 연금개혁특위를 통해 처음 공개된 사학연금 미적립부채는 170조 원에 달하며, 이는 33만 명 사학연금 가입자 1인당 5억 원이 넘는 빚을 지고 있다는 뜻이다. 1년에 20조 원이 넘는 세금이 소요되는 기초연금을 제외하고서도 우리나라 공적연금의 미적립부채가 이미 국내총생산(GDP) 대비 최소 130%를 넘어섰다. 상황이 이러한데도 "연금재정안정 조치가 시급하다는 주장을 공포 마케팅"이라고 매도할 수 있을까?

우리가 연금을 배워 온 독일과 일본의 연금 운영현황을 더 자세히 들여다봐야 한다. 현재 18.6%의 보험료율을 부담하는 독일 국민연금은 과거에는 20%가 넘게 부담할 때도 있었다. 독일과 일본의 연금운영에서 특히 주목해야 할 대목은 두 나라가 2004년 똑같은 해에 '연금재정의 자동안정장치'를 도입했다는 점이다. 연금재정의 자동안정장치는 정치적인 고려 없이, 매년 연금제도가 장기적으로 재정적인 측면에서 안정상태를 달성할 수 있도록 자동으로 조절해 주는 장치이다. 이들 두 나라는 우리와 달리 연금 미적립 부채 규모도 적을뿐더러 부담과 급여 지급 측면에서 균형이 맞추어져 있다. 우리와 비슷한 수준의 연금을 지급하는 독일은 우리의 두 배 이상인 18.6%, 우리보다도 더 적은 연금을 지급하는 일본이 18.3%의 보험료를 부담하고 있어서이다. 이미 어느 정도 제도의 균형을 맞추고 있음에도 자동안정장치까지 도입함으로써 초장기간에 걸쳐서도 연금의 재정적·정치적인 지속가능성을 확보하고 있다.

70년의 재정평가 기간을 채택하고 있는 우리와 달리, 일본은 100년에 걸쳐 재정계산을 실시하면서 '향후 100년에 해당되는 연도 말에 적립배율 1배 유지'를 재정안정 지표로 설정하고 있다. 구체적으로, 2023년 기준으로 100년 후인 2123년의 연도 말에 가서도 1년 더 지급할 수 있는 적립금, 즉 2124년까지 지급할 재원을 확보하고 있다. 1959년까지 전액 세금으로 운영하던 일본 공무원 연금은 여러 차례의 개혁과정을 거쳐 2015년부터는 일반 국민 대상의 연금인 후생연금과 통합하여 운영하고 있다. 여기서 특히 주목해야 할 대목은 일본의 일반 국민과 공무원 대상 연금인 후생연금의 연금액이 본인과 배우자에게 지급되는 기초연금인 국민연금(일본에서는 우리의 '기초연금'을 '국민연금'으로 부르고 있음)까지 포함하여도, 우리나라의 모든 공적연금보다도 연금액이 적은 수준이라는 사실이다. 우리나라의 공무원·군인·사학연금은 물론이거니와 일반 국민 대상의 국민연금과 기초연금의 경우에도 일본이 우리보다도 더 적게 지급하고 있다는 사실을 우리 국민이 공유해야만 한다.

우리 국민연금 보험료 9%는 일본 후생연금 보험료 18.3%의 절반에 못 미친다. 100% 세금으로 재원을 조달하는 우리 기초연금과 달리, 일본 기초연금인 국민연금은 근로기간에 보험료를 납부했어야만 연금을 받을 수 있도록 운영한다. 이러한데도 일본보다 더 많은 연금액을 지급하고 있다 보니 우리 연금제도들은 지속 자체가 불가능함을 알 수 있다. 일본은 연금재정 자동안정장치까지 도입함으로써 정치적 판단으로 연금개혁 여부를 결정하는 우리에게서 나타나는 연금개혁의 골든타임을 놓치는 상황을 미연에 방지할 수 있었다. 참고로 현재 OECD 회원국들 중에서 다양한 형태의 연금재정 자동안정장치를 도입한 국가의 비율이 이미 70%에 달하고 있다.

개혁의 길이 아무리 어렵고 험난할지라도 꼼수 개혁이 아닌 진정한 개혁의 길로 가야 한다. 우리 사회에서는 이 어려운 상황에서도, 보험료율 몇 퍼센트포인트 더 올리는 조건으로 국민연금 지급률을 더 올릴 수 있다고 2023년 5차 국민연금 재정계산위원회에서도 일부 위원들이 여전히 주장하고 있다. 이러한 입장에서는 기금소진 시점이 몇 년 연장되는 것을 재정안정 방안이라고 주장한다. 재정안정의 평가기준이 기금소진 시점 몇 년 연장이 아닌, 70년 재정평가기간의 최종시점에서 무슨 일이 일어나는지를 보여 줄 수 있어야만 하는 이유다. 필자가 5차 재정계산에서 제시한 재정안정 방안인, 향후 10년 동안 매년 0.6%p씩 총 6%p 보험료율을 인상할지라도, 완전한 재정안정 달성이 어렵다. 향후 70년 동안 발생할 총 누적적자 7,750조 원(현재가)의 절반인 3,700조 원만을 감소시킬 뿐이다.

반면에 보험료율을 12%로 3%p 올리면서 연금지급률을 50%로 10%p 올리면, 향후 70년 동안의 총 누적적자는 기존의 7,750조원에 더해, 1,404조 원이 적자로 더 추가된다. 9,154조원으로 누적적자가 더 늘어날 것임에도 이를 재정안정화 방안이라고 여전히 사실을 호도하고 있다. 어느 방안이 제대로 된 재정안정, 즉 지속가능한 제도개편 방안일지에 대해 우리 사회가 제대로 공론화를 해야 할 시점이다.

2023년 프랑스를 혼란으로 몰아넣었던 마크롱 대통령의 연금

개혁은 전체 프랑스 국민을 대상으로 올해 25억 유로(3조 5,000억 원), 2026년까지 113억 유로(16조 2,000억 원)로 예상되는 노령연금 적자를, 2030년에 가서는 재정균형을 달성하는 것을 목표로 하고 있다. 즉, 프랑스는 이번 연금개혁으로 인해서 2030년에 가면 연금 적자가 발생하지 않게 되었다.

반면에 우리나라 공무원연금의 경우에는 2030년대 초·중반이 되면, 정부는 약 130만 명에 달하는 공무원의 사용자로서 월급의 9%에 달하는 국가의 공무원연금 부담금 외에도, 추가로 공무원연금의 한 해 적자를 메우기 위해 15조 원에 달하는 막대한 국민 세금을 투입해야 한다. 우리 공무원연금의 개혁을 서둘러야만 하는 이유다.

맺는 글

출생률 급락과 빠른 평균수명 연장에 따른 연금 수급기간 연장에 기인하는 재정 불안정 요인의 심화, 이처럼 암울한 상황에서도 여전히 포퓰리즘이 득세하다 보니 연금개혁의 골든타임이 지나갔다. 1차 베이비붐 세대, 즉 1955년부터 1963년 사이에 태어난 720만 명 대다수가 이미 연금수급자가 되다 보니 이들로부터 재정안정 조치에 필요한 부담을 지울 방법이 없어졌기 때문이다.

이 상황에서도 제대로 된 재정안정 조치 마련에 실기할 경우, 사실상 수습할 방법이 없어진다. 2023년 5차 국민연금 재정계산에 따르면, 기금이 소진된 이후 연금제도를 운영하는 방식인 부과방식 보험료가 장기적으로 35% 수준에 달할 것으로 전망되고 있다.

현재 9%인 국민연금 보험료율의 4배 가까이 되는 수준이다. 상황이 이러함에도 여전히 공적연금 강화란 이름으로 연금 지급률을 더 높이자는 주장이 제기되고 있다. 그러니 무엇보다도 우리가 처한 현실을 국민에게 제대로 알리려는 노력이 필요한 시점이라고 하는 것이다.

무엇보다도, 향후 10년 이내에 제대로 된 재정안정조치를 취하지 못할 경우, 1968년부터 1974년 사이에 태어난 약 687만 명에 달하는 2차 베이비붐 세대 역시 보험료를 적게 부담한 채로 노동시장에서 퇴장하게 된다. 그야말로 절망적인 상황에 놓이게 되는 것이다. 재정안정화 조치의 시급성에 대한 공감대 형성과 함께, 재정안정 조치를 전제로 우리 사회의 취약 노인계층들이 최소한 절대 빈곤에서는 벗어날 수 있도록 사회안전망을 강화하는 노력도 병행해야 한다. 지금처럼 빈곤 여부와 상관없이 포퓰리즘 속성의 1/n로 나누어 지급하는 기초연금이 아닌, 빈곤한 노인에게 우선적으로 혜택이 더 돌아갈 수 있는 방향으로 기초연금 운영방식을 개편해야 한다. 가시적인 재정안정 조치가 시행되어야 1990년 이후 출생자들이 느끼는 공적연금 앞날에 대한 불안감을 덜어 줄 수가 있다.

세금으로 재원을 조달하는 기초연금 등과 같은 노후 소득지원제도는 취약 노인 중심으로 운영하는 것이 오늘날 대다수의 선진국이 채택하고 있는 방식이다. 갈라파고스섬에 갇혀 국제적인 연금개혁 동향과는 동떨어진 방향으로 연금을 운영하는 우리의 운영방식을 대대적으로 개혁해야만 하는 시점이다. 오죽하면 필자가 우리 연금을 4차 산업혁명 시대에 살면서도 소달구지 끌던 농경사회의 연금이라고 칭하고 있겠는가. 우리 사회의 정치적·재정적인 지속 가능성을 확보하기 위해서라도 연금개혁은 더 이상 선택이 아닌 필수사항이 되었다는 사실을 우리 사회 구성원들이 공유해야만 하는 시점에 와 있다.

윤석명 ··· 한국보건사회연구원 명예연구위원. 리셋코리아 연금분과장. 경제사회노동위원회 초고령사회 계속고용연구회 위원. 5차 국민연금재정계산위원회 위원. 국회 연금개혁특별위원회 민간자문위원. 고려대학교 영어영문학 학사. 경제학 석사. 미국 Texas A&M 대학교 경제학 박사.

28. 여성

여성현실의 다양화와 유엔협약체제

여성들의 삶이 다양화되고 여성주의 담론도 다중적으로 펼쳐질 것이다.
여성인권 관련 글로벌 스탠더드의 제도화 차원을 넘어
가치의 이해와 내면화를 위한 정책적 배려가 필요한 시점이다.

이정옥 대구가톨릭대학교 사회학과 명예교수.
전 여성가족부 장관

2024년 명암이 짙은 풍경화: 여성현실의 다양화

2024년의 여성현실을 풍경화로 표현하면 한낮의 꽃밭과 주위를 싸고도는 짙은 그림자가 함께 있는 입체적인 모습으로 묘사될 수 있을 것이다. 지구촌 곳곳에 신기술, 첨단 영역을 비롯한 모든 영역에 유리천장을 뚫는 여성들이 더 많아질 것이다. 여성 '도선수 습생', 디지털 신기술을 활용한 창업 등으로 역량을 갖춘 여성들이 더 많이 등장할 것이다. 유리천장을 뚫고, 새 길을 개척하는 여성들이 늘어난다는 것은 성별 고정관념에 균열을 낸다는 점에서 긍정적인 도전으로 여겨진다. 이러한 흐름은 디지털 신기술에 의존하는 경제구조의 변화, 공사 영역의 경계 넘기, 문화적 다양성을 수용하는 사회적 분위기에 힘입어 더 가속화될 전망이다.

지구촌은 기후변화, 자연재해, 양극화 심화, 인플레로 인한 물가 상승 등으로 다중 위기가 심화되어 가고 있다. 모든 위기는 늘 여성의 현실에 더 짙은 그림자를 드리운다. 코로나가 몰고 온 인플레와 고물가가 여성들의 삶의 발목을 잡는 것은 물론 미래 세대인 소녀들의 학업 성취에도 영향을 미칠 것이다. 코로나 기간 전 세계적으로 약 1,100만~2,000만 명 정도의 중등교육 학령 소녀들이 학교를 이탈하였으며, 7명 중 1명의 소녀(2억 2,200만 명)가 학교 폐쇄 기간 원격교육 기회에서 멀어져 있었다. 금융 지식도 미비한 데다 금융계좌권의 접근성이 상대적으로 취약한 상태였던 여성 소상공인들 역시 생업을 잃는 경우가 많았다. 코로나19 팬데믹의 여파는 2024년에도 이어질 전망이다.

2023년 UNDP 보고서에서 확인된 것처럼 팬데믹으로 인한 그림자는 여성과 소녀들에게 더 짙게 드리운다.[1] 31억 명의 여성과 소녀들, 즉 90%의 여성 인구는 여성 권한 척도의 중하위 범주에 머물러 있다(UNDP, 2023: 1). 신기술에 대한 접근성에도 성차가 나타나는 것을 알 수 있다.[2] 국가나 정부 수장의 여성 비율은 1995년 이래 평균 10%에 머무르고 있고 글로벌 성별격차지수(Global Gender Parity Index)에 따르면 남성이 얻는 지위의 44.6%에 여성

---

1 The Paths to Equal: Twin Indices on Women's Empowerment and Gender Equality, UNDP, posted on July 18, 2023.

2 29%의 남성이 금융 신기술을 활용하는 반면, 여성은 21%만이 활용하는 것으로 나타났다 (UNDP, 2023: 23).

이 도달한 것으로 측정되고 있다. 국회의원의 여성 비율은 평균 41.3%에서 55.2%에 달한다(UNDP, 2023: 22∼23).

2024년 여성현실은 스타트업, 디지털 신기술을 활용하여 유리천장을 깨는 여성, 가 보지 않았던 전통적 남성직에 도전하는 새로운 여성이 등장하는 한편, 기후변화 등의 복합적 위기, 디지털 디바이드 등으로 소외되는 여성이 늘어날 것으로 보인다. 무대 전면의 여성들의 빛으로 여성의 그늘진 현실을 가려 버릴 위험이 있다.

유엔협약체제[3]의 지속성: 영역의 확장, 규제의 실효화

2024년은 '유엔 인권선언' 76년, 1979년 채택된 '여성차별철폐협약(Convention on Elimination of Discrimination Against Women, CEDAW)' 45년, '북경 여성대회 성 주류화 선언' 29년, '유엔 안보리 결의안 1325' 채택 24년, '지속가능발전목표설정' 9년이 되는 해이다. 여성인권이 인권개념의 중요 축이 되면서 차별의 피해 보호 차원을 넘어 주체가 되는 것은 물론 지속가능발전으로 통합되는 확장을 거듭했다.

유엔협약체제는 협약을 통한 동의에 기반을 두고 작동되기 때문에 강제력은 없다. 그렇지만 국가 간 비교와 상호감시 방식으로 협약 위반에 대해서는 다차원적인 배제와 압력이 작용한다. 유엔을 통해 구성된 글로벌 스탠더드는 협약비준, 협약이행에 대한 국가별 행동계획의 제출, 제출된 국가 보고서에 대한 이행점검,

---

3 유엔협약체제는 '협약', '결의안', '강령', '선언', '목표' 등을 포괄하는 의미로 사용하였다.

NGO 보고서 채택 등의 다차원적인 방식으로 협약의 구체성을 보완하는 방향으로 발전해 왔다. 협약은 또한 정책의 가이드라인으로 작용하기 때문에 협약에 맞추어 국내법으로 제도화되기도 한다.

여성인권과 관련된 유엔협약체제의 핵심 개념의 확장과 실효화 과정은 아래와 같다.

- 반차별: 1948년 유엔 인권선언을 기초로 여성이 전쟁범죄·사회 불평등·국내외 식민주의·발전의 피해자라는 점을 인정받아 유엔에서 1979년에 '여성차별철폐협약'을 통과시켰다. 1982년에 차별철폐위원회를 구성하여 다양한 개인 또는 단체로부터 차별 사례를 발굴하고 감시체계를 만들고 있다.
- 성 주류화: 1995년에 북경 여성대회에서는 구체적인 12개 분야(빈곤, 교육 훈련, 건강, 폭력, 무력분쟁, 경제활동, 권력 및 의사결정, 제도적 메커니즘, 미디어, 여성권리, 환경, 여성 어린이)의 성 주류화를 선언하였다. 북경 행동강령은 여성 지위위원회를 통해 실행 상황을 점검한다.
- 성폭력: 2000년에 유엔은 '조직범죄에 관한 협약'을 보완하여 여성과 어린이에 대한 인신매매를 예방, 방지, 처벌하는 보완 협약을 채택하였다. 성폭력에 대한 가해자의 책임, 피해자에 대한 공개 탄원과 주창을 포함한 보상권을 구체화한 바 있다. 성폭력을 전쟁범죄와 같은 차원의 반인륜 범죄로 규정했다.
- 평화와 안보: 2000년에 '유엔 안보리 결의안 1325'에서는 평화와 안보 부문에서의 여성 참여를 규정하였다. 전쟁과 무력분쟁이 피해자로서의 여성을 전후 재건 및 전쟁과 무력분쟁의

방지 주체로 호명하였다.[4]

- 지속가능발전목표로의 통합: 2015년에 2030년을 목표로 한 17개 영역의 지속가능발전목표를 설정하였다. 20세기 근대화의 키워드인 '발전' 개념을 '지속가능발전'으로 전환하였다. 지속가능발전은 불평등에 관한 관심의 확대, 생태 친화성을 강조했다는 점에서 성장 중심의 20세기 개념과 구별된다. 성평등은 지속가능발전의 목표이면서 수단이다.[5] 2024년은 각국의 목표달성에 대한 점검이 본격화될 전망이다. 목표달성 연한인 2030년을 6년 남겨 둔 해이기 때문이다.

2024년에도 유엔협약체제에서 강조하고 있는 기본 인권으로서의 여성인권 보장, 성차별 반대, 성 주류화, 평화와 안보 영역의 여성의 주체적 참여, 성폭력 방지, 지속가능발전이라는 지구촌 공통의 목표는 당위적인 방향을 제시하면서 그 개념이 확장되는 것은 물론 실효화될 것이다.[6]

---

4 이 결의안은 1820(2008), 1888(2009), 1889(2009), 1960(2010), 2106(2013), 2122(2013), 2242 (2015), 2467(2019), 2493(2019) 등 9개의 후속 결의안으로 이어졌다. 후속 결의안은 국가행동계획과 조직적 책임을 포함한 실행 및 역량 강화, 이행 감시체계 등을 구체화하고 있다.

5 빈곤 종식, 기아 종식, 건강과 웰빙, 양질의 교육, 성 평등, 깨끗한 물과 위생, 적정한 청정에너지, 양질의 일자리와 경제성장, 산업 혁신과 사회기반시설, 불평등 감소, 지속가능한 도시와 공동체, 책임 있는 소비와 생산, 기후변화 대응, 해양생태계, 육상생태계, 평화 정의와 제도, 지속가능발전목표 달성을 위한 파트너십 등의 17개 목표와 통합되었다. 성 평등(5), 불평등 해소(10), 평화 정의와 제도(16), 파트너십(17)은 지속가능발전의 목표인 동시에 수단이 되고 있다.

6 유엔 외에도 G-7, G-20, G-77 등 지구적 현안을 다루는 다자협력체계에서 이러한 흐름은 이어진다.

2024 한국: 유엔협약체제의 지속적 수용과 이행

　2024년에도 한국 사회는 그간의 관행대로 성 평등과 관련된 유엔협약체제를 수용하고 이행할 전망이다. '여성차별철폐협약'에 가입한 1984년 이래 4년마다 지속적으로 국가 보고서를 제출하고 있다.[7] 1995년 북경 여성대회의 선언을 계기로 「여성발전기본법」을 1995년에 제정하고 1998년 대통령 직속 여성특별위원회를 신설하였으며, 1999년 「남녀차별 금지 및 구제에 관한 법률」을 제정하였다. 한 걸음 더 나아가 2001년 여성부로 출범함으로써 법률안 발의권과 국무회의 의결권 행사가 가능하게 되었다.[8] 남녀차별 금지, '성 주류화' 정책의 기조를 구체화하기 위해 성별 영향 평가(「양성평등기본법」 제15조), 성인지 예산제도(「양성평등기본법」 제16조), 성인지 통계(「양성평등기본법」 제17조), 성인지 교육(「양성평등기본법」 제18조), 국가성평등지수(「양성평등기본법」 제19조) 등을 지렛대로 활용하여 정부 부처 전반에 성평등 관점을 확산할 수 있는 틀을 갖추게 되었다.[9] 또한 '여성·평화·안보에 대한 결의안 1325호'에 따른 국가행동계획을 3차(2014~2017; 2018~2020; 2021~2023)에 걸쳐 수립하였다. 안보 분야의 여성 종사자를 늘리는 한편 평화와 안보

7　△성 주류화, △여성폭력, △고용, △여성·평화·안보 등의 분야에서 유엔 여성차별 철폐위원회에서 총 45개 사항을 우리나라에 권고하였고, 이에 대해 2020년 이행점검을 통해 관계부처에 이행을 권고한 바 있다.

8　2005년에 여성가족부로 개편되었다.

9　특히 교육부, 고용노동부, 보건복지부, 국방부, 문화체육관광부, 법무부, 대검찰청, 경찰청 등 정부 주요 부처에 설치된 '양성평등 정책 전담부서'와 '전담부서 간 협의체'를 통해 성 평등 정책을 확산할 수 있게 되었다.

영역의 여성 역량 강화, 의사결정 과정의 참여를 지속해서 이행하고 있다. 2024년은 제4기 국가행동계획이 수립되는 해이다. 3기에 이르는 국가행동계획은 점차 확장되고 구체화되어 왔다.[10] 유엔협약체제의 수용과 이행이라는 추세는 2024년에도 이어질 전망이다.

제도와 가치의 괴리와 차이의 정치화

유엔협약체제의 수용을 통한 국가 이미지 제고라는 측면에서는 사회적 동의가 구성되었다. 여성운동, 민주화운동, 산업화 영역 모두 유엔협약체제의 수용에 이견이 없었다. 유엔협약체제가 지향하는 성차별 철폐, 성 주류화, 성폭력 방지체계, 안보와 평화 영역에서의 주류화, 지속가능발전의 이행을 '당위'적 차원에서 동의하여 제도화가 빠른 속도로 이루어졌다.

당위적 차원의 제도화가 정책으로 실행되었지만 인권, 여성인권의 개념을 가치의 차원에서 내면화하지 못하고 있는 정황이 표출되고 있다. 문화는 가치의 차원, 제도적 차원, 도구적 차원이 정합성을 띠는 것이 일반적인데, 외부에서 수용하는 경우 도구적 차원이 먼저 수용되고 가치의 차원은 정합성을 띠지 못하는 경우가 발생한다.[11]

---

10 제3기 국가행동계획은 예방(Prevention), 참여(Participation), 보호(Protection), 구호 및 회복(Relief and Recovery), 이행점검(Implementation and Monitoring) 등 5개 분야를 설정하여 대통령 자문기구인 민주평화통일자문회의가 새롭게 이행기관으로 추가되어 여성가족부(주관), 교육부, 외교부, 통일부, 법무부, 국방부, 행정안전부, 경찰청, 민주평화통일자문회의, 국제협력단(KOICA)의 10개 기관이 이행에 참여하는 방식으로 확대되었다.

11 사회변동 과정에서 도구 차원이 먼저 변화하고 문화 차원의 변화가 지체되는 문화지체 현상

여성인권도 관련 '제도'가 먼저 수입되었지만, 인권의 기본 가치에 대한 사회적 이해는 분절적이다.[12] 포괄적 차원의 여성인권 개념이 산술적이고 영합적인 평등 개념으로 축소되었다.[13] 여성인권의 확장이 사회의 다른 불평등을 해소하는 동시에 사회 전체의 인권 향상과 연결된다는 인식을 담아내지 못하고 있다.

글로벌 스탠더드로 당위적 차원에서 수용되었던 제도들의 이면에 잠재되었던 문제들이 표출되기 시작하였다. 성 주류화를 위한 적극적 조치, 피해자 중심의 성폭력 대응, 안보 영역에 대한 여성의 참여 등에 대해 사회적 찬반 논의가 등장하면서 계급의 정치, 지역 정치, 세대 정치와 함께 '성'의 정치 영역이 담론화되기 시작하고 있다. 부문 간 불균등 도입의 문제, 기존 관행과의 마찰의 문제, 반복적인 계몽적 교육에 대한 피로가 누적되어 2024년에는 다양한 견해가 분출될 전망이다. 글로벌 스탠더드의 제도화 차원을 넘어 한국 현실에 부응하는 가치의 차원, 제도적 차원, 도구적 차원, 문화적 정합성의 구성에 대한 사회적 필요성이 2024년에는 더 절실해질 전망이다.

이 일반적이다. 그렇지만 한 사회체계가 상대적으로 폐쇄체계였다가 개방체계로 전환할 때는 사상 부문의 변동률이 기술 부문의 변동률보다 빠른 역문화지체 (reversed cultural lag) 현상이 나타날 수 있다(신용하, 독립협회연구, 1976: 585).

12 가치의 수용과 관련된 가치 왜곡의 문제에 대해서는 이정옥(2015) 참조.

13 2015년 「양성평등기본법」으로 법제화되면서 양성평등위원회, 양성평등교육진흥원 등으로 개념이 사용되고 있다.

2024: 여성주의 담론의 다양화

전통, 근대화 그리고 시장의 힘이 다차원적으로 여성현실을 구조화하면서 여성주의의 방향에 대한 담론이 다양해지게 된다. 전통과 근대화 프로젝트가 분절적으로 공존하면서 시장경제의 포섭이 가속화되는 2024년에는 전통의 복고주의, 미완의 근대화 프로젝트의 재점화, 시장의 논리가 각축전을 벌일 전망이다.

2024년 여성은 정치·경제·사회 전 영역에 걸쳐서 소환될 것이다. 여성을 둘러싼 삶의 관행은 페르낭 브로델이 말했듯이[14] '장기 지속'적인 물질문명의 생활세계에서 지속되고 있다. 돌봄, 감성, 전통 생활세계가 소환되는 방식을 여성의 입장에서 어떻게 볼 것인지를 놓고 여성들 내부에서도 다양한 이견이 분출될 것이다. 유엔을 중심으로 여성인권의 근대화 프로젝트를 강조하는 입장, 피해자에 대한 보호를 우선하는 입장, 평등을 강조하는 입장, 탈국가, 탈영토의 포스트모던의 지향에 따른 개인화를 강조하는 입장, 돌봄과 가사노동의 시장화를 강조하는 입장, 경제의 사회화를 위한 공동체 복원의 입장 등 다양한 지향이 공존하게 될 가능성이 크다.

여성운동은 전통적 관행을 해체하려는 지향을 보여 왔다. 그간 전통과 대립각을 세워 온 것은 근대성과 근대인이라는 개념이었다. 탈근대 지향은 근대적 지향에 대한 해체와 전복을 추구한다. 근대성과 탈근대성은 공동체주의와 시장주의의 새로운 면모로 여

---

14 페르낭 브로델은 물질문명은 장기 지속적이고 경제는 중기적이며 정치는 단기적이라고 했다 (페르낭 브로델, 《역사학 논고》, 이정옥 옮김, 1990).

성현실을 재구성한다. 근대성으로 구성된 유엔체제를 수용하고 있는 상황에서 탈근대적 개인화와 복고적 지향이 동시다발적으로 진행되는 상황이 2024년에도 지속될 것이다.

맺는 글

2024년에는 여성들의 삶의 영역이 다양화되고 여성주의 입장도 다중적 국면이 펼쳐질 것으로 예상한다. 여성주의의 다차원적 주장이 이해충돌과 분절적 상황으로 치닫지 않도록 맥락을 이해하는 접근이 필요하다. 또한 다양한 입장을 경청하고 이해할 수 있는 소통의 장을 마련해야 할 것이다. 유엔을 통한 근대화 프로젝트가 당위적으로 수용되는 차원을 넘어섰기 때문에 유엔협약체제를 통한 근대화 프로젝트의 확장과 실효화에 대한 사회적 동의를 구성하는 정책적 배려가 필요하다고 본다. 성의 정치가 본격화하는 만큼 글로벌 스탠더드 수용 등에 대한 설명책임(accountability)의 필요성이 높아지고 있다. 제도화의 배경이 되는 가치합의를 구성하기 위한 원론적 교육도 강화해야 할 것이다.

이정옥 • • • 대구가톨릭대학교 명예교수. 대구가톨릭대 사회학과 교수, 다문화연구원장, 사회적 경제 대학원장 역임, 데모크라시 인터내셔널 이사, 제8대 여성가족부 장관 역임. 《글로컬 시대의 한국 시민사회의 이해》, 《가족과 젠더의 사회학》, 《지구촌 사회의 이해》, 《가족관계의 변모와 여성 문제》(공저), 《경계의 여성들》(공저), 《직접민주주의로의 초대》(번역) 등 다수.

29. 저출생

저출생 문제와 외국인 가사도우미 논쟁

저출생 대책 중 하나로 외국인 가사도우미 도입 논의가 급물살을 타고 있다.
이에 대한 찬반 의견과 최저임금 적용 여부에 대한 논쟁을 통해
저출생 실태와 문제 해결의 실마리를 찾아보고자 한다.

송문희 경기도어린이박물관장,
전 고려대학교 연구교수

시작하는 글

"Goodbye child care centers, hello elderly homes". 한국의 저출생 현실을 강조한 CNN 방송 제목이다. 로이터통신도 "한국에선 세계에서 가장 낮은 수준의 저출생 등 여러 요인으로 인해 소아과 의사가 부족해졌으며, 이에 따라 어린이 건강도 위협받고 있다"라고 꼬집었다. 실제 2018년 이래 0명대 출산율이 5년째 지속되고 있는 한국의 저출생 문제는 이미 심각단계를 넘어선 지 오래다. 통계청 보고서에 따르면 2023년 5,200만 명인 한국 인구는 2041년 4,000만 명, 2070년에는 3,800만 명으로 감소할 것으로 전망된다.

해마다 하락하는 혼인율과 이에 따른 저출생이 주요 원인으로 분석된다. 합계출산율도 2012년 1.30명에서 2016년 0.98명, 2022년 0.78명까지 계속 내려갔다. 2021년 기준 1.58명인 경제협력개발기구(OECD)의 평균을 한참 밑도는 수치다. 반면 2070년이면 고령인구가 46.4%로 거의 인구의 절반을 차지하는 심각한 '초고령사회'에 직면한다.

저출생 문제는 세계가 맞닥뜨린 공통숙제이긴 하다. 문제는 한국의 출산율 감소가 짧은 기간 내 매우 가파르게 진행되고 있다는 것이다. 정부는 2006년부터 16년간 280조 원을 저출생 극복 예산으로 투입하며 선진국 정책을 총망라해 시행했지만 지금까지 성적표는 낙제점이다. 현금지원형 저출생 해법은 효과가 미미한 것으로 판명된 만큼 이젠 패러다임의 전환이 필요한 시점이다. 날로 심각해져 가는 저출생 문제의 원인은 높은 사교육비 부담, 부족한 일자리, 주거비 폭등, 여성의 경력단절과 일과 가정 양립의 어려움, 독박육아와 성 불평등 등 복합적이고 다층적이다. 초경쟁적인 사회환경 속에서 미래에 대한 불안을 안고 사는 청년층은 결혼이나 출산보다 당장의 '생존'을 더 절박하게 인식하고 있다. 그렇다면 한국은 이대로 인구소멸을 지나 국가소멸까지 갈 수밖에 없는 것인가? 그동안 저출생 문제의 원인과 이에 따른 해결방안으로 제시되어 온 것들은 다음과 같다.

아이를 낳고 기를 수 있는 경제력과 주거

청년이 결혼을 꺼리는 이유 중 하나가 경제적인 부담이다. 의식주 해결이 우선되어야 결혼도 출산도 계획할 여유가 생기는 법이다. 청년세대의 어려움을 해결하는 것은 저출생 해결을 위한 과제이기도 하다. 특히 가장 큰 고충이 '내집 마련'이란 점을 고려할 때 집값 부담을 낮추지 않고선 저출생 문제를 해결하기 어렵다. 지속가능한 일자리의 중요성은 더 강조할 필요도 없다. 한국보다 먼저 저출생국을 경험했던 일본은 최근 청년층의 소득 증가를 기본 이념으로 잡고 임금 인상, 비정규직 정규화 등의 정책을 내놓고 있다. 출생자 수가 80만 명 밑으로 떨어지자 기시다 총리는 저출생이 "일본의 사회경제 전체와 관련된 문제이며, 미루거나 기다릴 수 없는 과제"라며 '어린이 미래 전략 방침'을 수립 중이다. 2024년 10월부터 아동수당 지급 기간이 3년 연장되어 고등학생까지 지원받을 수 있다. 3세까지의 자녀가 있는 직원은 온라인으로 근무할 수 있도록 해 육아시간을 확대하고 잔업(야근) 면제제도도 취학 전까지 가능하도록 법을 개정할 예정이다. 2030년에는 남성의 85%가 육아휴직을 쓸 수 있도록 할 계획이다.

여성의 일·가정 양립, 성평등 가사와 육아

2022년 15~54세 기혼 여성 중 17%가 결혼, 임신·출산, 육아 등으로 경력이 단절되었다. 최근 경력단절여성 비율이 줄어들고 있으나, 이는 경력단절 대신 출산 포기를 선택하고 있기 때문이다. 가사노동에서의 성별 격차도 여전하다. 2019년 19세 이상 맞벌이 부부의 평균 가사노동시간은 남편 54분, 아내 3시간 7분으로 아내가 3배 이상 더 많다. 2021년 기준 육아휴직자 수는 17만 4,000명이며, 비율은 남자가 24.1%, 여자가 75.9%를 차지했다. 2022년 남성 육아휴직 비율도 28.9%에 불과하여 여성의 독박육아 현실을 단적으로 드러내고 있다. 참고로 스웨덴, 아이슬란드, 노르웨이 등의 남성 육아휴직률은 40%를 넘는다.

사교육비 부담을 완화할 수 있는 획기적 교육개혁

무너진 공교육 시스템을 다시 바로 세우고 허리 휘어지는 사교육비 부담을 줄이는 획기적인 교육정책이 필요하다. 2022년 합계출산율이 1.26인 일본의 경우, 지방에도 명문대가 있어 도쿄로 다 몰려들지 않고 사교육비 문제가 한국처럼 심각하지 않기 때문에 한국보다 아이를 더 많이 낳는다는 분석도 있다. 학부모들은 올해 처음으로 대학입시 수능시험에서 소위 '킬러문항'을 배제하겠다는 교육부의 발표에 촉각을 곤두세우고 있는 상황이다.

비혼 출산 포용사회

과거 한국 사회에서 주류였던 보편혼은 사라져 2020년 기준 25~49세 남성 중 53%, 여성 중 67%만이 혼인했다. 반면 서구처럼 다양한 가족형태가 대체하지도 못하고 있다. 2020년 기준 OECD 국가 평균 비혼 출산율은 41.9%이며 프랑스의 경우 62.2%에 달한다. 한국의 비혼 출산율은 OECD 평균에 한참 못 미친다. 2021년 기준 한국의 비혼 출생아 수는 7,700명으로 전체의 2.9%에 불과하다. 2001년 7,119명(1.3%)보다는 늘어났지만 여전히 미미한 수준이다.[1] 한국의 가족제도나 인식은 오늘날 달라진 사회상을 반영

---

1 프랑스는 가정이나 결혼에 있어서 법률혼이 아닌 동거도 개인적인 선택의 문제로 본다. 개인 간의 동거계약(PACS)만 있으면 조세, 육아, 교육, 사회보장 등 모든 측면에서 법률혼과 동등한 대우를 받을 수 있다. 동거가정에서 태어난 아이들이 출생아의 50%를 차지한다.

하지 못하고 있다. 아이 하나가 소중한 시기에 결혼하지 않은 상태에서 태어나는 아이들도 편견 없이 온전하게 키울 수 있도록 사회가 마음의 문을 열어야 한다.

'좋은 이모님 구하기 전쟁', 내국인, 조선족 그리고 외국인

한국은 앞에서 언급한 여러 원인이 중첩되어 오늘날 심각한 저출생 문제에 이른 것이지만 여기에서는 특히 '육아 전쟁'을 치러야 하는 사회 여건에 초점을 맞춰 논의하고자 한다. 아이 낳은 기쁨도 잠시, 육아 고통을 겪어 본 맞벌이부부는 "이런 나라에서 어떻게 아이를 낳아 기르나"라고 푸념한다. 워킹맘들은 번번이 절망한다. 국공립 어린이집은 1~3년 넘게 기약 없는 대기 줄을 서야 한다. 정부의 '아이 돌봄 서비스' 역시 대기 줄이 길고 맞벌이부부는 높은 소득기준에 걸려 신청도 못한다. 이를 위해 최근 뜨거운 감자로 부상한 '외국인 가사도우미' 도입제도를 들여다볼 것이다.

한국은 기혼 여성 6명 중 1명꼴로 '경단녀(경력 단절 여성)'이다. 그럴 수밖에 없는 것이 웬만한 봉급생활자의 한 달 치 월급을 전부 바쳐야 할 정도로 육아비 부담이 높기 때문이다. 일을 포기하지 않으면서 아이를 키우기 위해선 가사도우미 사용이 절실한 형편이다. 가사도우미 현황을 보면 지금까진 내국인과 중국 조선족에게만 가사도우미를 허용하고, 다른 나라 출신 외국인 가사도우미는 금지하고 있다.

국내 가사도우미도 구하기가 점점 어려워지고 있고, 그 수도 크게 줄어들고 있다. 통계청에 따르면 내국인 가사 서비스 종사자 수는 2016년 18만 6,000명에서 2022년 11만 4,000명으로 38.7% 줄었다.[2] 인력 고령화도 문제인데 관련 취업자 중 60대 이상이 63.5%, 50대는 28.8%이다. 이들의 높은 인건비도 부담이다. 출퇴근하는 내국인 가사도우미의 월급은 서울 기준 350만~450만 원 선으로 높은 수준이다. 내국인 가사도우미는 낮은 처우와 과거에 존재했던 '식모'에 대한 사회적 인식 때문에 입주보다는 출퇴근을 선호한다.

입주의 경우 조선족 도우미가 한국인들보다 월 30만~50만 원 낮게 받기에 맞벌이부부는 조선족 입주 도우미에 대한 의존도가 높다. 이들의 장점은 내국인보다 싸고 문화가 비슷하고, 무엇보다 한국말을 할 줄 안다는 것이다. 문제는 이들이 정보를 공유하며 때로는 담합도 하므로 시세에 맞춰 인건비를 계속 올려 줄 수밖에 없다는 것이다. 그나마도 코로나19 사태로 조선족 도우미들이 입국하지 못하자 임금이 껑충 뛰어 부모들의 고민이 깊어졌다. 한편에선 '조선족'이라는 낙인과 편견으로 부당한 대우를 받고 있다고 느끼는 조선족 가사도우미들의 불만도 많다. 이들은 임금 체불, 성희롱이나 학대, 부당한 요구 등 고용주와 문제가 발생할 때 말없이 그만두는 등 예측과 관리가 어렵다.

이런 상황에서 외국인 가사도우미를 데려오자는 주장이 점점 힘을 얻기 시작했다. 이에 윤석열 정부는 맞벌이부부의 육아와 가사 부담을 덜어 주고 한 해 140만 명에 달하는 경력 단절 여성의 숫자를 줄이려고 외국인 가사도우미를 도입하는 방안을 추진 중이

---

2 가사도우미 종사자 수에 대한 정확한 통계도 없다. 10만~60만 명 선으로 추정될 뿐이다.

다. 이에 2023년 하반기부터 서울에 필리핀 등 외국인 가사도우미 100여 명을 시범적으로 도입할 예정이다. 외국인 가사도우미들은 최저임금 이상의 임금을 받을 것이 유력하다. 2024년 최저임금이 시급 9,860원이니 외국인 가사도우미들이 받을 월급은 206만 740원이 된다.

이미 홍콩과 싱가포르는 1970년대, 대만은 1990년대부터 외국인 가사도우미 제도를 도입했다. 이들은 입주 형태로 일을 하며 해당 국가의 최저임금을 보장받지 못한다. 싱가포르와 홍콩에서 일하는 외국인 가사 근로자의 월 급여가 각각 40만~60만 원, 77만 원 정도이다. 일본은 2017년부터 도쿄·오사카 등 6개 특별구역에서 일종의 시범사업 방식으로 시행하고 있는데, 입주가 아닌 출퇴근 형태로 일을 하며 최저임금을 보장받는다. 프랑스와 벨기에는 가사서비스 바우처를 발급하고 이용금액의 30~50%를 세액공제해 준다.

2024년 '외국인 가사도우미' 도입 논쟁

외국인 가사도우미 도입 여부에 대해선 찬반 의견이 뜨겁게 나뉘어져 있다. 찬성 의견은 첫째, 부부가 '싸게' 가사노동을 해결할 수 있으면 지금보다 아이를 많이 낳을 것이다. 둘째, 한국인 부모는 적은 비용으로 육아 부담을 줄일 수 있고, 외국인 가사도우미는 본국보다 높은 임금으로 만족감을 느끼게 되므로 '윈-윈'이라는 것이다. 반대 의견은 첫째, 언어도 서툴고 문화적 이질감이 큰 외국인 가사도우미에게 최저임금 월 200만 원 이상을 주고 싶은 사람은 많지 않다. 둘째, 기존 내국인 가사도우미들의 일자리를 빼앗는다. 셋째, 최저임금에도 못 미치는 저임금을 지급하는 경우에는 다른 시장으로 이탈할 가능성과 불법체류가 증가할 수 있다는 것이다.

외국인 가사도우미를 도입하는 경우에도 최저임금 적용 여부에 대해서는 견해가 극명하게 나뉜다. 최저임금을 적용해야 한다는 견해는 한국이 비준한 국제노동기구(ILO) 제110호 협약을 근거로 제시한다.[3] 최저임금 적용 제외를 주장하는 견해는 한국 30대 여성 중위소득이 271만 원인데, 최저임금을 적용해 200만~300만 원대로 도입하면 월급을 고스란히 내놓는 것이라 큰 메리트가 없다는 것이다.

외국인 가사도우미 도입과 내국인 가사도우미 여건 개선

정부가 추진하는 외국인 가사도우미 도입이 과연 저출생 대책으로서 효과가 있는가? 1970~1980년대부터 이 제도를 도입했던 홍콩, 싱가포르 역시 1990년대 이후 전 세계적인 출산율의 급격한 감소 추세에서 예외가 아니다. 2022년 싱가포르 출산율은 1.05명이고 홍콩은 우리보다 낮은 0.68명이다. 그렇다면 저출생 문제 해결에 전혀 도움이 되지 않았다는 의미인가?

답은 단순 비교가 불가하다는 것이다. 홍콩이나 싱가포르의 외국인 가사도우미 도입 목표는 급속한 경제성장 시기에 여성의 경

---

3   최저임금위원회가 발간한 〈2022년 주요 국가의 최저임금제도〉 보고서에 따르면, 미국·중국·독일·오스트레일리아 등 주요 22개국 가운데 외국인이라는 이유로 최저임금을 차등 지급하는 국가는 없다.

제활동 참여를 증가시키는 것이었고 일단 그 목표는 달성했다. 홍콩의 불안정한 정치적 환경에도 불구하고 해외에서 돌아오는 고학력 여성들이 있는 이유 중의 하나가 외국인 가사도우미 제도의 정책효과라는 분석도 있다. 팬데믹 기간 동안 재택근무를 할 수 있었던 미국 고학력 여성들의 출산율이 상승한 것은 일과 가정의 양립이 가능하다고 느낄 때 여성들이 아이를 낳는다는 것을 보여 주는 단적인 사례이다.

맺는 글

한국 기혼여성의 경력단절 원인 중 '육아(42.7%)'가 압도적 1위를 차지하고 미혼여성이 꼽은 저출생에 도움이 되는 정책 설문 2위도 '경력 단절 예방 지원'(29.4%)인 점을 감안하면 한국 역시 저출생 문제 해결을 위해 여성의 경력단절 문제 해결이 꼭 필요한 상황임을 알 수 있다. 외국인 가사도우미가 이를 해결하는 데 어느 정도의 효과는 있을 것이다.

그러나 외국인 가사도우미를 모든 문제의 만능 해결책으로 간주해서는 안 된다. 내국인 가사도우미가 부족한 원인 중 가장 큰 이유는 사회적 인식과 급여 수준이 낮기 때문이다. 이런 열악한 근로조건을 개선하는 내용의 「가사근로자의 고용개선 등에 관한 법률」이 2022년 6월부터 시행되고 있는 만큼 차후 내국인 인력이 어느 정도 늘어날지도 계산에 넣어야 한다. 한국은 사실상 외국인 근로자 없이 돌아가지 않는 경제임에도 외국인에 대한 국민 수용성은 상당히 낮은 편이다. 이들에게 빗장을 열기 시작한 만큼 이제는 함께해야 하는 동반자로서 심리적 허들을 낮추는 인식 전환도 필요하다.

그리고 무엇보다도 전 세계에서 출생률 꼴찌인 한국 부모들이 희망하는 저출생 해법은 '아이를 직접 돌볼 수 있는 시간'을 달라는 것이다.[4] 아주 간단하면서도 실천만 된다면 가장 효과적인 대책이 될 것이다.

---

4   한국보건사회연구원의 〈2022년 전국 일-생활 균형 실태조사〉를 보면 아이를 기르는 부모들은 노동시간을 유지하면서 양육에 타인의 도움을 지원받는 것보다 자녀를 직접 돌볼 수 있도록 노동시간의 대폭적인 변화와 지원을 선호하는 것으로 나타났다. 성과 연령, 혼인이나 자녀 유무, 소득이나 학력과 관계없이 일관되었다. 반면 민간 돌보미를 원하는 비율은 0.7%에 불과했다.

송문희 ··· 경기도어린이박물관장. 정치평론가, 한양대학교 겸임교수. 전략문화연구센터 객원연구위원, 한국협상학회/정치평론학회/한국청렴운동본부 이사, 전 고려대학교 연구교수, 전 장애인기업종합지원센터 이사. 〈박근혜 정부의 개성공단 중단결정에 관한 연구〉, 《북한의 리더십 구조와 경제개혁》, 《펭귄 날다》, 《2023 대한민국 대전망》(공저). 고려대학교 정치외교학과 학사, 석사, 박사.

PART 6
· · · ·

탈가족화와
문화 포용력

30. 가족

생애주기의 탈표준화와 가족의 미니멀화

가족이란 무엇일까에 대한 답은 언제나 10인10색이다.
최근에는 가족을 고정된 제도로 보기보다
끊임없이 움직이는 과정이자 궤적이라 보는 관점이 설득력을 얻고 있다.

함인희 이화여자대학교 사회학과 교수

가족은 여전히 '무자비한 세상 속의 천국'일까, 아니면 '고통의 세계'요 '문화적 음모'일까? 위드 코로나 시대를 지나 포스트 코로나 시대로 접어든 지금, 우리네 가족은 어디를 향해 가고 있는지 궁금하다.

이 글에서는 결혼과 가족을 둘러싸고 진행 중인 의미 있는 변화 트렌드로, 첫째 성인초기 낭만적 관계를 중심으로 한 다양한 실험과 생애주기의 탈표준화(de-standardization) 현상을 살펴보고, 둘째 '끼리끼리 결혼(assortive marriage)'이 대세가 되면서 결혼시장을 통한 가족의 양극화 현상이 공고해지고 있음을 짚어 본 후에, 셋째 가족 차원의 미니멀화 전략과 함께 부모자녀 관계에 감지되는 미묘한 위기의 징후를 포착해 볼 것이다.

생애주기의 탈표준화와 낭만적 관계의 실험

생애주기란 인간이 태어나서 사망할 때까지 일련의 발달단계 및 성숙과정을 차례로 지나가게 된다는 사실을 포착한 개념이다. 지금까지는 유아기 → 사춘기 → 성인기 → 노년기의 대략 4단계를 거쳐 간다는 것이 통념이었는데, 오늘날은 유아기 → 사춘기 → 오디세이기 → 성인기 → 적극적 은퇴기 → 노년기까지 최소한 6단계를 거쳐 간다는 것이 정설이다. 여기서 오디세이기의 등장이 눈에 띄는데, 오디세이기라 함은 사춘기를 지나 성인기로 진입하기 전 약 10여 년에 걸쳐 끊임없는 탐색과 시행착오로 인해 도전과 좌절을 반복하는 시기를 일컫는다. 생물학적 성숙은 그 어느 때보다 빨라졌는데, 오히려 사회적 성숙은 현저하게 지연되는 과정에서 생애주기상 오디세이기란 새로운 단계가 출현한 셈이다.

우리가 성인기에 진입하면서 필히 수행해야 하는 과업으로는 다음의 네 가지가 있다. 부모의 보살핌을 떠나 독립하기, 배우자를 선택해서 결혼하기, 자녀를 낳아 부모가 되기 그리고 명실상부한 경제적 독립을 성취하기가 그것이다. 20세기까지만 해도 사랑-결혼-출산 그리고 경제적 독립은 누구나 거쳐 가는 표준화된 생애주기의 전형적 경로였다. 그러나 오늘날은 개인 차원에서 생애주기의 탈표준화가 진행 중이다. 실제로 1960년 미국에서는 30세 남녀의 70%가 성인기 진입에 필요한 4대 과업을 모두 완수했던 반면, 2020년에 이르면 과업 완수 비율이 20% 이하로 급감했다.

한국에도 유사한 트렌드가 밀려와 1950, 1960년대 출생한 베이비부머 세대는 10명 중 9명이 표준화된 생애주기를 지나온 반면, 1970년대 출생 세대부터는 생애주기의 탈표준화 현상이 보다 뚜렷이 감지된다. 일례로 1950, 1960년대 출생한 베이비부머 세대의 경우, 동년배 10명 중 9명이 결혼하기까지 걸린 기간이 7~8년에 불과했다. 하지만 1970년대 이후 출생 세대부터는 비혼으로 남아 있는 비율이 15~35%에 이른다. '결혼은 해도 그만 안 해도 그만'이라는 데 동의하는 비율이 평균 40%에 이르며, 이혼 및 재혼 커플도 꾸준히 증가 추세에 있고, 40대 50대 신랑 신부도 낯설지 않은 현상이 되고 있음 또한 생애주기의 탈표준화를 보여 주는 실례라 하겠다.

흥미로운 사실은 사춘기 및 오디세이기를 지나 성인기로 진입하는 과정을 둘러싼 표준화된 각본(스크립트)이 사라진 오늘날, 낭만적 사랑에 빠지는 횟수, 시기, 유형, 시퀀스 모두 각본 없는 무대에서 개인기를 발휘하는 상황이 펼쳐지고 있고, 결혼 전 성관계 양상 또한 변화무쌍하게 전개되고 있다는 점이다. 일례로 30대 초반에는 대체로 왕성한 성관계를 하나, 20대 초반 오히려 성생활 비중이 떨어지고 있다는 연구 결과도 있다. 이유인 즉, 성관계나 친밀한 관계는 개인의 커리어 추구에 방해가 되는 것으로 인식하는 경향이 있고, 개인주의의 발달은 원치 않는 성관계를 강요하는 사회적 압력에 저항하도록 하고 있으며, 각종 커뮤니케이션 테크놀로지의 발달은 오프라인 관계 시 자신감을 갖고 협상할 수 있는 기대 혹은 능력을 감퇴시킨 반면, 온라인 포르노그래피가 대안으로 부상한 점 등이 지목되고 있다.

결혼이 필수적 의무로부터 개인적 선택으로 변화한 상황에서, 혼전 관계, 혼외 출산, 동거, 동성결혼 등에 대한 포용력이 확대되고 있음도 주목할 만하다. 특히 미국을 중심으로 결혼을 전제로 하지 않는 성관계나 사랑을 수반하지 않는 가벼운 섹스에 대해 보다 허용적인 태도를 보이고 있음이 눈에 뜨인다. 혼전관계 및 가벼운 섹스의 허용도는 남성이 여성보다 높은 반면, 동성 결혼의 허용도는 여성이 남성보다 높다는 연구결과가 있다.

동거의 허용도도 계속 증가 추세에 있다. 미국 여성 4명 중 3명은 30세가 될 때까지 적어도 한 번 이상의 동거를 경험한 것으로 나타나고 있다. 동거가 결혼의 대안인지 싱글의 대안인지에 따라 미묘한 차이가 있긴 하나, 커플끼리 경제적 자원을 풀링(pooling)할 수 있다는 점, 식비 등 일상적 비용을 절감할 수 있다는 점, 데이팅에 비해 커플끼리 오랜 시간을 함께할 수 있어 정서적 지원이 더욱 안정적으로 이루어진다는 점 등이 동거의 장점으로 지목되고 있다. 결혼을 계획 중인 싱글 여성의 3분의 2가 혼전 동거를 기대한다는 연구도 있다.

낭만적 관계의 다양한 실험이 가능해진 요인으로 강력한 문화적 이데올로기 역할을 하는 표현적 개인주의(expressive individualism)의 등장 및 젊은 세대에게 허락되는 경제적 기회와 경제적 역할의 변화가 지목되고 있다. 표현적 개인주의란 정서적 만족감과 개인적 욕구 및 느낌을 자유롭게 표현하고자 하는 태도를 의미하는데, 평균 수명의 연장과 초저출생 현상은 성인 역할에 빨리 안주하도록 하는 사회적 압력을 약화시키는 대신, 자기 발전과 개인의 행복 추구에 보다 많은 시간을 투자하도록 허용하고 있다.

지식경제, 하이테크, 탈산업화, 4차 산업혁명 또한 노동시장의 양극화를 초래함으로써 개인의 생애주기 전이 및 결혼시장 흐름에 확실한 영향을 미쳤다. 고학력, 고숙련, 고임금 노동자 vs. 저학력, 중위 저숙련, 저임금 노동자로 양극화되는 과정에서, 남성이 여성보다 큰 폭으로 임금 하락을 경험한 결과 남성 생계부양자 모델이 쇠퇴하게 되었다. 대신 여성의 교육수준 향상과 취업률 및 임금 상승은 결혼 및 출산을 결정하는 과정에서 젠더 평등을 증가시켰고, 대졸 여성 비율이 증가함에 따라 친밀한 관계 속에서 커리어 전망이나 결혼에 대한 젠더 차이가 약화되고 있다.

결국 오늘날 성인기로 접어들기 시작한 세대(연령적으로는 20대 후반~30대 초반)는 부모의 감시를 떠나 성관계 및 친밀한 관계의 자유를 경험할 기회가 증가했다. 덕분에 친밀한 관계 유형은 더욱 다양화되고 있고, 관계의 경계는 보다 모호해지고 있으며, 관계의 규정 또한 어려워지는 결과를 가져오고 있다. 일례로 성적 친밀성과 정서적 친밀성이 분리되어 나타나기도 하고, 후컵(hook-up) 관계와 프렌즈 위드 베네핏(friends with benefit)의 경계가 불분명해지고 있다. 심각한 데이팅과 LAT(Living Apart Together, 오래된 연인이지만 주거는 공유하지 않는) 커플 구분이 어려워지고 있는가 하면, 시간제 동거 혹은 데이팅과 동거의 중간 단계라 할 스테이 오버(stay over) 관계 등이 새롭게 등장하고 있다.

끼리끼리 결혼의 공고화와 가족의 양극화

낭만적 사랑의 신화는 줄곧 결혼의 경제적 속성을 은폐해 왔다. 그러나 오늘날 결혼은 두 사람의 다양한 자원이 교환 또는 거래되는 경제적 행위임이 분명해지고 있다. 결혼은 이제 새로운 계층 구분의 표식(marker)이 되었고, 안정적 결혼생활은 사회적 명망의 주요 지표가 되었다.

결혼시장은 시장경제 원리를 따라 작동한다. 결혼 적령기에 진입한 이들은 조건이 좋은 배우자를 만나기 위해 경쟁하고, 시장이 가치를 부과하는 조건을 갖추기 위해 노력한다. 이때 교환의 규칙은 성비, 젠더 규범, 고용 조건 등에 의해 결정되고, 학력·소득·외모·직업 등 유사한 조건이나 자원이 상호 교환되고 거래된다. 배우자 선택 시 가장 중요한 조건으로 남녀 모두 안정된 직장을 지목하기 시작했다.

2022년 평균 초혼연령은 남성 33.7세 여성 31.3세로 꾸준히 상승하는 추세이지만, 사회경제적으로 소외된 집단일수록 자신들의 결혼 갈망을 포기하는 경향이 나타나고 있다. 과거에는 대졸 여성보다 고졸 여성의 결혼 연령이 낮았으나 지금은 역전되었고, 미국에서는 대졸 여성의 결혼 비율이 고졸 여성의 두 배에 이른다. 반면 동거 및 혼외 출산 비율은 저학력 여성에게서 높게 나타난다.

결혼시장을 통해 부모의 자원이 자녀에게 이전됨으로써 계층 불평등 구조가 재생산됨은 익히 알려진 사실이다. 고졸 이하 저소득층에서는 결혼의 탈제도화 현상이 진행되고 있지만, 대졸 이상 중산층에서는 결혼이 특권으로 작용하게 된다. 사회경제적 지위가 높은 남성일수록 결혼 가능성이 상승함은 다양한 경험적 자료를 통해서도 입증되고 있다. 실제로 20, 30대 남성의 경우 대졸 이상의 혼인율이 가장 높고, 고졸의 혼인율은 대졸 이상에 비해 저조하며 교육수준이 낮을수록 초혼연령이 상승한다.

30대 남녀의 결혼 이행 과정을 분석한 연구에 따르면, 30대 남성의 결혼 이행에 가장 큰 영향을 미친 요인은 소득과 정규직 여부 등 경제적 조건으로 확인되었다. 종사상 지위와 자가주택 보유 여부가 중요하게 작용한다는 연구도 있다. 20~30대 남성 노동자 중 임금 상위 10%와 하위 10%의 기혼자 비율은 각각 82.5%, 6.9%로 나타나고 있고, 정규직의 기혼자 비율은 비정규직의 2배에 이른다.

반면 여성의 사회경제적 지위가 결혼에 미치는 영향은 다소 제한적이며 복합적이다. 여성은 교육수준이 높을수록 초혼연령이 상승한다. 최근 40세 미만 비혼 비율을 보면 고졸 미만 여성이 고졸 및 2년제 대졸 여성보다 높다. 학력에 따른 결혼율 차이는 그다지 크지 않으나, 저학력 여성의 결혼 가능성이 낮아지는 추세라는 조심스런 해석이 나오고 있다. 정규직, 소득 정도, 대기업 재직 여부 등도 여성의 결혼에 영향을 미치는 주요 요인이다. 결혼시장에서는 사회경제적 측면의 미스매치보다는 결혼 가치관 등 문화적 영역의 미스매치가 고학력 여성의 결혼 이행을 지연시킨다는 분석도 있다.

결혼이 필수이던 시대는 누구나 지나가는 생애주기 단계에 안착했다(fit in)는 의미가 컸다면, 결혼이 선택이 된 지금은 결혼 지위를 성취했다(achieve)는 의미가 강해졌다. 결혼을 일종의 성취로 본다는 인식 속에는, 이제 결혼을 해도 좋을 만큼 경제적으로 안정된 일자리나 일정 수준의 수입을 확보했다는 사실, 자가든 전세든 월세든 주거 안정성 또한 어느 정도 확보했다는 사실, 안심하고 희생과 헌신을 요구하는 결혼 서약을 해도 좋을 파트너를 만났다는 사실, 마지막으로 두 사람이 힘을 모아 안락한 생활수준을 누리면서 자녀를 낳아 키우기로 합의했다는 사실 등을 모두 함축하고 있다. '끼리끼리' 결혼의 공고화를 통해 가족 간 양극화는 더욱 확대될 전망이다.

가족의 미니멀화 전략과 부모자녀 관계의 위기

0.78명을 기록 중인 합계출산율의 지속적 하락, 혼인율의 꾸준한 감소, 초혼연령 상승 등의 인구학적 변화는 가족형태 및 가족관계에도 다양한 영향을 미치고 있다. 출산율 감소는 자녀수 및 가구원 수 감소로 나타나고 있고, 혼인율 감소는 1인 가구 증가 및 가족형태의 다양화로 나타나고 있는바, '가족 규모의 축소' 현상을 일컬어 가족의 미니멀화(minimalization of family) 전략이라 부르기도 한다.

이제 가족은 사회적 위험으로부터 개인을 보호해 주는 관계가 아니라, 위험을 전달하고 누적하는 관계로 전환됨으로써 '위험 가족'의 성격이 강화되고 있고, 이는 다시 비혼과 저출생의 동기로 작용하고 있다. 따라서 한국 가족의 규모 축소는 위험가족 내에서 생존하기 위한 구조조정이자, '위험 회피적 개인화'로 특징지을 수 있으리라는 해석이 주목을 받고 있다.

가족 규모의 축소라는 양적 변화는 가족 삶의 질적 변화를 추동하고 있음은 물론이다. '미니멀 가족'은 더욱 더 강력한 '개인화'를 지향해 가면서, 개인을 구속해 오던 가족관계의 끈을 약화시키는 방향으로 가고 있다. 친족 및 지역사회로부터 독립성과 자율성을 추구하던 가족은, 이제 한 걸음 더 나아가 가족 구성원으로서의 책임과 의무로부터 일정한 거리를 둔 채 자유를 갈망하는 오롯한 개인의 등장을 목격하고 있다.

하지만 서구와 달리 '가족주의'가 강하게 작동하는 한국 사회에서는 가족 규모의 축소 현상 속에 두 가지 흐름이 상호 충돌하며 공존하고 있는 것으로 추론된다. 가족 규모의 축소를 통해 가족주의에 내재한 이기적, 공리적 성격을 더욱 강화해 가는 흐름이 그 하나요, 기존의 전형적 핵가족으로부터 탈출을 시도함으로써 가족주의가 부과하는 책임 및 부담으로부터 벗어나고자 하는 흐름이 다른 하나라 하겠다.

현대사회 가족은 물질적으로든 정서적으로든 친족 연계망 및 지역사회로부터 독립성과 자율성을 추구하게 되었음은 자명하다. 전통가족과 비교해 볼 때 친족의 의미와 지역사회의 존재감이 '주변적 지위'로 전환되었음을 간과해선 안 된다는 의미이다. 친족의 범위가 축소되고 친족 간 왕래 빈도가 감소함에 따라, 지역사회 및 가족의 근간을 이루던 도덕과 가치도 쇠락해 가고 개인의 행동을 규제하는 기준도 변화해 가기 시작했다. 이제 친족을 향한 의무와 책임은 강제적이기보다 선택적이며, 집중되기보다 분산되는 경향을 보인다. 이 과정에서 핵가족을 향한 책임과 의무가 강조되기 시작했고, 이는 핵가족의 응집력을 유지하기 위한 필요조건으로 작동했음은 물론이다.

친족 및 지역사회의 압력으로부터 자유로워진 핵가족 안에서 부부 및 부모자녀 간 유대는 보다 밀착되어 갔고 감정의 밀도 또한 더욱 강화되어 갔다. 이로부터 모성 역할이 더욱 강조되기 시작했고, 부부관계의 센티멘탈화(sentimentalization)가 진행되었으며, 부부간 상호 의무 및 책임을 규정했던 자리에 부부간 사랑과 애정이 흘러들어 왔다.

다만 가족 규모의 축소와 더불어 부모의 '권위 부식(erosion of authority)'이 동시에 이루어지고 있음은 주목할 만하다. 현대사회에서 부모는 일차적 사회화 담당자 역할을 수행하는 것이 거의 불가능해졌다. 부모 세대의 가치관과 규범은 더 이상 자녀 세대에게 전수되지 않는다.

가족 안에서 부모가 일방적으로 행사해 온 '지위 권위'는 시대착오적 지표가 되었다. 한데 부모의 지위 권위가 쇄락하면서 부모자녀 간 정서적 유대가 약화되기보다 반대로 강화되고 있음은 흥미롭다. 곧 부모 스스로 부모로서의 권위를 행사하지 않을수록 부모자녀 간 정서적 유대가 공고해지는 역설적 결과가 나타나고 있는 것이다. 부모의 영향력을 공고화하는 기반이 부모자녀 간 강력한 정서적 교감으로 변화된 결과이다.

그에 따라 복종을 강요하던 훈육 방식이 유연성과 선택을 부추기는 사회화 과정으로 대체되기 시작했다. 부모 입장에서도 자신의 지위 권위를 정당화하기 어렵고 부모로서의 자질에 대한 확신 또한 약화된 만큼, 자녀를 향한 애정이 부모의 영향력의 정당한 기반임을 적극 수용하고 있는 셈이다.

오늘날 부모의 딜레마는 '누가 좋은 부모인가'라는 규범이 부재한 상황에서 좋은 부모가 될 수 있는 최선의 길을 찾아야 한다는 데 있다. 부모의 권위 하락 및 친족 공동체의 양향력 감소가 정신과 전문의나 심리 상담가 등 전문가를 향한 의존 확대로 이어지는 가운데, 부모의 사랑이 자녀의 자율성을 증대시키기보다 의존성을 심화시키는 딜레마에 봉착하기도 한다.

부모자녀 간 사랑은 정서적 의존성에 대한 두려움을 야기하는 동시에 무조건적 유대 및 끈끈한 애착이라는 낭만적 노스탤지어를 지속시키기도 한다. 오늘날 가족관계를 지배하는 친밀성은 친족 및 지역사회로부터 가족의 자율성을 담보하는 기반이자, 동시에 가족관계 내 의존성의 토대가 되고 있다는 점에서 가족 위기의 징후를 내포하고 있다.

여기에 더해 자본주의 시장경제와 가족이 경쟁관계에 들어갔다는 사실도 가족의 위기를 심화시키는 요인으로 작용한다. 현대사회에서 시간은 매우 귀중하면서도 유용한 자원으로 부상했다. 이 과정에서 산업 시간(industrial time)은 가족 시간(family time)과 경쟁할 뿐만 아니라, 일터의 효율성을 우선순위에 두고 가족의 비효율성을 폄하하는가 하면, 산업 시간이 더욱 가치 있고 생산적이란 사실을 주입하고 있다. 그 결과가 바로 '돌봄 위기(crisis of care)'로 나타나고 있음은 물론이다.

나아가 가족을 향한 시장의 승리는 과거 가족 안에서 이루어지던 다양한 활동들을 이윤을 발생시키는 상품의 형태로 전환시켜 가고 있다. 이름하여 '친밀한 삶의 상품화(commercialization of intimate life)' 현상은 가족의 고유 영역에 머물러 있던 정서적 유대, 희생과 헌신, 이타주의 등의 가치를 희석시키는 데 기여한 일등 공신이라 할 수 있다.

최근 한국사회를 강타한 '내새끼 지상주의' 이면에 불건강한 가족의 민낯이 모습을 드러냈다. "한 아이를 키우려면 온 마을이 필요하다"는 아프리카 속담이 우리에게 주는 시사점이 적지 않다. 자본주의 시장과 경쟁하며 미니멀화되고 있는 우리 가족의 건강성을 회복하고, 21세기가 요구하는 '좋은 부모상'을 정립하려면, 우리에게 어떤 '마을'이 필요할지 적극 상상의 나래를 펼칠 때다.

함인희 ◦◦◦ 이화여자대학교 사회학과 교수, 사회대 학장, 전 가족사회학회 부회장. 《인간행위와 사회구조》, 《가족난민》(공역), 《문화로 읽는 페미니즘》, 《가족과 친밀성의 사회학》, 《오늘의 사회이론가》(공저).

1인 가구 750만 시대, 사회적 고립이 위험한 이유

2024년 1인 가구의 비중 증가와 더불어
국민들이 경험하는 사회적 고립은 더욱 심각해질 것으로 예상된다.
이는 신체적, 정신적 건강을 위협하며 사회적 비용을 증가시킨다.

최윤경 계명대학교 심리학과 교수

집단주의 문화였던 우리 사회가 언제부터인지 모르게 '우리'라는 단어가 무색해졌다. 공식통계를 비롯한 여러 수치들은 우리나라의 '사회적 고립도' 수준이 심각하다고 말하고 있다. 우리나라 1인 가구의 비율은 2000년 15.5%였으나 2022년에는 34.5%로 급증하였고, 이는 전년 대비 4.7% 증가한 수치이다.[1] 1인 가구가 3집 중 1집인 셈으로 얼마 전 750만 가구를 돌파했다. 1인 가구의 증가가 불가피한 사회 현상이라고 하더라도, 높은 사회적 고립도는 개인적·사회적으로 문제가 될 수 있다. UN 보고서에서 '곤란한

---

1 통계청, 〈인구주택총조사〉, 2023(2022 등록센서스 결과).

상황에서 도움을 청할 수 있는 친구나 친지가 있는지'란 질문에 '없다'고 응답한 비율이 한국은 18.9%였는데, 이는 OECD 회원국 중 콜롬비아(20.7%), 멕시코(22.1%), 튀르키예(26.4%)에 이어 네 번째로 높은 순위였다.[2] 사회적 고립도는 1인 가구일 때 더욱 심화되는데, 1인 가구 가운데 32.3%는 몸이 아파서 집안일을 부탁할 때 도움받을 사람이 없고, 26.3%는 우울할 때 도움받을 사람이 없다고 응답했다.[3] 이러한 현실은 사회적 고립과 외로움 문제에 대한 국가적 대책이 시급함을 방증한다. 사회적 고립은 주관적으로 외로움으로 경험된다. 심리학적으로 사회적 고립과 외로움은 무엇이고 이러한 상태를 왜 방치해서는 안 되는지 그 이유를 살펴보는 것에서 시작하여 대책을 논의하기로 한다.

사회적 고립의 정의

'우리 남편', '우리 아내'라는 표현으로 서양인들을 당황스럽게 만들었던 집단주의의 대표였던 우리 문화에서 언제부터인가 '혼밥', '혼술'이란 신조어가 등장하더니 혼자 있거나 혼자 뭔가 하는 것을 당연하게 여기게 되었다. 물론 홀로 있는 것 자체가 문제는 아니다. 우리는 '혼자 있는 것이 편하고 효율적이라서', '간섭받고 싶지 않아서', '혼자만의 자유를 누리고 싶어서' 등의 다양한 이유로 홀로 있기를 선택할 수 있다. 하지만 만일 홀로 있는 상태가 스스로 선택한 것이 아니라 비자발적인 것이라면? 홀로 있는 상태가

---

2 뉴스핌, 〈'취준생·고독사' 5명 중 1명 사회적 고립〉, 2023. 3. 23.
3 정명화, 〈'1인 가구' 증가 속도 심각…전체 인구 33.4%〉, 《시사오늘》, 2022. 12. 11.

편안하지 않고 고통스럽다면? 이러한 상태가 장기화되어 초기의 고통이 둔감해지고 익숙해진다면 어떨까?

먼저 홀로 있는 상태와 관련된 여러 가지 용어들, 예컨대 사회적 고립과 외로움, 고독, 소외의 개념[4]부터 살펴보고자 한다. 사회적 고립(isolation)은 '사회적 교류와 접촉이 결여된 상태'로, 사회적 활동, 참여 및 관계망이 부재한 객관적인 고립과 개인이 지각한 주관적 고립을 모두 포함하여 비자발적으로 홀로 있게 된 상태를 말한다. 이에 비해 외로움(loneliness)은 '관계에 대한 욕구가 좌절 또는 결핍되었을 때 주관적으로 느끼는 공허함, 쓸쓸함 등의 불쾌하고 고통스러운 정서'로서 주관적 고립과 유사한 상태로 볼 수 있으며, 고독(solitude)은 홀로 있기를 자발적으로 선택한 상태라는 점에서 비자발적인 고립과 구분된다. 또한 소외(alienation)는 대인관계에만 한정되지 않고 심리내적 또는 사회구조적인 차원에서 상대적 박탈감을 포함하는, 보다 더 넓은 개념이라 할 수 있다. 이러한 정의를 종합해 보면, 사회적 고립은 비자발적으로 홀로 있는 상태로, 주관적으로 외로움을 수반하는 상태라고 할 수 있다.

이러한 사회적 고립은 코로나19 팬데믹을 거치면서 심각해지고 있으며 고립과 관련된 정신건강 문제가 조금씩 현실로 나타나고 있다. 〈국민 삶의 질 2022〉 보고서[5]에 따르면, 엔데믹으로 외부 활동이 증가하면서 사회단체참여율, 비만율, 국내 여행 일수 등이 소폭 개선되었지만 자살률, 독거노인 비율, 아동학대피해 경험률

---

4 서영석·안수정·김현진·고세인, 〈한국인의 외로움 (loneliness): 개념적 정의와 측정에 관한 고찰〉,《한국심리학회지》, 39(2), 2020, 205-247.

5 통계청 통계계발원, 〈국민 삶의 질 2022〉, 2023.

382 PART 6 탈가족화와 문화 포용력

은 오히려 악화되었다. 특히 심리사회적 발달 과정에서 사회화를 경험해야 하는 중요한 시기에 사회적 거리두기를 장기간 경험한 청년들의 사회적 고립은 많은 우려를 낳고 있다. 실제로 19~34세 청년 중 타인과 의미 있는 사회적 관계 및 어려운 일이 있을 때 도움을 받을 수 있는 지지 자원이 부족하거나 결핍된 고립 청년의 비율이 2019년 3.1%에서 2021년 5.0%로 증가하였으며, 이러한 증가는 팬데믹의 영향으로 해석될 수 있다.

　이웃나라 일본은 우리보다 더 일찍 극단적인 형태의 사회적 고립 문제인 '히키코모리(引き籠もり)'를 경험한 바 있다. 히키코모리는 사회생활을 극도로 꺼리고 특정 공간에서 나가지 못하거나 나가지 않는 사람이나 현상으로, 1950년대 후반부터 관찰되기 시작했으며 우리나라에서는 '은둔형 외톨이'로 명명되었다. 유사하게, 어디에도 소속되지 않으면서 경제활동, 교육, 훈련에 참여하지 않는 이들을 지칭하는 NEET(Not in Employment, Education or Training) 역시 사회적 고립과 밀접한 관련이 있다. NEET 청년은 은둔형 외톨이와 질적으로 다른 것이 아니라 고립의 수준에서 양적 차이가 있을 뿐이라고 보기도 한다.[6] 최근 우리나라에서도 관심을 가지고 고립청년과 은둔청년을 팬데믹 이후 새롭게 발견된 복지 수요이자 신(新)취약계층으로 정의하고 있다.[7] 고립과 은둔의 이유가 매우 다양하고 복합적이기 때문에 단순히 사회경제적, 복

6　Uchida, Y., & Norasakkunkit, V., "The NEET and Hikikomori spectrum: Assessing the risks and consequences of becoming culturally marginalized", *Frontiers in Psychology*, 6, 2015, 1117.

7　김성아, 〈고립·은둔 청년 현황과 지원방안〉, 《보건복지포럼》, 2023(5), 6-20.

지 차원으로만 접근하는 데 한계가 있다. 무엇보다 은둔으로까지 진행되지 않도록 조기에 예방하는 것이 매우 중요하며, 사회적 고립을 다양한 문제와 공존하는 복합적 현상으로 정의하고 다차원적인 평가 및 예방적, 치료적 개입이 필요하다.

사회적 고립의 영향

사회적 고립은 매우 다양한 이유로 일어날 수 있다. 최근의 코로나19 팬데믹과 같은 감염병이 원인이 될 수도 있고, 애착 대상의 상실이나 부재, 대인관계에서 경험한 불만족, 학대와 방임, 왕따와 같은 대인관계 트라우마, 학업 중단이나 진학 실패, 미취업과 실직, 과도한 경쟁사회에서 좌절과 실망 등 다양하다. 생애단계 중 어느 시기에 이러한 역경을 경험했는지, 그리고 이러한 역경이 얼마나 반복되고 누적되는지에 따라 신체적, 정신적 건강에 미치는 결과가 달라질 수 있다. 다양한 이유로 사회적 고립이 시작되었어도, 이러한 상태가 지속되고 장기화되도록 만드는 유지요인이 치료적 관점에서는 더욱 중요할 수 있다. 사회적 고립으로 잃는 것도 있지만 얻는 것이 더 크다고 지각할 경우에는 변화의 필요성을 느끼지 못하게 되기 때문이다. 사람들과의 관계나 사회적 참여가 부족하고 결핍되어도, 다른 사람들의 간섭이나 상처 주는 말, 갈등을 덜 경험하게 되고 남들과 비교나 경쟁을 하지 않아도 되는 등, 일시적으로 고통을 피할 수 있다는 지각은 사회적 고립을 유지시키는 요인이 될 수 있다. 하지만 장기적으로는 사회적 관계에서 얻을 수 있는 많은 이점들, 예컨대 친밀감이나 우정, 사랑, 동료애, 정

(情)을 잃게 되며 사회 전반의 활력 역시 저하된다.

사회적 고립이 남에게 피해를 주는 것도 아닌데 무엇이 문제라는 것인가라고 항변할 수 있다. 하지만 사회적 고립이 위험한 이유는 여러 연구 결과에서 찾아볼 수 있다. 첫째, 사회적 고립은 건강 문제 및 사망의 위험요인 중 하나이다. 청소년과 젊은 청년을 대상으로 한 연구에서 외로움은 다양한 건강문제, 예컨대 천식, 편두통, 골관절염, 류마티스 관절염, 고혈압, 추간판 탈출/허리 통증, 이명과 관련이 있었다.[8] 노인의 경우에도 사회적 고립과 외로움이 모두 높을 때 더 우울하고 삶의 질이 낮았을 뿐만 아니라 응급실 방문 빈도가 더 높고 의료비용을 더 많이 지출하였다.[9] 최근 연구에서는 사회적 고립이 치매와 연관된다는 결과도 있다.[10] 70개의 연구를 종합하여 사회적 고립과 외로움이 사망에 미치는 영향에 관해 메타분석을 실시한 연구 결과[11]에 따르면, 사회적 고립은 사

---

8 Christiansen, J., Qualter, P., Friis, K., Pedersen, S. S., Lund, R., Andersen, C. M., & Lasgaard, M., "Associations of loneliness and social isolation with physical and mental health among adolescents and young adults", *Perspectives in Public Health*, 141(4), 2021, 226-236.

9 Barnes, T. L., MacLeod, S., Tkatch, R., Ahuja, M., Albright, L., Schaeffer, J. A., & Yeh, C. S., "Cumulative effect of loneliness and social isolation on health outcomes among older adults", *Aging & Mental Health*, 26(7), 2022, 1327-1334.

10 Lara, E., Martín-María, N., De la Torre-Luque, A., Koyanagi, A., Vancampfort, D., Izquierdo, A., & Miret, M., "Does loneliness contribute to mild cognitive impairment and dementia? A systematic review and meta-analysis of longitudinal studies", *Ageing Research Reviews*, 52, 2019, 7-16.

11 Holt-Lunstad, J., Smith, T. B., Baker, M., Harris, T., & Stephenson, D., "Loneliness and social isolation as risk factors for mortality: A meta-analytic review", *Perspectives on Psychological Science*, 10(2), 2015, 227-237.

망 가능성을 29%, 외로움은 26%, 혼자 사는 것은 32% 증가시키는 것으로 나타났다. 사회적 고립과 사망 가능성의 관계는 65세 이상 집단보다 이하 집단에서 더욱 큰 것으로 나타났다.

둘째, 사회적 고립, 특히 외로움은 정신건강 문제와 관련된다. 많은 연구들은 외로움 수준이 높을수록 자살사고와 행동,[12] 우울증, 범불안장애, 자살사고,[13] 알코올 문제,[14] 섭식장애,[15] 인터넷이나 스마트폰, SNS 과다사용과 같은 디지털 중독,[16] 은둔형 외톨이[17] 등, 행동 및 정신건강 문제가 더 많다는 것을 보여 준다.

---

12 McClelland, H., Evans, J. J., Nowland, R., Ferguson, E., & O'Connor, R. C., "Loneliness as a predictor of suicidal ideation and behaviour: A systematic review and meta-analysis of prospective studies", *Journal of Affective Disorders*, 274, 2020, 880-896.

13 Beutel, M. E., Klein, E. M., Brähler, E., Reiner, I., Jünger, C., Michal, M., & Tibubos, A. N., "Loneliness in the general population: prevalence, determinants and relations to mental health", *BMC Psychiatry*, 17(1), 2017, 1-7.

14 Christiansen, J., Qualter, P., Friis, K., Pedersen, S. S., Lund, R., Andersen, C. M., & Lasgaard, M., "Associations of loneliness and social isolation with physical and mental health among adolescents and young adults", *Perspectives in Public Health*, 141(4), 2021, 226-236.

15 Richardson, T., Elliott, P., & Roberts, R., "Relationship between loneliness and mental health in students", *Journal of Public Mental Health*, 16(2), 2017, 48-54.

16 Saadati, H. M., Mirzaei, H., Okhovat, B., & Khodamoradi, F., "Association between internet addiction and loneliness across the world: A meta-analysis and systematic review", *SSM-Population Health*, 16, 2021, 100948.

17 Teo, A. R., Fetters, M. D., Stufflebam, K., Tateno, M., Balhara, Y., Choi, T. Y., ... & Kato, T. A., "Identification of the hikikomori syndrome of social withdrawal: Psychosocial features and treatment preferences in four countries", *International Journal of Social Psychiatry*, 61(1), 2015, 64-72.

셋째, 장기간의 고립은 폭력의 위험요인이 될 수 있다. 최근 묻지마 칼부림과 무분별한 예고가 유행처럼 번지고 있는데, 이러한 현상은 1인 가구의 증가 및 사회적 고립도 증가 같은 사회적 변화와 무관하지 않다. 상당수의 묻지마 범죄자들은 어린 시절 양육자와 안정적인 애착관계를 형성하지 못하고 오랜 기간 주변과 관계가 단절된 채 살아온 사람들로, 경제적 불평등이나 청년실업, 빈곤 등의 사회적 원인과 더불어, 사회적 고립, 스트레스로 인한 판단력과 도덕성의 상실, 자존감에의 위협, 왜곡된 인지를 포함한 개인적 원인이 묻지마 범죄를 유발하는 것으로 설명된다.[18] 사회적 고립은 공격성의 억제나 충동조절 능력을 저하시킴으로써 순간적인 분노나 화를 참지 못하고 공격적으로 표출하도록 할 수 있다.

넷째, NEET 청년, 은둔청년의 증가는 가족(부모)의 부담뿐 아니라 사회적 비용의 증가로 이어질 수 있다. 학령기를 마친 한 사람이 만 25세에 은둔을 시작하여 독립적인 경제활동을 개시하지 않고 기초생활수급자로 살아간다고 가정할 때 경제적 비용은 1인당 15억 원에 이르며,[19] 청년층에서 추산된 은둔형 외톨이가 24만 명임을 감안하면[20] 엄청난 사회적 손실이 발생하는 셈이다. 고립 중·노년까지 고려한다면 사회경제적 비용은 천문학적이라 볼 수 있다.

---

18 박지선·최낙범, 〈묻지마 범죄의 특성과 유형: 사례 분석을 중심으로〉, 《한국심리학회지》, 4(3), 2013, 107-124.

19 김성아, 〈고립의 사회적 비용과 사회정책에의 함의〉, 《보건복지포럼》, 2022(3), 74-86.

20 서울신문, 〈전국 '은둔형 외톨이' 24만명 추산…정부 첫 실태조사〉, 2023. 3. 7.

원인별 맞춤식 개입 및 국가 차원의 대책 필요성

인간의 뇌는 사회적 고립과 소외, 외로움이 주는 고통을 회피하기 위해 '사회적 연결'을 추구하는 방향으로 진화되었다. 지금까지 사회적 고립보다는 사회적 지지가 정신건강과 웰빙에 얼마나 기여하는지에 관한 방대한 연구 결과가 축적되어 있다. 사회적 고립과 외로움에 대한 심리사회적 개입은 사회적 고립이 어떤 맥락에서 발생했고 어떤 욕구가 결핍되는지 개별 사례에 대한 충분한 이해를 토대로 이루어져야 하고, 사회적 지지와 사회적 연결을 향상시키는 데 초점을 맞추어야 하며 사회적 고립의 원인과 결과, 유지요인에 대한 다차원적 평가와 맞춤식 개입이 필요하다.

무엇보다 사회적 고립이 은둔이나 또 다른 정신장애로 악화되기 전에 조기 발견과 예방이 필수적이다. 하지만 자신이 경험하고 있는 외로움에 대해 이야기하거나 다른 누군가의 고립을 인지하기는 쉽지 않다. 고립과 외로움에 대해 공개적으로 이야기를 하면 이상한 사람으로 낙인찍힐 것 같은 두려움을 느낄 수 있기 때문이다. 일본의 히키코모리는 사회적 철수가 시작되고 평균 4.4년이라는 긴 시간이 경과한 후에야 첫 지원을 받게 된다.[21] 부모 또한 자녀의 히키코모리에 대해 터놓고 이야기하고 도움을 요청하기 어려운 것이 현실이었다. 2018년 세계 최초로 외로움 담당 장관(Minister for Loneliness)을 임명한 영국 정부[22]는 낙인을 감소시키고 외로움

---

21 Kato, T. A., Kanba, S., & Teo, A. R., "Hikikomori: Multidimensional understanding, assessment, and future international perspectives", *Psychiatry and Clinical Neurosciences*, 73(8), 2019, 427–440.

에 대해 공개적으로 이야기하도록 하는 캠페인으로 'Let's Talk Loneliness'를 시행하고, 사람들을 연결하는 기관을 지원하며, 정책 결정 및 전달에서 관계와 외로움이 고려되는 전략을 추진하고 있다. 또한 외로움에 대한 증거를 구축하고 이것을 기반으로 설득력 있는 행동 사례를 만들고 의사결정에 필요한 정보를 갖추는 것을 목표로 〈외로움 연간 보고서(Loneliness Annual Report)〉를 발간하고 외로움에 관한 연구를 지원하고 있다. 이처럼 국가 차원의 낙인 예방, 사회적 연결, 증거 기반 마련을 위한 연구 지원, 전문적인 심리적 도움 제공 등에 대한 다각적인 정책과 전략이 사회 전반의 변화를 이끌 수 있을 것이다. 한국도 2019년 10월 광주광역시에서 전국 최초로 '은둔형 외톨이 지원 조례'를 제정한 이래로 사회적 고립에 대한 관심이 증가하고 있고, 팬데믹으로 인한 사회적 고립의 후유증이 서서히 나타날 것으로 예상된다. 한국의 1인 가구 1,000만 명을 앞두고 있는 이 시점에서 고립과 외로움 문제를 개인에게만 맡기고 국가가 이를 선제적으로 다루지 못한다면 사회적 고립의 폐해는 막대한 사회경제적 비용으로 되돌아올 것이다.

---

22 Department for Culture, Media and Sport, & Department for Digital, Culture, Media, and Sport(2023. 6. 21.) Guidance: Government's work on tackling loneliness.

최윤경 ··· 계명대학교 심리학과 교수, 한국트라우마스트레스학회 부회장, 중앙재난심리회복지원단 단원, 국가트라우마센터 자문위원. 전 고려대학교 병원 임상심리전문가, 전 한국인지행동치료학회 회장, 전 한국심리학회 재난심리위원장. 《재난정신건강: 이론과실제》(공역), 《재난과 외상의 심리적 응급처치》(공저). 고려대학교 심리학과 학사, 동대학원 석사 및 박사(임상심리학).

32. 한류

멀티태스킹 한류 브랜드 확장

서구가 독점했던 문화강국 이미지가 극동의 '한류'로 대전환되고 있다.
K-팝, K-드라마, K-영화, K-푸드, K-뷰티, K-IT, K-언어의 7개 기둥에
감성이 융합된 '멀티태스킹 브랜드 전략'이 2024년 한류의 핵심이다.

이혜주 중앙대학교 예술대학 명예교수

시작하는 글

해외에서는 "한류는 끝없이 샘솟는 창의적 발상과 끊임없는 감정의 여정을 선사한다"고 호평하는데 그 요인을 멀티테스킹 전략에서 찾고 있다. 멀티태스킹(multi tasking)이란 일반적으로 한 번에 두 가지 이상의 일을 동시에 처리하는 '다수 작업', 또는 '다중과업화'를 뜻한다. 시간적으로 요소들을 순차적으로 병렬시키는 것이 아닌 한 주제에 멀티 요소를 융합시키는 것을 말한다.

BTS는 K-팝의 성공 요인을 음악 자체뿐만 아니라 다양한 작곡가 프로듀싱과 기술, 댄스, 나아가 뷰티, 스타일 등을 융합한 '매력

적 토털 패키지'를 선사하기 때문이라고 강조한 바 있다. 여기에 특히 한국 전통의 지속가능한 윤리적 감성이 녹여진 선한 메시지를 통해 전 세계적 팬들과 인간적인 소통(communication)에 성공함으로써 10년의 인기를 구가하고 있다.

2017년 BTS가 최초로 거대 팬덤을 몰고 미국 '아메리칸 뮤직 어워드'로 진출했을 때 서구 매체들은 '코리안 인베이젼(Korean Invasion)'이라고 대서특필하면서 놀라움을 표했다. 이런 영향으로 그동안 미국서 개최했던 케이콘(K-Con) 참여 관객을 2만 명에서 단숨에 8만 명으로 끌어올리는 데 성공했고 올해는 14만 명이 참여했을 정도이다.

한류의 양대 산맥인 K-팝 및 K-드라마로부터 K-영화, K-뷰티, K-푸드, K-IT, K-언어까지 연결된 7개의 한류 기둥이 상호 시너지로 작용하면서 창조된 K-라이프스타일에 세계인들은 열광하고 있다. 《뉴욕타임스》는 "예전의 영국 브릿팝(Britpop) 영역을 K-팝이 차지하고 있다"고 강조했다. 한류는 대중문화의 심장이었던 영국까지 흔들면서, 한류의 세계화 현상을 '문화적 시대정신'으로 평가받고 있다. 여기에서는 2024 대한민국 대전환 시기에 브랜드 전략에 초점을 맞춰 한류의 발전 가능성에 대해 전망하고자 한다.

멀티태스킹 브랜드 확장

프랑스 《르피가로》는 한류를 '문화혁명'이라 했고, 《가디언》은 "모든 것이 K로 통한다"고 평할 정도로 한류는 한국을 '콘텐츠 강국' 이미지 형성에 크게 기여하고 있다.

브랜드란 한마디로 '문화응결체'이다. 브랜드 매니지먼트는 21세기 디지털화, 세계화, 신인류의 출현에 따라 기업 간 경쟁이 심화되는 환경에서 기업의 비즈니스 성공을 위해 새로운 감성적 신인류 소비자에 부응해야 한다는 인식이 고조되면서 출발하였다. 브랜드 전략이란 감성 신소비자들이 제품을 단지 필요에 의해 구입하지 않고 차별화되고 창의적이고 흥미 있는 제품을 선호한다는 심성에 부응하기 위한 것이다. 브랜드 매니지먼트는 비즈니스 운영에서 해당 고객의 다층적인 심리의 요소가 중요하다는 인식에서 출발했기에, 기업, 국가, 인간, 제도, 문화, 엔터테인먼트, 감성 등 모두 브랜드 관점에서 관리하는 전략이다(이혜주 2006).

BTS의 '빅히트' 브랜드는 전략적인 브랜드 매니지먼트를 통해 소니엔터테인먼트에 버금가는 글로벌 브랜드인 '하이브'로 확장시킬 수 있었다. 빅히트의 방시혁 대표는 미래의 K-팝 발전에도 기여될 수 있는 모델을 구축하고자 매 6개월마다 고객(팬) 중심의 '브랜드 매니지먼트' 전략을 공개했다. 감성적 브랜드 매니지먼트는 물질보다 취향과 재미의 경험을 추구하는 젊은 신세대에 부응하는 맞춤형 전략으로 브랜드 매니지먼트를 엔터테인먼트 산업에 최초로 적용한 BTS의 성공 사례를 주목할 필요가 있다.

예컨대 라스베이거스와 연계, 도시 전체를 감성적 축제의 장으로 창안했던 'BTS 시티 전략(The City Project)'은 BTS 공연(2022)에 62만 명의 관객을 끌어모을 정도로 대성공을 거두었다. 라스베이거스 관광청도 적극적으로 참여해 공식 트위터 이름을 BTS 색채인 '보라해가스(Borahaegas)'로 변경해 팬클럽 아미(ARMY)에게 어필했다. 예컨대 BTS 테마 호텔 객실, 팝업 스토어, '카페 인 더 시티(CAFÉ IN THE CITY)', 공연 후 여흥을 즐기는 클럽인 '파티 인 더 시티(PARTY IN THE CITY)', 그리고 AR로 등장하는 멤버와 함께 찍는 'BTS 포토 스튜디오' 등으로 폭발적 인기를 끌었다. 현재 BTS 군백기(군대＋공백기)에 각 멤버별 개성적 솔로 활동에도 '브랜드 리포지셔닝(repositioning)'을 적용해 아직도 세계적 인기를 구가하고 있다.

YG '블랙핑크'의 월드투어에서도 핑크 브랜드 컬러를 어필해 브랜드 이미지 구축에 공조했다. BTS의 브랜드 전략 모델은 4세대 K-팝 탄생에도 영향을 미쳐 요즈음 K-팝은 데뷔 즉시 세계적 인기를 얻고 있다.

서구와 차별화된 창의적 K-드라마의 인기에 대해서도 멀티태스킹 브랜드 전략을 찾아볼 수 있다. 초기 K-드라마의 특징은 해피엔딩의 로맨스 혹은 보편적 유교전통에 따른 존경, 예의, 겸손 등 한국 고유의 '정'이 깃든 잔잔한 분위기였으나, 점차로 그 흐름이 긴장감 있는 삼각관계 등을 연계해 '몰입도'를 강화시켜 인기를 높이고 있다. 따뜻한 분위기의 〈이상한 변호사 우영우〉부터 복수극인 〈더글로리〉, 〈마스크걸〉, 특히 대본 없는 웹 예능의 극강 서바이벌 게임 〈피지컬 100〉까지 그 발상은 상상을 초월한다. 세계 한류 팬들은 긴장감 넘치는 매혹적인 스토리라인에 문화적 구조의 통찰력을 융합한 '문화적 몰입성'에 환호한다는 것이다.

이에 대해 《포브스》는 K-드라마를 '공포'에서 '멜로드라마', '살인미스터리', '블랙코미디'까지 예기치 못한 반전을 이루는 다차원적 장르의 혼합인 '멀티태스킹'으로 특징지웠다. 해외에서 언급된 한류의 매력을 정리하면, "연예인의 비주얼 미모 vs 겸손한 태도, 현대적 vs 전통적 문화 융합, 한국의 삶에 내재된 '정' vs '역동성' 창출 등 대비에 의한 다면적 요소들이 결합된 공감 형성 등으로 논의되고 있다. 이렇듯 인간의 삶에 내재된 복잡다단한 심리를 끌어내어 모호하나 역동적이며 흥미로운 스토리라인으로 도출하는 브랜드 전략은 더욱 과감하게 확장될 것으로 보인다.

멀티태스킹 커뮤니케이션

한류의 커뮤니케이션 핵심은 다차원적인 채널을 통해 세계로 스며들게 하는 것이다. 영국의 《가디언》은 대세가 된 한류(Korean wave)를 일컬어 "모든 것이 K로 통한다"고 강조했고, 독일의 《RADIO ENERGY》에서도 일련의 'K-문화 트렌드' 현상을 "K-WHAT"이라고 규정했을 정도이다. 한류의 다차원적 멀티태스킹 특징 덕택에 전 세계 다양한 국가의 한류 고객들은 자신에 맞는 K-문화를 흡수할 수 있다. 그 결과 한류는 미국의 할리우드도 뚫지 못했던 인도의 '볼리우드(Bolly Wood)'를 뚫을 수 있었다.

사상 최초로 개최된 영국 170년 역사의 '빅토리아 & 알버트 박물관'에서의 '한류! 코리안 웨이브(Hallyu! The Korean Wave, 2022. 9.~2023. 6.)' 전시회에 대해 영국의 BBC와 《텔레그래프》가 대대적으로 홍보했다. 본 기획은 동양의 '문화적 르네상스'를 상징하는 한류가 한국의 역사, 산업경제, 대중문화 전반에 걸쳐 한류가 어떻게 시너지를 끌어 올렸는지를 심도 있게 연구, 기획해 놓아 높은 평가를 받았다. 특히 1980년대 '비디오 아트' 창시자 백남준 작품을 선두에 전시함으로써 '개념예술'부터 엔터테인먼트의 경계가 모호해진 오늘의 K-문화까지 연계되는 글로벌 한류 흐름을 수준 높게 조명했다. 이 전시회는 한류를 대중문화(low art) 수준을 넘어서 고급문화(high art) 수준에서 조명한 뜻있는 행사였다.

글로벌 패션 분야에서 한류 셀럽과의 컬래버레이션은 대중문화의 고급화 이미지를 형성할 수 있는 커뮤니케이션 전략이다. 영국의 《패션유나이티드》는 "한류는 어떻게 서구 패션계를 장악했는가"를 화두로 제시했고, #koreanfashion에서는 K-드라마에 연출된 패션제품을 초스피드로 구입하려는 고객들로 넘쳐난다고 전했다. 또 명품 브랜드는 시즌별 패션쇼의 홍보대사로 K-팝 셀럽을 최우선적으로 선호하고 있다. 심지어 애플사조차 갓 데뷔한 신세대 '뉴진스(New Jeans)'를 홍보원으로 협업하고 한류에 동참하여 삼성과 대결하고 있다. 명품 브랜드의 한류와의 협업전략은 1차원의 단기적 매출 증가보다 매혹적인 K-팝 가수의 창의적 시각적 연출을 통해 명품 브랜드의 영구적인 미학을 추구하는 선순환적 목적이 크다.

또한 명품 브랜드는 서울에서 패션쇼 개최를 통한 고도의 커뮤니케이션 전략을 수행한다. 《CNN》은 "서울은 현대문화의 최전선에 있는 도시"라 극찬했고, 《가디언》은 "구찌의 서울 패션쇼는 세계를 지배하는 한국문화에 대한 접근 방식이자 대중문화의 수도가 된 서울을 재확인시키는 행사였다"고 평했다. 특히 14세기의 경복궁 건물은 조선왕조의 중심이자 요새로 한국의 힘과 자부심을 상징했으며 구찌가 원했던 것은 '한국 문화와의 연상효과'라고 밝혔다.

멀티태스킹 연결성

한류가 첨단 디지털 기술을 연결해 세계적인 '고객맞춤화 브랜드 전략'을 추구하는 것에 대해서 서구 매체는 "미래에 초점이 맞춰져 있다"고 평가했다. 하이브는 서구에 앞서 위버스(Weavers, 2019) 라이브 플랫폼을 구축해 아티스트와 팬 사이의 친밀한 소통은 물론, 팬덤 라이프에 필요한 커머스와 미디어 콘텐츠, 공연 관람 기능의 총체적 서비스가 가능하도록 함으로써 글로벌 제일의 팬덤 플랫폼으로 자리 잡았다. 하이브는 세계 미디어 산업의 선두 주자로 인정받아 애플사와 나란히 '2020 버라이어티 500(Variety 500)'에 선정되었다.

엔터테인먼트 전문 분석업체 '버라이어티 인텔리전스' 플랫폼의 CEO 앤드류 월렌스타인은 "이제 K-팝은 단지 듣는 수준을 넘어 메타버스 공연이란 혁신적 포문을 열었다… 아날로그의 음반 시대로부터 디지털 시대의 스트리밍 시대를 거쳐, 최근에는 콘서트를 즐기는 전환점에서 진화된 플랫폼인 메타버스 거대 물결의 최전선에서 핵심 키워드가 바로 K-팝이다"라고 강조했다. BTS 시대에는 SNS와 연결했고, 최근의 4세대 K-팝은 숏폼 틱톡으로 연결하여 기술 이용의 다변화를 꾀하고 있다. SM 걸그룹인 '에스파'의 데뷔 뮤직비디오(2020. 11.)는 세계 최초로 사이버 아바타들을 함께 등장시켜 팬들이 환호했다. 2021년 '펄스나인(Pulse9)'도 사이버 걸그룹 '이터니티(Eternity)'를 데뷔시켜 싱글 1집 '아임 리얼(I'm Real)'을 발매했다. 사이버 인물에 인간감성을 부여하도록 상상에 기반한 101가지 얼굴을 만들어 귀여움, 섹시함, 청순함, 이지적 매력

등 네 분류로 나눠 적용했다.

2023년 최초로 탄생한 메타버스 전문 엔터테이너의 사례는 넷마블에프앤씨의 AI 기술과 카카오 엔터테인먼트의 감성을 결합한 가상 걸그룹 '메이브(MAVE: Make New Wave)'의 탄생이다. 넷마블 게임사가 시도했던 가상 인간의 목소리부터 노래와 댄스하는 영상 제작까지 실험하면서 첨단기술 트렌드를 기반으로 테크산업의 경계에서 K-팝과 상호작용하고 있다. 하이브는 오디오 생성 AI 업체 수퍼톤을 인수하면서(2023. 1. 25.) AI 기술로 실존 인물의 목소리를 학습하여 다양한 언어의 노래는 물론 "나이대·성별까지 바꿔 새로운 음성으로 합성한 음악과 기술 융합의 K-팝을 보여 주겠다"라고 공언했다. 올해 에스파 뮤직비디오에는 초록색 투명 젤리 케이크 안에 LED 불빛이 깜빡이는 납작한 보드를 삽입시켰고, 아이브(IVE)는 'IVE'가 새겨진 반도체에 전류가 흐를 때 전세기가 하늘로 날아오르는 장면을 연출해 관심을 끌었다. 특히 OTT 플랫폼 기술은 K-드라마에 이어 K-예능까지 확장된 콘텐츠를 제공하고 있다.

생성 AI 시대를 맞이해 한류가 '가상 소프트파워(cyper soft power)'의 격전장이 되고 있는데, 최근 시빗AI(CMT AI) 사이트에 접속하면 엄청난 양의 AI 영상들을 볼 수 있다. 게시된 파일들은 영국의 대표적 생성 AI 스타트업인 스태빌리티(Stability) AI가 오픈 소스로 공개한 이미지 생성 도구인데, 국내 유명 아이돌들의 노골적 사진들이 많이 나타나 악용의 우려가 있어 사회적 논의와 민형사상 규제가 필요한 시점이다.

맺는 글

　이상과 같이 세계에서 가장 열정적이고 충성도 높은 팬들을 소유한 한류의 성공은 창조적 감성을 기반으로 배우의 연기, 래퍼와 댄서, 모델, 뮤지션과 직접 프로듀싱 및 연출을 하는 등 극한의 노력이 요구되는 '멀티태스킹' 브랜드 전략이 주효했기 때문이다. 특히 디지털 시대에 최적화된 고품질 콘텐츠를 창조하고 코드를 해독해 낸 한국 엔터테인먼트 기업들과 콘텐츠 제작자들의 스토리텔링 능력이 결합되어 미래를 앞서가는 최적화된 시스템을 구축함으로써 성공했다.

　나아가 한류를 좀 더 깊이 있게 만드는 한글 교육의 세계적 확산은 획기적 대전환을 가져올 것이다. 한국어 교육은 '국경을 초월한 멋진 삶'으로 생성되어 결국 한국에 대한 깊은 관심과 한국여행으로 귀결될 수 있다. 현재 각 지역의 K-문화 팬들은 '세계시민'으로서 결집 및 대형 커뮤니티를 형성해 공동의 주제로 친화력을 도모하고 각국의 사회적 공헌 차원의 행사를 주도하고 있다. 세계시민 의식을 토대로 결집하여 소통하는 한류 고객들의 활동은 대한민국 대전환기에서 중요한 역할을 담당할 것으로 기대된다.

이혜주 ··· ESG연구원 공동대표. (전)지속가능과학회 회장. 《감성경제와 Brand Design Management》, 〈지속가능한 도시색채디자인 사례연구〉, 〈인천광역시 색채디자인 기본계획〉, 《포스트코로나 대한민국》(공저), 〈벨기에 디자인에 나타난 '창조성' 연구〉, 〈현대디자인에 응용된 데스틸운동의 조형언어〉, 〈소련 아방가르디즘이 텍스타일디자인에 미친 영향〉.

33. 문학

문학은 어떻게 전개될 것인가:
생태, 페미니즘과 퀴어, 챗GBT

2024년에도 페미니즘과 퀴어, 생태문학은 중요한 위치를 점할 것이다.
챗봇의 등장으로 더 이상 인간의 전유물이 아니게 된 문학의 본질과
인간과 문학의 관계에 대한 고민과 성찰이 이어질 것이다.

김소임 건국대학교 영어문화학과 교수

2023년 코로나19 팬데믹이 사실상 엔데믹으로 전환된 이후, 우리의 삶과 문학은 코로나로부터 완전히 자유로워졌는가? 삶과 문학에서 완전한 단절은 없다. 감염병이 준 충격 또한 마찬가지이다. 《2023 대한민국 대전망》에서 필자는 올해 문학의 주제어로 코로나, 페미니즘과 퀴어, 죽음을 예측했었다. 그 예측은 어느 정도 들어맞았다. 코로나19는 2023 제26회 이상문학상 우수상을 받은 〈크로캅〉, 〈그곳〉 등 여러 작품에서 심심찮게 억압의 기재로 등장했다. 2023 제14회 젊은 작가상 수상자는 전체가 여성일 뿐 아니라 모든 작품의 소재와 주제가 여성의 삶을 다루고 있다. 《2023 올해의 문제소설》에 선정된 작가 12명 중 9명이 여성이다. 퀴어도 여

전히 한국 소설에서 다양한 포맷 안에서 의미 있는 모티브로 등장한다. 2023년 이상문학상 대상을 받은 최진영의 〈홈 스위트 홈〉은 죽음을 정면에서 다룬다. 이 소설은 말기암인 여주인공이 치료를 거부하고 어린 시절을 기억나게 하는 시골집을 찾아들어가 남은 삶을 향유하며 죽음을 맞이하는 이야기이다. 《2023 대한민국 대전망》에서 예상했던 대로 생태문학도 활발하게 발표되고 있다. 2024년에도 여전히 한국 문학의 한 축을 이루고 있을 페미니즘과 퀴어 문학을 먼저 살펴보고, 기후 위기와 맞물려 더욱 절박하게 창작될 것으로 기대되는 생태문학의 현황과 가능성을 짚어 본다.

2023년에 이어 페미니즘, 퀴어 문학

페미니즘과 퀴어 문학은 2024년에도 여전히 탄탄하게 한국 문학의 작지 않은 영역을 차지하고 있을 것이 분명하다. 이는 데뷔 10년 이하 작가들이 수상하는 《2023 제14회 젊은 작가상 수상작품집》을 보면 확인 가능하다. 대상을 받은 이미상을 비롯해서 나머지 6명의 작가(김멜라, 성혜령, 이서수, 정선임, 함윤이, 현호정) 모두가 여성일 뿐 아니라 이들이 다루고 있는 소재와 주제 또한 여성 간의 반목과 화해, 고통과 극복을 담고 있다.[1] 여전히 가부장적인 한국 사회에서 여성이기에 겪는 독특한 삶의 의미를 탐색한다는 점에서 이들 문학은 넓게 보아서 페미니즘 문학으로, 몇 작품(김멜

---

1 이서수의 〈젊은 근희의 행진〉, 김채원의 〈버섯 농장〉, 현호정의 〈연필 샌드위치〉는 《2023 올해의 문제소설》에도 수록되었다.

라의 〈제 꿈 꾸세요〉와 이서수의 〈젊은 근희의 행진〉은 동성애 인물들의 등장으로 퀴어 문학으로 부를 수 있다.

주목할 점은 역시 그 접근 방법이 다양해지고 있다는 것이다. 물론 이 수상작들이 성폭력이 자행되는 가부장적 사회에서 먹고 사는 것이 힘든 여성들의 이야기라는 공통분모가 있는 것은 분명하다. 이미상은 〈모래 고모와 목경과 무경의 모험〉에서 절정이 없는 일기 같은 소설을 통해 성폭력을 둘러싼 고모와 목경 자매의 서로에 대한 연민과 감사를 말한다. 김멜라는 이혼녀 귀신이 성 정체성을 알 수 없는 가이드의 안내로 누군가의 꿈으로 들어가게 되는 과정을 통해 죽은 후에도 남아 있는 모친과 동성애인에 대한 사랑을 이야기한다. 〈젊은 근희의 행진〉은 본인은 커밍아웃한 레스비언이면서도 가슴이 파인 옷을 입고 유튜브 방송을 하는 동생이 못내 걱정스러운 꼰대 언니가 동생이 하는 일의 가치를 깨닫게 되는 과정을 담고 있다. 《2023 올해의 문제소설》에 수록된 김멜라의 〈지하철은 왜 샛별인가〉에서처럼 레스비언 잡귀까지 등장하면서 퀴어 소설은 판타지의 영역까지 넘나든다. 페미니즘과 퀴어 문학은 가부장제에 대한 풍자문학, 고발문학 등 전에 많이 보였던 카테고리를 넘어, 규정지을 수 없는 방향으로 발전해 가고 있다.

이 다변화 속에서도 《2023 대한민국 대전망》에서 2023년도의 키워드로 필자가 예상했던 '메멘토 모리', '죽음을 기억하라'를 보여줌으로써 페미니즘, 퀴어 문학이 인간의 보편적 경험을 외면하지 않았음을 알 수 있다. 《2023 제14회 젊은 작가상 수상작품집》에 수록된 〈모래 고모와 목경과 무경의 모험〉, 〈제 꿈 꾸세요〉, 〈버섯농장〉, 〈자개장〉, 〈연필 샌드위치〉 모두 인물의 죽음을 담고 있다. 죽었음에도 인간은 때로 귀신과 유령을, 때로 자개장을, 때로 과거에 대한 기억을 남긴다. 남겨진 것은 여성의 삶을 말해 준다. 2024년도에도 페미니즘과 퀴어 문학은 우리에게 주어진 삶의 조건과 과정 그리고 종말을 이야기하면서 한국 문학의 다양성에 기여할 것이다.

생태문학

재난과 죽음을 극복하는 방법 중의 하나는 생태계를 돌보는 것이다. 지구 공동체의 안녕을 위해서 정해진 시간 안에서 우리는 그것을 이루어야 할 터이고 마감 시간은 다가오고 있다. 관측사상 가장 오래 지속된 산불, 가장 더운 여름, 빙하의 기록적인 해빙량, 슈퍼 엘리뇨와 초특급 태풍 속에서도 시간은 간다. 탄소배출량을 40% 이상 감축하겠다고 약속한 2030년은 눈 몇 번 껌뻑할 사이에 다가올 것이다. 시험 날짜를 받아 놓아서일까? 생태계의 복수를 3년 동안 경험한 사람들은 《2023 대한민국 대전망》에서 예측했듯이 자연과의 조화, 생태에 대한 존중을 담은 문학을 적극적으로 꺼내들고 있다.

우리나라의 경우 생태환경문학은 산업화를 거친 20세기 후반에 발아해, 21세기에 들어와 문학과 환경학회, 국립생태원 생태문학 공모전[동화](2016~), 평택 생태시 문학상(2013~), 시산맥 기후환경문학상(2022~) 등의 탄생에서도 보듯이 관심이 커져 가는 추세이다. 창작뿐 아니라 비평 분야도 그러하다. 《2023년 젊은평론가상 수상작품집》을 보면 수상작인 〈탈인간을 위한 시-차들—거대한 연결의 시적 조건〉(최진석), 후보작인 〈지구의 신음이 인간의 언어로 번역되는 긴 과정—김혜순론〉(김준현), 〈지구라는 크라잉룸—기후위기와 녹색계급의 시〉(김지윤) 등 건강한 지구 생태계에 대한 고민이 가득하다.

2024년에도 생태문학은 계속 생산되고, 생태를 키워드로 한 다양한 형식과 내용의 책들이 출판될 것이다. 생태문학은 잃어버린 자연에 대한 노스텔지어를 불러일으키기도 하며, 산업화 이면의 무분별한 자연 파괴를 고발하기도 한다. 2022년 제1회 기후환경문학상 대상을 차지한 조영심의 시 〈별빛 실은 그 잔바람은 어떻게 오실까〉는 "별빛 자르르한 옥토"였던 "가막만"에 개발과 인간의 무관심에 더 이상 "별빛 실은 그 잔바람"이 불지 않는 현실을 개탄하며 별과 바람을 그리워하는 아름다운 비가(悲歌)이다.

전설이 죽고 꿈도 사라졌다

밤낮없이 먹고 마시고 노느라 팽개쳐버린 별빛은 이제 더 이상 바다에 이르는 길을 내지 않는다

달빛도 별빛도 발길 끊어버린 번화가 포구에 하늘 길 바닷길 내어 줄 그 바람, 아기 숨결 같은 그 잔바람은 어떻게 오실까

주목할 점은 현대 생태문학은 기존에 자주 볼 수 있었던 잃어버린 자연에 대한 비가나 향토 문학, 고발 문학의 형태만을 갖는 것은 아니라는 것이다.

생태문학은 장르가 다양해지고 있으며 표현 방식도 더욱 다양

해질 것으로 예측한다. 2021년 문학과지성사가 펴낸 #문학선 생태소설이 그 한 예를 제공한다. 《#생태소설》에는 도요새가 사라진 원인으로 공장 폐수를 지목한 한국 생태문학의 고전, 김원일의 〈도요새에 관한 명상〉(1979)이 앞머리에 수록되어 있다. 2020년 발표 작들인 듀나의 〈죽은 고래에서 온 사람들〉, 정세랑의 〈리셋〉, 천선란의 〈레시〉는 SF문학에 가깝다. 이 소설들에서는 각각 타 행성, 지렁이에 의해 멸망된 23세기의 지구, 토성의 위성을 배경으로 인류세 후 지구 생태계가 파괴된 미래의 생존 분투기가 전개된다. 이 소설들은 비가가 아니다. 새로운 세상에서의 희망을 이야기하기 때문이다. 〈죽은 고래에서 온 사람들〉에서는 타 행성으로 이주한 사람들이 고래라 불리는 거대 생명체 위에서 집을 짓고 목숨을 부지한다. 그 생명체는 유한한 존재이다.

> 고래는 우리의 유일한 대안이었다. 고래라고 이름을 붙이긴 했지만 지구의 고래와는 닮은 구석이 전혀 없는 생명체였다. 우리의 고래는 떠다니는 거대한 섬이었다 … 우리는 고래 위에서 생존할 수 있었다. 집을 세우고, 고래 등과 주변 바다에 농장을 만들고, … 아이들을 낳고 교육하고 언젠가 다른 별과 통신할 수 있는 미래를 꿈꿀 수 있었다. 그 희망으로 우리는 3천 년을 버텼다. (듀나, 158~159쪽)

고래가 죽으면 또 다른 거주지를 찾아 떠돌아야 하지만 화자는 "우리는 그 희망을 버릴 수 없었다"(171쪽)면서 살아남아 언젠가 이 행성을 탈출할 꿈을 꾼다. 〈리셋〉에서는 지렁이에 의해 멸망한 지구에 살아남은 사람들이 생태계를 파괴시킨 조상들을 부끄러워하며 다른 종들에게 지상을 양보한다. 근근이 목숨을 부지해 가면서도 그들은 재앙을 만나 땅속 깊이 갇혀 버린 다른 이들을 구하려고 연대한다. 〈레시〉에서 레시는 토성의 위성 엔셀라두스에 살고 있는 생명체로 주인공 승혜의 몸을 녹여 살려 준다. 인간들은 다행히 레시를 파괴하지 않고 그가 생태계 안에서 생존하도록 허락한다. 레시의 첫 말은 "만나서 반가웠어요. 당신을 기다렸어요"이다. 생태문학에 있어서 장르의 다양화는 독자들이 취향대로 골라 읽을 수 있다는 점에서 고무적이다. 한국 시장에서 젊은 층의 호응으로 파이를 키워 가고 있는 SF문학과 생태문학의 접목은 희망적이다.[2] 생명을 잃어 가는 세계에서 희망을 말하고 있기에 더욱 그러하다.

다양한 생태소설, 생태시뿐 아니라 여러 색깔을 띤 생태 에세이들도 출판되고 있으며, 출판될 것이다. 2023년 상반기만 해도 생태, 자연을 전면에 내세운 에세이들이 여럿 출판되었다. 근작 생태 에세이들의 특징은 인문과 자연과학과의 융복합이다. 인문학자와 과학자가 공저한 《문학으로 관찰하고 과학으로 감상하는 모빌리티 생태인문학》(2020)이 천착하는 '생태인문학'이 이제는 주류가 된 듯하다. 문학, 과학, 예술의 경계가 허물어지고 있다. 역서이기는 하지만 《나무를 대신해 말하기: 모든 나무는 이야기를 품고 있다, 어느 여성 식물학자가 전하는 나무의 마음》(다이애나 베리스퍼드-크

---

2 2014년에 제정된 한국SF어워드 수상 분야(장편소설, 중단편소설, 만화, 영상)에 2019년 웹소설이 추가된 것을 보더라도 SF예술은 확장되고 다양해지고 있는 추세이다.

로거)은 자연과학에 삽화, 자신의 삶, 감정, 아메리카 원주민의 전설, 켈트 신화와 같은 인문·예술 영역을 더한다. 이 책은 자연과학자다운 꼼꼼한 관찰과 데이터를 기반으로 하면서도 인문학적 감성을 덧입혀 자연의 아름다움과 신비로움에 대한 예술적 헌사를 담고 있다.

> 우리는 모두 숲의 사람들이다. 나무들처럼 우리는 과거로부터 전해 내려온 기억을 품고 있다. 우리 내면 깊은 곳에 나무의 아이가 있기 때문이다. 숲에 들어서면 위대한 자연이 상상을 뛰어넘는 목소리로 우리를 부른다. 그 소리를 들을 때마다 우리 내면에 있는 나무의 아이, 즉 우리 공통의 역사가 생생히 살아나는 느낌이 든다. (12쪽)

이런 융복합 책들은 생태를 접근할 수 있는 방법이 다양하다는 것을 보여 준다. 식물, 동물, 자연, 숲을 자신의 시각으로 풀어낸 《자연과의 대화: 산골 할아버지의 숲 이야기》(2023)에서 저자 김민태는 자연을 통해 삶의 지혜를 얻는 것이 책의 목표라고 말한다.

> 자연에 관해 서술한 많은 책이 있다. 그런데 그러한 책들은 딱딱한 경우가 많다. 왜냐면 지식을 전달하려 했기 때문이다. 하지만 이 책은 딱딱한 학술서가 아니다. 자연과 교감을 통한 인문서이기에 쉽고 재미있게 읽힐 것이다. 그리고 그 재미를 통해 자연과 친해질 것이며, 살아가는 데 필요한 지혜를 찾는 방법을 알게 될 것이다. (7쪽)

사실 이런 다층적 접근은 새로운 것은 아니다. 최초의 생태문학이라고 불리는 헨리 데이비드 소로우의 《월든》(1854)도 생태에 대한 자연과학적 관찰과 인문학적 해석이 돋보였다. '월든의 동물들'은 월든 호수 근처에 살고 있는 동물들의 생태계와 행동 양식을 치밀하게 묘사하고 있다. 물론 그 이면에는 모든 사물 안에 '대령(大靈)'이 존재한다는 초절주의적 믿음이 자리하며 자연을 통한 영혼의 고양을 지향하고 있다. 원래 자연은 신화의 주인공이었다. 자연으로 들어가 본 사람은 안다. 왜 자연이 신화가 되는지. 왜 자연을 어머니라고 부르는지. 과학을 통해 자연을 체계적으로 분석, 예측하게 되었지만 그 신화성과 모성을 잃지 않는 접근이 계속될 것이다. 왜냐하면 더 이상 하나의 학문만으로 자연을 설명할 수 없다는 것을 알게 되었기 때문이다.

챗GPT, 디지털, 플랫폼과 문학

인류가 문자를 발명한 이후, 문학은 인간만의 작업이었지만 2022년 11월 30일 챗봇의 등장과 함께 문학이 인간의 전유물이 아님이 드러났고 이는 새로운 성찰로 이어지고 있다. "OpenAI가 개발한 프로토타입 대화형 인공지능 챗봇인 ChatGPT"[3]는 독자의 입맛에 맞는 문학 작품을 생산할 능력을 갖추고 있다. 챗 GPT를 이용해 완성된 단편도 등장했다. 정지돈의 〈끝없이 두 갈래로 갈라지는 복도가 있는 회사〉가 그것이다. 정지돈은 "(챗 GPT와 작업

---

3 https://ko.wikipedia.org/wiki/챗GPT

을 하며) 인간성 안에 이미 기계성이 포함돼 있다는 걸 깨달았다"고 했다. 챗GPT 역시 컴퓨터를 비롯한 기존의 도구와 다를 게 없다는 설명이다. "저는 글쓰기를 할 때 노트북이 없으면 못 씁니다. …도구에 따라 우리의 인간적 특성이 바뀌는데, 그걸 어떻게 유연하게 받아들일지가 중요하다고 생각해요."[4] 이러한 정지돈의 주장은 매체의 변화와 글쓰기라는 화두와 맞닿아 있다.

문학잡지 《Littor(릿터)》는 2023년 6/7월호에서 "GPT와 문화예술"이란 특집을 통해 챗GPT가 글쓰기 창작에 어떤 영향을 줄지 에세이와 단편 소설을 통해 탐색하고 있다. 에세이인 〈챗GPT로 장르소설 쓰기〉(듀나), 〈챗GPT가 등장하는 일기〉(양선형), 〈우리는 조금도 바뀐 게 없다〉(강덕구)와 지리를 가르치는 AI 지선생의 등장이 교실과 학교를 어떻게 바꾸는지를 보여 주는 단편소설 〈지G선생은 솔로몬〉이 그 예이다. 챗GPT는 글쓰기의 형식과 내용에 대한 주제어를 제공하면 글을 쓰지만 질문의 형식과 방법에 따라 생산물이 달라진다. 제대로 명령을 하는 사람이 승자다. 따라서 '챗GPT로 글쓰기'에 대한 반추는 결국 우리가 글 쓰는 과정에 대한 것으로 이어진다. 듀나의 글은 장르 소설은 어떻게 만들어지는가를 묻고 있으며, 양선형의 에세이는 "챗GPT는 인간의 재현 체계를 학습하려고 한다"[5]는 주장에서 보듯이 결국 글쓰기란 무엇이며 글쓰기는 어떤 과정을 거쳐서 완성되는가에 대한 고민을 담고 있다.

---

4 정지돈, 〈누구나 자기 인생을 연구할 수 있다〉, 이영관 기자. 조선일보 2023. 7. 25.
5 양선형, 〈챗GPT가 등장하는 일기〉.

《문학동네》 2023년 여름호는 "매체와 서사"를 특집으로 내세우고 있다. 서문 '매체로서의 '소설 쓰기'에서 권희철은 "최근 실감하게 되는 여러 매체들의 변화가 서사에 어떤 변화를 일으켰는지 혹은 그러한 변화들을 경유할 때 우리가 서사를 어떻게 다르게 읽어내거나 만들어 낼 수 있을지 살펴보고자 했다"(16쪽)라고 밝힌다. 디지털 기기를 활용해서 글을 쓰고, 디지털이라는 새로운 기록 시스템에 발자국을 남기며, 미디어 연결망을 통해서 유통을 하게 되면서, 글쓰기가 어떻게 변화하게 되는지는 지속적 화두가 될 것이다. PC통신이 없던 시절에는 PC통신 문학이 없었다. 월드와이드 웹이 없을 때에는 웹소설이 없었다. 결국 문학은 앞으로도 문학과 삶에 영향을 주는 발명품이 등장할 때면 그로 인해 변화하는 세상과 마주서서 문학과 인간을 돌아볼 것이다. 챗GPT의 글쓰기에 없어서는 안 되는 인물, 줄거리, 배경 등을 포함한 주제어는 문학의 기본 구성요소가 무엇인지를 보여 준다. AI로 인해 촉발된 글쓰기 과정에 대한 반추는 메타 픽션이 보유해 온 치열한 자체 성찰, 즉 인간은 어떻게 글을 만들어 가며, 어떻게 효과를 성취해 가는가로 이어질 것이다. 그리고 결국은 문학의 본질과 인간과 문학의 관계에 대한 고민과 맞닿을 것이다. 매체의 발전과 함께 문학도 발전해 가기를 바란다.

김소임 ··· 건국대학교 글로컬캠퍼스 영어문화학과 교수, 건국대학교 인문과학대학장, 한국현대 영미드라마학회 회장. 《베케트 읽기》, 《문화로 읽는 페미니즘》(공저), 《우리 안의 나쁜 여자》(공저), 《욕망이라는 이름의 전차》(역서), 《뜨거운 양철 지붕 위의 고양이》(역서), 《존 왕》(역서). 이화여자대학교 영어영문학과 졸업. 미국 위스콘신대학교 영문학 석사. 미국 에모리대학교 영문학 박사.

PART 1

01

이영한 외, 《2023 대한민국 대전망》, 지식의날개, 2022.

_____, 《포스트 코로나 대한민국》, 한울아카데미, 2020.

_____, 《전환기 한국, 지속가능발전 종합 전략》, 한울아카데미, 2015.

02

Buse, Peter & Andrew Scott (Ed.), *Ghosts: Deconstruction, Psychoanalysis, History*, New York: St. Martin's Press, London: Macmillan, 1999.

Derrida, Jacques, *Spectres of Marx*, New York: Routledge, 1994.

Gallix, Andrew, "Hauntology: A not-so-new Critical Manifestation", *The Guardian*, June 17, 2011.

Han, Sang-Jin, "Genealogical Traces of Populism and Multiple Typologies of Populist Orientation in South Korea: An Empirical Analysis", *Populism*, 2, 2019, 29-52.

_____, "The Hauntological Approach to Populism: A Case Study of South Korea in a Global Perpective", Wang Shiru (ed.), *Three Faces of Populism in Asia: Populism as a Multi-faced Political Practice*, New York: Routledge, 2024 (forthcoming).

Han, Sang-Jin & Young-Hee Shim, "The Two Driving Forces of Populism and Democracy in South Korea: A Conceptual, Historical, and Empirical Analysis", *Journal of Asian sociology*, 50(2), 2021, 99~128.

_____, "Populism: Does It Support or Undermine Democracy? A Case Study of Democratic Resilience in South Korea", *Consolidating Democracy*, Edited by Brendan Howe, Palgrave Macmillan, 2022,

131~158.

PART 2
06

Bercovici, J., "Why (Some) Psychopaths Make Great Ceos", Forbes Online, 2011. forbes.com/sites/jeffbercovici/2011/06/14/why-some-psychopaths-make-great-ceos

Bonnefon, J.-F., A. Shariff and I. Rahwan, "The Social Dilemma of Autonomous Vehicles", *Science* 352, 2016.

Crolic, C., F. Thomaz, R. Hadi and A. T. Stephen, "Blame the Bot: Anthropomorphism and Anger in Customer-Chatbot Interactions", *Journal of Marketing* 86(1), 2022, 132-148. DOI: 10.1177/00222429 211045687.

Dietvorst, B. J., and D. M. Bartels, "Consumers Object to Algorithms Making Morally Relevant Tradeoffs Because of Algorithms' Consequentialist Decision Strategies", *Journal of Consumer Psychology*, 2021, 478. https://doi.org/10.1002/jcpy.1266

Garvey, Aaron M., TaeWoo Kim, and Adam Duhachek, "Bad News? Send an AI. Good News? Send a Human", *Journal of Marketing*, 2022. DOI: 10.1177/00222429211066972.

Srinivasan, Raji and Gülen Sarial-Abi, "When Algorithms Fail: Consumers' Responses to Brand Harm Crises Caused by Algorithm Errors", *Journal of Marketing*, 85(5), 2021, 74~91.

09

가트너(https://www.gartner.com/en/topics/generative-ai)

데이터이쿠(https://pages.dataiku.com/enterprise-generative-ai?utm_id=1431016 9854—149508064485—665168672097--generative%20ai&utm_source= nam-adwords&utm_medium=paid-search&utm_campaign

=GLO%20CONTENT%20Generative%20AI%20June%202023&gad=1&gc
lid=Cj0KCQjwz8emBhDrARIsANNJjS50A_PjAq4RgXeaey50F7kCZ1EY3O
XmcZQ3JoD7vRKAHJrVBV97ypEaAnplEALw_wcB)

블룸버그(https://www.bloomberg.com/company/press/generative-ai-to-
become-a-1-3-trillion-market-by-2032-research-finds/)

오피니언 뉴스(http://www.opinionnews.co.kr/news/articleView.html?idxno
=84775)

11

김한성, 〈새로운 패러다임을 열어가는 AI 언어모델〉, 에너지경제신문,
2023. 3. 20.

송민택, 〈생성 AI 시대와 금융권의 AI 동향〉, 코스콤리포트, 2023-03호.

이성복, 〈금융 분야에서 인공지능의 역할과 과제〉, 자본시장포커스, 2023-
05호.

Deloitte, "Deloitte 2023 Financial Services Industry Predictions", 2023.
7. 31.

FastCo Works, "Six trends that will shape the financial services
landscape in 2023—and beyond", *Fast Company*, 2023. 2. 6.

Henri Arslanian & Fabrice Fischer, "The Future of Finance: The Impact
of FinTech, AI, and Crypto on Financial Services", *Palgrave &
Macmillan*, 2019.

McKinsey & Company, "The economic potential of generative AI: The
next productivity frontier", 2023. 6.

Michael Abbott, "What Generative AI Means For Banking", *Forbes*,
2023. 5. 8.

PART 3

13

미국 상무부(Department of Commerce) 웹페이지(https://2017-2021.commerce.
gov/about/strategic-plan/strengthen-us-economic-and-national-security.
html)

일본 내각부 웹페이지(https://www.cao.go.jp/keizai_anzen_hosho/)

PART 4

19

관계부처 합동, 〈탄소중립·녹색성장 국가전략 및 제1차 국가기본계획〉,
2023.

국립산림과학원, 〈주요 산림수종의 표준 탄소흡수량(ver. 1.2)〉, 2019.

온실가스종합정보센터, 〈2022 국가 온실가스 인벤토리 보고서〉, 2023.

IPCC, 〈제6차 종합보고서(AR6, The Sixth Assessment Report)〉, 2023.

UNEP, Spreading like Wildfire: The Rising Threat of Extraordinary
Landscape Fires, 2022.

World Economic Forum, Global risk report 2023, 2023.

20

경기도 고양시, 〈데이터 허브 & Digital Twin 기반의 거점형 국토 스마트 공
간체계 S Curve Smart City 구축〉, 거점형 스마트시티 조성 사업 발표
자료.

국토교통부 보도자료, 〈한국형 도시정책으로 국제사회 선도−6월 5일부터 제
2차 유엔 해비타트 총회 참석〉, 2023. 6. 2.

밀턴케인스 데이터허브(https://datahub.mksmart.org/)

스티븐 스필버그, 〈레디 플레이어 원(Ready Player One)〉, 2018.

울산광역시, 〈4차 산업 도약을 위한 신울산4.0 Inno City 구축 사업계획〉 거
점형 스마트시티 조성 사업 발표자료.

22

보스턴컨설팅그룹, 〈좀비빌딩의 부상〉, 2023. 6. (https://bcgblog.kr/?r3d=
%ec%a2%80%eb%b9%84%eb%b9%8c%eb%94%a9%ec%9d%98-
%eb%b6%80%ec%83%81#June_2023_Zombie_Building6)

Economist, Is the global housing slump over?, 2023년 6월(https://www.
economist.com/finance-and-economics/2023/06/12/is-the-global-housing-
slump-over)

Goldman Sachs global housing market is surprisingly stable, 2023년 5월
(https://www.goldmansachs.com/intelligence/pages/as-interest-rates-
climb-the-global-housing-market-is-surprisingly-stable.html).

IMF Housing Market Stability and Affordability in Asia-Pacific, 2022년
12월(https://www.imf.org/en/Publications/Departmental-Papers-Policy-
Papers/Issues/2022/12/13/Housing-Market-Stability-and-Affordability-in-
Asia-Pacific-513882)

PWC Emerging Trends in Real Estate 2023(https://www.pwc.com/us/en/
industries/financial-services/asset-wealth-management/real-estate/
emerging-trends-in-real-estate.html)

24

이영한 외, 《2023 대한민국 대전망》, 지식의날개, 2022.

_____, 《포스트 코로나 대한민국》, 한울아카데미, 2020.

_____, 《전환기 한국, 지속가능발전 종합 전략》, 한울아카데미, 2015.

_____, 〈주거론〉, 〈주택디자인〉, 〈공동주택디자인〉, 대한건축학회(기문당),
2010.

PART 5

26

김위찬·르네 마보안, 《비욘드 디스럽션-파괴적 혁신을 넘어》, 한국경제신
문, 2023.

이길상, 《한국교육 제4의 길을 찾다》, 살림터, 2019.

PART 6
30
김순남, 《가족을 구성할 권리》, 오월의봄, 2022.

김지혜, 《가족각본》, 창비, 2023.

조귀동, 《세습 중산층 사회》, 생각의힘, 2020.

최선영, 〈한국 여성의 생애과정 재편과 혼인 행동의 변화〉, 서울대학교 박사
학위논문, 2020.

Arnett, J. J., *Emerging Adulthood: The Winding Road from the Late Teens Through the Twenties*, New York: OxfordUniversity Press. 2nd. ed., 2015.

Tilman, Kathryn Harker, Karin L. Brewster, and Giuseppina Valle Holway, "Sexual and Romantic Relationships in Young Adulthood", *Annual Review of Sociology*, 45, 2019, 133~153.

33
다이애나 베리스퍼드-크로거, 《나무를 대신해 말하기: 모든 나무는 이야기를 품고 있다, 어느 여성 식물학자가 전하는 나무의 마음》, 장상미 옮김, 갈라파고스, 2023.

미셸 르 방 키앵, 《자연이 우리를 행복하게 만들 수 있다면: 뇌과학이 밝혀낸 자연이 선물하는 만족감의 비밀》, 김수영 옮김, 프런트페이지, 2023.

벤 롤런스, 《지구의 마지막 숲을 걷다: 수목한계선과 지구 생명의 미래》, 노승영 옮김, 엘리, 2023.

우찬제, 《#생태_시 해시태그 문학선》, 문학과 지성사, 2023.

우찬제·이혜원 엮음, 《#생태_소설 해시태그 문학선》, 문학과 지성사, 2023.

이다, 《이다의 자연 관찰 일기》, 현암사, 2023.

이명희·정영란, 《문학으로 관찰하고 과학으로 감상하는 모빌리티 생태인문학》, 앨피, 2020.

이미상·김멜라·성혜령·이서수·정선임·함윤이·현호정, 《2023 제14회 젊은작가상 수상작품집》, 문학동네, 2023.

이영관, 〈정지돈, 누구나 자기 인생을 연구할 수 있다〉, 조선일보, 2023. 7. 25.

최원형, 《사계절 기억책》, 블랙피쉬, 2023.

최지영·김기태·박서련·서정란·이정욱·최은미, 《제46회 이상문학상 작품집》, 문학사상, 2023.

최진석·김정현·김준현·김지윤·선우은실·안지영·인아영·임지훈·장은영·전승민, 《2023년 제24회 젊은평론가상 수상작품집》, 역락, 2023.

한국현대소설학회 엮음, 《현대문학 교수 350명이 뽑은 2023 올해의 문제소설》, 푸른사상, 2023.

헨리 데이빗 소로우, 《월든》, 강승영 옮김, 은행나무, 2020.

《Littor(릿터)》, 제42호, 2023년 6/7, 민음사.